国会運営の裏方たち

―― 衆議院事務局の戦後史

赤坂幸一・奈良岡聰智 編著

今野彧男

オーラル・ヒストリー

国会運営の裏方たち

――衆議院事務局の戦後史

信山社

はしがき

二〇〇七（平成一九）年の夏頃と記憶するが、私は久しぶりに訪れた国会議事堂の四階の図書館で、『法律判例文献情報』誌の綴を手にとってみた。衆議院事務局に在職中、私は月に一度はここに来て、この情報誌に目を通していた。頁を繰っているうちに、二〇〇四（平成一六）年の『金沢法学』に掲載された「戦後議会制度改革の経緯（一）」と題する論文名が目に入った。執筆者は赤坂幸一氏（当時金沢大学助教授、現在九州大学准教授）であり、議会法学における気鋭の学究であることは既に承知していた。

惹かれるものを感じて、私は旧部下の一人にコピーの入手を依頼した。届けられた論文の冒頭の数行を読んで、私は思わず息を呑んだ。それは次のように始まっていた。

「要は改革と云ふも意思なきところに道はないのであるから、改革せんとする腹を先づ定むることである。」一九四五（昭和二〇）年九月二五日、「米軍進駐下に於いて起稿」と自書された議会制度改革論攷において、鈴木隆夫は敗戦後に於ける議会の制度及び運営の改革を、血を吐く言葉で綴っている。

この「血を吐く言葉」という表現に、私は、固い拳で胸を強く突かれたような衝撃を受けた。

鈴木隆夫は、私が衆議院に採用された当初から、彼が事務総長の職を退くまでの一〇年間、継続して秘書として仕えた上司である。私が彼の身近な部下となったのは一九五〇（昭和二五）年のことであるが、鈴木はそれより遥か以前の旧憲法下の帝国議会時代から、衆議院書記官として議会改革に情熱を傾けて来ていた。「議会制度改革論攷」は、政府優位の旧憲法の下で、議会のあるべき姿を模索しながら、彼が何篇か書き残してきた改革論の中の一篇である。敗戦直後、憲法改正がまだ明確には意識されていない段階で、鈴木は議会の権限拡大のため逸早くこの一文を執筆した。そこには彼の積年の思いが籠められていたが、赤坂氏はそれを「血を吐く言葉」として受け取っている。生前の鈴木隆夫を知る筈もない若い世代の学究が、彼の遺稿の何篇かを読み、そこに書かれた理論の跡を辿るだけでなく、その背後にある鈴木の議会改革に賭けた情熱を汲み取り、それを戦後の議会制度改革の出発点と見据えているのである。

私は、赤坂氏の慧眼に敬服すると同時に、鈴木隆夫をよく知る私が、彼の足跡について何も書き残さないでいてよいのだろうかと自問した。

定年退職して以来、既に二〇年近くが過ぎており、私も年齢相応に体力、気力に衰えが来ていたが、古い記憶の糸を手繰りながら、半年余りをかけて私は「昭和の議会を支えた蔭の功労者——鈴木隆夫・元事務総長のこと——」と題する一文を何とか書き上げた。幸いにこの拙稿は『議会政治研究』誌(八六号)に掲載され、私は、自分の責務を多少は果たし得た思いでいた。

それから二、三カ月後のある日、衆議院議事部長の白井誠氏から私宅に電話が掛かった。用件は、最近、学界から、議会制度研究の一環として議院事務局の組織・機能についての調査研究の申入れがあり、衆議院でも内部資料の開示等を考えている。ついては、研究者グループがそれらの資料作成の経緯や日常業務のあり方について、経験者から体験を直接聴取したいとの意向が伝えられているので、その取材に応じてくれないか、というものであった。

私は自分がそのような要請に応えるに最適の者とは思えなかったので、一旦は辞退した。しかし、白井氏に対する学界からの依頼者が、広島大学准教授に転じていた赤坂幸一氏と聞いて、これは引き受けないわけにはいかないと思った。右に述べたような経緯から、私は赤坂氏に少なからぬ恩義を感じていたからである。

研究者グループの私に対するインタビューは、二〇〇八(平成二〇)年の暮に始まった。取材に見えたのは、赤坂氏と京都大学准教授の奈良岡聰智氏のお二人であった。奈良岡氏も『議会政治研究』誌に論文が掲載されていたことで、新進の政治史家と承知していた。最初は、衆議院事務局の内部資料の一つについて作成経緯を説明したが、その後、年明けの三月から私のオーラル・ヒストリーに入った。

それは一カ月に一度、毎回約二時間の予定で開始され、当初は四、五回で終るつもりが、両准教授の誘導宜しきを得て、私は延々一七回も話し続けた。我ながら己れの饒舌に呆れる思いであった。

本書は、その談話記録の圧縮版に、若干の補正を加えたものである。

この企画に応ずるに当って、私は、自分の体験を可能な限り包まずに話すことにした。事が学問、研究に関わるものである以上、無用な虚飾は許されないと思った。元公務員としての守秘義務は心得ていたが、私は機密というほどのものに触れる地位にはいなかったので、その点での懸念はまずないと言えた。

三九年間に及ぶ衆議院事務局での体験は、一つ一つが私にとっては貴重なものであったが、他人から見れば瑣末な出来事の積み重ねである。果してそれらが、学界の求める議会制度の研究に役立つものか否か、甚だ心許ない思いがする。赤坂、奈良岡両准教授に無駄な時間と労力を消費させてしまったのではないか、顧みて忸怩たるものがある。

一方、体験を語る以上、極めて個人的な私の考えや感情も開陳することになり、時として、親しい僚友にも明かさなかったような本音も口にしてしまった。かつての先輩、同僚の中には、本書を手にしてそれらに触れ、不快感を抱く人がいるかも知れないが、それには同時代に同じ禄を食んだ者同士の誼みで、寛恕を乞うしかない。

晩年を迎えて、人は誰しも自伝めいたものを世に残したいと考えるようであるが、多くはその夢を果せずに終る。ところが、私はふとした機縁から、自分の人生の大半を占めた職業生活を振り返り、その内容を再確認し、それをこうした形で記録に留めることが出来た。これは望外の幸せというべきであろう。

このような幸運をもたらして下さった赤坂幸一氏、奈良岡聰智氏のお二人には、心からお礼を申し上げ、併せて今後益々の御活躍と御発展をお祈りする次第である。また、この機会を与えられた白井誠氏と、一年余にわたって続いたインタビューの度に、事前の準備や資料調整など何かと協力していただいた衆議院議事部資料課の諸兄姉にも、改めてこの場から篤くお礼を申し上げる。

本書の出版に際しては、この度も信山社の袖山貴氏、稲葉文子氏、今井守氏に格別の御高配をいただいた。深く感謝の意を表するものである。

二〇一一年七月一二日

今野彧男

本書の刊行にあたって

赤坂幸一・奈良岡聰智

ながく衆議院事務局に奉職され、裏方として国会運営を支えてこられた今野彧男氏は、すでに在職中から、議会法規・先例に関する鋭利な諸論稿を発表してこられた。未だ議会法学の研究の蓄積に乏しいわが国において、まさにパイオニアとしての役割を担ってこられたわけである（その諸論稿は、本書の姉妹編である今野彧男『国会運営の法理――衆議院事務局の視点から』（信山社、二〇一〇年）として刊行されている）。

二〇〇八（平成二〇）年に、衆議院事務局と共同の研究プロジェクト（二〇〇九年〜二〇一一年度科学研究費基盤（A）「衆議院事務局の未公開資料群に基づく議会法制・議会先例と議院事務局機能の研究」）が始まった際、我々が最初に取り組んだのは、――衆議院事務局に遺された戦前の文書群の調査・発掘とともに――議会の法規・先例の構築過程において「議会官僚」が如何なる役割を果しているのか、この点を明らかにすることであった。その一環として、現在までに、衆議院事務局における議事法研究の成果である衆議院事務局（編）『逐条国会法〔全八巻〕』（信山社、二〇一〇年）が、二〇〇九（平成二一）年一二月までの最新の国会法改正を織り込む形で刊行され、さらに、戦前期の衆議院事務局における議事法研究の結晶である『議事解説』も、原田一明教授の解題を付して、間もなく刊行される予定である。さらに、赤坂幸一「統治システムの運用の記憶――議会先例の形成」（レヴァイアサン四八号（二〇一一年四月）所収）では、議会先例の形成過程における議院事務局や議会官僚の衡量過程の介在につき、これを実証的に解明することを試みている。

「いわば誌面を通して片想い的に存じ上げていた存在」（大石眞（前掲『国会運営の法理』*vii*頁））であった今野氏との直接の出会いは、このような研究関心に由来している。戦前から戦後にかけての衆議院事務局の歴史や議会法規・先例の形成過程に詳しいOBを紹介して頂きたい――このような我々の要請に対して、衆議院事務局関係者が直ちにお名前を挙げられたのが、今野彧男氏、その人であった。二〇〇八年のクリスマス、衆議院事務局の議事部資料課でお会いした今野氏は、穏やかな口調で、衆議院事務局における法規・先例の研究の歴史や『先例集』の編纂過程、『国会法逐条検討資料〔全一七冊〕』の編集経緯などについて、折々の時代背景の解説をも交えながら、懇切丁寧にご教示下さった（その記録として、後掲『今野彧男　オーラル・ヒストリー』の「付録」を参照）。

その後に開始された全一七回（二〇〇九年三月～二〇一〇年四月）に及ぶオーラル・ヒストリーは、我々にとって、知的刺激に溢れた最前線の研究の場であった——たとえ傍目には、何も知らぬ子供達に祖父が教え諭しているようにしか映らなかったとしても、である。

その成果は報告書『今野彧男　オーラル・ヒストリー』（二〇一〇年）として刊行されているが、幸いにも、刊行直後から衆参の事務局関係者等を中心に高い評価が寄せられ、また研究者の中でも新たな関心を喚起している模様である。さらに、同報告書には、ひろく議会法・議会政治に関心をもつ方々にも有益な情報が多く含まれている。そこで、出版社からの奨めもあり、同報告書の後半部——衆議院事務局への奉職時代——を中心に、重複を省き、字句や構成を多少整理した上で、ひろく刊行することとした。本書が、議会政治に関心を有する多くの読者に迎えられることを、心より願っている。

オーラル・ヒストリーの実施にあたっては、衆議院事務局の関係各位、とりわけ議事部・記録部の皆様から、大変な御支援・御協力を賜った。また、出版に際しては、信山社の袖山貴氏、稲葉文子氏、今井守氏から格別のご配慮、ご尽力を頂いた。この場を借りて、心より御礼申し上げる。

二〇一一年四月

目次

国会運営の裏方たち——衆議院事務局の戦後史

Ⅲ

Ⅳ

Ⅴ

Ⅳ

国会運営の裏方たち
── 衆議院事務局の戦後史

◇序　章◇ 日々是れ好日

――衆議院事務局に入るまで

◆人生最初の記憶・満洲事変

今野　最初に、私が衆議院に入るまでの足どりを、かいつまんでお話しておきます。私は、その頃満洲と呼ばれていた中国東北部の、公主嶺という町で生まれました。父は満鉄社員で、農業学校の教師をしていました。八人兄弟の長男で、私の上に姉がいて、私は第二子です。私の育った昭和一桁時代の家庭というのは、多分今とは全然雰囲気が違って、家父長制とよく言いますね、父親が絶対的な権威を持っていて、妻子はもう否応なしに絶対服従というふうな雰囲気の家庭なんです。それが日本の、田舎もそうだろうとは思うんですけれども、特に都市生活者の家庭では大体そうだったんじゃないかと思います。

お父さんは一番偉くて、怖くて、厳しくて、お母さんはそれを緩和するように優しくて、かばってくれて、母親と子供は割に結託しているけれども、父親だけは孤立している。孤立しているけれども、別に妻子が嫌いなわけじゃなくて、愛情を持って接していて、ただその愛情の表現の仕方というのが全然今とは違うんです。ですから、私なんか、父親と遊んだという経験は殆どありません。

両親は大正一四（一九二五）年に結婚して、すぐその足で満洲に渡っていました。昭和六（一九三一）年に満洲事変が勃発します。私、個人年表〔→巻末「個人年表」参照〕にこういうふうに書きました。「満洲事変勃発。現地の成年男子は警備のため臨時に徴集され、女・子供は避難に備えて数軒ごとに集合させられた。その時の恐怖感が人生で最初の記憶になっている」。

…私、このときに三歳と二カ月ぐらいなんです。この話をすると、「そんな、三つぐらいのときのことを覚えているわけないよ、君、それは後で誰かに聞かされた話を自分の体験だと思って頭の中へ刷り込んで言うだけだ」と大体言われるんですよ。しかし、私、本当に物すごく怖かった。

それは、ここに書きましたように、男どもはいないんです。父親たちはいない。満鉄の社宅の二軒長屋にいまして、私の隣の、つまり壁を隔てた隣の家がその近所の女、子供の集結の場所だったんです。その当時は、今みたいに、ボストンバッグだとかリュックサックだとか、そんなのはありませんで、革のトランクと、あと柳行李という、大相撲の化粧回しの明荷《あけに》みたいな入れ物に身の回りのものを詰めて、それが部屋の隅に積んであったという記憶があるんです。このときの避難というのは、みんな殺されないために、場合によっては日本へ帰らなきゃいけないかもしれないということですから、誰もが緊張していました。

ところが、日が暮れてから、遠くで「わぁーっ！」という声が聞こえたんですよ。その声を聞いた途端に、大人たちが、男はいないんですが、母親たちの誰かが、「馬賊だ！」と言ったんです。その頃、馬賊と称される、軍閥がリードしているグループが満洲各地にいまして、ちょうど昭和三（一九二八）年に、その中の一番力のある張作霖というのが日本軍の謀略で爆死させられたという事件がありました。彼が奉天という地域を中心に大きな勢力を持っていたわけですが、その張作霖軍の宿営地のそばの柳条湖という辺りの鉄道路線を日本軍が爆破したことによって、満洲事変が始まったと言われています。

そういう軍閥の軍隊を私たちは馬賊だとか匪賊だとかと呼んでいたんですが、その馬賊が来たというふうに、誰かがそう思って叫んだんですね。そうしましたら、そこにいた母親たちがみんな一斉に真っ青になりまして、恐怖感を示した。それを見た途端に、私は三歳でしたけれども、本当に腹の底から震えが来まして、歯の根が合わないということを言いますけれども、その通りで、いっとき物も言えないで母親にしがみついていました。以後、その時のような怖い思いをしたことはありません。

しかし、その「わぁーっ！」という声は馬賊ではなかったんです。日本軍の援軍が公主嶺駅に到着して、迎えに来ていた連中、駆り出されていた男どもが万歳を叫んで迎えた声だったんです。それが夜陰の中で「わぁーっ！」というふうに聞こえたのが、何かが攻撃に来たかのように思った人が馬賊だと叫んだためにそういう状態が起きました。それが私の人生の最初の記憶です。

公主嶺の町は、まだこの時点では、治安上の危険が決してないとは言えない場所でした。私たちが子供の頃は、日が暮れますと、「馬賊が来るから帰りなさい」、「馬賊にさらわれるよ」とか、そういうふうなことをよく言われました。公主嶺には独立守備隊という部隊が駐屯していたんですが、みんな、暗くなってから表で遊ぶなどということはありませんでした。そういう状態でした。

◆公主嶺の小学校へ

今野　私は、昭和一〇（一九三五）年に小学校に入ります。小学校は満鉄経営なんです。教室正面には東郷元帥の額が掛かっていました。それはつまり、日露戦争で、日本海海戦でバルチック艦隊を全滅させた東郷元帥というのは本当に英雄で、東郷元帥のような人たち、それから乃木大将もそうですね、乃木さんも旅順の攻略で名を揚げた人ですけれども、そういう人たちのおかげで我々はここにいてここで暮らしているんだということを、各教室にそういうふうに東郷さんの額を掲げてみんなに教育していたんですね。

私が小学校に入った時期は、まだ治安が行き届いていないということで、学校で遠足をするときは騎馬兵がついてきました。公主嶺あたりでは桜が咲かないんですよ。旅順大連地区、一番南の関東州に来ると桜は咲くんですが、ちょっと北の方へ行きますと、桜は寒さに耐えられなくて、育たないんです。咲くのはアンズの花です。アンズはよく長野県あたりでもお花見をしていますね。アンズの開花期に、学校が中心になって父兄たちも一緒になって総出で花見に行くんです。そういう遠足行事がありました。

公主嶺には花見の場所がなくて、一つか二つ隣の駅ぐらいまで汽車で行きまして、そうすると、アンズの花がいっぱい咲いているところがあるんです。アンズの実を栽培していたんでしょうか。かなり広いところに、公園のようになっていまして、そこへ行きました。そこに兵隊が行っているんです。そういう行事のときは必ず騎馬兵が一人、銃を肩にかけながら見ているんです。やはりみんなそれがあって安心していたんですね。私が公主嶺にいた時期はそういうような治安状況でした。

◆遼陽へ

今野　小学校の二年に上る時期に遼陽という所に移りました。これは父が奉天勤務に変わったんです。奉天では学校の先生をしたわけじゃないと思うんですが、父は北大の実科で畜産を専門にしていましたから、牛や豚や羊などを飼うのが専門なんです。そういう専門技術を使って、農学校で技術指導をしていたんです。ミツバチを飼うのも好きでして、社宅の庭でもハチを飼っていました。それで結局は、後々養蜂業で独立するようになっていくんです。遼陽というところは、父が汽車で奉天まで通勤していく、通勤範囲内の町です。ここはわずかしかいませんでした。遼陽に行った頃からは、治安が不安だということは余りありませんでした。現地の人間たちとも結構気楽に接していたように思います。遼陽というところはかなり古く、大きな城郭がありました。駅の周辺に日本人街があって、少し離れたところに高い城壁を回した遼陽城がありまして、千何百年という歴史のある都市国家みたいな状況だったと思います。

そこは時たま小学校の遠足で通るんですけれども、よくイギリスの昔の映画なんかを見ますと、城の中でごった返して暮らしていて、朝、門が開くと出ていって周辺の畑を耕して、夕方になると帰ってくる。羊や何かも連れ出して、また戻ってきて、夜になると城門を閉めるという場面があるじゃないですか。遼陽あたりの中国人の生活はあれと同じです。その中は、城壁が高いものですから、脂ぎったニンニクだとか何かのにおいが立ち込めているんです。日本人はハンカチで口を押さえなきゃ通り抜けられないくらい中国人独特の異臭が漂っている。そこから中国人たちは、昼間は周辺の畑に出ていって耕作して、また夜は帰ってくる、そういう地域です。

昭和一二（一九三七）年の一一月に父が、今度は北満、〔地図を示しながら〕この地図でいいますと満洲の上、ここにチチハル〔斉斉哈爾〕というのがありますが、この先の方に、その頃はだんだん日本から北満各地に開拓農民が入ってくるんですけれども、そこでの技術面のリーダーを養成するための若者の養成所ができるんです。ちょっと漢字は忘れましたけれども、フラルキ〔富拉爾基〕という地名で、そこに満鉄の農業修練所、…修練所というのはまたちょっと時代がかっていますが、フラルキ農業修練所というのができまして、私の父がそこの所長になって赴任することになったんです。そこは日本人の学校などはまだ出来ていない小さな町でしたから、家族は一緒に暮らせないということで、遼陽から旅順に引っ越したわけです。

旅順というところは全満各市では一番暖かくて、それこそ桜も咲く場所なものですから、軍人や満鉄社員の留守家族が多数居住していました。そういう場所なので、お父さんは三カ月に一回ぐらいしか帰ってこないという家庭が珍しくなく、私が入った旅順の師範学校附属小学校というのは、そういう家庭の子供が多い学校でした。

◆ **旅順師範学校附属小学校への編入学**

今野　早くから、旅順には、旧市街の方に第一小学校というのがあって、新市街の方に第二小学校というのがありました。その第二小学校が、旅順に師範学校ができたのにつれて師範学校の附属小学校になったわけです。私は、附属小学校でいいますと四期生ぐらいになるんじゃないかと思います。第二小学校から通算すると、三四期生です。ですから、できたばかりの師範学校の附属小学校に、私は昭和一二（一九三七）年の一一月に転校して入ったということになります。

写真は師範学校と附属小学校が入っていた建物です。随分ハイカラな建物だとお思いになると思いますが、これはロシア時代の市庁舎だったようです。日露戦争の後、関東州が中国から租借地として事実上日本の領土のようになりますが、関東州庁というのが最初にこの建物に置かれたんです。その州庁が大連に移りまして、その空いたところに師範学校ができたわけです。

その頃の先生というのは怖くて、頭をこつんと叩いたりほっぺたを引っ叩くなんということは別に珍しいことではありませんでした。私はずっと、三年から六年まで担任だった先生を好きになれませんでした。実は遼陽時代にすぐ下の弟を白血病で亡くしました。それを悲しんだ母が、直後から軽度のうつ病になっていました。授業を受けながらも、母が調子の悪いときというのはやはり母のことが気がかりですし、その上に、その先生がどうも相性の悪い先生だったものですから、私は、小学校時代というのは、非常に楽しくない、毎日が嫌で嫌で、早く大人になりたいと思いながら過ごしていました。

◆軍国主義の浸透

今野　当時、何かというと陸海軍の記念日には行事がありまして、二〇三高地――乃木大将の命名で爾霊山と呼んでいました――が陥落したというのが一二月五日なんです。一二月五日というと結構旅順あたりは寒いんですが、小学生の高学年は、この日、爾霊山の頂上まで歩きました。片道五キロ、往復一〇キロぐらいはあったんじゃないかと思います。だらだら坂で上がっていくんです。中学の方では、この日、往復のマラソン競技会が行われました。

閉塞隊記念日というのが三月の二七日にありました。明治三七（一九〇四）年の三月二七日に廣瀬武夫中佐が、要らなくなったぼろ船を持っていって旅順港の入口に沈めた。何回かに分けてやっているんですが、廣瀬中佐が戦死したのが三月の二七日ということです。その日が閉塞隊記念日ということになっていまして、ですからもう学年末ですね。三月二七日というのはもう学校の終業式間際だな。こんな終業式間際にやっていたんだったかな。

私の記憶では、この記念日に、附属小学校では、五年生と六年生の時の二回、この二〇三高地の往復駆け足というのをやらされました。これはきつかったですね。やはり一〇キロの坂道を、隊伍を組んで集団で走り通すというのは、小学生にはかなり厳しいですよ。帰ってきたら体全体が鉛のように重くて、ひっくり返って動けなかったということを覚えていますけれども、そういうことをやらされました。

それから、これも小学校六年生になってだと思いますが、海洋少年団というものがありまして、水兵帽と水兵服を一つずつ支給されまして、何か海軍関係の行事があるとその水兵の服装をして、これは第一小学校の方にもあり、附属小学校の方と両方の生徒が一緒になって、海軍関係の行事に参加するということがありました。

印象に残っているのは、海軍兵学校の卒業生が練習艦隊というのを編成して、遠洋航海に出るんですね。その練習艦隊が、昭和一五（一九四〇）年、私が小学校六年生のときに旅順港までやってきたんです。香取、鹿島という軍艦でした。それに乗せてくれて、大連まで半日位の船旅をしました。この経験は、私を兵学校に行く気持ちにさせた遠い理由になっているかもしれません。やはり士官候補生たちが格好いいんですね。

◆中学校生活——満洲移民の進学状況

赤坂　中学校生活はいかがでしたか。

今野　中学校はそんなふうで非常に国粋的な、軍国主義的な教育を強制するような時代でしたけれども、私は、中学時代というのは結構楽しみました。小学校が嫌で嫌でしようがなかったものですから、中学に入って何か解放されたような感じで楽しかったですね。

私が行った旅順中学〔写真〕というのは蛮カラ中学でして、上級生が下級生をぶん殴るというのは、日常的に珍しくない話だったんです。明治の終わり頃にできて、今年〔二〇〇九年〕がちょうど創立百年になるんです。一九〇九年に創設された、大陸で一番古い中学です。最初に大陸に渡った人間たちの子弟が入った学校ですから、土木関係とか何か荒っぽい親たちの子供が入ったのではないでしょうか。乃木大将が視察に来て怒られた、粗暴でだらしがなくてだめだといって乃木大将から叱られたという妙な伝説のある学校でして、私的制裁で、上級生から下級生が殴られるということがよくありました。

寄宿舎を持っている中学というのが余りなかったんだろうと思うんですね。全満各地から寄宿舎生がやってきまして、その子供たちはしかしよく我慢して、昔の子供はけなげだったなという感じがするんですけれども、中学一年から上級生に監視されながら、かた苦しい生活をしていたわけですよ。随分我慢強くみんな暮らしていました。

奈良岡　受験は難しかったんですか。

今野　試験ですか。試験は難しくはありませんでしたね。当時の、昭和一五（一九四〇）、六（一九四一）年までの私たちと同世代の日本人の平均からいいますと、旧制中学に入るというのは人数からいうと非常に少なかったようですね。しかし、私たちの時は、小学校六年生の多くが旅順中学に入ったんです。これは第一小学校もそうだと思いますが、クラスの中で中学に進学しなかったというのは二人か三人。四〇人近くいたと思いますが、ほとんど全員中学に進学しました。それだけ満洲に働きに行っている人たちの生活水準は高かったということだろうと思いますね。親が子供を中学に行かせられないなどということは、満洲に渡った人たちにはなかったと思います。

中学を出て上級学校に入る者の割合も、日本内地の中学よりは高かったのではないでしょうか。旅順という所は工科大学がありました。その方ではレベルの高い大学だったようです。それから、これは戦争が始まってからですけれども、旧制高校の旅順高校というのができました。それから、旧市街の方に医学専門学校がありました。それから師範学校があるんですね。旅順だけで進学先がこれだけあります。それから大連にも、南満工専という工業専門学校がありましたし、大連高等商業という専門学校もありましたし、それからあとは奉天とか新京に建国大学とか、医科大学というのがありました。

旅順中学を卒業して、軍の学校に入ったのもいますけれども、多くの者は進学しましたね。特に私たちの中学のレベルが高くて進学校だったということではないんです。むしろ大連あたりの大都市にある中学の方がずっとレベルは高かったんですけれども、中学を終えてすぐに就職した人間は、少なかったように思います。ですから、いろんな意味で、外地の生活というのは恵まれていたんじゃないかという気がします。

奈良岡　第一小学校や第二小学校の方も、同じような感じだったんでしょうか。

今野　旧市街からも、第一小学校の卒業生はみんな旅順中学に通ってきていましたね。

◆父の満鉄退社と養蜂業への転職

今野　私の父は、昭和一二（一九三七）年から北満のフラルキというところの農業修練所の所長になっていたわけですけれども、三年ほどして、今度は北支の北京の近くの保定というところに転勤になりました。

そこでどんな仕事をしていたかというのは、父は何も話してくれませんでした。ですから、今までは北満にいたのが今度は北支になったということは認識していたんですけれども、そこで父がどんな仕事をしていたかというのは結局分からずじまいでした。やはり大きな組織のサラリーマンですから、待遇は少し上げて、体よく傍系会社に出向させられたということだったんじゃないかと後になって思うんですけれども。それで、父は行った先の仕事が非常に面白くなかったんだと思います。自分の今までやってきたこととは違った仕事をやらされていたようで、その頃からもう会社を辞めたいということを言い出したんです。

当時、北支は物価が非常に高くて、そのため父の給料は倍近くに上ったようでした。ところが、その妻子は旅順にいるわけです。こっちは言ってみると生活がしやすいわけです。物価が安い。父から仕送りを受けている私の家庭は、急に経済的に余裕が出てきて楽になったんです。母も何となく明るくなりまして、それはこういう収入の面からの反映もあったのかな、という気がしないでもないんです。ただ、私の父としては、給料が幾ら高くても、現地は物価が高いわけですし、そして面白くない仕事をしているわけですし、もう辞めたいという気持ちが非常に高じてきたんですね。実際に辞めたのは昭和一九（一九四四）年なんですけれども、昭和一五（一九四〇）、六（一九四一）年頃から、もう満鉄を辞めたいということを言っていました。

それで、そのために、旅順でハチを飼って養蜂業で生活をするんだという計画を立てまして、ぽつりぽつりとハチをまた飼い始めたんです。前に、公主嶺と遼陽では社宅の脇にハチ箱を置いて飼っていたというお話をしましたが、ずっと単身赴任で別居生活をしている間はそういうことはなかったんですが、やはり昭和一六（一九四一）年頃からでしょうか、ハチを飼うと言い始めました。

◆海軍兵学校と旧制高校の受験

今野　その後、私は海軍兵学校に進学します。もともと私は、自分が軍人向きの人間だとは思っていませんでした。では、軍人にならずに何になるかということを考えますと、父が農業関係の仕事をしているものですから、私は、やはり農学というか農林学というか、理系の人間だと自分は思っていたんですね。ですから、旧制高校の理科の方へ進んで、そのうち何か父に協力して、農業関係の知識を生かすような人間になるんじゃないかと、漠然と考えていました。

私の父は、私に軍人になって欲しかったようです。父は非常に国粋的な人でしたから、本当を言いますと、陸軍幼年学校というのがありますね、この子はできたら幼年学校に入れたいという考えを持っていたような、それほどの軍国主義に染まっている人でした。しかし、私は、小学校時代から多少虚弱の面もありましたし、大体、肥満児だったものですから運動神経が鈍くて、運動会に行くといつでもびりっこの方を走っていた口ですから、自分が軍人に適しているなどというのは子供の時代からも思っていませんでした。

それで、中学の三年から四年になるときに、余りにも軍の士官学校とか兵学校に入りたいという人間が多いものですから、その人間たちだけ集めて補習教育をやるということで、旅順中学の四年生になるときに、四年の一組は軍人学級だというわけで、軍の学校に入るための特別の補習をやるクラスになったんです。私は、入る気はないといってそこへ入りませんでした。それで、おまえ、本当に入らなくていいのかと教師に言われて、いいです、私は軍人にはなりませんと言ったくらいだったんです。それが昭和一九（一九四四）年の四月です。ところが七月に、私は突如兵学校を受験したわけです。

私自身、何でその僅かな間に急に方針を転換したのかというのはうまく説明できないんですけれども、やはり時の情勢に引かれたというか染まったといいますか、同じ兵隊になるんだったらいきなり将校になれる方がいいやというふうに考えた、そんな程度だったと思います。

奈良岡　陸軍の方というのは考えなかったですか。

今野　陸軍は考えなかったんです。それはなぜかといいますと、日中戦争の始まった頃から、中学校では教練という科目が出来まして、陸軍の軍人が配属されていました。この配属将校というのが嫌いでした。特に反軍的ということでもないんですけれども、ああいうふうに何か大声を上げて威張り散らすような大人がいつも嫌いだったものですから、配属将校に対するある種の抵抗感というようなものがあって、陸軍の士官学校は受けませんでした。一緒に海軍兵学校に入った友人の成田というのも兵学校一本槍で受けませんでした。両方受けた人間というのは結構たくさんいましたけれども。

奈良岡　今野さんの場合は旧制高校も受験されていますね。

今野　これも今から見ると、ちょっと変わった経緯があります。

旧制高校は、本来、その前の年までは個別に試験問題を作って、個別に募集をして、各学校別々に選抜をしていたと思うんです、たしか昭和一九（一九四四）年春の入学生までは。ですから、一高に入ったなどというのは、やはりそれは難しい試験を突破して偉いなというふうにみんな思いました。

兵学校の試験は昭和一九（一九四四）年七月でしたが、合格通知は九月頃にもう私は受けていました。受けていたんですが、海軍兵学校というのは、江田島に実際に行ってからもう一遍試験があるんです。これは健康診断と体力測定です。この頃は結核がまだ非常に蔓延しやすかった時期ですから、合格が決まってから入学するまでの間に結核に感染する者もいるわけです。ですから、そういう人を選別するために、第三次試験というのが学校に行ってからありました。そこで撥ねられる可能性もあったものですから、いわば滑り止めに私も内地の高校を受けておいた方がいいんじゃないかということで、内地の高等学校を受けたんです。

しかし、そのときはもう非常に戦局が危なっかしくなってきていまして、言ってみれば戦後の共通一次試験みたいな形で、満洲というか関東州も含めて、外地にいる進学希望者が、内地の高等学校とか、あるいは北大の予科なんかも含めてだったと思いますが、全部そういう上級学校を受けるときにはみんな共通の試験を受けさせられたんです。そういう関係かどうか分かりませんが、試験問題が非常に易しかったという感じがするんです。一体本当に、一高だとかそういうところへこの程度の試験で行けるのかなと思うくらい、易しい試験でした。それで、そのとき私は、親が仙台の出なものですから二高を希望しまして、あと、第二志望なんかも書かされたような気もするんですが、とにかく一応二高志望ということで願書を出して受けたんです。そうしましたら合格通知が来ました。ですから、昭和二〇（一九四五）年に仙台の二高に合格している合格者名簿の中に私の名前は入っていると思うんです。

ただ、実際にそういうふうにして内地の高校に合格した人間はかなりの人数がいたと思うんですが、現実にはみんな入れなかったんです。それはなぜかといいますと、日本内地で、旅順の工科大学だとか高等学校だとか、それから満洲の建国大学だとか、そういうところへ合格した人たちが大陸に渡れなくなってしまったからです。昭和二〇年の三月末から四月にかけては、全員、大陸の上級学校に合格した人たちは、志望校に進学できなかった。満洲の方からも、海を渡って日本の高校や専門学校に入るという人間を運べなくなったということがあるんですね。それで、その振りかえをやったわけです。交換したわけです。ですから、私がもしも旅順にいましたら、旅順高等学校か旅順の工科大学か、多分どっちかに入ったんだろうと思うんです。私の級友の中にはそういうのがいるんです。結局、振りかえ入学で地元の上級学校に入れさせられた。恐らく、共通一次のような全員同じ問題のペーパーテストがなされたというのは、そのときの方針として、多分もうそれを想定していたんだろうと思います。

奈良岡　昭和一九（一九四四）年の夏に海兵を受けたときには、既に一年繰り上げ卒業というのは決まっていたわけですね。

今野　決まっていたと思います。

奈良岡　高校の受験というのは何月でしたか。

今野　多分、昭和二〇（一九四五）年の一月に入ってからだったと思います。

奈良岡　合格通知はすぐ来たんですか。

今野　合格通知はもらえました。二月か、三月になってからかも分かりませんけれども。ただ、私は、振りかえ入学がなされたというのをはっきり認識していたかどうか、ちょっとその点は記憶が曖昧です。でも、私は三月の末に旅順を出たんですから、もう聞いていたでしょうね。私は内地の学校、つまり二高にも受かったんだけれども、しかし二高には行かれない、もしも兵学校の三次試験で不合格になったら、旅順に帰ってきて旅順の高等学校か工科大学かに入ることになるんだというぐらいのことは、多分見当がついていたのではないか、時期的にそう思いますけれども、私自身は余りそういう認識はありませんでした。それはちょっと覚えていません。

◆江田島への出立

今野　それで、昭和二〇（一九四五）年の三月末に、海軍の下士官に引率されて大連の中学の連中と、三、四〇人になりましたかね。大連は一中、二中、三中と市立中学と中学は四つありまして、そこの合格者と私たち旅順中学の合格者が一緒になって海を渡って、初めは釜山から関釜連絡船で下関に向かうというつもりで船に乗せられたんです。ところが、どういうわけだかこの船は下関には行かないで博多に行くというふうに言われまして、博多に上陸しました。

もう玄界灘あたりも米軍の潜水艦が出没しているということで、常時ずっと飛行機が、その船の上を旋回しながら警備して、玄界灘を渡って博多に着きました。朝、釜山を出て、夕方博多に着いたというふうな感じだったと思います。やはり、これから初めて祖国の土を踏むというので、非常に浮き浮きした感じで甲板に出て周囲を眺めました。船倉の、つまり客室といっても大部屋の船倉に入れられたんですけれども、そのうち退屈して、みんな甲板に上がりまして、対馬だとか壱岐だとかあの辺の島を眺めながら、いよいよ祖国に着くんだという思いで胸をふくらませて渡ってきました。

兵学校に入学するときの状況についてですが、私は七七期です。私たちの一期上が七六期で、これは海兵関係のいろいろな記録にも出ていますけれども、七六期と七七期というのは、同じときに同じ試験で合格したクラスなんです。

昭和一九（一九四四）年の七月に海軍兵学校を受験して合格した人数というのは、私たち中学四年と五年が昭和二〇（一九四五）年の春には卒業することに決まったこととあるいは関連しているのかもしれませんが、海軍兵学校も、次と次の入校生は大量に採ったんです。昭和一九年（一九四四）の七月、同じ問題で二期分、実に七千人からの人間を合格させているんです。それで、五年卒になる人間を昭和一九（一九四四）年の一〇月に入校させて七六期にして、そして残りを昭和二〇（一九四五）年の四月に入校させて七七期にする、そういうプランで、実に七千名という数を合格させたんですね。ですから、およそ質的に威張れたものじゃないなという気がするんです。私なんか、そういうことでなければ兵学校に入るということはなかったんじゃないかと思います。

◆海軍兵学校の虚実

今野　ところが、そのときにまた一つ問題が起きまして、七六期として採用するにはちょっと人数が足りなかったんです。つまり、五年卒あるいはそれ以上の年齢の人間を七六期として合格させた。それから七七期の人間を合格させた。その人数のバランスが、七六期の方がちょっと足りなかったんですね。そこで、七七期に入るべき人間の中から、四月生まれの人間を繰り上げて七六期に入れてしまうという措置をとりました。そのために、大連の同級生の中には、同じ時期に同じ試験を受けて同じように合格しながら、四月生まれであったがために七六期に先に入ったというのがいたのです。そういう人間が出ていました。

兵学校に着いたあと、入校式までの間に数日余裕がありました。兵学校ではその間に入校予定者と在校生とは、勝手に接触させないという方針をとっていました。それは在校生の方にも達していたでしょうし、行った人間にも、上級生になる生徒と顔見知りでも雑談なんかしちゃいけない、話もしちゃいけない、そんなことを言われました。言われたんですけれども、実は大連の中学の中で接触があったんです。私もその場に居合わせて、その男とも会いました。それが本当に何ともお恥ずかしいんですけれども、級友たちとまず顔を合わせて、最初に「貴様たち逃げるなよ」と言ったんです。逃げようなんていう気は起こすなよと。それが、兵学校在校生と入学予定者の私たちとが接触して交わした言葉の第一声ですね。これは大変なところに来たんだなと思いました。逃げ出そうなんということは思わず、辛抱しろというわけです。

ということは、後で分かったんですけれども、有名な鉄拳制裁に堪えられなくなって逃げ出すのがいたんですよ。海軍兵学校にも脱走者がいたのです。そういうことは海兵を出てきた経験者の人たちは何も言いませんけれども、どこにもそんなことは書かれていないんですが、実は兵学校というのは、そんなに精鋭ぞろいの規律のとれた立派な教育を貫徹させていた学校というわけではありませんでした。

ただ、私は、終戦の年の春に入って、その夏には敗戦でもう終わるわけですから、つまり兵学校に入ったとはいうものの実際には五カ月足らずで終わってしまった人間ですから、海軍兵学校はこういう学校だったというようなことを偉そうに人に紹介するには何といっても経験が足りないというか、体験不足といいますか、大きなことは言えないということは重々分かっています。けれども、私の知っている兵学校の実態というのは、やはり伏せておくよりはお話しした方がいいと思います。

それは、いろいろな面で、書かれていることと実態は違います。私としては、自分がそこで一定期間は養ってもらって、そして兵学校に行ったということが、変なもので終戦直後はある種のライセンスみたいに見られまして、この衆議院という組織の中に入っても、私ちょっと特別待遇を受けていたのではないのかなという気がしないでもないんです。ただ、終戦の時に在校した同期や先輩の人たちがしばしば、「よかったよかった、立派な学校だった、本当に世界に通用するジェントルマンを養成する学校で、理想的な教育環境であり、教育内容であった」というようなことを書いているのを見ますと、そんなことはないよ、そんな夢のようなことを言っちゃいけないよ、という思いが私にはありますね。

海軍兵学校の上級生による鉄拳制裁というのは、やはりどう考えても弁護の余地のないレベルのものでして、これを美化して、何かそれによって非常に精神的にも鍛えられたというふうなことを言うのは、まして、そういう生活が世界に通用する日本人を育てたエリート教育だったというふうな言い方をするというのは、それはおかしいというふうに私は思います。

　私は、ひどい目に遭ったということを特に強調するわけではないんです。私自身、耐えたわけですから。大方の人間が耐えられたわけですから。ですが、後遺症が残るほどの殴打を受けた者がいるのに、そういうことを全然抜きにして、江田島の海軍兵学校が非常に理想的な紳士教育を行っていたかのように、事実に反することを麗々しく書くのはおかしい、それは間違っていると思います。では、何もかも悪かったかというとそうではないのであって、強い戦士を養成するためにはある程度そういう規律の強制が必要だったのではないかと、私はその点では思うんです。

◆原子爆弾を目撃

今野　江田島の体験で忘れられないのは、何といっても原爆雲です。江田島は広島から直距離にして一五キロほど南です。八月六日は月曜日でした。月曜日の午前八時には毎週、部監事訓示というのがありました。大原分校の七部、私は六分隊ですが、各部は一〇個分隊で、五百名位の生徒がいます。部には部監事というのがいまして、それは大佐位の人ですが、その八月六日の朝は部監事訓示というのを私は聞いていたように思うんです。

　一〇分かそこらの訓示がありまして、特段なことを言うわけではないんです。「戦局いよいよ急を告げているから、貴様たちは心を一つにして訓練に邁進せよ」みたいなことを言うだけなんですけれども、終わって散会したときに、北の方角から、「ダーン」と物凄い音がしたんです。私たちは屋外でその部監事の訓示を受けましたが、他の部ではそれぞれ、部屋の中にいたとか、記憶がまちまちですね。私は屋外で訓示を聞いた直後でした。ちょうど広島の方角に食堂がありまして、食堂の建物のすぐ向こう側ぐらいで何か大きな爆発物が爆発したというふうな感じだったです。すぐそばで非常に大きな爆弾が破裂した、という感じでした。

　その前にピカがあったわけですね。その部監事の訓示が終わって散会した頃に、ちょうどフラッシュをたくような感じで、さあっと辺りが光ったんです。明るい、晴れた空の下でしたけれども、何かがさあっと光ったのを覚えています。夏の強い日射しの下でもはっきり感じられる強い明かりが走りました。それで、何だといってみんなぽやんと空を見上げたりしているときに、どかんと物すごい音、すぐ後ろの建物の裏側あたりで起きたような音がしました。

機敏な連中は、兵学校の生徒はみんな大体機敏ですが、ぱあっとその場に伏せましたね。ところが、私は反射神経が鈍いものですから、ぼうっと立っていたんです。ほかにも数名、全然避難しようとしないで何だろうという顔付をしてぼんやりしていたのがいました。ところが、何も起きないわけですよ。そうすると、鈍い人間がいかにも豪胆で動じなかったようで、機敏な人間がみんな慌てふためいたような印象で、おかしな光景になりました。

伏せた人間が決まり悪そうに立ち上がって衣類の埃を払ったりしているうちに、誰かが、「あれは何だ」と声を上げたんです。そうしましたら、食堂の屋根越しに、これは本当に今でも忘れられないんですけれども、いわゆる原子雲と称される、キノコ状の、大きなキノコの傘のようなものがすうっと上がってきたんです。その色は、私の記憶では、お正月のお供えもち、鏡もちがありますね、あれが少し日がたつと表面がつるつるになって光沢を帯びてくるじゃないですか、ああいう感じで、そして薄桃色です、灰色というよりちょっと薄桃色でした。そういう感じのものがすうっと上がってきました。

それで、みんな茫然として何だと言っているうちに、それがある程度の高さまで来ましたら、そのちょうど中央部分から、入道雲がわき出すように、くらくらくらくらと、白い雲がわき出すようにわき上がってきました。外側のキノコ雲はだんだん広がっていって崩れていくわけですが、中から立ち上がったその雲の柱がいつまでもいつまでも煮えたぎったように、噴き上っていきます。火山の爆発と同じです。それが昼過ぎぐらいまで動いていました。私たちは茫然とただ見上げているだけでした。

それからは、八時半になればどうする、九時になればどうするという日課がありましたから、それぞれみんなそういう日程に従って行動しましたけれども、やはり気になって、外に出ては北の方角を見たんですけれども、その雲の柱というのは、煮えたぎるようにくらくらくらくらと、噴火の煙のように昼過ぎまで立ち上っていました。余り風のない日だったからでしょうが、それがなかなか崩れませんでした。風の強い日でしたらあるいは早々と消えたのかもしれませんけれども、その日は余り風がなかったせいか、夕方まで立っていました。この煮えたぎるような動きはだんだんおさまりましたけれども、雲の柱としては、夕方まで東の方に傾きながら立っていたように憶えています。次の朝にはなくなっていましたけれども。

兵学校では、各分隊がみんな、昼間は一号が目を光らせて下級生を怒鳴っているという生活なんですが、寝る直前だけは仲よくする、要するに、昼間どんなことがあったって、それはもう忘れて、夜寝る前まではみんなで仲よく話し合って寝ようというのが兵学校の軍隊生活のしきたりでした。それは専ら和気あいあいとやっているのは一号だけであって、二号、三号は大人しくそれを周りで拝聴しているだけなんですけれども、その日の晩は、今日のあれは何だということを一号がいろいろと議論し合いました〔当時の海軍兵学校の修学期間は三年間で、上級生から順に一号、二号、三号と呼ばれた〕。

私の分隊では一人だけ、とうとうアメリカは原爆を開発した、あれは原子爆弾だ、先を越された、やられたと言ったのがいました。それは隠岐島から出てきている浜崎という一号でした。ところが、ほかの一号たちは、いや、まだそこまではいっていないんだろう、あれは日本の側の集積した火薬庫の爆発ではなかったかとか、なるべく原爆だというふうな認識は持ちたくないということなんでしょう、あとの十何人は反対説を唱えていましたけれども、一人だけ、いや、あれは原爆に違いない、ついにやられたと言っていました。

私、ずっと後になりまして、兵学校の分隊会があったときに、その浜崎という人と会の幹事をやったことがあるんです。浜崎さん、あのときに、あれは原爆だとはっきり言ったのはあなただけだったな、よくあの時期にあれが原爆だと知っていましたねと言ったんです。そうしましたら、一号ぐらいになるとその程度の兵器の科学技術知識というのは教わるんだ、世界の兵器の水準というようなものは一応我々は聞いていたから、すぐに自分はそう思ったんだと言っていました。

原爆の投下されたすぐ後に、あれは何だというわけで、兵学校の教官たちが広島に視察に入ったんです。そうしたら、帰ってきて黄疸みたいな症状を起こしているという話も聞きました。ですから、放射能を浴びて、その人たちがどうなったか分かりませんけれども、視察に行った人たちは行ってすぐ原爆症にかかってしまったということだと思います。

ところが、何が起きたか、一体あれは何だったのかということは誰も教えてくれないわけです。ただ上級生たちが憶測して言っているだけです。数日しまして英語の課業がありまして、英語の時間に教官がそれを英語で喋ってくれました。この間広島に落ちたあの爆弾は、アトミックボムとかなんとか言いまして、原子爆弾というもので、大変な被害が起きたんだということを、授業で、その教官は日本語ではちょっと喋れなかったんでしょう、ずっと手まねや身振りをまじえて、英語でそういう情報を伝えてくれました。

◆終戦へ

今野　それから、次には長崎に落ちましたね。長崎に原爆が落ちたというのは、私、新聞閲覧室に行って新聞で見たというような気がするんです。まるっきり新聞閲覧室に近づけないわけではなくて、時たま、だれ言うとなく、ちょっと新聞閲覧室に行って新聞を見るというようなことはやっていたんです。ですから、ソ連の参戦というのも伝えられました。

それで、八月一五日が来るわけです。この八月一五日の終戦の詔書をどういうふうな形で聞かされたかというのも、何か『昭和二十年　最後の海軍将校生徒』という本〔海軍兵学校第七七期会発行、一九八四年〕を見ますとまちまちですけれども、私の場合は、「今日正午から天皇陛下の放送がある、貴様たちは身なりを整えて、褌から何から全部洗ったものに着がえて、自習室に集合しろ」ということなんです。いつも一二時というのは多分食事の時間だったと思うんですけれども、そのときは、そういうわけで、衣服を全部きれいなものに着がえました。ですから、礼装を着たんだろうと思います。普通は事業服というのを着ているんですけれども、着がえて放送を聞きました。

ところが、この放送はピーピーガーガー妨害音波に遮られまして、まともに誰も内容が把握できませんでした。

それは江田島本校でもそうだったようですし、大原でもそうでした。内容が全く分からないんですが、その当時、私たちは対ソ連の宣戦布告の詔書が渙発されるというふうに思っていました。ですから、負けるなどという考えは玉音放送のあとでも念頭にはありませんでした。

そのあとが、今から考えると滑稽な話ですが、伍長（一号のトップで、分隊のリーダー）が私たち三号に、「貴様たち、今の放送を聞いて何と感じたか感想を言え」と言うんです。感想を言えといったって、中身が分からないわけです。それで、順番に感想を言わされたんですけれども、「いよいよこれでソ連との戦争が始まって、日本は全く孤立する状態に陥ったんだけれども、最後の最後まで命をかけてこの国を守り抜く覚悟であります」というようなことをみんなが言わされたわけです。そうとしか言いようがないわけです。負けたとは思っていないんですから。その上で、気合いを入れるといって殴られたんです。「貴様たちはこの上さらに粉骨砕身お国のために戦わなくてはいけないから気合いを入れる」と言って、玉音放送の直後に殴られました。

ところが、その後、昼食をとったあと様子が違うんです。予定の日課には何も入らないで、「生徒は軽挙妄動することなく冷静に待機せよ」と校内放送で放送されたんです。これから生徒は軽挙妄動することなく冷静に待機せよ、そういう言葉でした。変だなと思いながらあとの指示を待っていたわけですが、兵学校の一年生、三号は、何もすることがないというのがこれまた困るんです。寝そべったり、ベッドの上で胡坐をかいたりしてのんきにしているわけにいかないんですから。それで、私は銃の手入れをしました。各分隊にそれぞれ陸軍の三八式歩兵銃というのが備えてあります。それは二〇丁ぐらい、三号の数ぐらいしかないんですけれども、みんな三号が手入れをすることになっていました。海軍では銃の手入れをする場所というのがなくて、戸外でやるんです。それを持ち出しまして、かんかん照りのところで、なるべくゆっくりゆっくり丁寧に時間をかけて銃の手入れをやりました。

ところが、そこに、一人、血相を変えて駆けてきた者がいまして、無条件降伏だぞ、そう言ったんです。それで、何だというわけで、そこで初めて日本が降伏した、負けたんだということを知りました。それが、正午の玉音放送を聞いたあと、もう三時か四時頃だったんじゃないかという気がします。まだ日は高かったから、夕方までにはなっていなかったのかもしれませんけれども、かなり遅れて知りました。

江田島本校の方は、生徒を集めて教官がそれを伝えたようですが、私たちがいた大原分校では、教官から直接伝えられたというのはもっとずっと後になってからでした。夕方になってそういうことがあったような気もしますが、はっきり覚えていません。

いずれにしても、負けたという現実を認識させられました。まさに、軽挙妄動することなく、承詔必謹という言い方を当時しましたけれども、謹んでその詔勅の命に従って、悔しいけれども、おとなしく敵にこの国を明け渡すんだということです。それはもう茫然自失です。生徒の中には大声を上げて泣く者もいましたけれども、私は泣く気になんかなれませんでした。大声で泣いている者に、やかましい、黙れ、静かにしていろと言いたいくらいの心境でした。

針尾の方の予科の分校に入った連中は、これで家に帰れると言って喜んで騒いだような者もいたようですけれども、私はそんな感じは持てませんでしたね。負けたというのは、前途、お先真っ暗ですからね。全然そんなこと予想もしないで江田島に来たわけですから。それはもう本当に茫然自失で、なすべきことを知らずという感じで、その日は暮れました。

◆海軍兵学校を去って

赤坂　海軍兵学校が解散になってから衆議院事務局に来られるまでに、しばらく時間がおありになったと思います。そのときに目にされた敗戦後の日本の様子、占領の様子について、どのような御印象をおもちでしょうか。

今野　それでは、江田島を出るあたりからお話しします。八月の二三日頃に、復員と言ったんですが、江田島を出てみんな帰る作業が終わったというふうに記録には出ていますが、私は一番最後に江田島を離れたグループだったような気がします。日にちは記憶していません。たしか八月の二八日ごろに米軍が進駐してくるという話がありまして、それまでにもう江田島は空っぽにするということでした。

丸二日ぐらいかかったんでしょうか、私は、横浜の保土ケ谷におじが住んでいたものですから、そこに落ちつきました。そこが、私の父の、一人しかいない年の離れた兄と私の母の姉とが一緒になっている、私としては一番血のつながりの濃い親戚だったんです。そこのおじおばの住所だけは私は教わって、ほかの親戚たちの住所は何も知らないで日本内地に来ていました。ですから、とりあえずそこを頼って行きました。

おじというのが、当時、横浜の損害保険会社の重役をやっていまして、まだ現役だったんですが、厄介になっている間に横浜の焼け残ったその会社のビルが米軍に接収されることになりまして、私は荷物の整理などの手伝いを早速やらされました。うちへ持って帰る書類だとか捨てるものだとかを分けるのを、そばにいて専ら力仕事をさせられるということがありました。

そうこうしているうちに兵学校の方から呼び出しがありまして、兵学校で第一学年を修了したという修了証書をもらったのが一〇月一日付というふうになっていますから、多分、九月の下旬だったんじゃないかと思いますけれども、どこか、区役所か何かに呼び出しが来ました。私、そのときは夏の軍装に着がえまして、これでもう兵学校とも終わりになると思って、軍帽をかぶって行ったんです。そうしましたら、修業証書を配られまして、そのときにお金を五百円もらいました。五百円というお金は当時としては大変なお金でして、多分、戦時中、大学出のサラリーマンの初任給というのは百円ぐらいだったんじゃないかと思います。戦争中もインフレが徐々に進行はしていたと思いますけれども、敗戦直後の五百円という額は大金でした。

それを何ということなしにもらったんですが、正直言って、おじ、おばのうちに居辛くなりまして、後で出ていくときにそのお金があったということは大変助かりました。とにかく一万何千人からいる兵学校の生徒に当時のサラリーマンの数カ月分ぐらいの給料を兵学校では全部配ってくれたわけですから、これは予算的にも大変だったんじゃないかと思うけれども、よくやってくれたという気がします。

それで、おじの家にいる間に、上級学校の編入学試験というのが認められ、軍の学校で途中退学を余儀なくされた人間たちを旧制高校や専門学校に一定人員採用するという制度がとられたんです。そういうことが新聞で発表されて、応募したい者は応募しろということになりました。では兵学校がだめになったんだから高等学校にでも行かせてもらおうかと思いまして、おじ、おばにいいですかとかそんなことを相談もしないで、それじゃ僕は一高を受けてみる、そう言ったんですよ。東京にどういう学校があるかというのは、一高ぐらいしか知らないんですから。そうしたら、いけないとも何も言わないんですよ。おじ、おばは、うちではそんなところへお前を行かせてやれないよとか何も言わないんです。だから、駒場の一高に試験を受けに行きました。

ところが、そこで思いがけなく、私、小学校から中学校、それから兵学校まで成田という者と一緒に来たのですが、その成田とぱったり出会いました。人の運命は本当に分からぬものだと思いますけれども、ついこの間、江田島でもうこれっきりで会えないかもしれないというような思いで別れたのが、わずか二カ月ぐらいの間にぱったりそこで出会いました。彼も受けに来ていたんです。そこで旧友との交渉がまた再開できました。その後、しばらく行き来がありました。

しかし、二人とも不合格になりまして、結局私は、おじ、おばの様子を見て、これはここの家に長らく厄介になっているわけにはいかない、自分で身の振り方を考えなくちゃいけないんだなと気付きました。それで、やはり何か仕事につこうというふうに考えて、海軍の、将校生徒だけじゃなく、一般の海軍から復員した人たちの就職を斡旋する軍人援護会というのが東京の芝に、今、美術倶楽部という画商の会館が建っているところにありました。そこで就職先を見つけてくれるというものですから、そこを訪ねました。

そうしましたら、二つ返事で、よかろう、それではすぐ、明日にでも久里浜の、いま復員収容所になっている海軍の工作学校に行きなさい、そこにいる海軍大佐の岩崎といったような気がしますが、その人の指示に従いなさい、というふうに言われたんです。それが一〇月の末頃、あるいは一一月に入ってからだったかもしれません。それで、早速私、翌日、おじ、おばに断りまして、おばに預けていた三百円を懐にしまして、これだけあればしばらくは何とかやっていけるだろうと思って、久里浜に行きました。そうしましたら、同じ日に私と相前後して、舞鶴の機関学校〔海軍兵学校舞鶴分校〕の、私よりも一年上になる、兵学校でいうと七六期に当たる細田さんという人が来ていました。その後少しずつ増えて、一〇人ほどで久里浜生活を始めることになったんです。

ところが、何もすることがないんですよ。仕事のプランもないし資金もないんです。では、何のために若者をそこで集めたかということなんですけれども、大分あとになって軍人援護会で働いていた人から聞いた話ですが、どうも海軍は、パルチザン的な組織作りの構想を一部の人間が持っていて、海軍の跡地に、少人数ずつ若者を配置していたらしいのです。

◆北辰電機製作所への転身

今野　結局、そこでは食べさせてはくれても給料が貰えないので、幾ら何でもそれじゃ就職した甲斐がありませんから、私たちも、ちゃんとした仕事とちゃんとした給料を欲しいということを要求したんです。そうしましたら、これでは続けられないと思ったんでしょう、その岩崎大佐が懇意にしていた軍需会社の社長に私たちを紹介してくれまして、そっくりその会社が私たちを引き取ってくれることになったんです。それが大田区の下丸子にあった北辰電機製作所という会社でした。この会社は、戦争中に、飛行機のメーター、油圧計だとか速度計だとかいろいろなそういう航空機の、当時としては割に先端技術だったんでしょうか、飛行機の計器類をつくって海軍に納めていた会社でした。それが終戦になりまして、一部空襲も受けていましたけれども、焼け残った工場で新製品を作ろうとしていた時期でした。それで昭和二〇（一九四五）年の一二月に、私たちは久里浜から北辰電機に引き取られたわけです。

その会社で私たちを何に使ったかといいますと、そのころは食料が非常にないものですから、社員に食料と燃料、薪だとか炭だとかそういうものを供給する用員として雇われたのです。その社長が横浜の上永谷というところにかなりの持ち山を持っていて、大半が雑木林でしたが、そこを開墾して畑にして、そこでつくったものを社員に少しでも供給するというふうな計画を立てまして、現地の山の中にもう既に小屋ができていたんです。余り床張りなんかきちんとしていませんでしたけれども、それでも一四、五人なら暮らせるような木小屋ができていまして、昭和二〇（一九四五）年の一二月頃に、久里浜からトラックに乗せられましてそこへ移転しました。

そのときに、工作学校にはベッドだとか、それから海軍ではチェストというんですけれども、衣類なんかを入れる大きな頑丈な箱があるんです、みんな一人一人、工作学校のそういう備品を勝手に持ち出して上永谷の宿舎に入りました。昭和二〇（一九四五）年の一二月にそこへ入りまして、当面、まず木を伐採し、ササを刈ったりして、畑にできそうな土地を開墾しました。

そうこうしているうちに、GHQの命令で農地解放令が出て、社長の所有地でも農地化したものは農民に渡せということになりました。そこで農地が欲しい者は残れ、工場で働きたい者は本社に移れということになりまして、昭和二一（一九四六）年の一二月だと思います、荷物と一緒にトラックに乗せられまして、蒲田の下丸子にある北辰電機製作所の独身寮に移りました。ねぐらはあるわけですし、三食とも工場で食べられるわけですし、食費や寮費は給料から天引きされて残った額が手取りになるんですけれども、それで別に不自由な感じは持ちませんでした。もちろん、何かうまいものを食べようとか身なりを調えようとか思えば、そういうものは物資不足でけた違いに高いものでしたから、そんないい格好はできませんでしたけれども、兵学校時代の衣類をそのまま着古して、別にそれほど窮迫感は感じないで過ごしていました。

◆家族の帰還

今野　年が明けまして昭和二二（一九四七）年の三月に家族がようやっと帰ってきました。その間に、品川の駅に行って、知り人はいないか消息を尋ねたというようなこともありましたけれども、結局、実際に帰ってくるまでは全くその消息はつかめませんでした。
私の両親たちは、何せ保土ケ谷のおじ、おばというのが自分たちの兄であり姉であるわけですから、一番先にそこへたどり着くものだとばかり私も思っていました。ところが、とんでもないところから連絡が入りまして、長野県に辰野というところがあります、中央線に。そこにいるというのです。大連から佐世保に引き揚げてきたのですが、その連絡がおじ、おばのところへ入ってきて、そのころは電話がありませんから、電報だか葉書だかで私のところへ知らせがありました。ではもうすぐだなと思っているところに、辰野にいるという連絡がありました。

何で辰野なのかと思ったんですが、後で聞きますと、どうせ保土ケ谷に行ったってすぐに仕事があるわけではないし、暮らしの道が立つわけではないから、どこでもいいから行けるところへ行き着けばいいという程度の思いで親たちは上陸しているんですね。それで、船中で知り合った、初対面の長野県の辰野出身の人にそういうことを話したら、その人はまた早くから満洲に行っていて日本内地の状況に全く疎くなっているんですね。自分が日本を出たときの印象しかなしに物を言っているわけです。自分の田舎は土地なんか幾らでもあるから、うちへ来なさいといって声をかけてくれた。それでその人の後にくっついて、のこのこ信州の辰野まで行ってしまったんです。しかし、そこには落ち着けずに、結局は父の郷里の仙台の親戚を頼ることになりました。

◆仙台での暮らし振り

今野　私たちの家族は、最終的には仙台のおばのところへ落ちついたのですが、何せ東京から合流した私を入れて九人でしょう。普通の、それは二階家の一戸建てでしたけれども、客間一間を占領してなかなか大変だった。よく、あの時代はみんな本当に親戚同士が助け合って、お互い我慢し合って生きていたなと思います。改めておばたちには感謝しますけれども、よく面倒を見てくれたと思う。そこに半年近くいましたね。

その間は、食べるについてやはりいろいろなことをやりました。行商みたいなことをやったり、夏ですからアイスキャンディーの立ち売りなどやり、それから、進駐軍の労務者みたいなこともやりました。今は陸上自衛隊の戦車隊か何かになっていますけれども、仙台から塩釜の方へ行く方に苦竹というところがあります。そこに米軍の基地がありまして、そこまで行くと、その日その日によって作業は違うんですけれども、時には屋根の上に上げられて割れた瓦を取りかえるとか、石炭の積みおろしとか、つまり雑役ですけれども、いろいろなことをさせられました。割に給料も悪くなかったような気もしますし、そんなことをして食べつないでいました。

父もいろいろなところへ行って何か日銭を稼ぐようなことをして、ともかく、おばのうちにいて、生活費は私と父と、それから母は何かおかしな食べものを作っては姉と妹たちに露店で売らせたり、一家総出でいろいろなことをしながら食べつなぎました。私の父はずっと満洲でもいわば現業畑を生きてきたものですから、なかなか生活力がありまして、そろばん勘定が上手で金もうけがうまいというタチとは全然違うんですけれども、とにかくお金を稼いできては、家族の生活を細々とながら維持するのに寄与してくれました。私はそれを手伝っているという感じでした。

しかし、依然として父は農業生活に入りたいわけです。それで県庁なんかにいろいろかけ合っていたんですが、仙台のような農耕地が多いところでも、もう余り余地がないんですね。それで、私の父は一人で暇を見ては周辺の山などを歩いていたんですが、偶然に、満洲で知り合ったリンゴ園経営者とばったり出会ったんです。その人は、蓋平というところが満洲にありますが、そこで非常に大きなリンゴ園を経営していて、満洲国皇帝に献上するくらいの見事なリンゴを作っていた人で、佐々木さんという人でした。その佐々木さんと父が偶然出会いまして、そうしましたら、いや、私の住んでいるところの帰農地の一角に、たしか一区画ぐらいまだ空きがあるはずだから、そこへ紹介してあげると言われまして、渡りに船でそこに落ちついたんです。

それが、仙台から山形に向かう仙山線の途中の愛子というところからちょっと歩いて入るところなんですけれども、そこまで父と二人で通いまして、木小屋を作りました。また、その地元の材木店がすごく同情してくれたというか、そこの番頭が私と同じ今野、今野という姓は割に宮城県には多いんですが、今野という人で、その材木店の番頭さんが非常なサービスをしてくれました、安く材木を提供してくれたりして。それで、一カ月ぐらいのうちに何とか雨露しのぐような住まいをつくりまして、昭和二二（一九四七）年の一一月の中頃にそこへ一家で移り住みました。

やれやれ、満洲から流れ流れてきて、ようやっとここで家族らしい水入らずの生活ができるんだなとは思いましたけれども、やはり生活を維持するというのは大変でしたね、その当時は。引揚者とはいいながら、私の母は旅順から衣類なんかを結構たくさん担いできているんです、今から考えると不思議なくらいなんですけれども。父の紋付だとかはかまだとかまで持ってきていまして、そこへ入るくらいまでの間、母は物を売ったりしていました。でも、いよいよそこで農業をやりながら生活費も稼がなければならないということで、これは非常に大変なことになりました。

そのため、政治的な関心というのは、当時はありませんでした。ですから、私が最初に選挙権を行使したのは、満二〇歳になったのはどこだったか、昭和二三（一九四八）年に二〇になったんですから……。二四（一九四九）年の一月に衆議院選挙ですか。誰に投票したかということはこれから後は申し上げませんが、私が最初に衆議院議員に投票したのは、宮城県知事をやめて衆議院議員に立候補した千葉三郎さんという人に一票を入れました。要するに、ほかの名前は全然知らないし、政党の政策についてもろくに勉強する気もなかった。いずれにしても、ただ県知事で名前を知っているということだけです。あとの人は名前も知らないし、主義主張も比較しようもないということで、千葉三郎さんに入れました。その程度の政治認識しかありませんでした。

◆駅弁売りの体験

今野　仙台のおばの家にいる間に私は気管支ぜんそくの発作を起して、暫く寝込みました。それまで自分がアレルギー体質だということは、全く自覚していませんでした。気候の変化に過敏に反応するぜんそくでした。

当時の病院では、今では禁止されているような劇薬を平気で処方していました。今はもう覚せい剤で禁止されているエフェドリンというのがありますが、これなんかは常用していました。それから、名前は忘れましたけれども、当時はまだ薬局で、赤いラベルを貼った一種の麻薬を売っていまして、注射器も売っていました。筋肉注射だから自分でできるんです。発作の出たときはそれを打てと医者に言われました。それで、翌年、愛子の住まいに移ってからだと思いますが、やはり八月の末頃から二回目の発作が起きまして、父にそういう麻薬を買ってきてもらって自分で打ちました。

父は、外でいろいろな稼ぎに行って生活費を稼いでくるんですが、畑はお前にやってもらいたいというふうに思って、私に期待していたわけです。私の方も若いからそのつもりで農地に入ったんですが、ぜんそくの持病が出てきて私が動けないものですから、与えられた土地を農地化するのが進捗しないんです。かなりの面積を与えられていました。三町歩ぐらい、三ヘクタール。傾斜地を含めまして、かなり広いところを与えられたんですが、まるっきり進捗しないんです。

それで、昭和二四（一九四九）年になりまして、私の父が、こんなことでは農作業が進まない、畑ができないからお前と交代しよう、お前が外へ出て働いてくれ、私が畑をやる、もちろんその間なるべくいろいろ稼ぐようにはするけれども、とにかくお前は固定した職業についてくれと言われました。しようがないですね、うちにいたって体力が弱っていてろくに農作業はできないんですから。

仙台から先の方、東北本線で岩手の方に行ったところに小牛田という駅があります。あの頃は東北本線も、仙台から先は単線だったような気がします。それで、小牛田というところは分岐点で乗りかえ駅なんです。西の方へは、鳴子温泉を通って新庄とか酒田の方へ行く陸羽東線というのがあります。それから、東の方へは、女川の方へ行く、あれは涌谷線といったか何線といいましたか、東北本線と東西に別々に出ていく支線の乗りかえ駅だった。そのために乗降客が意外に多い。しかも、列車待ちをする時間がかなりあるわけです。本線自体も単線なものですから交換がありまして、上りと下りが小牛田の駅で交換する。

そこの駅弁売りをやれと言われたんです。父がその駅弁売りの仕事を見つけてきまして、私はそこで生活費を稼ぐことになりました。それが昭和二四（一九四九）年の春頃だったような気もするんですが、とにかく、衆議院に入る前の一年ぐらいは小牛田の駅で駅弁売りをやっていました。

◆衆議院事務局へ

今野　ただ、そうこうしているうちに、おれ、こんなことをしていていいのかな、この先どうなるんだろうという思いがしてきたんです。ここで何やら同年配の仲間から多少頼りにされてボス然としてきているんだけれども、ここでこんなことをしていておれは一体どうなるんだろうと考えまして、やはり東京に出て、自分の進路を見つけようという気になってきました。それから少し売り上げの中から、東京へ出ていって二、三カ月は何とか暮らすぐらいの費用は持っていなくちゃいけないと思いまして、ぽつりぽつりとそういうふうな準備を始めたんです。

私は、仙台にいる間に旅順中学の同級生とぱったり出会ったりして、それがきっかけでかつての同級生たちの名簿を作ったりしたことがありました。仙台の国鉄に勤めていた森という小学校以来の親友がいまして、それがガリ版を切ったりして協力してくれ、出来た名簿を三〇人位には配ったように思います。その中に、衆議院に入っている宇野〔平生〕という友人がいました。この宇野君は兵学校の舞鶴分校に入った人間です。彼は両親が山口県の出身なものですから山口に復員して、その後やはり個人的なコネで衆議院に入った。比較的早く、昭和二三（一九四八）年ぐらいにもう彼は衆議院に入っていたんです。私が入ったのは二五（一九五〇）年ですから、彼は二年ぐらい先に衆議院に入っていました。君が来たいというんだったら、それではおれが受け合うと言ってくれまして、それで私、昭和二五（一九五〇）年の七月に東京に出てきたわけです。

赤坂　何らかの試験を受けられたのでしょうか。

今野　それが、戦前の帝国議会時代の衆議院事務局は何せ三百人ぐらいしかいなかった小世帯だったのが、新しい憲法で国会が国権の最高機関になって、しかも衆議院はその第一院になったということで、国会は戦後急膨張した組織なんです。昭和二一（一九四六）年の憲法改正の審議のころ、帝国議会の末期のころからどんどん人をふやして、私が入った昭和二五（一九五〇）年の夏というのは千二百人ぐらいの規模になっていたんじゃないかと思います。

それで、当時は不定期採用というのが非常に多かったんです。普通ですと、毎年試験をして四月から新卒を採用するというんですけれども、四月というのは国会のさなかでしょう。通常国会が一二月に始まっていて、一五〇日間ですから大体五月までやる。それが終わると一時仕事がなくなる。ですから、国会ごとに人を採用していたんです。それで、適当だと思う人間は残し、これは要らないと思う人間は一国会終わると出していく、そういう時代でした。

赤坂 そういう時代はいつまで続いたんでしょうか。今野さんが入られてからもしばらくは続いていたんでしょうか。

今野 そうでした。僕を雇ってくれと手を挙げたのが多分昭和二五(一九五〇)年の春、四月頃だったように思います。何とか東京へ出たいけれどもどこかに仕事はないかと声をかけたのがその頃でした。それで、折り返しすぐに、準備しておけという連絡がありまして、つまりその時期は第七回国会の終盤です。この第七回国会というのは大変に荒れた国会だったらしいんですけれども、それは私は経験しませんで、参議院選挙が六月頃にあって、その新しい参議院の体制をつくるための臨時国会が召集されたのが昭和二五(一九五〇)年の七月一〇日頃じゃないでしょうか。

◆ 鈴木委員部長の秘書役に

今野 当時、私を紹介して入れてくれた宇野君は、委員部長の鈴木隆夫さんの部屋付で働いていました。中学の頃から口数の少ない誠実な男で、鈴木さんの信頼を非常に受けていまして、鈴木家の書生のごとく勤めていました。息子さんがまだ小学生だったんですけれども、ひ弱だったから遠足の日に付き添っていってくれとか、そういうふうなことまでやらされていました。私は彼を頼りにして衆議院に入ったんですけれども、そんな鈴木さんの下で、つまり彼と同じところで働くことになるなどとは全然思っていませんでした。どこでもいい、何でもいい、使ってくれるなら小使でもいいと思って出てきたんです。彼が鈴木さんに、友人の今野という人間が入りたいと言っているから入れてくれませんかと言ったら、「ああいいよ、君の友達なら入れてやろう」ということになったわけです。

それで、私は委員部長室に行きまして、委員部長から口頭試問を受けました。鈴木さんの口頭試問というのが、私をじろりと見まして、「君は嘘をついたことがあるか」といきなりこう言うんです。「嘘はついたことがないと言えば嘘になります、嘘をついたことはあります」と言ったら、「ここにいる限り嘘をついちゃいかぬよ」と言われました。それだけですよ。それで私合格です。合格というか、衆議院事務局に採用されました。ペーパーテストは、何かあったのかどうかというのはどうも定かではないんです。私は指定された日より一日か二日遅れて来ましたから、人事課のそういうテストは受けなかったような気がします。つまり、鈴木委員部長のオーケーだけで私は衆議院に入ったんです。

赤坂　正式な身分というのはどういう形になったんですか。

今野　臨時職員です。

赤坂　そういう臨時職員については部長限りで決定できるということだったんですか。

今野　実質的にそうであって、形式的にはどうだったかはちょっとよく分からないですね。

赤坂　最終的な判こをだれが押すのかは別にして、実際には委員部長限り、ということですね。

今野　そうです。臨時職員に限って言えば、その後も、相当乱暴な人事をやるのを私は見ました。あれは気に入らないからだめというような感じで、いったん継続雇用した者を打ち切ることもありました。

赤坂　その鈴木さんが、ですか。

今野　ええ。気に入らないというか、ある種の理由はあるんですけれども、やめさせられた人もいましたから。やはり当時の高級官僚はまだ怖かったですね。かつての書記官上がりの人たちは、特別の身分意識と事実上の権力を持っていました。その頃は既に職員組合ができていましたし、いろいろ組合の方で部長に抵抗して注文をつけたりチェックするというようなことはありましたけれども、しかし、やはり部長の一言というのは人事の面でも非常に重かったです。

奈良岡　田舎の駅で弁当売りをしておられたのが、とにかく上京したいという気持ちが強くて就職を依頼したら、国会という、それまでとは全然縁もないところに飛び込まれたわけですけれども、どういうお気持ちでしたか。驚きなのか期待なのか、国会というものに対して、あるいは国会で働くということに対してどういう感想というか印象をお持ちでしたか。

今野　私の方から希望を伝えたら、よしといって、大池眞さんの『國会早わかり』というのを宇野君が私に送ってくれたんです、これを読んでこいと。それは、何か試験があったときにそこから出るかもしれないから、漠然とでも国会についての認識は持っておけということでしょう。

私はそれを読みましたけれども、全然身につかないまま東京へ出てきました。何を聞かれるかなと思って、それなりに要点だけは頭に入れてきたつもりですが、何せ法律のホの字も知らないような無学な人間が、いきなり立法府に来て役に立つかどうか分からないんですけれども、私は、ただただ上京してきて、要するに駅弁売りの生活から脱出して、とにかくもう少し自分らしい仕事につきたいという一念で来たものですから、入れば何とかなるというような感じで来たんです。

特に、同級生の宇野君が現に勤めているわけですし、彼の真似をしていれば何とか勤まるだろうという感じです。彼にしても学歴を積んだ上で就職しているわけじゃないんです。みんな色々なつてを頼って入ってきて、そして衆議院にいる間に夜学に通って大卒の資格を取るという生き方をしていました。その時期に入った私と同年配の人間はみんなそうです。昼間の大学を出て入ってきている方が少なくて、そういう人たちはキャリア的な人たちです。ノンキャリアの連中は大半が、とにかく月給取りになってから学歴を身につけるというコースです。

それで、このキャリア制度というのも、ＧＨＱの関係で一時期高文が廃止されて、今の人事院の試験制度ができるまでの間、端境期があるんです。その端境期に入った人たちというのも数人いました。しかし、その人たちは、旧帝大を出ておればキャリア並みに扱われた。中には扱われない人もいましたけれども。

奈良岡　委員部に長く所属されたと思うんですが、委員部の一般の仕事には全然タッチされなかったということでしょうか。事務総長などの秘書をずっとされておられて…。

今野　そうです。委員会の運営というのは私全然タッチをしないで、専ら委員部長と、それから同じ委員部長室に第一課長、第二課長という人たちがいましたから、その三人の下働き、使い走りです。そういうのから始まりました。普通、部長室には部屋付に若い職員が一人いるだけで、中には女子職員一人で用が足りている部長もいました。しかし、委員部長室には課長も二人いて、人の出入りも多く、忙しい会期中は宇野君一人ではなかなか大変だったと思います。それで鈴木さんが、宇野君と気の合う人間ならもう一人置いてもいいと考えたのでしょう。そんなわけで、私は採用されたその日から部長室付になりました。今では考えられないような採用の仕方であり、配置のされ方でした。それで、鈴木隆夫さんが昭和二八（一九五三）年三月に事務次長に昇進するわけですけれども、そのときに宇野君と私と一緒に議事課に異動したんです。その後、鈴木さんが事務総長を辞めるまで、二人で鈴木さんの下で働き続けたわけです。

なお私の採用の辞令は八月一〇日付になっていますが、実際に私が臨時職員として採用になったのは七月の一三、四日頃だったと思うんですが、そのときはこういう辞令は出ないんです、臨時職員は。そして日給なんですね。臨時職員を命ずるという辞令は出ませんでした。それで、国会が終わって八月の一〇日付で初めて臨時主事補の辞令を貰いました。

奈良岡　国会は七月の三一日に閉会しています。閉会後しばらくたってから出たということなんですね。

今野　そうです。それで、このときに初めて私の月給額が決まったんです、三級の三号俸というのを知って、一体、三級三号俸が幾らになるのかと思いましたら、三千飛び飛び三円なんです。

それで私、これは大変なところへ入ってしまったと感じました。今まで、食べて寝て、そして駅弁の歩合給だけで四、五千円は稼いでいたわけですね。役人の給料が低いということは聞いていたけれども、こうまで低いとは予想していなかったので。当面は友人のところへ転がり込んでいたわけですからいいんですけれども、住まいを決めて食事をして、その上、私はいわば親の気持ちを振り切って東京へ出てきてしまったものですから、やはり責任を感じて何がしか仕送りをしなきゃならぬという思いでいましたから、これでは一体、この三千三円でどうして暮らしていけるだろうかと愕然としました。

ただ、結果として何とかやれたのは、当時、超過勤務手当というのが非常に多かったんです。国会があると、G

ＨＱとの絡みで物すごく夜中遅くまで委員部長は帰れないとか、委員部長が帰った後も課長たちは居残っているとか、そういうことが非常に多かったものですから、国会開会中というのは、倍とまではいかないかもしれませんが、相当額の超過勤務手当が貰えました。それで息つきましたね。

赤坂　辞令にある臨時主事補というのは、これはもう臨時職員ではないのですね。

今野　そうです。その次に、この臨時がとれて主事補になるんです。半年ぐらいすると今度は主事補を命ずる。それからさらに何年かしますと主事を命ずる。それからさらに参事を命ずるとなるんです。今はみんな、職員は衆議院参事になっていますけれども、当時は臨時主事補、主事補、主事、参事という順序でした。

それで、主事になると旧恩給法の適用が受けられる資格を得ます。参事になるには議院運営委員会の了承が必要でした。形の上だけですけれども、これこれを参事に任命したいので御了承下さい、と事務総長が諮って、異議なしということで認められた、そういう身分制度でした。

赤坂　今はそうではないわけですね。全員が参事になる。

今野　ええ。ですから、当時は衆議院参事というとかなり偉かったんです。事務総長は別ですけれども、事務次長以下各部長は参事です。昔は書記官だった人たちと書記官でなかった人たちも参事であることは同じになったんですけれども、いずれにしても、参事になるということがやはり一つ上のランクですね。課長補佐から参事です。だから、非常に身分階層的な社会でしたね。

奈良岡　判任官から奏任官に上がるような感じですかね。

今野　ええ、そうです。身分制はありました。

◇第1章◇ 戦後初期の衆議院

——事務総長の秘書として

◆キャリア・パスの概略

赤坂　今野さんの経歴を拝見させて頂きますと、少し特異な歩み方をされているのではないかとも思われます。というのは、鈴木隆夫さんのもとで長く秘書を務めておられて、その後、議事部の仕事、それから憲政記念館の仕事を担当しておられますね。

今後のお話をお伺いする見通しとしまして、採用されてから退職されるまで、今野さんのキャリアを大きく区分して考えるとすれば、区分の観点もいろいろあると思うんですけれども、どういった分け方ができるでしょうか。

今野　私の場合は非常にわかりやすい区分ができます。私は、昭和二五（一九五〇）年から平成元（一九八九）年まで、昭和でいうと六四（一九八九）年まで、昭和天皇が一月七日に亡くなりましたから、一週間ぐらいは昭和六四（一九八九）年があったわけですけれども、その年まで三九年間、衆議院事務局に勤めました。

それで、簡単に大別しますと、前半の一九年間は秘書生活をしておりました。入ったときは別に秘書という職名は与えられていませんでしたけれども、官名は臨時主事補、主事補、主事というふうなことだけで、使い走りをやっていたわけです。その間も秘書的な生活ですから、秘書として勘定すれば、その後、正式に事務総長秘書になって、それを昭和四四（一九六九）年にやめて議事部に移りました。それまでの期間が一九年間ですね。その後、退職するまで二〇年間あるんですが、そういうふうに、大きく分けて、秘書生活の時代と一般事務に携わっていた時代というふうに区別することができます。

それから、秘書の時代の前半十年間が鈴木隆夫さんについていた時代です。それで、鈴木さんがやめられた後、山﨑〔高〕、久保田〔義磨〕、知野〔虎雄〕という後の三代の事務総長にそのまま事務総長秘書としてついていましたから、その期間が九年間あるわけです。知野さんは事務総長を六年少々やられましたが、最初の二年ぐらいやったところで、私は議事部の請願課に転出しました。

今度は、後半の一般事務の仕事に携わった期間で、前半の一〇年間は議事部にいました。請願課に四年半、議案課に五年半といった具合です。それから憲政記念館に異動しまして、憲政記念館には八年いて、残り二年、議事部資料課で暮らしたわけです。資料課は『議会制度百年史』という作業がありましたので、専らそっちの方の仕事を重点に資料課長の仕事をしておりました。これも議会資料とか議会政治史というようなものと関係ありますから、憲政記念館の仕事と連続しているような感じもありまして、後半二〇年の前半が議事部の仕事、後半が議会資料の仕事というふうに区別することができます。

ですから、細かに分類すると四つに区分できて、(1)鈴木さんについていた時代、(2)その他の事務総長に秘書として仕えた時代、それから(3)議事部で請願課、議案課で働いた時代、あと(4)憲政記念館と資料課で専ら議会資料の仕事に携わった時代というふうに、等期間といいましょうか、ほぼ同じくらいの期間で四つの時期を経てきたということが言えます。

やはり考えてみまして、鈴木隆夫さんに仕えた最初の十年間というのは、いろいろな意味で私に大きく影響力を残した時代だと思いますので、衆議院事務局のことを話すとすれば、私自身が働いてきた過程でいろいろ体験したことを話す前に、鈴木隆夫さんという人のことをちょっとお話ししておいた方がいいんじゃないのかな、と思います。非常に大きく影響を受けた人ですから、鈴木さんのことからお話をさせて頂きたいと思います。

◆鈴木隆夫の生い立ち——可憐な少女との出会い

今野　鈴木さんのことは、この間、私、『議会政治研究』誌に書きましたので[(1)]、あらかた、公人としての鈴木隆夫については、それを読んで頂ければ分かると思いますが、ちょっと私的な鈴木隆夫というところからお話を進めたいと思います。

鈴木さんは、宮城県の生まれで、弘前の高等学校を出て、東北帝大を出て、そして中央に出てきて内務省に入り、衆議院に来たという経歴ですが、非常に頭のいい人だったし、努力家だったし、やはり群を抜いていた人だと私は思うんですけれども、どうしてその人が東大に入らないで東北大に入ったかということには一つ理由があるのです。それは、鈴木さんという人は、非常にませていたというか早熟な人でもあったんですけれども、中学の三、四年ぐらいのときに、自分を可愛がってくれたお姉さんが亡くなったんですね。鈴木さんには医学を志していたお兄さんもいたようですが、早くに亡くなったようです。そのうえ慕っていたお姉さんが亡くなってしまい、自分ひとりきりになって、大変悲しんだようです。

…ちょっと脇道にそれますが、大体において明治生まれの人たちは、非常によく自分の経験とか自分の閲歴というものを気軽に話してくれたような気がします。私が仕えた事務総長は、鈴木さんが明治三七（一九〇四）年生まれで、山﨑さんが明治四一（一九〇八）年、久保田さんは明治四五（一九一二）年生まれでした。この三人は、自分の生い立ちだとか役人になってからの経歴などということも、何かのときには比較的気軽に話をしてくれる人たちでした。そこで共通して言えるのは、後輩たちにいろいろ自分の経験を話して参考にさせたいという、後から来る者を啓蒙する、そういう気風が明治生まれの人にはあったように思います。

ところが、知野さんあたりからは余りそういうことはなくなりまして、久保田さんと知野さんとは年齢も七、八歳離れていましたから、時代の気風も大分違ったのかもしれませんけれども、どうも、その後を見ていますと、大正から昭和にかけて生まれた人たちというのは、部下に対して余り己を語らないという傾向がありますね。

ですから、非常に顕著に、明治の人たちというのは、後輩を育てるというか、後輩を啓蒙する、後輩に物を教える、そういう気持ちが何か自然と身についていた時代の人だったなという気がするんです。とりわけ鈴木隆夫さんは、よく自分のことをしゃべる人でした。親しい人間には、あのときこうだった、こういうことをしたということをよく話す人でした。ですから、上司と秘書という関係なんですけれども、かなり詳しく聞かされていたものですから、先のようなものが書けたわけです。

鈴木さんは、中学の三、四年頃に、自分を可愛がってくれ、大事にしてくれたお姉さんが亡くなりまして、非常に心を痛めていたんですね。その悲しみを忘れるために、多分夏休み中だと思いますが、一人で北海道旅行に出かけた。北海道をあちこち彷徨った後に、帰りの汽車の中で、目の前に偶然、非常に可愛らしい少女と乗り合わせたというんです。その少女の面差しの中に、亡くなったお姉さんの面影みたいなものが感じられたのかもしれないんですけれども、その少女にいたく心を引かれまして、あれこれと話をした。もちろん、その少女は親御さんたちと一緒にいたと思うんですけれども、住所を聞いたら快く教えてくれた。

それは小樽に住んでいる笹野さんという姓の少女だったんですけれども、帰るや否や、またトンボ返りに、その小樽の笹野さんの家を訪ねて、「お宅のお嬢さんを僕のお嫁さんに下さい」、そう申し入れたというんですよ（笑）。向こうの親は驚きまして、何せまだ中学生ですから。それで、「君、とんでもない、何を言うんだ」と、相手にされなかった。ちょっと汽車で乗り合わせただけですから。それで、「君の将来はまだまだ長いんだから、勉強をして、まず高等学校に入りなさい、高等学校に入れば世間では一人前だと見てくれる、高等学校に入ってからまた来なさい」と言われたというんですね。それで、「分かりました」と帰って一生懸命勉強して、小樽に一番近い高等学校ということで弘前を選んだ。大正の終わり頃ですから、まだ汽車だってそんなに今ほど便利じゃありません。やはり交通のことも考えて、旧制高校で一番小樽に近いのはどこだと考えて、弘前の高校を選んだ。

それで、パスしまして、早速行ったというんです。そうしたら、「高校生はまだまだだよ、大学生になってからまた来なさい」とまた言われました。その後は弘前から小樽まで何度か遊びに行くというようなことはあったと思うんですけれども、やはり、北海道に近いという地理的な理由から東北大を選んで、入ったわけです。ですから、普通の地方の中学校出の人でも、優秀な生徒たちがみんな一高から東大へ行ってというふうなことを構想する時期に、鈴木さんは全然そういうことを考えないで、専ら北の方の愛すべき少女に心引かれて、弘前と仙台の学校を選んだということです。

鈴木さんは、東北大に入っている間に学生結婚をしています。さすがに相手の親御さんも鈴木さんの非常な熱意に負けて、多分、奥さんになった笹野敏子さんという少女も、次第次第に鈴木さんの情熱を受け入れる気持ちになっていたんでしょう。東北帝大在学中に、「高文もパスしろ」ということも言われたと言っています。よく、

「馬の鼻先にニンジンをぶら下げて、走れ走れとやらされたようなものだ、それにつられて俺は高文の試験まで受けさせられたんだ」、そういうことも言っていました。多分、高文をパスしてすぐにプロポーズして、まあ、プロポーズはもうはるか昔にやっているんですけれども、正式に申し込んで学生結婚をしているんですね。

◆鈴木隆夫、東北帝大を卒業し内務省へ

今野　ただ、年齢的に勘定しますと、鈴木さんは普通の人より大卒が二年ぐらい遅れています。どこで足踏みしたのかは、ちょっと私、聞きそびれてしまいましたけれども、もともと余り健康な人ではありませんでしたから、どっちかというと蒲柳のたちで、いつでも医者と薬は身近に必要な人でしたから、若いとき何か病気でもしたのかもしれませんけれども、大卒が二年ぐらい遅れているはずです。それで、昭和六年に東北帝大を出まして、高文をパスしたものですから、やはり中央官庁にと思って東京に出てきたわけですね。そのときは結婚して奥さんになった昔の美少女を伴って、東京に来ています。

それで、内務省に入ったんですが、私、「俺は高文行政科は一番だったんだぞ」と鈴木さんが言うのを聞いていますから、間違いなく一番だったんだろうと思うんですが、一番で高文をパスした人間を警視庁に配属したというのは、やはり今から考えてもちょっと奇異な気がします。警視庁、警察関係の仕事が貶められているという言い方はできませんけれども、いずれにしても外局ですから、成績の優秀な人間はまず内局に入れるのが普通でしょう。一番は内局で育てようと考え、二番手か三番手を外に出すというのが普通だと思うんです。

当時、お巡りさんというのは、サーベルをつって、オイコラで、いわば庶民からは非常に嫌われていたといいますか、警戒されている職種の人だったものですから、警視庁の巡査からのスタートに対して御両親が落胆したというのは、何というか、聞こえが悪いというのもあって、「そんな、ひどいじゃないか」という反発が御両親にあったらしいんです。しかし、御当人は、「本当におれはそんなことは気にしなかった、人間、山に登るのはどこから登ったっていいんだ、上を向いて歩いていけばやがて高いところにたどり着くんだから、巡査だって何だっていい

んだといっておれは巡査になったんだ」、そう言っていました。

しかし、やはりここで感じられるのは、戦前の官僚世界での東大閥といいましょうか、その考え方の根強さです。戦前の日本は軍閥、財閥、学閥の支配する社会だったというようなことがよく言われます。実際に東大法学部卒というものが官界の要職をすべて独占的に占めて支配していたというのは、これはもう隠れもない事実です。鈴木さんが、そういうふうにして、警視庁の巡査からスタートしたこと自体が、やはり東北大卒だったということと関連があるんじゃないかという気がします。こうして鈴木さんは東京へ出てきたわけですが、しかし、議会については早くから関心を持っていたと思われます。というのも、警視庁の巡査になって間もなく、中野正剛(2)の家を訪ねたというんです。

◆中野正剛の思い出

今野　中野正剛というのは、御存じと思いますが、戦前の有名な代議士で、昭和一七（一九四二）年の初め頃に、東条内閣に対する批判的な文書を書いたということで東条英機から圧迫されて、割腹自殺をした人です。どちらかといえば右翼的な人だったとは思うんですけれども、何というか、孤高の政治家と言えるのか、私は中野正剛のことはよく知りませんけれども、ひとり我が道を行くというふうな、性格の強い人だったんだと思います。大変な演説家だったという話も聞きます。

それで、東京に出てきて程無く、休みの日に中野正剛の家を訪ねたそうです。そうしましたら、書生の人が出てきて、「うちの先生はどなたかの紹介状を持ってこないと会わせるわけにはいかない、君も会いたかったら誰かの紹介状を持ってきなさい」、と言われました。そこで、「中野先生ともあろう者がおかしいじゃないか、当人がここへ来ているんだから、私という人間をじかに見て頂ければ、すぐにその人物がどういう人間か分かって下さるはずだ、一片の紙を信頼するよりは生身の私を見て頂きたい」と言って、その書生に反論したというんです。それで、その書生も手をやいて、部屋の中へ入っていって、「こんなことを言う者が来ています」と言ったら、「面白そうだから会ってみよう」といって、中野正剛は会ってくれたそうです。

そのときにどういうことを話して、中野正剛についてどういう印象を持ったかというのは、聞いたのかもしれないけれども、私はちょっとよく覚えていないんですが、いずれにしても、中野正剛とそこでしばらく話をさせてもらったんですね。そのときに書生として玄関番をしていたのが進藤一馬(3)という人でした。この人も後に衆議院議員になりまして、議員をやめたあとには福岡市長をやって、もう亡くなりましたけれども、鈴木さんと同年輩の人でした。この進藤一馬さんとは、そのとき以来の関係で、鈴木さんはずっと懇意にしていました。

私、衆議院に鈴木さんが来たのは、中野正剛と何か関わりがあって、その紹介か何かで衆議院に来たのかなというふうな印象を持ったことがあるんですけれども、それはそうじゃなかったらしい。先の論文に書きましたように、やはり衆議院側から、しかるべき若手の官僚を、守衛副長に欲しいという呼びかけをして、警視庁がそれに応えたということのようです。ただ、その場合に、やはり中野正剛とのことを考えますと、じゃ、私、行きますといって、鈴木さんの方が手を挙げて応じてきたということがあったのかもしれません。それはよく分かりませんが、いずれにしても鈴木さんは、衆議院の守衛副長に昭和六（一九三一）年の一二月に移ってきたわけです。

しかし、その後、この中野正剛と議会職員として非常に昵懇にしたということは余りなかったような気がします。中野正剛についての思い出話は、それだけでした。ただ、この進藤一馬さんも非常に誠実な感じのする人でして、私も何回か言葉を交わしたことがありますが、非常にきちんとした方で、鈴木さんは進藤さんとはずっと交友を続けていました。

◆田口弼一書記官長によるテスト

今野　衆議院に入って守衛副長になったんですが、入ってすぐに、当時の田口弼一さん(4)という書記官長から、テストというんじゃないんでしょうけれども、これについてお前はどう考えるかというようなことを聞かれたというんです。それは、ちょうどそのとき、昭和六（一九三一）年の一二月に、衆議院では正副議長がともに辞職していなくなってしまうということが起きました。そこで、次の常会の冒頭に正副議長の選挙をどういう形でやればいいのか。総選挙後の特別議会の場合は、書記官長が議長席に着くことになっていますが、常会と臨時会の場合には規定がない。書記官長が主宰するのか、それとも仮議長を選んで主宰した方がいいのか、法規的な整備がなされていなかったものですから、ちょっと解釈が割れたんです。事務局の幹部は、それはやはり仮議長を選んで議長選挙をやった方がいいだろうという結論を出していたのに対して、鈴木さんは、行ってすぐに、衆議院関係の法規をぽんと見せられて、これを読んで君はどう思うと言われたときに、それは書記官長がやればいいでしょうという見解を出した。

当時は議会職員というのは全部政府の職員でしたから、議事手続の新しい解釈については、内閣に置かれている法制審議会にかけて、そこで相談するということがあったらしくて、田口書記官長はそこへ持ち込んで説明をした。そこには、美濃部達吉だとか花井卓蔵だとか、かなり錚々たる学者がいたんですが、そこで、事務局としては仮議長を選出して新しい正副議長を選ぶべきだと思います、そう言ったところが、何か一同すぐに納得してくれない。それで、いや、書記官長でいいではないかという説もありますと言ったら、それでいいじゃないか、それに決めろというふうに衆議一決しちゃったというんです。

それで、鈴木さんがいわばメンタルテストみたいにして聞かれた問題に対する答えが高名な学者さんたちの支持を得てしまったものですから、田口さんが帰ってきて苦笑いしながら、「君の俗説が通ったよ」、そういう言われ方をしたと言っていました。そういうことがあったものですから、田口さんは、それから法規問題を検討する書記官会議(5)に鈴木さんも毎回陪席させて勉強する機会を与えてくれたということです。

Ⅱ

◆東大閥への対抗心

今野　ただ、そういうふうにして鈴木さんは守衛副長として迎えられて、昭和一二（一九三七）年まで警務の仕事をして、その後秘書課長になったんですが、東北大出身というのがずっとついて回っていたような気が私はするんです。鈴木さんは、おれは東大出じゃなかったから割を食ったとか、差別を受けたなどということは一度も言ったことはありません。しかし、鈴木さんの気持ちの中には、東大法学部卒何するものぞ、というふうな思いはずっとあったんだろうという気がします。

やはり、あの人が人一倍勉強して、物を書いたり意見を発表したりした背景には、東大閥に対する非常に強い反発心といいましょうか、対抗意識というものがあったのではないかと思います。御当人はそんなことは一度も言ったことはありませんけれども。ただ、こういうことは言いました、「おれは書記官長になれるなどとは全く思っていなかった」と。かつての書記官長が今の事務総長です。昔の書記官長というのは、今の事務総長よりも役人として格段に格が上のような感じで受け取られていたことは事実です。内閣書記官長、貴族院書記官長、衆議院書記官長というのは、三官長と称して、言ってみれば役人としての最高位というふうな感じで見られていた時代の衆議院書記官長ですから、自分は到底そういう者になれるとは思っていなかったというのは、これは必ずしも東北大だから駄目だろうというふうな認識を持っていたのとは違うかもしれません。違うかもしれませんけれども、当時の常識としてはやはり、東大法学部卒でなければ書記官長にはなれない、これはもう半ば常識化というか定説化していた時代だったと思います。

奈良岡　内務省で同期の東大卒の方には、どなたか著名な方はいらっしゃったでしょうか。

今野　岡崎英城(6)という人が同じ頃の人です。この人は衆議院議員になった人です。それから、丹羽喬四郎(7)という人もいます。内務官僚から国会議員になった人です。それから、上村健太郎(8)、これは議員にはならなかったんですけれども、役人としてかなり名をなした人です。そういう人達です。丹羽喬四郎さんが一番知られていますかね、自民党で大臣を一回ぐらいやっています。岡崎英城さんは選挙区が東京の人でした。そういう人達とは、僕、君というつき合いをしていたように思いますから、同期だったんじゃないかと思います。あとはちょっとよく分かりません。高文の司法科と行政科と二つ、年度を違えて受かっているものですから、どっちだったかというその辺のこともよく分かりませんけれども、岡崎さん、丹羽さん、上村健太郎さんというのは内務省にずっといた人で、長いつき合いがあったようでした。

それで、衆議院に入ってからも、やはり東北大卒ということがある種ハンデになって、鈴木さんの扱いに反映されていたんじゃないかなという気が私はします。私が衆議院に入った頃も、「鈴木さんはすごく勉強して力があるけれども、事務総長にはなれない人だよ」、そういう声が囁かれていました。戦後、学閥というのは打破されたとはいうものの、依然として東大卒偏重という空気は残っていました。それは今でもあると思います。今の時代になっても、東大法学部卒の人は同じキャリア組の中でも何となく有利だというようなことはあると思います。先生方は京都大学を出られたそうですが、京都大学の人も、東大法学部卒に次いで、中央官庁で活躍している人が多いと思いますけれども、やはり圧倒的に東京の中央官庁街では東大卒が幅をきかせているということです。

何せ鈴木さんという人は非常に勉強家でもありましたし、際立った理論家でしたから、東大法学部卒何するものぞというようなことで、議論ではしょっちゅう突っかかっていっては論破したり、やっつけていたんだと思います。ですから、書記官になって秘書課長になってから後も、やはり理論家だけに東大卒の人たちの反発を買ったり、敬遠されるところも大分あったんじゃないかという気がします。帝国議会時代は、もちろん鈴木さんは書記官長にはなれない人。制度が変わって、今の事務局の体制で書記官長が事務総長に変わっても、鈴木さんはちょっと事務総長になるのは無理なんじゃないかというのが一般的な通念だった時代に、私は衆議院に入りました。鈴木さんは全然そういうふうには見せないで、どんどん自分の勉強をして、自分なりの仕事をしていたんですけれども。

◆大池眞総長と鈴木委員部長の間柄——知野虎雄氏の処遇

今野　私が入ったときの事務総長は大池眞さん(9)でした。その次に、西沢哲四郎さん(10)が事務次長兼議事部長という形でいまして、いわば序列からいうと三番手が、委員部長の鈴木隆夫さんだったわけです。それで、『国会運営の理論』(11)を委員部長時代に書き上げたときに、大池さんも序文を書いていまして、鈴木さんの人となりについて、有能な人で理論家だということを書いていますけれども、率直に言って、大池さんと鈴木さんというのは余り仲のいい人同士ではありませんでした。

今だからこういうことをお話しできるんですけれども、大池さんにしてみると、鈴木さんは明らかに煙ったい部下だったと思います。何かにつけて、理論的な面では非常に厳しいことを言う人だし、必ずしも、いつも先輩として立ててくれるわけではないというような感じで見ていたような気がします。これは私が入って間もなくの頃ですけれども、鈴木は事務総長にはしないということを大池さんは言っている、というような風説が耳に入ったこともありました。そういう時代でした。そんなふうに、私が入った時代の鈴木隆夫さんというのは、力量は認められているけれども、事務局の中で何となく孤立しているという感じでした。これがやはり、知野虎雄さんを衆議院に呼び込んだこととも関わりがあるのではないかという気が、私はします。

戦争末期、鈴木さんが秘書課長時代[12]に、知野虎雄さんは短期現役の主計士官として海軍省の本省に勤めていて、海軍大臣の答弁原稿作りのための連絡役に走り回っていたようです。そういう人たちは、何かというと秘書課長のところへ行って、鈴木さんから議会の中の情報だの慣例だのというのを教わるような立場にいたんです。知野さんだけではなく、ほかにも何人か、そういう主計の短期現役で海軍に入って、また戦後はそれぞれの省に戻ったという人たちがいるわけですけれども、とりわけ鈴木さんが知野さんに目をかけて、最終的には知野さんを衆議院に呼び込んだわけです。

それは、知野さんが九州帝大の出だったということと関わりがあるのではないか、もしも知野虎雄さんが東大卒の人だったら、鈴木さんがわざわざ知野さんに声をかけて衆議院に引っ張ってくるということはしなかったんじゃないかという気が私はします[13]。これは、鈴木さんがひとつこの事務局の中で自分の派閥を作って、それを足がかりに何か発言力を強めようというところまで考えたわけではないと思うんですが、東大出に囲まれている中で、非常に孤立感を持っていた鈴木さんが、やはり東大卒以外の有能な人材を自分のそばに置きたいという心理が働いていたんじゃないかというふうな気がします[14]。

終戦になりまして、主計の短期現役の人達は皆各省にそれぞれ戻ったんですが、知野さんは内務省に帰った後、熊本の地方課長などを経験しています。その地方課長時代に、衆議院に来い、衆議院に来いといって、鈴木さんは知野さんを事務局に採ることに力を入れています。それは、知野虎雄という人の力量をよく見ていたということもあるし、自分とは非常にウマが合うというか、自分に共通するようなものを感じてでもあったとは思うんですが、根底にやはり、東大法学部卒ではなかったという経歴も一つあったのではないかというふうに私は思います。それで、知野さんはその鈴木さんの求めに応じて、昭和二一（一九四六）年の一一月、帝国議会の末期に、最後の書記官として衆議院に来るわけです。

この時の書記官長は、大池さんです。知野さんの存在は、『大木日記』[15]にも名前が出てきていますから、大池さんも戦時中の知野海軍大尉を知っていたはずです。優秀な人間だということも知っているわけですから、衆議院に採用することに反対はしなかったんですけれども、知野さんを呼んですぐどういう処遇にするかということは決めないまま呼んでいるんです。

呼んで書記官にはしたものの、書記官というのは、今でいう部長、当時の課長にすぐなっていいはずなんですが、知野さんはしばらく閑職で、議事課の中に一つテーブルをもらって、そこに放置されていたということです。これもまたちょっと、なぜそういうふうな処遇しかしなかったのかというのはありますけれども、とにかく知野さん自身が、「おれは衆議院に来たけれども、ほったらかされていて面白くなくて実に不愉快だった」というようなことを言ったことがあります。それからほどなく鈴木さんが委員部長になり、そのときに知野さんを委員部の一課長に据えるという形で、このコンビがそれなりの地歩を役所の中で占めるわけです[16]。

ここに衆議院議員の顔写真を集めた『昭和二十二年三月編　衆議院要覧（乙）』を持って来ましたが、後の方に事務局の幹部の顔写真も出ていて、知野さんの顔が書記官の末尾に載っています。その次に、こちらは昭和二八（一九五三）年版で[17]、国会になってからのものですが、ここでは幹部の中に知野さんの顔がありません。これは、つまり書記官制がなくなって参事制になったときに、知野さんは一時格下げされてしまったような感じになるんです。制度が変わったためで、必ずしも意図的に格を下げられたというわけではないんですけれども、要するに幹部の地位から一旦外されてしまうんです。そういう扱いを知野さんは受けるということがありました。

◆西沢哲四郎氏の処遇問題

今野　一つここで、事務次長兼議事部長だった西沢哲四郎さんが法制局長に転じたときの事情をちょっとお話ししたいと思います。これは、昭和二七（一九五二）年の八月に、それまで法制局長だった入江俊郎さんが最高裁の判事に任命されて転出したため、法制局長のポストが空席になっていました。その後任に事務次長だった西沢さんが昭和二八（一九五三）年の三月になって、横滑りのような形で法制局長に出たわけです。

これは、どういう事情から西沢さんが法制局長になったかといいますと、実は、当時の衆議院議長が大野伴睦さん[18]でした。この人が、昭電疑獄という、昭和二三（一九四八）年に起きた贈収賄事件に関与したとして、刑事犯に問われて、被告になり裁判が行われていました。それで、一審でいろいろと国会議員の職務権限について審理が進んだときに、西沢さんが弁護側の証人として何か証言をしたんだそうです。しかし、一審で大野伴睦は有罪になってしまいました。二審になったときに、今度は鈴木隆夫さんが弁護側の証人として証言台に立ったんです。そこで具体的にどういうことを鈴木さんが証言したのかというのはよく分からないんですけれども、鈴木さんの証言で大野さんは無罪になったのです[19]。

これは私の推察なんですけれども、鈴木さんは『国会運営の理論』の中でも委員会中心主義というのを非常に強く言っています。アメリカの委員会制度においては、殆どあらゆる問題が、つまり法律案に限らずいろいろな国政調査的な問題もすべて、委員会であらかた、中心的に審議が行われて、本会議は割に、最終的にみんなが形式的に結論を下すための議論をするというふうな形で行われている。実際にアメリカの議会がそうなのかどうか分かりませんけれども、委員会中心主義というのは大体そういう考え方で作られている制度です。

鈴木さんは非常に頑固に、その委員会中心主義というようなものを新しい国会の制度として定着しようと努力していた人なんです。ですから、委員会で委員として発言するというのが国会議員にとっては非常に強い義務でもあり、権限でもあるというふうに考える人なものですから、委員でない議員は、職務権限として非常に影が薄いというか、直接の影響力は行使できないんだということを、法廷でも述べたようです。これは、大野伴睦さんを特に弁護するために無理やりそういう理論を捻り出したということではなくて、鈴木さんのいわば学問的な信念のようなものだったと私は思うんですけれども、いずれにしても、あの人は、断固たる口調で、大野伴睦さんには、その当時、委員でなかったがゆえに職務権限はなかった、そういう理論を展開したらしいんです。それが判決に結びついて大野さんは無罪になった。

それで、大野伴睦さんには、「西沢はろくな弁護をしてくれなかったけれども、鈴木は俺を適切に弁護してくれて無罪にしてくれた」、そういう思いが非常に残っていたらしいのです。大池さんがもうそろそろ辞める時期になってきて、次には西沢さんが事務総長に当然なる。しかし、そこで法制局長のポストが空いた。それで、大野伴睦さんが、西沢は法制局長に出してしまえ、大池の次の事務総長は鈴木にする、こういうふうな判断をしたわけです。

鈴木さんは、「いや、そういう人事は強行しないでくれ、むしろやめてくれといって大野伴睦さんのところへ俺は行ってきたんだ」と言っていました。それはどうしてかというと、やはり事務局の人事というのはきちんときちんと順序どおりに進めるべきであって、そして、トップになった人間は一定の年数がたてば後進に道を譲ってやめていく。順繰り順繰りにきちんと序列に従って進行していくことが望ましい。ここで西沢さんがいなくなるのは、自分にとっては有利といいましょうか、次に自分が事務次長になるんですけれども、しかし、二年や三年そういうことを急いでやられても、事務局全体として見ればそんなことは好ましいことではないという考えで、大野伴睦さんのところへ行って俺は頼んだんだと言っていました。そういう一般の職員が想定し、期待しているのと違う人事をここで政治家が介入してやられるのは困るからやめてくださいと。しかし、大野伴睦さんは、むしろ非常に鈴木さんに肩入れしている人だったものですから、遠慮することはない、俺が決めるといって、進めてしまいました。何せ、当時の議長ですから、誰も反対しません。

それで、大野伴睦さんによって西沢さんは法制局長に横滑りをさせられてしまった。それで、鈴木さんが事務次長になった。これが昭和二八（一九五三）年三月五日の出来事です。

◆『衆議院要覧』の形式の背後にあるもの

今野　次にもう一冊、『衆議院要覧』をご覧に入れます。鈴木さんの事務総長時代に、この要覧の様式が少し変わります。

〔『昭和三十三年八月編　衆議院要覧（乙）』を示しながら〕これが鈴木隆夫さんが事務総長になったときの衆議院要覧です。それ以前のものと比べて見て頂くと分かります。〔『昭和二十二年三月編　衆議院要覧』一二三五頁を示しながら〕これは戦後の、今の衆議院事務総長になってからのものですが、大池さんは帝国議会時代の、書記官長時代の様式をそのまま踏襲して、事務総長の写真を議長、副議長の写真と同じ大きさで、ほかの議員たちよりも大きく載せています。それと事務局の幹部の写真の下に、出身大学の学歴を載せています。それを鈴木さんは改めました。

何か非常に瑣末なことのようですけれども、割に大きな意味がある。鈴木さんは事務総長の写真を一般議員並みに小さくして、事務局の幹部の学歴の記載をなくしました。これは、鈴木さんのある種の思いが入った措置だったと思います。事務局の中で、あれは東大だ、あれは東北大だ、あれは九州大学だとそんなことにこだわって、議員たちにもそういうところを見せ、同じ職員仲間でもそういうことにこだわっているというのは決していいことじゃないから、もう事務局の人間については、出身大学名など載せる必要はないというわけです。その代わりに、『国会運営の理論』の著書がある」と自分の経歴に書き足している。これはちょっと私はほほ笑ましいというか、いかにも鈴木さんらしいと思いますが、「事務局の職員がやるのはこれだよ、こういうことは書いておくべきだ、あとは麗々しく学歴なんか書くな」という、鈴木さんの考え方の現れではないかと私は思います。

ただ、この時代は常任委員会の専門員たちは依然として学歴を載せています。このときの専門員というのは、今と随分違いまして、みんな、社会的に相当の地位にいた人達とか、あるいは著述などを持っている本当の専門員、今の人が本当の専門員じゃないというわけではありませんが、近頃は内部登用が大半になっていますが、この当時はそうじゃなかったんです。外部から委員長や政党なんかが推挙するその道の専門家を選んでつけたということですから、この人たちに対してはある種そういう処遇をしています。つまり、学歴なども載せています。しかし、法制局の方はやはりこの時から学歴は落っことしてしまっています。

〔『平成一七年一一月編　衆議院要覧（乙）』を示しながら〕これが最新版です。今現在のものですが、事務局側は、今はもう調査局の専門員も全部学歴を落としています。こういう要覧の変遷を見るのも、そのときの最高責任者の意向が働いていまして、面白いことだと思います。ちょっと鈴木さんという人のある側面を物語っているんじゃないかなと思って、お話ししました。

◆事務局の人事マネジメントと政治サイドの意向

赤坂　関連して二点お伺いします。西沢さんの昇進を期待するような声が内部であったというニュアンスのお話があったと思うんです。鈴木さんが大野伴睦に対して、一般の職員が期待しているようなことに反する人事はよくない、そういう無理な人事はやめてくれということを仰ったということでしたけれども、逆に言いますと、西沢さんが昇進するのを当然視するような雰囲気が事務局内にはあったということでしょうか。

今野　そうですね。西沢さんは地味な人でしたから、次の事務総長として衆望を担っていたというわけではありませんでしたが、誰もが当然次の事務総長と考えていたと思います。それは、今も見ていてそうなんですけれども、事務次長になるということは次の事務総長になるということでいかないと、やはり、事務次長になった人間を事務局内の他のポストに転出させるというのはよくよくのことだと思うんです。一般的な通念からいうと、事務次長になった人間は次の事務総長になるということで継承していかないと、やはり事務局の中の協調体制というか和というんですか、そういうものがうまくいかないんだろう、と思います。

霞が関ではよく、財務省で主計局長になったのに事務次官になれなかったとか主税局長が今度はなったとか、いろいろあるようですけれども、うちはほぼ、事務次長になるときに、次の事務総長になる人だという認識でみんな見ていますから、それがよそへ出されるというのは非常に異例なことになります。出される人間も、ある種、非常にショックだと思います。ですから、そういう意味で、西沢さんは、一人の政治家の裁判に絡んだようなことで人事が決められてしまったというのは気の毒なことでした。

鈴木さんは、西沢さんとは必ずしも気まずいということはありませんでした。むしろ大池さんとは時たま衝突していることがあるようでしたけれども、西沢さんとはそんなことはなかったようです。

赤坂 今の点なんですけれども、事務局の運営ないし人事というものに対して、事務局内部の論理だけではなくて、政治の側からの影響がある場合もあるということでしたけれども、事務総長・事務次長の人事に政治の影響があるということは、当然その下にまで影響が及び得る、ということにもなりかねません。そこで、事務局全体に対して政治の側の影響が及んだ例というのは、これが特異な一例なのか、それとも、こういうことは何かしらの形で日常的に見られることなのか、その辺りについてはどうでしょうか。

今野 西沢さんの例というのは、やはり事例としては非常に特異な例だったんじゃないかと思います。

赤坂 国会図書館長に鈴木さんが就かれたのも大野伴睦さんのお力添えだったということを聞いたことがありますけれども[20]、それも関係ありますでしょうか。

今野 そうですか。いや、それはちょっと私は知りません、大野さんの話は聞いたことがありません。図書館長になるというのも、またこれはかなり後の話になりますけれども、金森徳次郎さんの後の図書館長というのは、自薦、他薦いろいろありまして、やはり人選がややこしかったんです。

最初に、鈴木さんが図書館長になることを非常に渋ったというか辞退していた理由は幾つかあります。先の文章にも書きましたが、図書館長になれと言ってくれたのは、鈴木さんが正式にやめる前に、浅沼稲次郎さんが、「君、やめるんだったら図書館長にしてやるからなれよ」というふうな言い方で勧めたというのが皮切りなんです。ところが、金森さんが一年ぐらい前にやめてから後、国会図書館長というのは何せ当時国務大臣相当職でしたから、いろいろな人の名が挙がっていたんです。内閣法制局長官をやった佐藤達夫さんもたしか候補で名が挙がっていたと思います。

それから、牧野良三[21]という議員さんがいました。この人は、戦前からの政友会の代議士で、鈴木隆夫さんを非常に可愛がってくれた人です。どうしてかといいますと、昭和一三（一九三八）年だと思いますが、ハーグで開かれた列国議会同盟会議の派遣団で一緒に行っているんです。宮澤胤勇[22]という、後に運輸大臣になった議員さんもいましたけれども、牧野良三さんとか四、五人の議員に随行して鈴木秘書課長が一緒に海外旅行をしたということがあります。その当時は飛行機はなくて船旅ですから、半年ぐらい、五カ月ぐらいですか、長旅をしてくるんです。鈴木さんはこの宮澤胤勇さんと牧野良三さんという二人と、一緒に行って非常に仲がよくなって帰ってきました。

その牧野良三さんは、戦後、追放解除になって一時期議員になりました、国会議員に返り咲いて、もう安保のころには引退していたと思うんですが。牧野さんはお兄さんが刑法学者の牧野英一さんでした。それで、いわゆる学者的な家系というかそういう関係でもあり、図書館長になりたかったようです。牧野良三さんは金森さんの後に自分がなりたいと鈴木さんに話し、鈴木さんもそれなりの応対をしていたようでした。牧野さんは自分にとっては非常に、恩顧があるというか関係の深い、親しい人でもあったわけだし、その人が狙っているポストを、自分がのこのこ出ていって横取りするなんということはできないという気持ちが一つありました。

それともう一つ、金森館長の下で副館長をしていた中根〔秀雄〕さん[23]が昭和三三（一九五八）年に亡くなって、暫くそのポストが空席になっていました。その後任の副館長に、かつて衆議院の書記官をやった人で、当時は行政管理庁の〔行政管理〕局長をやっていた岡部史郎[24]という人を、鈴木さんが事務総長時代に推薦して、実現させていました。これは両院の議運の承認が必要ですから、議運に働きかけてその人を入れた[25]。そういうふうなことを先にやっているものですから、「自分が館長として入っていくのは、まるで露払いを先に送り込んでいたようなものだなんて思われるのも本意じゃないし、とにかく俺はこの話は受けないよ」ということで終始していました。

では、鈴木さんは衆議院事務総長をやめて何をする気だったかといいますと、タクシー会社を起こすという計画を立てていたんです。あの人は中野の、西武新宿線沿線の鷺宮というところに住んでいたんですけれども、あの界隈は、西武鉄道が非常に強力にその支配権を振るっていました。タクシー業も、西武関連のタクシー会社で占めていて、普通の民間が非常に参入しにくいところだったようです。

後に参議院議長をやった木村睦男さん[26]が、戦時中の一時期、書記官ではなく理事官という形で衆議院事務局に籍を置いたことがあるんです。鈴木さんが衆議院の事務総長をやめる当時、木村睦男さんは運輸省の陸運局長をやっていました。その木村睦男さんに頼みまして、開業の認可までとっていました。実際に用地も、自分の自宅のそばが畑で空閑地がありまして、地主と交渉してそこを駐車場にするという計画まで立てて進めていたんです。

そういうこともあったものですから、鈴木さんは衆議院事務総長をやめた後、国会図書館長になる気は本当になかったんです。とにかく、牧野さんのこともある、それから副館長のこともある、自分のその後の生活設計もある、そういうことから自分は図書館長にはならないと言っていたんですけれども、先の論文で書きましたように、図書館ではちょっと事務体制でいろいろ欠陥があるということで、それはやはり鈴木みたいなやつにやらせた方がいいだろうということで、あの人が図書館長になったんです。

ですから、自分としては運動は何もしていないはずです。大野伴睦さんが推してくれたという話は、私は聞いていません。それは、大野さんは鈴木隆夫という人を非常に買ってくれていましたから、その話が起きたときに、ではおれも一役買おうというようなことで何か推進役になってくれたかもしれません。しかし、私の印象では、とかくこういう人事というのは、与野党間で、人物評価に食い違いが出ることが多い。推進しようとする人間と、それに対する批判も出てくるものなんですけれども、あのときは、野党の社会党や民社党も、浅沼さんが言い出したことですし、それから議運の理事たちも、みんな鈴木さんに対しては賛意を表してくれていました。何せ事務総長をやめるときにみんなで惜しんでくれたわけですから、それは大野さんの口添えがなくたって実現したことだろうと思います。

赤坂　政治の側からの影響について事務局運営という観点から見たときには、西沢さんのケース、それに関連して鈴木さんのケースというのがほぼ例外的な事例であったと理解すればよいのか、それとも、もう少し日常的に何らかの影響があるものなのか。その辺りについては、御存じの範囲で、いかがでしょうか。

今野　多分、非常に例外的なケースでして、部長クラスの異動について政治家が干渉してくるということは余りないだろうと思います。それは、職員に対する評価というのは、事務総長の耳にはいろいろ議員から直接持ち込まれることはあると思います。「この前あそこでこういうことがあって、あいつはけしからぬ」、そういう話というのは事務総長の耳には入ると思いますけれども、だからどうされたというのは余りないですね。

もっと下の方のクラスで、例えば議員宿舎などで、宿舎長が議員から、自分の選挙区の者が訪ねてきた時に非常に粗略な取り扱いをしたものだから、「俺は迷惑をこうむった、票が減ってしまうぞ、あんなやつはけしからぬ」なんて言われて、別のポジションに移されるとか、そういうことは間々あります。ただ、部長クラスになって、部長になった人間に対して議員の方から何か非常に強い批判が出て動かされるというようなことは余りありません。しかし、事務総長になりますと、やはり矢面に立つわけですから、あんなもの早く替えてしまえとかそういうふうなことで、トップの人間というのは必ずしも安泰とは言いがたいものがあると思います。

大池さんが約十年、書記官長時代と続けて事務総長時代を通算しますと十年ぐらいいたわけですが、やはり弊害があったと思います。もっと早く辞めていたら、西沢さんがすんなり事務総長になって、西沢さんが任期を十分全うした後に鈴木さんの番が来るということだってあり得ただろうし、それは、鈴木さんが願っていたように、そういうやり方の方が好ましいというふうに思います。

◆大木操氏の勅選議員推薦をめぐって

今野　事務局の人事について、政治サイドからの働きかけがあるのか、ないのか、というようなお話とは直接の関連はないのですが、ちょっと思い出したことがあるのでお話しします。

戦前の帝国議会時代の書記官長は、退職すると貴族院の勅選議員に任命される例が多かったようです。それで、終戦直後に大木〔操〕書記官長(27)が退職された際は、鈴木さんは当時の島田俊雄議長(28)に、大木さんを勅選議員に推薦して下さいと頼んだということでした。

島田議長については、鈴木さんは余り話をしてくれることはなかったのですが、この前の鈴木さんについての文章(29)の中にも書きましたように、終戦の日の八月一五日にイの一番に皇居に参内して国民の代表として記帳すべきだと考えて、その島田さんを促して記帳させたということがありました。そのほかにも、いよいよ米軍が進駐してくるということになったときに、鈴木さんは、おれは島田議長に、「米軍からどういう扱いを受けることになるか分からないから、あなたのような方は遺言状を書いておきなさい、いざというときに備えて何か言い残すことがあったら遺言状でも書いておかれた方がよろしいと思います」ということを進言したと言っていました。秘書課長にしては随分思い切ったことを言ったものだなというふうに思いますが、島田議長とはかなり率直にものが言えるような間柄だったようです。ですから、その年の一〇月に大木さんが辞められたときに、どうか辞めた大木さんを勅選議員に推薦して頂きたい、ということを話したということです。

それで、私、歴代書記官長が勅選議員になったケースというのをちょっと調べてみましたが、あらかた勅選議員になっているんですね。初代の曾禰荒助さんから大木さんまで、一〇人書記官長がいるんですけれども、そのうち貴族院議員にならなかったのは三人だけで、あとの七人はみんな、退職した後、貴族院の勅選議員に推薦されている。ですから、大木さんをその当時まだあった貴族院の勅選議員に押し込んだというのは格別異例のことではなかったとも言えます。「どうぞ勅選議員に推薦されることをお忘れなく」という程度の申し入れだったんじゃないかと思います。

このことと絡んで、大正一三（一九二四）年から昭和五（一九三〇）年まで書記官長だった中村藤兵衛(30)という方がいます。この人は退職後すぐには勅選議員になれませんで、一時期、忘れられたような存在でした。この話は早稲田大学の先生で憲法学者の佐藤立夫さんから聞いたことですが、佐藤さんは戦時中から終戦直後にかけて、衆議院の資料課で調査員をしていたことがあります。中村藤兵衛さんとも何か関係のある方のようでした。

この佐藤さんの話では、中村藤兵衛さんは当時の議会でかなり党派性の強い運営をして、反対党の反発を買っていた、そのため勅選議員に推薦されなかった、という話でした。つまり、在職中の仕事ぶりから、退職後の処遇で、政治サイドからの影響を受けてしまった、ということです。大木さんが昭和二〇（一九四五）年、終戦の年の一〇月、書記官長を退職してすぐに勅選議員になったのに対して、中村藤兵衛さんは、大木さんから見ると先々代なのに、さらに大木さんよりも遅れて、昭和二一（一九四六）年の三月に勅選議員になっています。中村藤兵衛さんからみると、次の田口弼一さんもとうの昔、昭和一三（一九三八）年の四月、辞めた直後に勅選議員になっていますし、大木さんもなった。それで、中村藤兵衛さんを忘れているんじゃないかと、どなたかが気づいて運動して、ようやく帝国議会の末期に勅選議員に押し込んだというふうな形じゃないかと思います。この中村藤兵衛さんのような例があるので、鈴木さんは特に大木さんのことを議長に進言したのかも知れません。

◆帝国議会の書記官長

今野　それで、終戦直後に、旧議院法を改正して国会法を作るわけです[31]。当時、憲法改正の後、帝国議会の末期に議会関係の法規が問題になったときに、国会法案特別委員会というのが両院で設けられまして、あれは衆議院議員発議で貴族院に回したんですけれども、貴族院の国会法の特別委員会で中村藤兵衛さんと大木さんが何かと発言しています。田口さんは昭和二十一（一九四六）年の七月に貴族院議員をやめていますから、この方はもういなかったんですね。国会法案の貴族院の審議では、委員会議録を見ますと中村藤兵衛さんと大木さんが専ら発言しています。ですから、この二人は、やはり戦後の国会制度を作るということについて、色々と気を配られた方だと思います。

私は田口さんと大木さんはお顔は拝見しているんですけれども、田口さんは体の非常に大きな方で、余り喜怒哀楽を顔に出さない、非常に気難しいような感じの方でした。鈴木さんが事務次長だったときに何回か部屋に見えたことがあります。ただ、どうも鈴木さんは、田口さんをそんなに先輩として立てていなかったような気がするんです。『委員会制度の研究[32]』を書いたときに、「あれはあらかた俺〔鈴木隆夫氏〕が理論づくりをしたんだ」というようなことを言っていましたけれども、文章を読むとずっと田口さんの文体で一貫しています。それから、鈴木さんの残した資料の中に、『委員会制度の研究』についての草稿みたいなものはちょっと見当たらなかったものですから、私、どの辺まで鈴木さんがあの論文の制作に関与したかというのは物理的にはよく認識してしません。しかし、理論立てといいましょうか、論理的な展開は俺が書いたんだみたいなことを鈴木さんは言っていました。

その後に田口さんは、『地方議会運営論[33]』とか、会議原則についてのパンフレットみたいなものも出していますけれども、それを見て鈴木さんは余り感心しなかったんじゃないかと思います。どこか異論があったということではないでしょうか。どうも、田口書記官長が見えてもそう話が弾んでいるというふうな様子は見えませんでした。

それに対して、大木先生とは非常に仲がよかったです。これは、大木さんが衆議院の警務課長をしていたときに鈴木さんが警視庁から衆議院に来た、という因縁があり、その頃からの上司と部下というふうな関係があって、その後ずっと一貫して、大木さんには献身的に仕えています。『大木日記[34]』を見ますと、毎日のように、鈴木君、鈴木書記官、鈴木秘書課長というのが出てきます。本当に、鈴木さんは当時の衆議院の情報係で、毎日毎日何かかんか大木書記官長に報告しています。それで、あの戦時中の東京でも、仕事帰りに料理屋に行って一緒に一杯飲んだりしたことなども書かれていますけれども、非常にウマが合って、仲がよかった。

大木さんは、貴族院議員を辞めた後、たしか参議院議員の全国区に立候補したと思います[35]。それで落選して、その後、東京都の副知事になりました。そういう経歴で、その後もかなり長く社会的には活躍されていたということがありました。いろいろな面で鈴木さんとは交流があったようでした。個人的にも非常に仲よくしていました。それで、鈴木さんの方が先に亡くなって、大木さんの方が後だったんですけれども、お葬式のときには、やはり大木さんは非常に力を落とされたふうでした。

私も、大木さんという方は非常に好きでした。好きというか、磊落な人でしたし、鈴木さんのお葬式のときに、私は、鈴木さんと大木さんが非常に懇意だったということを知っていたものですから、大木先生のところへ電話をして、お通夜が幾日でお葬式がいつですというふうに話をしましたら、「私は今娘の車であちこち動いているんだけれども、お葬式の日は娘の都合が悪いからお通夜のときに顔を出させてもらうしかない」、そういうことを言われたんです。私は、大木先生だからお葬式の方に出たいのだろうという気持ちもあったし、私としてもできればお葬式に来て頂いた方がいいんじゃないかなと思いまして、「先生、それでは私の方でお車を手配いたしますから、御都合よかったらお葬式に来て下さい」というふうに言ったんです。そうしましたら、「いやいや、君、役所の車を僕が使うわけにいかないよ、僕はもう辞めて何年も経っているんだし、鈴木君のお葬式だからといって、公のことではないんだから、役所の車を僕に回されても困るよ」、そういうふうに言われました。

いやあ、かたいことを言う人だなと、ちょっと驚きました（笑）。実は、そのときに私は役所の車を回すつもりでいたんです。まあ、鈴木さん自身ももう衆議院を辞めてずっと時代が経っていました。でも、お葬式は衆議院の事務局が中心になって、図書館と味の素がそれについてくる[36]というような形でのお葬式でしたから、衆議院の車一台ぐらい回してもいいだろうと思ったんですけれども、そういうふうにかたいことを言われまして、これは困ったと思いました。しかし、自分で言い出したことですから、「その点はどうぞ御心配なく、私の方で用意いたします」と言ったら、「役所の車でないのを手配してもらうんだったらお葬式に出してもらいましょう」、そういう言い方をされました。

それで、私、そのときの秘書課長に、あなた送り迎えしてくれと頼みまして、秘書課長の車に同乗してもらうという形で処理しましたけれども、年をとられても、公私の区別をきちんと守る方でした。ですから、私は大木先生を尊敬していました。鈴木さんと大木さんはそういう間柄でした。

◆大池総長の印象

奈良岡　さきほど、大池眞さんと鈴木さんはやや微妙な関係だった、それはやはり鈴木さんが理論的にも非常にすぐれたものを持っていて、作ろうとしていたからだというお話がありましたけれども、大池さんというのは戦後の最初の事務総長で、新しい事務局を作っていくときのキーパーソンというか中心になった方で、一応、御自身も本を書かれたりはしていますね[37]。そういう理論を作っていくとか、あるいは新しい衆議院事務局を作っていくということに際して、大池さんの功績というのはどういうふうにご覧になっていますか。

今野　大池さんは、大木さんの後を継いで帝国議会時代に最後の書記官長になられたわけです。そして、そのまま引き続いて新しい衆議院の事務総長になられたんですけれども、旧帝国議会から新しい国会への切りかえのときのいわば事務局側のまとめ役というんですか、中心にいた方です。GHQとも非常に色々と厄介な交渉があったんでしょうけれども、そういうものを片づけられて、歴代書記官長、歴代事務総長としても、力のあるほうの方だっただろうと、私は思います。

ですが、鈴木隆夫さんと比べますと、やはり鈴木さんは自分を法律家だと思っていましたから、あの人は高文の司法科も通っていて、それから行政科もパスしている。ほかの方々は、大体、行政科で高文を通っているんですけれども、司法科は通っていないんですね。鈴木さんは、自分は法律家だという意識を持っていました。

それで、美濃部達吉博士が東大の教授でいらして、鈴木さんは美濃部さんとは面識はなかったはずなんですが、美濃部さんは自分にとって恩師の一人だと言っていました。それは、公法学というものの概念を美濃部さんの著作から僕は身につけた、学んだということを言っていまして、美濃部先生も俺にとっては恩師の一人なんだということを言っていました。ですから、ご覧になったかもしれませんけれども、終戦直後に書いた議会制度改革論攷というのを美濃部さんに直接送りつけています[38]。個人的な接触の全然ない人だったはずですけれども、とにかく読んでくれというわけで、ああいう方に書いたものを送りつけたりしています。そんなふうに、鈴木さんという人は、自分は法律家なんだという思いでいました。

そこへいくと、大池さんはやはり役人、いわゆる事務官僚なんであって、自分は法律家だという認識は持ってはいなかったでしょうね。その辺が、鈴木さんにしてみれば飽き足らないというか、物足りなかったんだろうと思います。反面、大池さんにしてみれば、そんなに国会のことをとことん理屈どおり突っ張って言うことはない、国会というところは、政治家が話し合って円満に事を運営していく、そういう組織なんだから、理論一点張りで事を運ぶのは無理なんだという考えの人でした。それでウマが合わなかったんだと思います。

大池さんという人は、私が入ったときから、あの人は政治家だというのが事務局の中でも定評でした。大池さんという方は政治家なんだ、だから、政党や議員たちをさばくのにはああいう政治家でないとうまくいかないんだ、そういう言い方がされていました。

赤坂　それは大池さんに政治的な色合いがついているという意味ではなくて、いろいろな交渉や取引が上手である、さばき方が上手である、そういう趣旨でしょうか。

今野　そうです。ですから、GHQとの問題だとか、それから戦後の新しい国会で、みんな不慣れな議員たちがやってきて、ある面、終戦直後の議員たちは新生日本の担い手というので意気に燃えていましたから、威勢も良かった。婦人議員も新しく出てきていますし、共産党も出てきていますし、みんな「我こそは」というのが来てやっているわけですから。そして、本当に、喧嘩するときは本気で喧嘩するんですから、灰皿を投げたり、掴み合いをしたり、そういうのが日常茶飯事でした。そういう時代に、やはり新しい国会を軌道に乗せていくという上では様々な苦労があったと思います。

奈良岡　大池さんと特に親しい政治家などはいらっしゃったんでしょうか。

今野　いや、それが、その辺のことになるとちょっと大池さんの業績にも影が落ちてくるんですけれども、猪瀬直樹という人が『ミカドの肖像[39]』という本を書いていますね。あれは、堤康次郎さんが議長時代に、いかにしてプリンスホテルなどをつくって財を増やしたかということを暴露したような本ですが、あの中に、大池さんが、港区の方のプリンスホテルの用地手当てにかなり協力したということが書かれています。その辺が、鈴木さんから見ると許しがたいことだったんじゃないでしょうか。

ある意味、大池さんの政治力というものは、そういう面にも手が伸びるというか力が及ぶというふうなことがありました。ですから、『國会早わかり』だとか、分かりやすい国会解説の本などはいろいろ残されていますけれども、議事運営の理論的な面では、大池さんの業績はさほど評価されていないんじゃないのかなというふうには思います。

しかし、やはり、一時代を担って、非常に厄介な時代に新しい制度を軌道に乗せたことで、大きな役割は果たしたわけですから、そういう点で、大池さんに敬意を払う議員もいました。大池さんという人の存在を評価する物の言い方をしていた議員もいたように思います。

◆山﨑総長と国会用地の取得

奈良岡　土地の取得のお話がちょっと出ましたけれども、国会周辺の、国会の用地とか職員の宿舎とかの整備に当たっては、山﨑さんが非常に力を発揮されたという話を聞いたことがあるんですけれども。

今野　そうなんです、それはもう事実です。終戦直後の時期に、山﨑さんは会計検査院から衆議院の書記官になり、庶務部門の責任者になりました。

奈良岡　庶務課長に昭和二一（一九四六）年二月九日。その前に書記官になられたのが二〇（一九四五）年の一一月七日で、警務課長をされています。

今野　ああ、そうですか、警務課長もやっておられたのですか。何か昭和一六（一九四一）年頃に一時期ちょっと衆議院事務局にいたことがあるんでしょう[40]。

赤坂　ああ、そうですか、把握していませんでした。

今野　一時期ちょっといて、戦後にまた戻って来た人です。とにかく、会計検査院と関係のある方でしたから、国有財産についての知識を特に持っていました。それで、終戦直後に、国会が国権の最高機関になるということで非常に規模が大きくなるということから、この周辺用地を確保しておく必要があるというふうに思ったんでしょうね。それは、大池さんの指示があったのか、山﨑さん一人の発案でそういう行動をとったのかどうか、よく分かりませんが、実に適切な措置をしたものと思います。

いずれにしても、山﨑さんが、色々とよその官庁や当時経済的に苦しんでいたような宮家の資産にも手を回して、衆議院の用地を確保するということについて非常に活躍したし、功績もあった。これは定評になっています。自分自身でも何かそういうものを書いておられたように思います。憲政記念館で出したものに山﨑さんが何か文章を書いていました[41]。だから、憲政記念館のあの用地も、陸軍の用地だったのを、山﨑さんが先を見て確保したというふうなことだったと思います。山﨑さんは、そういうふうに庶務的な面で非常に知識はあったし、経験もあったし、力も発揮した人ですね。

◆戦後の国会制度とウィリアムズ

赤坂　そうですね。庶務畑でずっと来られて、大分年齢も上の段階で入ってこられていますけれども、委員部長を少しされて、事務次長、総長という形ですね。

先ほど、GHQの話が少し出て参りましたけれども、今野さんが入ってこられて鈴木さんにつかれた当時、鈴木部長がGHQとの交渉みたいなことも担当されていたとお伺いしたような記憶が少しあるんですが[42]。

今野　先に、GHQとの絡みで鈴木さんが非常に忙しくて、夜も遅く、帰れなかった、そういうふうにお話ししたのは、特に鈴木さんがGHQと直接交渉をしていたということではないんです。

あの当時のGHQは、何せ法律案を提出する最初の段階から、内閣提出法律案の場合も、議員提出法案の場合も、案文を事前に見せろとか、それについての毎日の審議内容の報告も求めていましたし、法案を採決する場合にも、一々GHQのオーケーが出ないと委員会は何も決められなかったんです。また、どういうわけかそのオーケーが夜昼なしに出るんです。GHQでどんな作業をしているのかは知りませんけれども、とにかく、まだオーケーが出ない、まだオーケーが出ないといって、委員会ではもう与野党この案でいくと決めているのに、GHQのオーケーが来ないがために真夜中まで待たされるということがしょっちゅうでした。そういう関係で、委員部も重立った人間はみんな待機しているというふうなことがありまして、それで時間外勤務が非常に多かった。国会の開会中は、毎晩帰りが遅くなりました。

それで、ウィリアムズ〔Justin Williams〕という人が国会課長として非常に有名ですね。有名というか、国会についてあれこれ指示、命令をしたりして、戦後の国会制度をつくるについてもウィリアムズの力が非常に寄与したというふうなことも言われています。

ウィリアムズという人は、どうも鈴木さんとは余り関係がなかったように思います。鈴木さんはウィリアムズの話というのは何もしませんでした。それで、多分ウィリアムズの下にいた人だと思うんですが、コールトンという人がいたんです。鈴木さんが事務総長になってしばらくしたころ、そのコールトン氏が現れたんです。事務総長になられておめでとうという挨拶に、通訳の人を連れてやってきまして、ああ、これが何回か聞いたことのあるコールトン氏かと私は思ったんですけれども、アメリカ人にしては余り体が大きくなくて、しかも、持ってきた名刺が、日本字を当てていて、字は忘れましたけれども、とにかくコオルトンという漢字の名刺を出されまして、それが記憶に残っています。

西沢さんはウィリアムズとの関わりを非常に大事にしていたようです。自分が死んだ時は、これこれの人に知らせてくれという中にウィリアムズの名前を挙げていたというくらいですから、西沢さんはウィリアムズと非常に強く接触したんでしょうし、その後もかなり昵懇に連絡をとっていたようです。

だけれども、中曽根康弘首相がアメリカに行って向こうでパーティーを開くというときに、ウィリアムズも呼んでほしいと日本側からアメリカ側に連絡をしたら、そんな人間は一国の首相が開くパーティーに招くに値しないから、そんな配慮は要らぬでしょうとアメリカ側から言われて呼べなかったという話があります。そのときはウィリアムズはどこで何をしていたのか分かりませんけれども。日本の戦後の国会はウィリアムズを抜きにしては語れないくらいに、制度づくりから運営の一々についてまで采配を振るった人物なのに、中曽根首相が行ってパーティーに呼びたいと言ったら、呼ぶ必要はないというふうにそのときの政権から断られたという話を、私何かで読みました。その程度の人間に我が日本の国会は牛耳られていたのかなという思いがちょっとしました。

どうなんですか、ウィリアムズのことを何か詳しくお聞きになっていませんか(43)。議会法規を専門に勉強していたという人じゃないでしょう。

赤坂　歴史学です。

今野　歴史学ですか。そうでしょう。ＧＨＱからの指示で国会図書館法というのを終戦直後にすぐに作らされました。アメリカは、連邦議会図書館というのが物すごい調査能力を持っていて、それがＣＩＡ並みに活躍しているらしいですね。それで、日本の国会もそういう調査能力を持った組織で行政権力に対抗しなきゃいかぬのだと言われました。それをやるのは、国会図書館というものを作って、図書館の中の立法調査局がそういう機能を果たすべきだということで、専らＧＨＱの勧めで国会図書館ができました。

そのときに、連邦議会図書館を見てこいといって、わざわざ衆参両院からアメリカまで視察に行かされて、そして帰ってきた人たちが国会図書館法を立案したわけです。もちろんＧＨＱが事細かにいろいろな指図をした上でできた法律案なんですが、ウィリアムズは、衆議院と参議院の両方が同時に同じ案を可決することによって成立させるようにということを指示してきました。

ところが、こっち側としてみると、法律案というのは、どちらか一院に提出され、先議の院が可決したものを後議の院に回して、それが可決されて初めて成立するというのが日本の国会運営のしきたりですから、両方で一遍に提出して一遍に可決したって法律にならぬわけです。ましてや、相互に送ると、一事不再議でもう同じものを可決できませんから、そんなことはできないんですが、それを、両院ともうまくウィリアムズに説明できないんです。ウィリアムズは断固として両院一緒に同じものを可決しろと言うものですから、困ってしまって、それで、何か会議録にちょっと出ています(44)。同じものを提出するんですが、衆議院の方が先に可決して参議院に送って、参議院は、参議院のものを審議しているような顔をして、衆議院送付案を可決して成立させました。

そんなこと、ウィリアムズにきちんと説明すればいいのにと私なんか思うんですけれども、怖かったのか面倒だったのか分かりませんが、ウィリアムズからそういうことを厳しく言われて、もたもたしながら普通の形で通して、はいやりましたよという報告をしてウィリアムズを満足させたというふうないきさつがあったようです。ウィリアムズという人の功罪というのも色々あるんじゃないのかなという気がしないでもないですけれども。

赤坂　罪の部分というのは、今お聞きしたところ以外に何か御存じですか。時計をとめた事件とかよく聞きますけれども。

今野　私は、ウィリアムズという人は見た記憶がありません。桂俊夫さん(45)はウィリアムズを見ています。議長の部屋と事務総長の部屋の間にある秘書たちの部屋を次室といいます。議長側からいうと議長次室といい、総長室側からいうと総長次室という。要するに議長の秘書と事務総長の秘書がそこに同居している、同じ部屋なんですけれども、そこに何かの連絡で桂さんが行きましたら、ウィリアムズが窓際のところで腕組みして仁王立ちしていまして、「駄目だ、そんなことをやるのは駄目だ」というふうにして、何やら威張っていたのを見たということでした。

ウィリアムズは体格のいい人だったらしいですけれども、そういうふうにして、何か本当に俺が支配しているというような顔をしてやっていたよという話を桂さんから聞いたことがあります。ウィリアムズは、当時の与党だった社会党の代議士会にも乗り込んで、色々と指図していたということを、別の先輩からも聞きました。やはりかなり意気込んでやってきて、自分なりに大いに腕を振るったんでしょう。

III

◆事務次長というポスト

今野　話を戻しますと、鈴木さんが事務総長時代の『昭和三十三年八月編　衆議院要覧（乙）』を見て頂けば分かりますが、ここで、鈴木事務総長、山﨑事務次長で、これは記録部長ですけれども茨木純一さん、久保田さん、こうなっています。これは序列からいうとこういう順序でした。ところが、この茨木さんが記録部長でいる間に、次の久保田さんが事務次長になり、その後、山﨑さんの後の事務総長にもなりました。

この並びで見ますと、当然、茨木さんも事務総長になっていい序列で来た人なんですけれども、この人に対して鈴木さんは非常に厳しいことを言ったんです。それは、鈴木さんが事務総長になったときに、順序からいって、山﨑さんを事務次長にし、茨木さんを一旦は委員部長にしたんです。そして久保田さんを庶務部長から記録部長にした。

ところが、茨木さんの委員部長時代に、当時、委員会が大分いろいろ混乱しまして、与野党が衝突して暴力沙汰が起きるとか、様々なトラブルが起きたんですが、性格的に非常におとなしい人だったために、処理がてきぱきしなかったということで、記録部長になっていた久保田さんを委員部長にチェンジしました。鈴木事務総長になってから余りたってなかったと思いますけれども。

奈良岡　茨木さんは昭和三〇（一九五五）年の一一月から三三（一九五八）年の五月まで委員部長ですね。

今野　ああ、そうですか。では、二年半ぐらいやっているんですね。

奈良岡　三三（一九五八）年の五月に久保田さんが後任に入られていますね。

今野　それで、鈴木さんは私たちに、「茨木はおとなしくて修羅場には耐えられないから、俺はあれには言ってやったんだ、君は事務次長にはなれないよ、それは気の毒だけれども、あのポジションには君は耐えられない、と引導を渡した」と言っていました。

そのかわりに、裁判官訴追委員会の事務局長という職があります。これは事務次官待遇のようでした。それで、訴追委員会の事務局長のポストが近々あくから、君が行く気があるならそこに推薦するからどうだと茨木さんに言ったんです。そうしたら、茨木さんは、「いや、私は、今この年齢になって新しい役所へ行って振り出しから勉強し直すよりは、ここで、使えるところで使って頂ければ結構ですから、後の人が先に行ったからといって不平は持ちません」と言ったそうです。それでこの人はそのまま記録部長にとどまり、久保田さんに追い越された後も暫くいて、山﨑事務総長の時代に調査室の方に移り、内閣委員会の専門員で終わりました。事務次長にするということは次の事務総長にするということだ、鈴木さんはそういうふうに考えて人事のレールを敷いていました。

ただ、この茨木さんはおとなしい人で、東大法学部卒なんですけれども、私が委員部に入ったばかりの頃、鈴木さんが何となく孤立感を持っているときに、この茨木さんは鈴木さんと一番親しくしていた人でした。碁を打つ人で、鈴木さんは、この人が警務部長だったのでよく警務部長室に行って、暇なときは碁を打っていました。おれは東大で君は東北大だみたいな顔は決して見せない穏やかな人でした。鈴木さんの方も親しみを持っていたはずですが、やはり公の人事ということになるとまた別だということを、鈴木さんは見せてくれたわけです。

◆暗黙の部長間ヒエラルヒーの存在

赤坂　記録部長というのは格からするとどの辺りになるのですか。

今野　大体何となく慣習的に決まっている序列は、本当を言うと議事部長がトップなんです。本会議の運営をやるわけですから。ですから、ずっと長く事務次長兼議事部長という体制が続いていたわけです。しかし、事務次長と議事部長が切り離されてからは、少し事情が変わりました。今は、事務次長の次は委員部長です。その次が庶務部長です。議事部長は、本会議の運営に習熟した専門職のような感じになっています。それからあとは、そのときそのときによってかなり流れが変わりますけれども、率直に言って記録部長というのは暇なんです。こう言っては何ですけれども、速記がこれから先どうなるか分かりませんが、今までのところ記録部長というのは閑職でした。ですから、記録部長というのは、新任の部長がなる場合が多いのです。秘書課長から部長になるときに記録部長になるということもあります。衆議院事務局の中では重いポストとは言えません。やはり議事部長、委員部長、庶務部長ですね。まあ警務部長というのも、時に混乱すると大変な仕事ですけれども。あと管理部長、記録部長、それから渉外部長というのは外務省から来るのが普通です。

赤坂　そうすると、茨木さんが格上だったというのは、委員部長を経験されていたからランクとして上になっていた、そういうことでしょうか。記録部長だからランクが上だったというわけではなくて。

今野　要覧に載っている部長たちの順番は、月給の順序で並んでいるわけです。役職の順序で並んでいるわけではなくて、月給の高い者の方を上に置いているわけです。ですから、今言ったように、茨木さんは部長たちの中では一番最高給取りなのですが、このとき記録部長にされてしまったということです。〔茨木氏の次に挙げられている委員部長の〕久保田さんは事務総長になった人ですけれども、それでは、この人がなぜ鈴木さんが事務総長になったときに記録部長という一番軽いポジションに置かれたのかというのは、これはまたちょっと理由があります。

大池さんが事務総長の時代に、事務局の中に衆睦会という消費組合のような組織がありました。この衆睦会の関係記録というのもたしか「鈴木隆夫関係文書」の中にもあったように思いますが、不適法なことをしていたとして、解散させられた組織です。この組織は、一時期、職員向けの売店の運営をやっていたように思います。それから、議員が自分の発言した委員会の会議録を選挙区に配りたいので増刷してくれというふうな要求を出してくると、それに対して有償で応ずるというふうなことを、これは新しい国会になってからずっとやってきたことなんですが、その経理を衆睦会がやっていたようです。

この衆睦会というのは、庶務部の会計課の人間を使って、本来の公務以外にその仕事をさせていました。終戦直後の役所の運営というのは、どこの役所もそうだったと思うんですけれども、法整備がきちんとされていなかったということもありましょうし、何せ旧憲法から新憲法への移行でかなりごたごたしていた時期です。必要なものは、仲間内だけで、適当な任意組織みたいなものをつくって、処理していた時期というのがあるんです。国会図書館でも事務経理におかしなことがあって、鈴木さんが図書館長になるについて、金森時代にそういうことがあったから、そういうことを正すのに鈴木さんが選ばれたということを私は書きましたけれども(46)、似たようなことが衆議院にもあった。大池さんの時代の衆睦会という存在がそれでした。

ところが、これまた面白いんですが、鈴木隆夫さんはそれに関知させられなかったんです。仲間に入れてもらえなかった。そのこと自体がやはり学閥問題と絡んでくることですけれども、鈴木さんは事務次長になっていながら、それは大池さんとほかの部長たちの間で運営され、処理されていた事柄でした。それがやはりまずいということがです。

発覚しまして、そのときに久保田さんが庶務部長で、会計課の監督者でした。大池体制のときは、大池事務総長、鈴木事務次長、山﨑委員部長、久保田庶務部長という体制でした。茨木さんは警務部長だった。茨木さんが衆睦会に関与していたかどうか分かりませんけれども、とにかく東大出の人たちのグループでそういう運営をしていたのです。

ところが、鈴木さんが事務総長になる直前にそのことが問題視されまして、衆睦会は解散させられました。その解散手続は鈴木事務総長になってから処理したことでした。そんなこともあったものですから、鈴木さんは、事務総長になったときに、自分の腹心と言っていいでしょうけれども、知野さんを委員部の第一課長から庶務部長にしたわけです[47]。それで、久保田さんは、その処理のいわば責めを負わされたといいましょうか、責任をとらされたという感じで、庶務部長から記録部長に横滑りをしたんです[48]。

ここでもちょっと面白いエピソードがあります。鈴木さんは割にお金持ちで派手な人でして、親しい部下が昇進すると、鯛の尾頭付きをお祝いに贈ることがありました。それは、行きつけの料理屋がありまして、かごに、そんなにでっかい鯛じゃありませんけれども、鯛と、それからアワビだとかサザエだとかというのを組み合わせたものを、お祝いに持っていけといって、私なんかは取りに行かされて、昇進した人の自宅へ届けるということをよくやりました。それで、事務総長になったときも、自分が新しく配置した全部の部長たちに鯛を配ってやってくれというわけで、配らされました。それを宇野君と私と二人で手分けして配りました。

そのときに、久保田さんだけは、言ってみると横滑りというか、格下げとまでは言えないんですけれども、問題があって庶務部長から記録部長に移したわけです。それで、「久保田か、久保田はどうするかな、まあいいや、本人に聞いてみるか」なんていって、鈴木さんは事務総長室から電話をかけて、記録部長にした久保田さんを呼び出しまして、「俺、みんなに鯛を配っているんだけれども、君はどうか、受けてくれるか、どうする」と言いました。すると、「いや、それは私にも下さいよ」という返事だった。久保田さんも面白い人だと思いますね。つまり、「私だけくれないということはないでしょう、それはみんなに配ったら私にも下さい」と。それでわだかまりがふっと消えちゃうわけですよ。「ああ、そうか、もらってくれるか、じゃ、持っていかせるよ」と。

◆鈴木隆夫の人付き合いの妙

赤坂　秘書には何も来なかったんですか（笑）。

今野　秘書は何もないんですね。何もないんですが、しかし、私、鈴木さんからは結構小遣いをもらいましたよ（笑）。鈴木さんは私が貧乏暮らしをしているということを知っているものですから、殊更に仕事を作ってくれたということもありまして、役所での勤めのほかに働かされました。君、あしたの日曜来てくれるかというので、別に用事はありませんと言うと、じゃ、おれは原稿を書くから、そばから清書してくれというわけです。それで、行くとお昼もごちそうしてくれて、とにかく書いたのを片っ端から清書すると、またそれに手を入れてよこされるというようなことをしました。それで日当をくれるんですよ。つまり、そういうことをさせて私に小遣いをくれるんです。

だから、そういう点では、非常に気のきくというか人づき合いの上手な人でした。ただ、部下については人使いが荒いんです。厳しいし、そういうふうに、休日であれ何であれ呼びつけられて用足しをさせられるということは日常的でした。今あんな扱い方をしたら、誰もついていかないかもしれません。

大体が、鈴木委員部長という人は厳しい人で、私の先任の宇野君が委員部長室に入る前に部屋付きが何代もかわっているという、そういういわくつきの人でした。あの人のそばにいるとやり切れないと皆逃げ出したそうです。そういう人だったんですけれども、宇野君が落ちつきまして、ウマが合って、それで二年ぐらい続いているところへ私が潜り込ませてもらったというのを先にお話ししましたけれども、そういう関係でした。それで、宇野君と私と二人になったけれども一向に二人とも暇にならないで、自宅の方の留守番だとか何かそういう雑用までも、まるで書生みたいにして使われました。そういう人でした。昔の役人はあんなふうだったんでしょうか。今の人では考えられないことでした。

しかし、恋女房の奥様が非常によくできた方でして、私、気管支ぜんそくの持病を若い頃から持っていたんですけれども、ちょっと私が寝ていると、生卵だとか果物などを運転手の人に持たせて独身寮に届けてくれたりするんです。だから、否応なしに鈴木家には忠勤を励まざるを得ないような、そんな感じにさせられていました。後にも先にもそんなふうにして接触した上司というのはいませんから、私はこの人のことを何かにつけて誰にでも非常に持ち上げて言うんですけれども。違った見方をする人ももちろんいるかもしれませんが、衆議院の幹部としてはやはり抜群の人だったと思います。

今日は写真を持ってきています。これは昭和二八（一九五三）年に鈴木さん〔最前列中央で両腕を組んでいる大池氏の左隣〕が委員部長から事務次長にかわったときの写真なんです。鈴木委員部長が事務次長になり、山﨑さんが新委員部長になったときの委員部の、その当日出勤していた人間たちを全部集めての記念写真です。撮影の前に、議員食堂でティーパーティのような歓送迎会がありました。改めて思うのですが、その後、部長の異動の際に、このような記念撮影や送別会をやったという話を聞きませんから、当時の委員部員たちは、鈴木委員部長の厳しい指導や教育に感ずるものがあって、こういう催しをしたのだと思います。
赤坂　大池氏の右隣が山﨑さんですね。
今野　山﨑さんは頭が薄いので、すぐ分かります。その右隣の人が吉田三郎さん(49)といいまして、第二課長でした(50)。鈴木さんの左隣が知野さんです。もう一人、矢尾板洋三郎さん(51)が第三課長でいるはずなんですが(52)、この頃病気でもしていたのか、入っていないですね。私はここにいまして〔前方から二列目、右から二人目〕、右隣にいるのが宇野君。この二人だけが既にもう委員部を離れて議事課員になっていたわけです。あとは全部委員部の人たちです。

◆委員部の集合写真に見る人事構成

今野　このときの委員部員の年齢構成というのをちょっと私調べてみました。

　最前列にいる上の方の人たちは、大池さん、鈴木さん、山﨑さん、吉田さん、知野さん、五人いるんですけれども、大池さんがそのとき五七歳です。鈴木さんが四九歳、山﨑さんが四五歳、吉田三郎さんが五七歳で、大池さんと同い年です。知野さんが三四歳でした。あと残りは、男女合わせて八六人いるんですが、これははっきり全部生年月日を調べたわけじゃありませんから大体の年齢ですけれども、男でいうと、四〇代が二人、三〇歳代が二五人、二〇歳代が四二人という勘定になります。それから、女性は、三〇歳代が一人、二〇歳代が一四人、それから、まだ一〇代、一八、九でしたけれども、高校出たてぐらいで入ってきている若い女性が二人いて、女性はそれで一七人という構成です。

　私がこうした勘定をしてみたのはなぜかというと、そのときに若い人間がいかに多かったかということを言わんがためです。終戦直後は衆議院が急膨張した時代で、特に委員部は、委員会中心主義に改められたことで、衆議院の組織の中でも増員率が高かった。若い人間をどんどん入れたことから、今お話ししたような人事構成になっています。実は、これが後々、事務局の人事面で非常な歪みを生むことになったのではないかというふうに私は思っています。つまり、団塊の世代ができてしまったんです。

鈴木さんはこうして集めた人たちに対してかなり厳しい教育をしまして、勉強会や何かをしました。特に鈴木さんは会議運営職という言い方をよくしましたけれども、我々は会議運営職なんだ、国会は会議運営職が中心になって動いていくのであって、ここに来た諸君はみんなとにかく勉強して、そして国会をリードしていかなくちゃいけないんだというふうなことを言って教えて、そして自分は物を書いていた。教えられた者たちも、自分たちは事務局の中で非常に重要な仕事に携わっているという意識を持っていました。

別にみんな秀才だったわけでも何でもないんです。中には秀才もいましたが、しかし、自分たちはある程度、ここにいて、鈴木さんのもとでいろいろ勉強させられて、そして衆議院事務局の中核を担っていくように生きていかにゃいかぬなという認識というのは、当時の委員部のそこに写っている連中の頭の隅にはあったと思います。ところが、やはり何年か経って時代が変わっていきますと、そういう意気込みというのは当然だんだん消えていくわけです。時代も変わり、リーダーも変わる。そうすると、その団塊の世代というのが、今から考えると、かなり厄介な面が出てきたように思います。

それは、一つは、その人たちの中で出世競争が始まるんです。みんなで同じような年格好の連中が上がっていく。当然その中で、上のポストは限られていますから、その限られたポストへ向けてみんな色々と、やはり競争意識が強くなりますね。民間会社での出世競争は、自分の能力を誇示する方向に向うのでしょうが、役人の世界は逆で、出る杭は打たれると言いますが、却ってみんな大人しくなるのです。出世競争が従順競争のようになります。私、このオーラル・ヒストリーの一番最初に勉強会のお話から始まりましたけれども(53)、その勉強会というのがだんだんやられなくなって、そして、何となくそういう機運が衆議院事務局の中で消えてきたというのは、一面、みんなそれぞれが出世競争に走ってしまったからでもあります。議事手続について問題が起きても、互いに議論し合うことがなくなり、上層部の見解に黙って従う人間が増えて来ました。部下の教育という面への関心も低くなって来て、かつての委員部にいたときの同僚、仲間たちが近頃おかしくなっているんじゃないかなという気を、私は非常に持ちました。一体何を考えているんだろうというふうな思いで私は傍から見ていた時期があります。

実は、私がこつこつ資料を集めたりしてノートをとり始めたのは、そういう人たちに対するある種反発があるんです。正直言って、みんな鈴木さんから同じように教わってあそこからスタートしたのに、今の連中は一体何を考えて、どこを向いて、何をやろうとしているんだという気持ちがだんだん高じてきまして、そういうことをやり始めたんです。先に行ってまたこの話に戻るところがあるかもしれませんけれども、やはり国会発足の頃に一遍に若者を大勢集めたという人事構成の歪みが、ずっとおしまい頃になって妙な形で衆議院事務局の仕事の事務体制の上にある種の影を落としているという気が私はします。この写真を見て、改めてそういうことを感ずるんですけれども。

数年前に、いわゆる団塊の世代が一斉に六〇歳の定年を迎えたために、知識や技術の伝達が途切れてしまうという危険が話題になりました。二〇〇七年問題という言われ方をしましたが。例えば警視庁でベテランの警察官が大量にやめていく。いろいろな取り調べだとか捜査の細かな技術的な伝承がなかなか今の若い人になされていないで、それゆえに警察業務の上である種の混迷が起きているというような話がありました。あれと同じことが、昭和五〇(一九七五)年代の終わりから六〇年代の初めにかけて、衆議院事務局でも起きたんです。参議院でも当然起きたと思います。しかし、私たちはそれに殆ど気付かずに過ごしてしまった。

つまり、ずっとこの人たちはそれなりに自分で蓄積して、自分なりに仕事をこなして、競争に勝ち抜いた人もそれなりの地位で仕事をして出ていったと思いますけれども、それを若い世代に教えて出ていかなければならないという意識がなかった。これは、委員部だけではなく、ほかの部の私と同年配の人間に話を聞いてみても同じようなことを言います。やはり、我々はきちんと伝えるべきものを伝えてこなかった、教えるべきことを教えてこなかったということがあります。ただ、残念なことに、そういう事態が起きたということを、現職の人たちがあまり深刻に認識していない。先輩から引き継ぐべきものを引き継がなかったということについて、今の人たちの意識が、ちょっと薄いような気がします。これは辞めた人間の勝手な感想かもしれませんけれども、そういう気が私はしています。

衆議院事務局は小さな世帯でしたから、帝国議会時代は、会計課に配置された人間はもうずっと一生会計課、人事課に配置された人間はずっと人事課というふうな形で、普通、みんな余り異動がなかったんです。それで、国会が始まった当初もそういう形でみんなスタートしまして、部長たちは変わっていくけれども、部員たちは余り変わらないという時期がかなりありました[54]。

その後、久保田事務総長の頃から、殆どの部長が委員部出身者で占められ、委員部の課長ポストも急激に増設され、よその部の課長にまで委員部出の者が就けられるという傾向が出て来ました。委員部で育った人たちが、優秀といえば優秀なんでしょうけれども、他部課に比べて委員部の者は、人事面で有利に扱われるという見方が拡って来たわけです。そんなことから、各部の職員たち、特に若手の間では委員部志向が強くなり、委員部に行きたいと言う者が多くなりました。委員部に行かないと、この部署にいる限りは頭打ちになるという不満も出て来ました。そういう機運が拡まって来たものですから、今度は課長補佐級も大幅に異動させるということを始めました。

藤野重信さんの事務総長時代に、自治省から中島隆[55]というキャリアの人をもらっていました。その人はその後衆議院の事務次長まで行って、会計検査院に出ていった人です。この人が庶務部長になった頃から特にそういう人事異動を大幅にやるようになりました。そのために余計、実務の伝承というのが混乱してしまって、毎年毎年課長補佐クラスがかなり大きく異動するものですから、議事部、委員部という部署に、いわゆる会議運営職の経験のない人間が課長補佐クラスで入ってきて仕事をするということになって非常に混乱が起きた、現場で実務上のある種混乱といいますか弱体化が起きたと私は思います。

よその仕事をしてきた人間がいきなり委員部に来て委員会の運営をやるというのはかなり無理がありますし、基本的な法規の知識がないとはっきり議員に対して物が言えないということが往々にして出ますから、余りにそういうふうな人事異動を頻繁にやるのはまずいなというふうに私は見ていました。そんなこともあるものですから、人が変わる以上は実務の知識と経験のある人間がそれを広めるというか伝えるというふうにしないと力が落ちてくるよということを、私は在職中から周辺の者には言ってきたわけです。

赤坂　参議院の『議会政策研究』という雑誌がありますが(56)、参議院の有志が行っているこういった取組みについては、どういったご印象をお持ちでしょうか。

今野　私の推測ですが、参議院無用論というのがひところ賑やかでしたが、当時、参議院の事務局は非常に危機感を持ったんだろうと思います。無用論というのは、参議院もなくなるし、参議院の事務局もなくなるということでしょう。それはもう大変なことですよ。ですから、そういうことに対する理論武装というのも兼ねて、自分たちも自分たちの存在をアピールする必要があるというふうなことから、参議院はそういう活動を一部で始めたんだと思います。手始めは、調査室で『立法と調査』という月報を出しますね(57)。現在は衆議院側でも似たような刊行物を出していますが、あれは、参議院の調査室がいち早く始めたものです。自分たちの調査活動のＰＲ、それから、審議内容のレポート的なものも含めて。

ああいうものも衆議院側は全く関心がなかったんです、当時の上の方は。参議院であいう活動をやり始めているのに何をしているんだろうなんて、私、在職中に思いました。今おっしゃった『議会政策研究』は、五、六冊出ていますでしょう、非売品で。あれは私がやめてから出たものなんですけれども、参議院にもらいに行って私は持っています。

赤坂　結構、本格的な論考が多いですね。

今野　ええ。まともな論考があります。特に、森本〔昭夫〕さんという人が参議院にいますね。私は、あの人の書いたものは読んでいます。

赤坂　何が議案かとか、そういう論文だったように思います(58)。

今野　動議とは何かとかね。やはり、物すごく基本的なところの疑問から自分で問題点を考え出して、それをたたいていく、そして論証していく、そういうことが必要なんですね。

ほかの方のものはちょっと記憶にないですけれども。私は面識はないんですが、私の書いたものを批判したりもしていますけれども、あの人は勉強しているな、そして、参議院の事務局の理論的な一つの柱になっていくんじゃないのかなというふうに私は見ています。

Ⅳ

◆鈴木隆夫の公の側面

今野　さて、先に鈴木隆夫の私的な側面のことからお話を始めましたけれども、鈴木さんの公のことでいいますと——公の仕事というのは大分この前書きましたけれども[59]——やはり鈴木さんは年じゅう、国会の権威を守るということをしきりに言っていた人でした。

鈴木さんが事務総長になったとき、新聞に「時の人」というふうな形で出た記事があります。鈴木さんと山崎さんと久保田さんの三人のものを探し出してきましたけれども[60]、その頃は、衆議院の事務総長になると割に新聞が、「時の人」というふうにして紹介してくれたんです。これらの記事は結構よく取材してまとめていると思います。鈴木さんは事務局の中で孤立していたとか何かそんなようなことも書いてありますし。

鈴木さんという人は、やはり国会の権威、衆議院の権威を高めるということを物すごく考えていた人で、何かにつけて、衆議院の権限が侵されるということに対しては非常に過敏に反発するというふうなところがありました。鈴木さんがやった仕事のほんの一つですが、終戦直後に、両院法規委員会という組織ができました。これはGHQの勧めでできたもので、衆参両院でいろいろ法律問題を話し合えというふうなことでできた機関です。

それで、これは十回国会なんですが、このときに参議院の方で一つの国会法改正案というようなものが議論されたんです。それはどういう問題かといいますと、昔の帝国議会時代の議院法には、政府が出した法案は、政府の意思によっていつ何どきでもこれを修正し撤回することができるという規定がありました。政府の意向というものを非常に重視する時代でしたから、政府案を衆議院で可決して貴族院に回した後も、政府側が、いや、あれはまずいからあそこを直そうとか、あれはもう事情が変わったから撤回して取り返してしまおう、なしにしてしまおうということが、法規上はできる状態になっていたんです。

ところが、衆議院側からしてみますと、これは腹立たしいことでして、衆議院で日数をかけて喧々諤々議論した上でまとめて貴族院に送ったものを、政府が、「ちょっと考えが変わったからここを直すよ、取り返して出し直すよ」というようなことをやられたのでは、衆議院側としては苦労が無になるわけですから、許しがたいことなんです。それで、新しい国会法を作るときに、そんなことはできないというふうにしてしまったんです。国会法の五九条但書です。ところが、終戦直後の参議院には、まだちょっと貴族院的な気風が残っていまして、非常に政府寄りに考える人たちがいて、衆議院が審議を終えて参議院に回ってきたものであっても、そのときの政府の意向で修正したり撤回したりするということが許されるんじゃないか、国会法をそんなふうにまたもとへ戻したらどうかという意見が出たんです。それを両院法規委員会でやろうということになりまして、十回国会に、両院法規委員会で練っていました。

そうしたら、鈴木さんが両院法規委員会に乗り込んでいって、そういう動きがあるようだけれども、衆議院で議決して参議院へ送るということには色々な形態がある、例えば、委員会で政府案と議員が提出した議員提出法案と併合修正するということだってあるんだ、併合修正して参議院に回した法案について、それは政府案がもとだから政府が撤回しようと言ったって、では、併合した部分の議員立法の議員の方の意思はどうなるんだ、そのときにまた議員にも一緒に撤回しようといって一々働きかけるようなことをするんですか、そんなことできますか、そういうことを言うんです。それで一発で吹っ飛んじゃうんです。「ああ、そうか、そんなことまでは考えていなかった」ということで吹っ飛ばしちゃうんですが、政府案と議員提出法案を併合修正するなんというのは理論上はそれはあり得るんですけれども、普通は考えられない。でも、そういう論法を駆使してでも、気に入らないものははじき飛ばしてしまうという面が鈴木さんにはありました(61)。

鈴木さんには、一体参議院の事務局は何をしているんだ、そんな案を議員たちが作るのを傍観しているのは何だというような思いもあったと思います。そういうわけで、衆議院側が行ったことについて色々と参議院とか政府側が手を加えるというようなことについては、非常に反発するような気持ちがありました。だから、こういうのを見ても、あの当時、鈴木さんは非常に気合いを入れて仕事をしていたなというような気がするんです。

◆鈴木隆夫と参議院事務局との関係

赤坂　今、参議院は何をしているんだというお話をされましたけれども、参議院の事務局との関係というのは、鈴木さんはどうだったんでしょうか。

今野　これは、今とは比較にならないくらい参議院の事務局とは密接に連絡し合っていました。参議院では、河野義克さん[62]という方が帝国議会時代からいた方で、その前に近藤英明さん[63]という方もおられました。近藤英明さんの後に芥川治さんという方が参議院の事務総長になっています[64]。

これは余計な話になりますが、芥川さんは運輸官僚でして、ちょうど下山事件とか三鷹事件とか松川事件とか、いろいろああいう大きな問題が起きたときの運輸省の局長をやっていたんです、あの下山事件も依然として今でもいろいろ謎だと言われていますけれども。そのときの局長としての発言がＧＨＱの意に添わなかったようです。それで、あんなやつはどこかへ出せというふうなことになってしまいまして、芥川さんは、たまたま参議院の事務次長のポストが空いていたものですから、運輸省の局長から参議院の事務次長に急に入ってきた。ですから、議会のことは殆ど何も知らない。それで、近藤英明さんがやめられた後、必然的に事務総長になったんですが、そのときに事務次長になったのが河野義克さんです。河野義克さんは非常に勉強している人でしたし、理論家だったものですから、参議院は、芥川総長の時代から、事実上、河野義克さんが中心になって運営をやっているというふうなことでした。

河野さんは鈴木さんよりも七、八歳若いですが、お互いに尊重し合い、ライバル視し合うというような感じでしたけれども、割によく連携していました。私が委員部長室にいた間にも、河野義克さんが向こうの方からやってきて、そのときはまだ河野さんも委員部長だったんじゃないかと思いますが、よく来て、国会法規の解釈などについて意見を確認し合うということがありました。

それからまた、参議院には佐藤吉弘さん(65)という方がいまして、これがちょうど衆議院の知野虎雄さんと同じように、若手の中での秀才というか俊秀でして、『注解参議院規則』(66)を委員部の課長時代に書いていますけれども、この方は、なかなか颯爽として肩で風を切って歩くような感じの人でした。この人も時たま来ました。鈴木さんとはちょっと格が違うものですから、知野さんのところへ来て話をするというふうな関係でした。でも、この方は、管理部長をやって委員部長になったと思いますが、御自分の御両親が建築か何かの関係の仕事をしておられて、お父さんが亡くなられて、お母さんが社長になっていた時代に……

赤坂　冷暖房の会社ですね。

今野　それを参議院に入れたということで、たしか社会党〔の大森創造氏〕だったと思いますけれども、個人的な利益誘導の疑いがあると問題視されるということがありました(67)。参議院の工事をその会社に請け負わせたんじゃないですか、たしかそういうことだったと思います。それが不適切だというふうに言われて、それを問題視されてやめられたんです。惜しい人だったと思います、この方はまだ元気でおられると思いますけれども。それは参議院も非常に痛手だったろうと思います。その人がいたら大分また違ったんじゃないかという気がしないでもないですけれども。

赤坂　大変秀才であったとお話がありましたけれども、東京大学に佐藤さんがおられたときは、終戦前夜で、たしか在学年限が三年間に短縮されていたんです。だから、今の一年次を半年で終えないといけなくて、二年生はまた半年しかなくてという、たしかそんな頃だったんですけれども、たしか入って一年で高文試験に通られて、今でいえば二年生の頭になるんですか、そんな人は殆ど当時いなかったというようなことを聞いたことがあります。そして、その試験勉強を二カ月しかしなかったとか。一度ちょっとお話を聞いたことがあるんですけれども(68)、その間に受けた授業も、「秀をとったのは何だったかな」という話をされて、はてなと思っていたら、どうも残りは全部優だという趣旨だったみたいで、もうほとんどオール優でずっと来られた（笑）。本当に秀才だったようです。

今野　そうですか。そこまでの話は私は初耳で知りませんでしたけれども、やはり非常に自信にあふれたような言動の人でした。

参議院の方は参議院の方で、衆議院何するものぞというような感じがやはりあったんでしょうし、とにかく帝国議会時代は万事、貴族院の方が事務局でも何かというと優位に立っている感じで、貴族院でこう言っていると言われるとなかなか抵抗できなかったという時代だったのが逆転したわけですから、戦後は。戦後の参議院の人たち、河野義克さんもそうですし、佐藤さんもそうだったと思いますけれども、やはり昔の帝国議会時代の貴族院と衆議院との関係が逆転したわけですから。国会法規をつくる過程では全部衆議院が先行してしまって、いわば後塵を拝するような形で参議院はいたんですけれども、色々と心中思うところがあって、衆議院には負けないよというような気風を持っていたんじゃないかと思います。

ですから、佐藤さんがそういうふうにして挫折したというのは、私の方から見ても、これは非常に痛手だったんだろうなという気がします。河野さんの後に佐藤さんが事務総長になれば、運営もまたちょっと違ったんじゃないかなという気がします。

◆鈴木体制の始動――互助会事件の影響

奈良岡　鈴木さんは学者肌、法律家肌の一面がありましたが、次長に山﨑さんを選ばれたのは、鈴木さん御本人なわけですね。

今野　そうです、事務次長にしたのは。

奈良岡　御自分と大分タイプが違う方なわけですけれども、でも、そういう方を自分の後任として適任だと認められた。

今野　鈴木さんが事務総長になったとき、事務局の中をどうやって掌握するかということで色々人事を考えましたときに、上の方の序列を変えるということは全く考えなかっただろうと思います。大池さんの時代から、西沢さんが法制局長に出たというときの話は先にしましたけれども、その後に鈴木さんが事務次長になって、議事部長兼務[69]、それで山﨑さんが委員部長になったというのは、これは大池さんがやった人事です。庶務部長に久保田さん、茨木さんはその前から警務部長だったんですが、そのまま留任させた。

だから、その辺で大池さんの判断というのが、茨木さんを庶務部長に動かすということも可能性としてはないではなかったんでしょうけれども、それはしないで、秘書課長だった久保田さんを庶務部長にしたんです。これはやはり大池さんと久保田さんとの関係が、大池、山﨑、久保田というこの三人は、グループとして非常にウマが合ったというか仲がよかったという感じはあります。先にお話ししました衆睦会という後々問題になった会を作るについても、こういう三人の人たちが連携していたんだろうと思います。そういう輪の中に鈴木隆夫は入っていなかったということがあります。

ですが、大池さんがやめて鈴木さんが事務総長になって、後の自分の布陣を考えるときに、実は丸々一日ぐらいかかったんですよ。ずばっといかなかったんです。鈴木さんは行きつけの料亭がありまして、本会議で事務総長に選任されて、そして議運で就任の挨拶をして、公的な行事は全部終わって、夕方になって自分はその店へ行くと言って、みんなを待たしていろというわけなんです。全員、幹部は待たせていろと。それから夜遅くまで時間がかかりました。それは、鈴木さんが何を考えていたのか、誰と相談していたのかどうしていたのか分からないんですが、かなり時間がかかりました。

そういうふうにして決めた布陣なんですけれども、全体として穏当な人事をしたんじゃないかと思います。別に、山﨑さんを事務次長にすることに迷ったとか、そういうことはなかったと思います。それというのも、もう知野虎雄という腹心がいましたから、やがて後継者として衆議院事務局は彼が軸になってしょっていくだろうということは、事務総長になる時点で鈴木さんはもう確信していたと思います。ですから、上の方がたとえ色々な面で弱点があっても、知野がカバーするという思いがあったと思います。

むしろ、知野さんをどういう処遇にするのかと思って私たちは興味を持って見ていたんですけれども、いきなり庶務部長にしたんです。これは正直言って、私たちは意外に思いました。知野さんを庶務部長にしたについては、衆睦会事件というのが背景にあったということを先にお話しましたが、その後に、また互助会事件という問題が起きました。

互助会というのは、職員相互でお金をプールしまして、一種の金融組織を作っていたんです。それで、何口入るかというようなことで、それぞれ職員の中から口数を募集しまして、会計で給料を渡すときにそこから天引きをして積み立てていて、その口数の一年のトータルまでは貸し出すことができる。例えば、月二千円ずつ積み立てると一年で二万四千円になりますね。二万四千円以内だったら必要なときに用立ててやる、そのかわり、後で利息をつけて返さなきゃいけない。それで、最終的に、その利息分というのは、一年のおしまいに配当としてみんなに還付する、こういう役所の中の一種の金融的なことを互助会と称してそのときやっていたんです。いつ頃から始まったかは覚えていませんが、私が入ったときにはもう既にスタートしていたようでした。それで、私も時たま、お金がないと、そこから借りて使うということをやっていました。

ところが、そこで使い込みが起きてしまった。その業務を会計課の人間にやらせていたわけです。実際に給料からの天引きだとか何か色々あるものですから、会計課でやらせていた。これは、別に役所の幹部が関与していたものではありません。それは、職員のいわば有志グループみたいなものが組織を作ってやっていた。ところが、そこで使い込みが起きまして、ちょうど鈴木さんが事務総長になった直後に破綻が来てしまいました。満期が来たのに全額払うということができなくなってしまったんです。それで騒ぎになりまして、これは新聞ダネにもなりました[70]。それは役所の幹部として直接責任があるわけじゃなくて、むしろ、担当していた人間が悪いんですけれども、鈴木さんが事務総長に就任した時期に起きたんです。

それで、その互助会で会員の集会がありまして、とにかく、穴があいちゃって、もらえるはずのためていたお金がもらえなくなったわけですから、組合員たちはみんないきり立って集会を開いたんです。年末のある日、夕方になってから予算委員室でその集会をやりまして、庶務部長の知野さんも、会計課を所管する監督者として出てきて、質問に答えろということで、就任したばかりの庶務部長がその場に引っ張り出されて、そして、いろいろと組合員の中からの非難、攻撃を受けたんです。私も権利者の一人でしたから、その会合には出ましたけれども、そのときの知野さんの応対というかさばき方というのが鮮やかでした。私、具体的にはよく覚えていませんけれども、やはり知野さんは大したものだな、なんて思いながらその様子を見ました。

役所として関知していたところは、会計課で本来の業務以外のことをさせていたという点で、責任があるといえばそれは前任者の久保田さんなんですけれども、とにかく、関知していた部分については明確に返事をしていました。しかし、組織それ自体が職員の組織ですから、自分として言えないところは、それはあなたたちが決めることだというふうにして突っぱねたりして、やはり知野さんはやるななんて思って私は見た記憶があります。そんなこともありまして、知野さんを庶務部長に起用したのは正解だったな、という印象をその時持ちました。

◆議員互助年金制度の創設

今野　鈴木さんについての私の文章の中で書かなかったことがいくつかあります。公の仕事として、議員の待遇改善というのを鈴木さんは非常に重要視していました。終戦前の帝国議会時代の衆議院議員の待遇というのは、議院法で歳費額が決まっていて、これは何回も何回も議員立法で引き上げようと思っても貴族院が反対したり政府が反対して実現できなかったということがあって、戦前の衆議院議員の歳費は低く抑えられ、社会的地位もそれほど高くはなかったようです。しかし、実際に議員になった人たちというのは色々とお金もかかるわけですし、それで、例の井戸塀という言い方がありますが、政治家になって、選挙を繰り返して、議員になった人が死んだときは井戸と塀しか残らないくらいに資産を蕩尽するものだという言い方が行き渡るほど、政治家というのは私的な生活というのは保障されていない時代だったんですね。

鈴木さんは、新しい国会になって退職金の制度なども国会法に規定しましたけれども、やはり、政治家というのは、もっと社会から尊敬されて、それなりの体面が保てるような生活水準を持たなきゃいけないんだということを言っていました。そして、歳費の引き上げと、特に最近、評判は悪いんですけれども、互助年金制度の創設ということについては、鈴木さんは非常に力を入れたんです。事務総長になるまでは、それは大池さんや庶務部長が考えることであって、鈴木さんが口を出すことではなかったんですけれども、事務総長になってから、歳費の引き上げと互助年金制度の創設ということに鈴木さんは非常に力を入れました。特に互助年金というのは、つまり、議員の年金ですが、これについては鈴木さんが作ったと言ってもいいくらいの制度です。

今は全然これが不評を買ってしまって事情が逆転してしまっているものですから、私もこの間のあの文章の中に書くのはいささか憚られて書きませんでしたけれども、しかし、鈴木さんがこれを作った時点では、議員たちはこぞって賛同して喜んで、これで我々も心置きなく老後のことを考えずに政治活動に専念できると、非常に称賛された制度でした。

ただ、やはり、鈴木さんの計算が少しく甘かったのは、鈴木さんの計算の基本になっていたのは、解散があって総選挙になると、議員の約三分の一が替わるということでした。これは、鈴木さんが帝国議会時代からのいろいろな選挙の実例をずっと調べてそういう計算をしたんだと思うんですけれども、三分の一ずつ選挙のたびに替われば、一遍落ちてまたその次に出てきたという人が仮にいても、この互助年金の制度で国庫負担がそんなに増大することはないと計算したわけです。要するに、掛け捨ての人も相当出るし、やめていった人の年金額もそれほど膨大な額には上がらないという計算で、鈴木さんは、この互助年金法を大蔵省とかけ合って実現したんです。

これは在職期間一〇年間ということで、初めから鈴木さんは受給資格を一〇年と考えてスタートしましたから、帝国議会時代に一〇年以上働いた古手の議員さんたちが、私たちも入れてくれと連日のように陳情に来ました。そういう人たちは、まだ体は元気でも、もう戦後の選挙には出られなくて引退生活をしていたんですが、やはり生活の資力に乏しい、何とか我々も救済してくれということで、何回も何回も来ましたね、戦前だけで終わってしまった議員が。

ところが、鈴木さんは、それでは計算が成り立たない、そういう人たちは何せ掛金を掛けることもできないし、それはだめですと断っていました。やはり、戦後の国会に一期でも籍を置いた人は戦前の在職期間も加算するけれども、戦前だけで終わった人はこの際泣いてくださいということで断りましたけれども、議員のＯＢたちはみんなもう切実な要求で鈴木さんのところへ陳情に来ていました。大蔵省も非常に渋ってはいたんですけれども、何せこれは国会法に規定されている退職金にかわるものであって、やはり井戸塀はなくさなきゃいけない、そういう理念ではある種共通の認識がありましたから、実行したんですね。このときに、議運の委員長が、誰だったか忘れましたけれども、「いや、鈴木さん、有り難う、議事堂の中にあなたの銅像を建てなきゃいけない」なんていって、本当に全議員から感謝されたんです。

そういうふうにして発足した互助年金法でしたけれども、やはり、鈴木さんの目算が立たなかったのは、そういう三分の一ずつの交替がだんだんなくなってきてしまったということです。やはり、自民党の後援会組織などが非常に張りめぐらされて、解散をしても、三分の一の人間が替わるというほどの大きな変化がなかなか出なくなりました。今度のような選挙の激変というのは、前の小泉首相の郵政選挙のときのチルドレンもそうですけれども、ここへ来ての現象で、それまでは余り政治家の大きな異動というのはなかったわけです、選挙制度の関係もありましたけれども。

それで、議員の在職年数が非常に長くなった、そのため永年勤続する人も非常にふえてきた、その結果、やめていく人がもらう年金額もふえてきた。さらに長寿社会ですね。みんなが長生きするようになったように、議員も長生きするようになったものですから、非常に長期に年金を受け取ることになって、更に鈴木さんがやめた後に、年金額のアップとか国庫負担率の増加とかという措置が、いわゆる議員のお手盛りでふえていったというケースもあると思います。

ですから、スタートの時点では、鈴木さんが考えたことは決して間違っていたわけじゃないし、その時点としては非常に必要なことだと思われていたんですけれども、これが、それほど長い歴史があったわけじゃないのに破綻が来て、議員自身から返上、辞退、廃止というような声が出ているのを見ますと、私は、これを鈴木さんはあの世からどんな顔をして眺めているかな、という気がしないでもないです。

しかし、これは本当は、鈴木さんが国会議員の生活の安定のためには欠かせない制度だというふうに考え、強力に実現にこぎつけた制度でした。そのときの鈴木さんの思いというものを、やはり私ちょっとお話しておきたいと思いました。

◆宮中席次の問題

今野　それから、戦前の議員が非常に不満に思っていたのは、宮中の席次、位階勲等、これが衆議院議員は低いということなんです。誰かがどこかで言っていました。我々はこんなふうに書記官長といって呼びつけているけれども、宮中に行くと書記官長の方がずっと陛下の前の方にいて、我々は後ろにいるんだなんて、そんなことをぼやいている議員もいましたけれども、日本の上下意識は宮中席次ですから、何となく今でもそういうことがありますね。この頃、財界の人たちが非常に高い勲章をもらうようになりましたけれども、やはり官尊民卑で、最近まではずっと、役人や何かの方が高くて民間はだめでした。

鈴木さんは、やはり議員にはちゃんとした勲章を出さないといかぬというふうなことも言っていました。栄典法案というのが「鈴木隆夫関係文書」の中にはあります。あれは、鈴木さんが、議員に少しでもいい勲章を上げようということで、今の、大勲位以下、勲一等から勲八等までずっとあるような細かなランクづけでやるのではなく、大きく三段階ぐらいに分けて、そして勲章のデザインを新しく一変しまして、政治関係、文化関係、産業関係とか、そういうふうに分類した勲章制度にして、一たん議員になって働いた人はそれなりの大きな勲章をもらえるようにすべきだと考えて、政府側と協議したときの資料です。あの栄典法案は鈴木さんが非常に力を入れて、自分も立案に加わりましたし、岩倉さんといいましたか、当時の総理府の賞勲局長をやった人(71)ともたびたび連絡しまして、岩倉さんもよく事務総長室へ来ていました。それで、試作品まで作ったんです。あの「鈴木隆夫文書」の栄典法案の資料の中に試作品の写真が一つ残っています。

ところが、社会党がいけないんです。いけないと言っちゃおかしいですが、社会党が、叙勲制度には当時物すごく反発していました。つまり、あれは人間の業績をランクづけすることであって、そういうのは反対だというわけで、栄典法案の作成進行には非協力的でした。そうした反対に遭いながら、それでも当時の衆議院の内閣委員会であの栄典法案は提案そこそこまでいったんです。ぎりぎり、とにかく提出間際までこぎつけた法案です。ああ、栄典法案、一回ぐらい出たかもしれません。そっくりその法案かどうか分かりませんけれども、栄典法案というのは一時提出だけはされたかもしれません。ところが、社会党の反発が非常に強くて、結局は立ち消えになってしまいました。

それは、勲一等から八等まで細かにランクづけたものから見ますと、大綬章、中綬章、小綬章と三段階です。もっと明るいデザインのものでして、民主的な社会の勲章制度としては、これは絶対に多くの人から受け入れられる、鈴木さんもそういう考えを持っていまして、専ら議員に対しての処遇改善がねらいだったんですけれども、それに一生懸命になりました。

さっき社会党が悪いと言いましたけども、社会党の議員も本音では勲章が欲しいんだと思います。しかし、労働組合なんかの手前、もらえないんです。それで、在職中はもらわない、やめたらいいということにしました。ですから、引退した議員は皆もらうんです（笑）。勲章の話があると、みんな受け取るふうにしました。鈴木さんはその点についても賞勲局に働きかけまして、一遍でも衆議院議員になった人間は従来の制度でも勲三等は出せと主張しました。それまでは四等、五等があったんだと思います。とにかく一度でも議員になった人間は三等から上にランクしろといって、それは実現しました。ですから、鈴木さんがそういうふうに言ってから後は、議員になって亡くなった人は勲三等以下ということはないはずです。

勲章のことでちょっと面白いことを申し上げますと、浅沼稲次郎さんが暗殺されましたときに、これは鈴木さんがやめた直後で、もう山崎髙さんの時代ですけれども、山崎さんは当然、浅沼さんは野党の党首でしたから、勲一等を申請して、勲一等の旭日章を授与してくれというふうに賞勲局にかけ合って、賞勲局の方でもオーケーということだったんです。

ところが、朝日新聞の記者で園田剛民さん(72)という人がいまして、この人は緒方竹虎の娘婿さんでした。そのときに朝日新聞の現役の記者で、それで、社会党の方に、浅沼さんは民衆政治家として一生を貫いたんだから叙勲なんか受けない方がいい、それは辞退しなさい、そう言ったんです。社会党も、その方が民衆の受けがいいかもしれないと思って、浅沼夫人はどういうつもりでいたのか分かりませんけれども、辞退するということにしてしまいました。そんなことがありまして、浅沼さんは勲一等辞退というふうなことがありました。山崎さんが悔しがりまして、せっかく骨を折って働きかけて勲一等を出すことにしたのに、あいつ余計なことを言うなんていって怒っていました。

勲章というのはいろいろそういうことはありますが、栄典法案の資料を残したのは、鈴木さんが議員の待遇改善の一環として考えて作ったものですから、鈴木さんの本来の仕事とは余り関係のないような資料だとは思うんですけれども、「鈴木隆夫関係文書」の中に入れておいたわけです。

赤坂　歳費の引き上げというのは実現したんでしょうか。

今野　鈴木さんが事務総長でいた時代に、一度歳費は引き上げられています(73)。それと、辞めた直後にも引き上げられていますが、これも予算措置は、鈴木さんが在職中に確保していたものではないでしょうか。

それで、鈴木さんも、一本気なところがあるだけあって、物の見方も、歳費についてはちょっと一本調子なところがあったんです。きちんとした歳費をもらっていれば汚職はしないよ、それなりのきちんとした歳費を議員に与えていれば汚職なんというのはそうそうするもんじゃないよ、こういうことを言っていました。それは、戦後のこういう金権政治の流れの経緯を見た上で言いますと、その辺の人間観といいますか、ある種の人間洞察においては、鈴木さんといえどもやや欠けるところがあったのかなという気がしないでもない。選挙制度そのものとも関係あるでしょうけれども。

奈良岡　今お話しになられた議員の待遇改善というのは戦前以来の議論だなというのを感じます。戦前、こういう問題に一番取り組んだのは原敬なんです。歳費を上げろということをずっと政友会で言っていて、原内閣で実現しています[74]。あと、宮中席次を上げるということも原はずっと熱心にやっていて、衆議院議長、副議長というのを、枢密院議長、副議長などの類似した職と比べて見劣りしない席次に引き上げるように頑張るわけです[75]。

年金という問題は戦前はありませんけれども、歳費と宮中席次の問題は戦前以来ずっと大きなテーマでして、戦後、新国会の時代になってそれをさらに本格的にやろうというのは、発想としては非常によく理解できますし、恐らくそういう流れを意識されていたんじゃないかなという感想を持ちました。

今野　原敬という人はお金もうけも上手だったそうですね。私、憲政記念館にいましたときに、いろいろな原敬の資料をお借りするので、原敬の息子さんが鎌倉にいましたけれども、一度お会いしたことがあります。貢さんの娘婿さんかな、逸見さんという方が……

奈良岡　逸見利和さん。

今野　ええ、逸見さん。京都におられる。逸見さんともお会いしたことがあるんですけれども、逸見さんが言っていました。原敬はお金もうけが上手だった、あの人は意外にお金をもうけていたんだなんて。義理のお孫さんに当たる人が言っているんだから間違いないんだろうなと思って聞いていましたけれども、そうだそうですね。非常に経済的な観念のある人で、上手にお金を使ったんでしょう。お金というのは、上手に使うということが政治家にとっては本当に大変なことでしょうね。何か今の政治家は、もらうことばかり一生懸命やっている風に見られていますが。

戦後、片山哲という人が選挙の公営化ということを言い続けていました。選挙費用がかかり過ぎるから、選挙費用は全部公費で賄うような制度に改めないと政界の腐敗はなくならないということを、片山哲は死ぬまで言っていたように思います。私は、公営化ということの実際の中身をよく知りませんけれども、しかし、やはりそれは正論なんだろうなと思って聞いていました。

◆文化人との交流

今野　話は変りますが、朝日新聞が、終戦直後に読者委員会というのを作りました。マスコミも、戦争中は大本営発表のような戦意高揚の記事ばかり書いて、戦争責任があるのではないかと、当時は非難されていました。そういう過去の姿勢から脱却して、民主社会に適したマスコミの体制を作るということから、各社それぞれ、有識者を集めてこれからの新聞の報道はどうあるべきかというような意見を話してもらう、そういうことをやっていたんです。鈴木さんは、朝日新聞からその読者委員の委嘱を受けていました。昭和二一（一九四六）年四月に、第三回の会をやるから出てきてほしいという読者委員会からの案内状が「鈴木隆夫関係文書」に遺されています。

このとき鈴木さんは委員課長兼秘書課長だったと思います。今から考えまして、その程度の地位の人が、こういう新聞社が企画する読者委員会の有識者の中に入れられるというのは、余りないことじゃないかと思うんです。事務総長ぐらいになれば有識者の中に入るかもしれませんけれども、どうして鈴木さんみたいな人が選ばれたのかなという気がしないでもないんです。これは、衆議院の秘書課長として、鈴木さんはマスコミと非常に仲がよかった、マスコミに受けがよかったといいますか、顔が広かったということの現れだと思います。

一緒に読者委員に選ばれた人には、後に文部大臣になった森戸辰男という先生とか、それから長沼弘毅(76)、これも大蔵官僚だったと思いますが、シャーロック・ホームズの研究、シャーロック・ホームズというのは架空の人物ですけれども、シャーロック・ホームズについての著作をいろいろ書いていることで有名でした。そんな人が同じ委員の仲間にいたと言っていました。

鈴木さんは結構そういうふうに、秘書課長のときから、ある種、顔の広さを持っていたんですけれども、ちょっとつけ足して申し添えたいのは、この人は割に文化人といいましょうか、芸術家とか学者とかを非常に大事にしておつき合いをする人でした。

衆議院に私が入ってすぐの頃に、日本画家で西沢笛畝(77)という人がいましたが、この人が度々、色紙に描いた絵を持ってくるんです。その頃、米軍のいろいろな関係者にちょっとした手土産みたいなものを渡すのに、日本画のきれいな絵の色紙だとか、あるいは書だとかいうようなものをプレゼントするということがあるようでした。それで、どこでこの西沢さんと知り合ったのかは分かりませんけれども、画家たちは終戦直後は絵が売れなくて、皆大変だったと思うんですけれども、それを助けてやるというんでしょうか、支えてあげるというような感じで、そういう色紙を持ってこさせては役所で買い上げていたのではないかと思います。それをGHQ側との交渉の際に使っていたんじゃないかと思うんですけれども、そういうふうにして絵かきの人を助けるようなことをやっていました。

この西沢笛畝という人は、郷土人形の収集家でして、大変な数の人形を持っていたんですが、それをまた支援するために人形玩具文化の会というのをつくりまして、鈴木さんの仲のよかった友達で会社の経営などをやっている人たちにも呼びかけて、賛助金みたいなものを集めて支援するようなことをやっていました。

鈴木さんは非常に絵が好きで、芸術一般に関心の深い人でした。若いころ小樽の少女に引かれたということもそうですけれども、文学少年だったんじゃないかと思います。与謝野晶子の『明星』に歌を投じていたという話も聞いています。亡くなった後、鈴木さんの娘さんが、父の歌集を編みたいと言ったことがあるんです。「それは結構です、ぜひおやりなさい」と言ったんですが、結局、まとまらないうちに娘さんは亡くなってしまいました。このように、鈴木さんには与謝野晶子を非常に崇拝しているというところがありました。

雅号は、ちょっと変わったものですが、未能一《みのいち》というんです。自分でこういう雅号を持っていまして、「いまだ始めることあたわず」という意味なんでしょうか、あるいは、まだ一人前じゃないということを言っているんでしょうか。若い頃からこういう名前を雅号にして歌を作っていたということです。その後、私が知ってからは歌なんか作っていませんでしたけれども、美術に対する非常な愛好ぶりというのがありまして、展覧会に行かないかなんて誘われて一緒に連れていかれたこともあります。

◆皇太子御成婚をめぐって

今野　昭和三四（一九五九）年に現在の天皇と皇后が結婚されるときに、衆議院で皇太子御成婚祝いのお祝い品を何か差し上げるということになりました。そういうときに、普通ですと、事務局で何がいいか案を用意しまして、そして、議運の理事会にかけて、こういうものではどうでしょうか、あれはどうでしょうかと議員の意見を聞いた上で決めるのですが、鈴木さんは自分で勝手に、梅原龍三郎(78)の絵を一点贈ればいいだろうというふうに決めたんです。

そこで、梅原さんに聞いてみようというわけです。確か、議運に正式にかける前に自分で動き出したと思います。もちろん面識はありません。最初に手紙を書いて、それから、私、二、三回、梅原龍三郎の家に使いに行かされました。手土産を持って、虎屋の羊羹などを届けに行ったりしました。ちょうど梅原龍三郎がイタリーとかフランスのカンヌあたりに行って、カンヌ風景とかベニス風景とかを描いた個展を開いて、評判のよかった時期でした。

それで、梅原さんから現在手許にあるものでよければどうぞという返事が来たんです。それを受けて議運の理事会に報告して、了承をとりました。政治家たちは特にあれがいい、これがいいという意見はありませんから、事務総長がいいものを選んでくれるならそれでいいよということになって、梅原の絵を贈ることになりました。向こうの指定した日に、私もくっついて行きました。並べてある絵の中から一点、これを頂きたいということで鈴木さんが選んで、もうそういうことになると独走ですよ（笑）。あれこれ人に言わせない、おれの審美眼が一番なんだというふうな調子で一点選んで、ベニス風景だったと思いますが、それに決めて買うことにしたんです。これは先例集にも、梅原龍三郎の絵一点をお祝い品に贈ったというのが後ろの方に載っています(79)。

ところが、そのときに、参議院は河野義克さんが事務総長でした。河野さんは多分、衆議院が何をやるかなと見ていて、衆議院が梅原の絵〔洋画〕だというのであれば、自分たちは日本画でいこうというふうに考えたんだと思います。それで、たしか安田靫彦(80)だったと思いますが、有名な日本画家がいますが、その人の絵を贈るということにしました。ところが、日本画というのは一枚一枚描くのに時間がかかりますから、画家の手元に適当な絵がないということで、それでは、いずれ描いたものを差し上げることにしましょうと、これは目録さえ先に届けておけば納品はいつでもいいわけですから、そういうことにしたんです。

それを見て、鈴木隆夫いわく、ああいう仕事をしちゃいかぬのだと。それは、年寄りの画家というのはいつ死ぬかわからない（笑）、病気で絵が描けなくなるかも知れない。話だけつけて現物の納入はいつになるか分からないというふうな仕事をしちゃいかぬのだ、だからおれは梅原のところへ行って、ある絵の中からもらってきたんだ、そういうものだよと私は言われました。これもまあ何か鈴木さんらしい仕事の仕方だなというふうに思いました。参議院は無事に安田靫彦の絵を納めたようで、これも参議院の先例録に載っています。

鈴木さんはそういうように芸術家には特別に敬意を払って、つき合いが出来ると非常に丁重に扱っていました。陶芸家の板谷波山《いたやはざん》[81]という人がいます。高名な人ですが、この人とも交際がありました。それから、私、鈴木さんの年賀状を毎年二百枚ぐらい、ついていた間はずっと名宛てを書かされたんですけれども、色々な人がいるんですよ。浄瑠璃語りの豊竹山城少掾《とよたけやましろのしょうじょう》[82]という人などに年賀状を上げているんです。相当有名な義太夫語りのようですけれども、そんな人に毎年年賀状を書かされました。

大分後になって国会図書館長になりましたが、鈴木さんが館長になったときは、赤坂の今の迎賓館の建物が国会図書館だったんですけれども、その後、今のところに新築したわけです。鈴木さんの時代に新築して移転をしました。そのときに、図書館の看板、参議院側から入る上の入り口の門のところに、余り大きくない、「国立国会図書館」という文字盤の銅板があります。これも、豊道春海《ぶんどうしゅんかい》[83]という、そのとき一流の書家に書かせているんですよ。そういうことをちょっと凝ってやる人でした。ですから、今はもう誰も気がつかないで、そんな名筆の人が書いた看板だとは知らないでしょうけれども、図書館の玄関のところにある銅板の字は名書家が書いた字なんです。

そんなふうにして、割に幅広く、いろいろ芸術家たちとのつながりというようなものを大事にしている人でした。それはちょっとほかの人と違う面なものですから御紹介しました。

◆南窓会——国会法規の権威としての鈴木隆夫

今野　ただ鈴木さんは、やはり何といっても、国会関係の法律、国会法規の権威といいましょうか、そういう点で

力を発揮した人です。

一つ写真を持ってきました。これは、昭和三三（一九五八）年、議事堂の正面玄関の階段の前で撮ったものです。鈴木事務総長時代、山﨑事務次長、それから、この間話しました久保田さんが委員部長です。そして、その前の委員部長をやっていた茨木さんや、知野さんもいます。知野さんはこのとき庶務部長でした。それで、この前の写真に載っていなかった矢尾板さんという人も写っています。この時はこの人が委員部の第一課長でした。

これは「南窓会十周年記念」というふうにありますが、南窓会というのは、委員部が本館の南側の三階なものですから、委員部の中の懇親会みたいなものを南窓会と称して、終戦直後に発足し、委員部がずっと膨張し出した時期につれて、委員部に入ると南窓会員になるという形でした。多少は会費をとっていたような気もしますが、何かというと、南窓会の会合とか南窓会で機関誌を出そうとか、そういうようなことを若者たちの時代にやっていたんです。

今でも南窓会という呼称はきっと委員部の中に残っていると思いますけれども、それが一〇年経ったというところで、委員部関係者を集めて記念撮影をしたんです。これは人数がばかに多いんですけれども、私や宇野君だとか、あと、かつて委員部に在籍した人間も集めていますから、百二、三十人いますけれども、委員部員というのは百人そこそこだったんじゃないかと思います。

これを見て思うんですけれども、このときの、鈴木事務総長時代の衆議院事務局というのは本当に権威があったんですよ。権威があったというか、国会の議事手続関係の法解釈というのは、とにかく衆議院事務局が最高のものであって、内閣法制局だとか参議院も含めて、よその連中には物を言わせないという気風がありました。ここで鈴木さんを真ん中に据えてみんな勢ぞろいしたというのは、やはりある種そういう意気込みがあったのです。おれたちは国権の最高機関の第一院の議事運営のエキスパートだというふうな意気込みがあって、こういうことをやったんだというふうに思います。

ですから、衆議院事務局が一番、霞が関を含めてこの一帯に、割に胸を張って威張っていた時代です。憲法学者の佐藤功先生だとか、内閣法制局の林修三さんや高辻正巳さんたちも、こと国会についての法律問題は、鈴木さんが右と言えば右、左と言えば左というような感じで、非常に鈴木理論を立てていた時代です。

つくづく思うのは、やはり、勇将のもとに弱卒なしという言い方があるじゃないですか、トップが法律問題を勉強していると、みんな法律問題を勉強するんですよ。ところが、トップがそれをやめますと、みんなやめてしまうんです。ゴルフ好きの人が事務総長になるとみんなゴルフをやるし、マージャン好きだとみんなマージャンをやるし、とかくそういうふうに組織というのは流れていきます。

赤坂　南窓会というのは委員部関係の親睦会ということでしょうか。

今野　委員部だけです。衆議院委員部員の親睦組織です。

赤坂　同窓会みたいなものも兼ねているわけですか、ＯＢの人も含めて。

今野　これは私も入っていますから、とにかくＯＢに呼びかけて、こういうことをやったんです。このときもう既に委員部を離れた人間も入っているような気がします。でも、南窓会員というのは、やはりそのときの委員部員で占めているわけです。

赤坂　衆栄会とか、そのほかの組織との関係というのはどうなんでしょうか。

今野　今、衆朋会というのがありますね。衆朋会というのは、年に一回、憲政記念館でパーティー形式の、これは衆議院事務局の同窓会みたいなものです。これは昭和五六年ぐらいから、鈴木さんが亡くなってから始まったんです。会員として、在職二五年以上か、在職二五年だと永年在勤ということで表彰されるんですけれども、それを受けた人間と、あと、二五年に満たなくても幹部になった人、そういう人たちを入れた衆朋会という組織があります。

南窓会というのは委員部だけのことでして、これは、あるいは警務部なら警務部、記録部なら記録部、そういうところだけの会というのはあるかもしれません、ほかのところはよく分かりませんけれども。

赤坂　議事部にも……。

今野　議事部でも、一時は四つの課を横断したそういう親睦組織があったようですが、私が辞める頃には活動していませんでした(84)。

◆衆栄会の発足

赤坂　ところで、この建物〔衆議院第二別館〕の二階にある衆栄会という組織は、どういった役割を果たしているのでしょうか。

今野　これは私が辞めてからできた組織なんですけれども、これは言ってみると、外郭団体みたいなものになっているんです。実は、初代の理事長に君なってくれと言われまして、私、この衆栄会という組織ができるときに声をかけられたんです。私がやめて間もなくでした、一年ぐらい経ってからでしたか。それというのは、私、ちょっとジュリストに文章を載せたりしたものですから(85)、「あれ〔今野氏〕はやめてもまだ国会に何か未練ありげだから、何か一役買ってくれるんじゃないか」、そういう当て込みで私に声がかかったんじゃないかと思うんです（笑）。

しかし、私は、ちょうどそのときに自宅で家内の母親を介護していまして、もう九〇近い、全盲になってしまっていたものですから、その介護をやっていて、とてもそんな公の仕事にタッチすることはできないということで断ったんです。そのときに、たしか、職員を対象にした生命保険のような業務を始めるということでした。それまでは役所に民間の団体生命保険の会社が入っていたのですが、何故かそれが打ち切られることになって、その代わりの業務をOBたちにやらせようとしていたようでした。その後、本会議や委員会の実況放送を周辺の各省などにも流す仕事が始まり、今ではその業務を中心にやっているようです。詳しい実務内容というのはよく知りません。二階に事務室がありまして、OBが何人か来ているようですね。

赤坂　この間、たまたま北岡〔博〕さんの本をそこで見つけたんですけれども[86]、それ以外にも、OBの方の何か雑誌、『天地有情』という、OBの方の思い出を書くような本が置いてあったり、同窓会的なものなのかなと受け取ったのですけれども。現在の業務はそういう放送業務なわけですね。

今野　ええ、そうですね。だから、OBたちに仕事を与えるために考え出された組織だと思います。

赤坂　『先例集』の出版といいますか、販売もあそこがやっていますね。

今野　ああ、そうですか。そういうものも引き受けたんでしょうね。だんだん仕事の幅を拡げて来ているのでしょう。

◆議長秘書・副議長秘書

赤坂　〔写真を見ながら〕これは論文に載せられた写真の原版ですね。

今野　これは昭和三十五（一九六〇）年の一月頃の写真で、この間の論文に、鈴木さんの顔だけ載せました[87]。右端が福水〔達郎〕さんといいまして、京都大学を出てキャリアになって衆議院に入ってきた人なんです。この人は、残念ながら、鈴木さんが亡くなった直後にがんで亡くなってしまいました。この人が生きていたら、衆議院の事務局もちょっとまた違ったふうになっていたんじゃないかと、大変残念に思います。

この時期は、加藤鐐五郎さん[88]が議長をやっていまして、その前は星島二郎さん[89]が議長でした。星島さんまでは、衆議院の事務局の中から議長秘書がつくということはなかったんです。みんな、議長が連れてきた、いわゆる政務秘書みたいな人が二人ついていました。本当を言うと、予算上、議長秘書の定員というのは三人いるんですけれども、それは内閣総理大臣の秘書官というのが、その当時定員三人だったんでしょうか、それに合わせて衆参両院の議長秘書というのも三人ということに定員上はなっていたんですけれども、副議長の方の秘書の定員というのが一人だったわけです。それで、内閣と違いまして国会の方はそれほど忙しいというわけではありませんから、議長秘書の定員を副議長の方に一人回して、議長秘書二人、副議長秘書二人という形でずっと来て、今もそうやっているはずです。

議長秘書は星島さんのときまでは、議長が連れて来た人を二人つけた。ところが、加藤さんが議長になりましたときに、娘さんをずっと議員加藤鐐五郎の秘書というふうな形にしていて、男性で適当な人がついていなかったんです。それで、では、役所から一人つけようというわけで、当時の課長補佐の中で鈴木さんが一番嘱望していたんじゃないかと思いますけれども、福水さんを加藤議長の秘書につけたわけです。以来ずっと、この人以後は、議長の第一秘書といいますか、先任秘書は役所から出るというふうになりまして、大体、委員部の課長補佐が交代でついていくようになっていますけれども、この人が、そういう意味では、役所側から出た議長秘書のトップ・バッターだった人です。この人は、やはり、勉強もしていましたし、それから、将来、事務総長になろうという意欲を持っている人でした。性格もいい人でしたけれども、庶務部長になった段階で癌になってしまいまして、残念ながら、早く亡くなってしまいました。

左端にいるのが宇野君です。あと、女子職員は議長室側二人、事務総長室側二人というので、これは今も大体同じ体制であの部屋にいるわけです。鈴木さんは日頃、こんなに和やかな顔をしていなくて厳しい顔をしているものですから、女性たちも、非常に尊敬はしているんですけれども、恐る恐る仕えているというような感じでした。

あるとき、女性四人がそろって佐渡島へ旅行に行きたいということを言い出したんです。ちょうど議長が、多分、海外旅行にでも行っている間だったと思うんですけれども。その頃、佐渡からしょっちゅう議長を訪ねてくる人がいまして、「佐渡のおじさま」という言い方をしていましたけれども、女性たちに手土産を持ってきてくれるような、何か愛嬌をふりまく人がいたんです。益谷〔秀次〕議長のときだったか、いつのときだったか忘れましたけれども。その佐渡のおじさまが、この女性たちを佐渡に招待してくれるということになりまして、みんな、やはり行くなら四人そろって行かしてもらいたいというんです。

それで、宇野君が鈴木さんに「女の子たちが四人そろって休暇をとらしてもらいたい、佐渡に行きたいと言っていますけれども、行かしてやりたいと思います」、そう言いましたら、「ふうん」と言って、その場では余りいい顔をしなかったというんですね。それで、総長室から出てきて、「許可はとったけれども、余りいい顔していなかったよ」、そう言ったものだから、女性たちはけしょんとしちゃったんです。

そうしたら、それからすぐ、五分もたたないうちにブザーが鳴りまして――我々を呼ぶときはブザーで呼ばれるのですが――それで宇野君が入っていった。そうしたら、今度、宇野君がにこにこして出てきまして、総長が名刺に一筆書いてくれたというのです。佐渡に行くんだったら、新潟県の総務部長に吉浦浄真という人がいる。これも知野さんの友人で、海軍の短期現役へ行っていた人じゃなかったかと思いますけれども、その当時、新潟県の総務部長をやっていたんですね。その人宛に、この女の子たちは自分の部下だから、万一のことがあったらよろしくというようなことを名刺に書いて、「佐渡に行くんだったら、用心のためにこれを持っていきなさい、そして、困ったことがあったら、この人を頼りに行けばいいよ」というふうにして気を遣ってくれたんです。鈴木さんというのはそういうところのある人でした。女性たちも途端に機嫌を直して喜んじゃいまして、喜び勇んで佐渡へ行ってきました。ふだんは非常に気難しいんですけれども、気配りのいい人でした。

鈴木さんは、自分は国会法規の権威だということを自負もしていましたけれども、やめるときに、山﨑さん以下、各部長全員を集めて、「いろいろお世話になったけれども、これでやめることになった、ついては、僕がいる間は、こと国会法規の解釈については他の誰にも容喙させないような仕事をしてきたつもりだ、どうか諸君もこれを引継いでもらいたい」と言ったんですね。私、たまたまその場に居合わせまして、非常にみんな厳粛な顔をして承っていました。しかし、それは実際問題としてはなかなか継承できないことでした。鈴木さんについての話といいますと、大体そういうところです。

V

◆秘書課長・議長秘書・総長秘書の関係

赤坂　秘書の話が出たんですけれども、福水さんが事務局から行った初めての議長秘書。大体どれぐらいの年齢の方が行くのか、キャリア・パスとして、どういうふうに位置づけられているのか、教えていただけますか。
今野　これは大体、委員部の課長補佐でして、いわゆる委員会のキャップを経験してきている人です。つまり、課長直前ぐらいの人です。当時、福永さんは三十五、六才だったと思います。
赤坂　キャップを経験しないと議事運営などが全然分からないから、使い物にならないと。
今野　ええ。議長秘書につけるには、やはり、委員会のキャップをやって、野党の議員との応対とかそういうようなものも経験して心得がある人間でないと不十分だということでしょうね。この人の後に、荒尾正浩さん(90)がなって、後に事務総長にもなりました。
赤坂　それでは、この福水さんといい、荒尾さんといい、キャリアの優秀な人を送り込むというような感じですか。
今野　ええ、そうですね。キャリアで、課長予備軍の人たちですね。だんだん、やはりそういう人ばかりはできなくなって、今は大分それが崩れているとは思います。しかし、今も、例えば、今度秘書課長になった岸本君もキャリアで、綿貫民輔さんの議長秘書をやりましたし、今でもそういう姿勢ではいるようです。キャリアで、課長候補の人間の中から選ぶ。しかし、ノンキャリアがなることもあります。キャリアでそういいのが次々たくさんいるわけじゃありませんし、キャリアであってもなかなか議長秘書なんかには不向きだという人間もいますから。

赤坂　秘書の方は、議長に仕えつつ、秘書課長の下にもいるという形なんですね。

今野　そうです。議長秘書は、所属としては秘書課員になるわけです。ですから、秘書課長とは密接に連絡もしますし、指示されればそのとおり動くということはあります。

議長秘書が役所の上の方から一番期待されているのは、議長の動きと事務総長の動きというもの、その間の連絡、提携関係というのを緊密にするように動く、ということです。ところが、中には、議長にのめり込んで、つまり、議長の方も、それまで使っていた秘書よりも役所の秘書の方が非常に重宝だということになりますと、私的なことまで使いに立てるということがあるんです。

しかし、事務局側からいいますと、事務局から出ている議長秘書というのはそこまで踏み込んじゃいかぬのだ、議長が個人としてやっている事業会社の社長の秘書みたいなところまで踏み込んだ仕事を、議長から言われたからといってやっちゃいかぬのだ、こう言うんですが、実際に議長に仕えていますと、そうも言っていられないということがあります。

ですから、事務総長の目には見えないように、こっそり議長の方の私的な用も足すという人間も間々いるんですけれども、基本的には、やはり、議長の意思と事務総長の意思とを仲介して連絡を密にするというふうなのが、議長秘書に期待されているわけですね。議長の方も、やはり、選挙区の人たちとか、何かそういう面での秘書というのは別にもう一人秘書がいるわけですから、いわゆる政務秘書が。ですから、そっちの人にやらせて、役所から出ている秘書はやはり一線を引いて使うというのが基本にはなっていますけれども、中にはどうしても例外も出てくるんです。議長の奥さんだとか娘さんだとかが、今まで使って来ている秘書よりも役所からつけてくれている秘書の方がよっぽど役に立って助かるからあの人に頼めとか、そういうふうに取り込まれてしまう秘書というのが中には出てくるんです。ちょっと難しいですけれども。

赤坂　それでは、議長の秘書と総長の秘書というのが……

今野　同じ部屋にいるわけです。ですから、我々はこういう場合に、彼らとは非常に仲よくというか緊密に話をした。今はどうか分かりませんけれども、この時期は、大体僕らより二、三歳年上の人が議長秘書に来ていましたから。私もここに一四年近くいたわけですから、終わり頃は、私と同年配かあるいは二、三歳下の人が議長秘書に来るというふうな時期になりました。そういうことになると、全体から見て私の存在もちょっと目障りになってきたという面もあったんでしょうし、それで出されたということじゃないかと思います。

しかし、私、いい時期に出してもらったと思っているんです。四〇歳ぐらいのときに出されましたから、タイミング的に非常にいい時期だったと思います。もう四、五年遅れますと、今度は一般の事務のところへ行ってもつぶしがきかなくなるというか、やはり妙に奉られちゃって浮いてしまうということになりがちなんじゃないかと思うんです。

◆「官房課長」の役割

赤坂　ところで、秘書課長がほぼ部長相当職だという話もありますけれども……

今野　つまり、官房課長なんです。各省で官房課長という言い方がありますね、大臣官房の課長。佐藤吉弘さんも、『自伝』(91)で、人事課長になったときに官房課長になったから送り迎えの車がついて非常に偉くなって気持ちがよかったということを言っていますけれども、衆議院も時々、人事課長も官房課長にするということがあるんです。帝国議会時代は、委員課長も議事課長も秘書課長も書記官が占めて、それは序列はあるものの、課長職であることにおいては、つまり、高等官で書記官で課長であるという点では議事課長、委員課長も秘書課長も同じだったわけです。

ところが、戦後になって、委員部、議事部、庶務部というふうに部にしたときに、秘書課長だけは官房課長という形の課でとどめて、つまり秘書部にはならなかったわけです。だけれども、佐藤さんの言うように、送迎用の車はつけるというふうに、幹部待遇なんですけれども、格としては部長より一段下に格付けされました。

それに時たま、人の配置のぐあいで人事課を官房課にすることもあるんです。ですから、秘書課長と人事課長が官房課長になっていて、あとの課長とは違って一段上の課長だという時期も間々あるんです。これは専ら、そのポジションにつける人のための配慮です。部長にはすぐできないけれども、しかしヒラの課長に置いておくのは適当でない、そのため人事課長を官房課長にして一時期そういう処遇にしておこう、そういうことはあります。

赤坂　それは近年でも…。

今野　ここのところは余りないです。しかし、私がいる間に、人事課長が官房課長になったり消えたりということはありました。

登退庁ランプというのがありましょう。登庁するとランプがつく。ですから、そのときは表示板に人事課長のランプがつくんです。議長、副議長だとか事務総長だとか各部屋に設置してありますね。官房課長になると、部長と同じようにあれでいるかいないかが分かるようなランプがつくんです。これは専ら、組織の必要性というよりは人の処遇のために、そういう措置をするということがあるわけです。

赤坂　秘書課長や人事課長を官房課長にすることがある、ということの趣旨について、敷衍して説明して頂けませんでしょうか。

今野　衆参両院で、官房課長という言い方は本当はないんですね。これは各省の話です。各省で大臣官房というのがありますね。今は各省に官房長というポストがあります。財務省の官房長とか国交省の官房長というのがいますね。あれは昔は、官房長という言い方の役職名はなかったんです。しかし昔から、大臣官房という組織はあって、その中に秘書課とか人事課とか会計課とか、大体そういう課があるわけです。

つまり、縦の系列としては、大臣、事務次官、それからすぐ人事課長、会計課長というところに仕事が流れるような組織です。ところが、ほかのところは局があるわけです。例えば主計局があり主税局があり何とかかと、局があるじゃないですか。局の下に課があるというのが各省の普通の課です。行政官庁でいうと、局長がいて、その下に幾つかの課がある。その課長と、大臣官房に所属している課長というのとは格が違うんです。仕事の重みが違うといいましょうか。

それで、そういう各省の大臣官房に直属している、大体、人事課長、会計課長。各省には秘書課長というのはないのかな、秘書課長というのは余りありませんね。大体、人事課長とか会計課長が各省でいうと官房課長ですね。総務課長というのもあるかもしれません。要するに、その人たちは上に局長がいないわけです。

奈良岡　人事課長が官房課長になるというときは、秘書課長も人事課長も両方とも官房課長になる。

今野　そうです。秘書課長が官房課長でなくなったということはありません。ただ、人事課長だけは庶務部の人事課長になってみたり、庶務部から独立した人事課長になってみたり、そういうことが、専らそのつけられる人の処遇との絡みで出てくるんです。

赤坂　先ほど、官房課長というものが正式にあるわけではないとおっしゃったように記憶しているんですが、それはそれでよろしいですか。

今野　官房課長という言い方が衆参両院ではないということです。

赤坂　官房課長という特別の扱いをする慣例、場合があるということですね。「いわば官房課長」ということ。

今野　いわば官房課長、そういうことです。

◆副部長ポストの創設――秘書課長との関係(92)

今野　その後、部長の下に副部長というポジションを設けました。給料表からいって、副部長はいわゆる指定職に入れることができるという地位です。副部長になったからすぐ指定職になるというわけではなく、最初は一般職の給与のままなんですけれども、そのうち指定職の何号給というのに入れることができる、そういう定めになっているようです。

ところが、秘書課長というのは指定職になれないんです。いわゆる官房課長は指定職にはできないようです。ですから、秘書課長になって数年しますと議事部の副部長にして、秘書課長兼務というふうな形にして、待遇は指定職に入れるけれども、本来の業務は秘書課の業務、しかし、格付けとしては議事部の副部長にする、そういうことを近頃やっています。ですから、あるときの秘書課長は、そういう副部長兼務でない秘書課長も当然出るわけです。しかし、数年たつと、大体議事部の副部長だと思うんですけれども、副部長にするわけです。

赤坂　白井さんがまさにそうでしたか。

今野　そうそう、彼は議事部長になる前は秘書課長でしたね。ですから、彼はあのときは議事部副部長兼秘書課長(93)。

赤坂　たしか、副部長のときに議事課長事務取扱でした。

今野　私もやめるときは議事部副部長で資料課長事務取扱でした。

赤坂　議事部副部長の一覧表というのがここにあるんですけれども、今これを見ていますと、議事課長事務取扱や委員部兼務の例が殆どですね。あと議案課長事務取扱も少しありますが、ほとんどが議事課長事務取扱。秘書課長というのは全然書いていない。…と思いましたら、欄外の注に「議事部副部長秘書課長事務取扱への発令は除く」と書いてあります。だから、もう一般によくあることなのかもしれません。

今野　そうです。近頃は秘書課長はみんなそういうことをしていると思います。議事部副部長で秘書課長事務取扱という例が多いようです。

それで、何で議事部なのかといいますと、やはり本会議に出て仕事があるわけですね。秘書課長になりますと、氏名点呼のときの氏名を読み上げたり演壇で票を受け取ったり、そういうことも秘書課長からはやるわけです。つまり、帝国議会時代の高等官というのがみんなそういうことをやっていたわけです。委員課長も庶務課長も速記課長も秘書課長もみんな、言ってみると議場に出て本会議の運営に関与するということだったわけです。ですから、秘書課長も、部長という職とは離れてそういう独立の官房課長になっても、本会議に出る仕事、役割は果たさなきゃならぬというのでずっと来ているわけです。その関係で議事部副部長にするんじゃないかと思います。つまり、庶務部副部長だとかそういうのじゃなしに議事部の副部長兼事務取扱に。

あと、課長職を全然兼ねない副部長というのもいるんです。部長がいて、そしてまた単独に副部長がいて、しかしその副部長は課を持たないというのもいるんです。

赤坂　それはどういう意味をもつのでしょうか。

今野　それは、例えば記録部という部があります。記録はたしか今でも四課あると思うんですが、記録部長というのは本来速記者じゃないんです。事務系統から来る人が記録部長になります。速記者というのは専門技術者ですから[94]。課長までは速記者育ちの人たちです。それで、課長の古手を定年間際に、やはり彼も副部長、指定職にしてやっていいじゃないかということだと、副部長になります。大体、記録部副部長第一課長事務取扱ということになるんですが、仮に、人の並びで、その課長たち四人いる顔ぶれにもう一人加えたいという人が出ますと、その副部長を兼ねている課長を外して副部長専門にして、もう一人の人を課長にするんです。つまり、そういう場合に事務取扱が外れてしまった副部長というのがここに出るわけです。

これは本当に人間の処遇のためにやっているようなことでして、それだけ専門の人間が果たさなきゃならぬ仕事が増えたとか、そういうことではないんです。いわば人事の調節としてそういうことをやっていく。

ですから、副部長になった人は仕事がないと言っては非常に悪いけれども、特にどうということはなくなるわけです。要するに、部長がいるのであれば、何もしない副部長は要らないじゃないかということになるんですが、人事の処遇上、結局は部長を補佐するような形、相談相手みたいな形でいるわけですね。大体やめる間際になるとそういう処遇をするということがあるようです。警務部だとか、それはまれに委員部でもあるんじゃないかと思いますが、課を持たない副部長という存在が。普通は大体、副部長というのは、何かの課を持って、実際の部下、直接の部下というのを何人か持つはずですけれども、そうでない場合もあるようです。

ただ、私も、やめて二〇年も経っている人間ですから、近年の考え方ではどういうふうになっているか分かりません。

◆議長秘書・総長秘書の任期

奈良岡　先ほどの総長秘書の件なんですけれども、大池さんの秘書の方が十年やられていて、今野さんも十四年やられていて、議長秘書とはかなり違いますよね、長年いるという点ではかなり異例といいますか。

今野　議長秘書というのは、議長が変わるたびに変わります。留任して、二人の議長に続けてついた例が一度だけあります。それは、山口喜久一郎さん(95)が議長の時代に黒い霧という事件がありまして、山口議長が汚職関係の疑惑を持たれて辞任しました。当時は、ほぼ一、二カ月後には選挙があるという時期だったのですが、後任議長に綾部健太郎さん(96)という、自分はもう次の選挙には出ないというつもりでいた人が、突如ピンチヒッターの議長になったわけなんです。そのときに役所から一人議長秘書がつきました。

ところが、綾部さんは、在任一カ月ぐらいで解散を迎えました。解散になって、やめるつもりでいたんだから、やめればよかったのかもしれないんだけれども、衆議院議長になったものだから、もう一回当選できるんじゃないかと思って、方針を変えて立候補したんです。そうしたら、落選してしまいました。もしも綾部さんが当選していたら、五五年体制の時期ですから、当然、綾部さんはまた引き続いて新しい特別国会で議長になったと思うんですけれども、そのときに落選したものですから、新しく石井光次郎さん(97)が議長になったんです。そのとき、議長秘書を誰にするかということになったときに、綾部さんのときに一カ月つけた人間でいいんじゃないかというわけで、議長の了承を得て、そのまま彼が石井さんの議長秘書もやった、そういう例があります。

普通は、議長が変わるごとに議長秘書も変わります。それは、いろいろ政治家同士、対人関係などが違いますし、事務総長の場合は代がわりしても同じ秘書で通用するということがありますが、議長の場合は、議長によって出入りする人や仕事の中身のやり方なども全然変わりますから、継続してやるということは原則としてないわけです。

奈良岡　最近でも総長秘書の方は大分長いわけですか。

今野　いや、事務総長が変わると変わっているんじゃないでしょうか。

奈良岡　そうですか。昔より大分短くなったわけですね。

今野　事務総長ごとに事務総長秘書も変わっていると思います。私の場合は、私自身、別に長くいたいと思っていたわけじゃないんですけれども、秘書というのは、何というんですか、やくざ稼業でして、ですから、私、事務総長秘書から請願課に移されたときに、一般事務の世界になじむのにちょっと大変でした。

事務総長秘書というのは、事務総長に決裁をもらう書類というのが毎日毎日たくさん上がってくるんです。何せ小さい組織ですから、相当細かなものまで事務総長の決裁をとるというしきたりになっていました。その決裁書類を見ているうちに、どこの課ではどういう仕事をしているかというのが大体分かるんです。これは急ぐから早く総長決裁を取って下さいとか、これは急がないから明日になってもいいですとかというようなことを言われてやるものですから、事務総長秘書というのは事務局の仕事の流れも大体理解できるんですよ。そんな点で、長くいて重宝がられたという面はあると思うんです。

ところが、そういう仕事から外れて、一つの専門のポジションに移って、そこの仕事をやらされるというときに、まず、文章が書けないんです。決裁書類の起案ができないんです。それは、ある種、常套句みたいなものもありますし、項目ごとにスタイルもありますし、何も分からないでいくわけですから、移った後は大分汗をかきました。

赤坂　これだけ長くおられると、ちょっと位置づけというのも難しいかもしれませんけれども、大体、課長補佐ぐらいに相当するのでしょうか。

今野　課長補佐です。

赤坂　今でもですか。

今野　今でも課長補佐だと思います。事務総長の秘書は、議長秘書ほどは重要ポストだとは思われていません。仕事の中身も、言葉を交す相手もみんな大体分かっているわけですから、議長に仕えるよりはずっと気が楽なわけです。議長秘書になると、議長その人もそうですし、取り巻く人たちから何からみんな見ず知らずの人だし、大体、考え方が政治家と役人は違うわけですからね。だから、議長についた当座の議長秘書というのはなかなか大変だと思います。

Ⅵ

◆内藤秀男氏・堺谷哲氏の思い出

赤坂　少し違う話ですが、現在我々が行っている議事部議事課の倉庫調査との関係で、内藤秀男氏(98)や堺谷哲氏(99)について、ご存じのことをお話し下さいませんでしょうか。

今野　内藤さんも堺谷さんも、大正時代に衆議院に入った人たちです。内藤さんが大正一〇（一九二一）年、それから堺谷さんは……

赤坂　大正一二（一九二三）年採用です。

今野　大正一二年ですものね。鈴木隆夫さんが衆議院に入るよりもはるか以前からいたわけです。この人たちは議事課一筋でずっと勤めてきたんです。何せ昔は、世帯が小さいものですから、一つのポジションにつけるとそこから余りよそへは動かさないで、ずっと居続けて同じ仕事を繰り返してさせるというふうなことをやっていたわけです。ですから、内藤さんも議事課オンリーで来た人でした。

ただ、二人とも、そういう意味で書記官とは違うものですから、理論家ではありませんでした。余り国会の議事手続などを理屈で云々するというふうではありませんで、そういうときの事務処理はこういうふうにしておくとか、そういう議事をやる前にはどこそこへ連絡して声をかけておく必要があるとか、つまり、そういうたぐいの実務の要領、そういうことを心得ているタイプの人でした。

内藤さんは、明治大学専門部法科入学となっていますから、やはり法律を勉強はしていて、長野県の裁判所の書記をした後、衆議院に来ています。ただ、堺谷さんは、給仕さんから上って来た人です。私が衆議院に入ってきたときもまだ給仕という発令を受けている一〇代の少年たちがたくさんいました。

当時は、今から考えますとちょっと酷いといえば酷いんですが、給仕というのは職員扱いをされていませんでした。ですから、私が衆議院に入ったのは昭和二五（一九五〇）年ですが、その頃の職員名簿を見ますと、給仕さんたちの名前は載っていないんです。臨時主事補から上の名前は載っているんですけれども、給仕というのは職員録の名簿には載せてもらえませんでした。そういう扱いを受けていました。それが、いわゆる全部参事にしたときに(100)、やはり給仕さんといえども正職員ですから参事にするということで、全部そういう不公平な扱いはなくなってしまいましたけれども。

堺谷さんは一五歳ぐらいのときに、まず、衆議院の給仕として入っています。よく内藤さんが笑い話のように、「堺谷君は本会議場の演壇に水差しとコップを置くのに背伸びして置いていたんだ」と言っていました。そのくらい子供のうちから衆議院に入って苦労してきた人です。最初から議事課に入って、ずっと議事課一筋に、もうやめる間際までいたわけですから、議事課にとっては主みたいな人でした。

ただ、内藤さんも堺谷さんも、難しいことは上の人が考えることで、自分たちは定められた仕事を間違いなく果たせば、それでいいのだというような感じでいたようでした。戦前の事務局の体制というのはそうだったんじゃないでしょうか。議事運営の理論だとか先例のいろいろな意味づけというようなものは書記官たちが考えればいい、といった姿勢で一般の職員はいたようです。

昭和二八（一九五三）年三月に私が議事課に移った時は、課長が内藤さんで、堺谷さんは筆頭の課長補佐でした。内藤さんは最長老の課長でしたから、それなりの尊敬を受けていました。堺谷さんも最古参ですから、皆から一目置かれていました。しかし、鈴木さんの『国会運営の理論』は、鈴木さんが事務次長になってすぐに発行されたものので、当時、委員部や議事部にいた若い職員は、皆それを買って手もとに置いていましたが、内藤さんはともかく、堺谷さんはどうだったのでしょうか。堺谷さんが『国会運営の理論』を読んでいたり、その内容を話題にしたりしていたという記憶はありませんね。

議事課には後に事務総長になった大久保孟(101)という東大出の人がいました。それと、私たちと殆ど同時に委員部から来た東北大出の三樹秀夫(102)さんが、課長補佐として議事課に来ていました。法規関係の理論的な問題で、鈴木さんの手足になって調査したり、意見を言ったりしていたのは、専らこの二人でした。内藤さんも堺谷さんも、憲法改正や国会法制定の時期に居合わせて、それらの作業の一端を担っていたわけですが、仕事としては上司の指示に従って記録をとったり、資料を作ったりという、事務処理に限られていたのではないでしょうか。

戦前から勤続していた一般事務の先輩たちには、一人一人が自分の仕事を抱え込んで、同僚たちにもあまり見せないという傾向がありました。内藤さんは課長ですから、もうそんなふうではありませんでしたが、堺谷さんは、自分に与えられた仕事は出来るだけ自分一人で済ませて、書類なども自分で仕舞い込む、要するに自分がいないと分からないようにしてしまう癖がありました。堺谷さんに限らず、これは古い人たちに共通する姿勢でした。身分制の残る社会では、そういう生き方で自分の存在を守ることが、必要だったのかもしれません。議事課でも堺谷さんがいないと重要な書類の保管場所が分からない、ということがありました。

それではいけないということで、ある時期から、色々な資料を分類してファイルにまとめ、課員は誰でもそれを自由に見ることができるようにしました。他官庁では早くからそういう体制がとられたと思いますが、衆議院では遅れていて、昭和三〇（一九五五）年代の終わり頃から漸く資料の整理が行われはじめたのです。しかし、そうなると、堺谷さんのような古いタイプの課長補佐は、木村利雄君(103)のように勉強もし、理屈も言うような部下たちの間では、次第に浮き上がってしまうことになりました。そんなわけで、晩年の堺谷さんは、ちょっと寂しい思いをしていたように見えました。

ただ議事課の実務については、隅から隅まで知り尽くしていましたから、議員たちからは重宝がられていました。堺谷さんは戦災に遭ったあと、山梨県に住んで、普段は役所の独身寮から通い、土・日に山梨の自宅に帰るという暮しをしていました。その関係で、山梨県出身の田辺国男という自民党議員(104)と親しくしていました。この議員が議運の理事をしていて、よく堺谷さんにものを聞きに来ていましたが、その後、山梨県知事になりました。その在任中だったと思いますが、堺谷さんが亡くなったのです。堺谷さんは定年退職後すぐに亡くなりました。

それを知った田辺知事は、堺谷さんに世話になった感謝のしるしとして、堺谷さんの墓の傍らに顕彰碑を建ててくれたということです。衆議院の職員として国会のために永年献身的に働いた人だということが、県知事の賛辞として石に刻まれて残ったわけで、これは大変な名誉だと思います。

奈良岡　内藤さんは最後に議事部長になられて、しかも、かなり長いこと在任されているわけですね。キャリアの方で議事部長をやられている方とは意味合いがやや違うということになるんですね。

今野　ええ。鈴木事務総長時代に新しく管理部という部を作りました。それは、参議院の佐藤吉弘さんも最初の管理部長になっているんですけれども、衆議院の方が先にできたんだと思うんです[105]。役所というのは、組織を拡げて、予算を少しでも多く獲得したいという本能のようなものを持っています。それで、今まで庶務部が人事課や会計課と一緒に一つにまとめていた中で、厚生課、印刷課、自動車課などを切り離して、独立の管理部というのを作ったんです。そのときに、内藤さんは、国立大学を出て来た人たちよりもずっと役所の中で経験を積んでいることから、処遇として、この辺で部長にしてやっていいんじゃないのかというふうに鈴木さんが思って、初代の管理部長にしたんだと思います。

内藤さんは、そのとき大変喜んだんです。内藤さんも昔からの人ですから、部長といえば、高等官、書記官がなるものであって、そういう資格のない自分はなれないと思っていたわけです。それを部長職につけてくれたというわけで、非常に内藤さんも喜んだというふうに私は聞いています。それで、管理部長という職にどのくらいいましたかね。

赤坂　〔関係人物の履歴を見ながら〕二年と半年ですね。

今野　ああ、そうですか。内藤さんを管理部長にして、その後任の議事課長は三樹さんだったように思います。そのときの事務次長は山﨑さんですね、山﨑さんが議事部長をずっと兼務した状態で続いていました。

しかし、これは何がきっかけだったかわかりませんけれども、その次に、事務次長を独立したポストにして、そして、議事部長は議事部長という独自のポジションにしてもいいんじゃないのかということになったときに、それでは、内藤さんが議事課長で長くやっているんだし[106]、今のメンバーの中で事務次長から切り離した議事部長を受け持つのは内藤さんが一番適任じゃないか、そういうことで、内藤さんが議事部長になりました。以来ずっと、陣容としては、事務次長と議事部長は切り離された形で、独立した議事部長がその席に着いているという形になっています。

ですから、内藤さんがいわば独立した初代の議事部長です。でも、議事課長を長くやっているわけですから、本会議の運営のことでしたら実態はよく分かっているということで、内藤さんは古巣に戻った感じで、それはまたそれで嬉しかっただろうと思います。

赤坂　今の確認ですけれども、議事部長を事務次長が兼務するというのは、この内藤さんのときからなくなったということですね。

今野　ええ、原則として、事務次長が議事部長を兼ねるというのはなくなったんです。

◆「鈴木隆夫文書」の収蔵経緯

赤坂　鈴木総長時代のお話の最後として、「鈴木隆夫文書」が国会図書館の憲政資料室に入る経緯をお話を頂ければと存じます。

今野　鈴木隆夫さんが生きている間に、書斎の戸棚の下の方に何やらあの人が書いたものがいろいろと袋に入って詰め込まれているということは、私、承知していたものですから、亡くなってすぐに、それは私に片づけさせてくれと言いまして、遺族の人が勝手に処分しないようにしておいたんです。

それで、四十九日も過ぎて、落ちついたところで、それじゃ整理させてくださいと言いましたら、書斎にあった法律関係の本だとか国会関係の資料だとか、書棚に入れていたものは、全部要らないから持っていってもいいと言われました。そこで、一緒に住んでおられたお嬢さんの目の前で分類しまして、私が憲政記念館にいたときなものですから、それらをあらかた憲政記念館の書庫に持ち込んだんです。その中で、本は、五百冊ぐらいあったでしょうか、ひと固まり、憲政記念館に鈴木文庫と称して地下の書庫に置いてあります。それから、資料の方は、私、一通り目を通しまして、実は、鈴木さんの遺稿集みたいなものを出すことができたらあの人のためにいいんじゃないかというふうな考えもありまして、中身を読んでみたわけです。

ところが、赤坂さんもご覧になったと思いますが、戦前のものはいかにももう古くて、今さら人目にさらすというか大勢の人に発表するというのにはちょっと適さない。あの人の一生として見た場合にはそれなりに意味があるんですけれども、社会的に今から何か意味があるかというと、どうもそういうことはないような気がしますし、戦後書かれたものも、昭和三〇（一九五五）年の国会法改正であらかた実現しているものについて、ここはこうすべきではないかというようなことを書いた短い論考などがたくさんあるものですから、そういうものももう意味がない。結局、発表して意味があるように思えたのは、安保のときの条約の修正権の問題の論文、それから、その後に国会図書館長になってから書いた事務総長の議長職務代行権のことを含んだ論文ぐらいなんです。

あと、地方議会で講演したということも何回かあるんですけれども、そういうものの速記録というか記録がパンフレットでもいいからどこかに残っていないかなと思って、例えば、弘前に行って講演をしたというのが若干メモらしいものがあったものだから、それを手がかりに弘前の方へ問い合わせて、何かないかというようなことまでしたんですけれども、向こうは市町村合併でそんなものは全部なくなっていて得られませんでして、これじゃもうだめだなというふうに思って、遺稿集の方は断念したんです。しかし、私の手元に、鈴木さんが書いた原稿がかなりの量で残されたものですから、それなりのリストをつくって、私がこういうものを引き取ってきて保管しているよということを、そのときの事務総長は弥富啓之助という人でしたけれども、それから、二、三の人に見せたんです。

ところが、だれも関心を払ってくれませんで、当時の衆議院の事務局の幹部たちの中で、改めて見たいというようなことを言ってくる者もいないものですから、これでは、私がいなくなった後、憲政記念館に置いておいても仕方がない。そのときは資料課に入れるということは考えませんでした。資料課に知野さんのものだとか中嶋米夫さんのものが入っているということも当時は知りませんでしたし、中嶋さんはまだ在職中だったかもしれませんけれども。

要するに、憲政記念館に置いておいたって仕方がない、鈴木さんは図書館長もやったことだし、やはりこれは図書館の憲政資料室に入れるのが適当だろうと思いまして、それで、遺族の人に——遺族の人にも遺稿集の話をちらっとしたことはしたんですけれども——それはもう無理な感じだから諦めてもらい、図書館の憲政資料室に入れればもっとオープンに外部の人たちの研究対象にもなるだろうと話して、図書館に入れたわけです。

憲政記念館の仕事というのは、常時、図書館の憲政資料室と連携してというか、むしろ教えてもらいに憲政記念館側が通って、いろいろと指導してもらったりしていたのです。あそこの資料の価値というものについては私はそれなりの認識を持っていたものですから、そういう形で生かされるならそれが一番いい処理の仕方じゃないかなと思って、遺族の人に話をして、息子さんの名前で寄贈したんです。それはちょうど私が平成元年にやめる前年ぐらいだったと思います。それまでずっと憲政記念館で保存していて、最終的には、私が資料課長になったときに資料課に移して、こっちで本腰を入れて整理して、入れたということです。それが憲政資料室に納めた経緯です。

赤坂　遺稿集という形で事務局の方が書かれたものが出たということはそれまであったんでしょうか、最近だと参議院の河野義克さんのものなんかがありますけれども[107]。

今野　公刊されたものでは、ないと思います。私もそうそう全部丹念に見ているわけではありませんが、戦前に林田亀太郎がいろいろと物を書いて残していますけれども、あれは衆議院の書記官長になる前の話の方が多いんでしょうか。

奈良岡　やめた後も多いです。

今野　やめた後も多いんですかね。自分の回顧録みたいなものを出しています[108]。あの中にぽつりぽつりと、例えば河野広中の勅語奉答文事件のときに、再議はできないといって認めなかったというのがあったと思いますけれども、衆議院の議事運営に直接絡むような話は余りないようです。

赤坂　一般的な政治史みたいな感じなんですね。

今野　そうです。それから、大木操さんが『激動の衆議院秘話[109]』を書いていいます、あれもいろいろなエピソードの集積みたいなものでしたけれども。大木先生のいろいろなメモ類なんかも図書館の憲政資料室にはあるんでしょう。あれはご覧になりましたか。

赤坂　はい。見たんですけれども、私の直感として、もとのメモ、特に手帳をそのまま写したというよりは、写せるところだけ写して公開されているような印象を受けた記憶があります。特に憲法制定前後のあたりや国会法関係を調べたんですけれども、前後からすれば当然にあるはずの項目がなかったり、辻褄が合わないところとか、手帳なので余り厳密なものではありませんけれども、何か整理して写したというような印象を受けましたので、こういうのが入る経緯というのにちょっと興味を持って、今回質問をさせて頂いたんです。

◆幻の「鈴木隆夫日記」

今野　『大木日記』というのがあるんですから、大木さんの場合はほかの時期の日記だってかなりあるんだろうと思います。その中にはかなり面白いというか、興味深いものがあるんじゃないのかなという気がするんですけれども。

実を言いますと、鈴木隆夫さんも日記を書いていたんです。これはかなりの量の日記があったはずなんです。それで、私、鈴木文書の整理をするときに、先生の日記もあるはずだから、日記も捨てないでくれと頼みました。日記は、当然、家庭的なことや、余りよそへは出したくない、人には見せたくないということもあるでしょうから、私、それをみんな見せてほしいとは言いませんが、私の方で何かこの時期の先生の考えとか事実関係をもう少し確認したいというふうなことができたときには、その部分だけでもいいから見せて頂けるように取っておいてくださいということを言ったんです。

なぜ鈴木さんが日記を書いているのを知っているかといいますと、この間の鈴木隆夫の思い出話にも書きましたが[110]、二・二六事件のときに、山口一太郎という陸軍の将校が抜刀して威嚇したのを抑えて、刀を鞘におさめさせたというエピソードがありますけれども、あのときに、自分の名刺を出して、この裏にあなたの名前を書きなさいと言って書かせた名刺をおれはまだ持っているんだ、日記帳に挟んであるんだ、そう言っていました。それから、安保国会で毎日が忙しくなったときに、「こう忙しいんじゃ日記が書けない、うちへ帰っても日記を書く時間がない」ということを漏らしたこともあったんです。

それで、私、鈴木さんについていたときは余りそういうことを重要視していなかったんですけれども、憲政記念館に行きますと、日記というのは第一級の史料なわけですよ。それで、憲政記念館の連中はみんな、昔の人の日記をひどく大事にして、それを見たがるということがあったものですから、特に二・二六のときの山口一太郎の名刺などは、憲政記念館では、展示資料として非常に喜んで、もらいたがるような代物なんです。私、憲政記念館に行って、何でそれを早く鈴木さんに言って、その名刺だけでももらわなかったんだろうと後になって思いました。鈴木さんもまだ生きていた、私が憲政記念館にいた時代に、二・二六事件が起きた時期の歴史展示もやったはずなんですけれども、私はうかつにもそれを忘れていまして、鈴木さんが生きているうちだったらもらえたのに、もらいはぐれてしまったんです。

その日記帳というのがかなりの量あると思ったんですが、それが出てこないのです。鈴木さんは娘さん一人と息子さん一人を残されたので、私は史料としての日記というものの重要さを認識していたものですから、大事にしてとっておいてくれということを強調して、うるさいくらい頼んでおいたのですが、ついに出ないんです。日記は娘さんが保管していたはずですが、その娘さんが亡くなったあと、何も残っていないということでした。やはり日記帳というのは、家族にすると、非常に見せたくないというか表に出したくないということがありますからね。

それで、斎藤隆夫の日記というのも……

奈良岡　先日、出版されました。中央公論新社から本になりました[11]。以前、一部だけ紹介されていたんですけれども、御遺族の方、衆議院の事務局でしたか……

今野　法制局にいました。

奈良岡　そこにいらっしゃった方がとうとう了解してくださって、上下巻二冊で出ました。

今野　そうでしたか。それは私、気がつきませんでしたが、法制局の部長をやった人で、斎藤義道さんでしたか、あの方がずっと大事に保存していたんですけれども、憲政記念館で、ちょうどあの除名されたときの日記をお借りしたことがありましたが、ほかのところは見えないように封をされまして、そこだけしか見えないようにして貸してくれました。やはり家族にするとこういう心情が働くんだろうななんて思いましたけれども。

やはり、鈴木さんは物を書くのを全然厭わない人でしたから、家族のことや何かいろいろなことを書いていたんじゃないかという気がするんです。だから、そういうものを人目にさらしたくないということで、燃やしてしまわれたんじゃないかと思います。そういうこともありました。

奈良岡　資料というのは時間差で、最初は差しさわりのないものだけ出て、後からプライベートを含むものが出てくるというケースもありますから、今後出てくることがあればいいなと思いますけれども。

今野　私も、事実関係だとかその時々の鈴木さんの率直な考え方というのか感じ方というのが現れているものがあれば、もっと綿密なものが書けるのにな、なんて思ったりもしましたけれども、それはもう駄目だろうと断念しています。何度か、ありませんかありませんかといってかなりしつこく聞いたんですけれども、「ないない」という返事しかありませんでしたから。

あったはずなんですけれども、要するに、そんなものは知らない、ないと断固として言われるところを見ると、やはりもう見せないというか、ないことにすると決めて処分してしまったのかなというふうな気がします。そんなことで、残されたのは、私が早めに確保した原稿類だけでした。あの人が美術が好きだったということをこの間ちょっとお話ししましたけれども、遺産としては、いろいろ、美術品の収集といいますか、かなりいいものもあったと思います。

◆鈴木隆夫の退職祝い――梅原龍三郎の絵を破格値で

今野　関連してちょっと思い出したことがあります。先に、梅原龍三郎の絵を今の天皇、皇后、当時の皇太子の御結婚のときに衆議院のお祝いとしてお贈りしたというのをお話ししましたけれども、そういう関係で、鈴木さんがやめたときに職員一同から、梅原の絵を餞別に贈ったことがありました。事務総長がやめるときは、みんなでそれなりに、例えば課長は二千円、課長補佐は千円というように、ある程度基準を決めて――もちろん参加したくない者は出さなくていいわけですけれども――一応そんなふうにして職員がみんなお金を集めて、わずかながら集まったお金で記念品をプレゼントするという習慣がその頃はありました。

そのときに一五万円しか集まらなかったんです。鈴木さんがやめた昭和三五（一九六〇）年の七月のことで、当時はまだ公務員というのは給料が安かったですからね。ではその一五万円で何を贈ろうかとなったときに、知野虎雄さんが、梅原の絵を贈ろうじゃないかと言い出しました。それで、知野さんが交渉役になって梅原龍三郎のところへ頼みに行ったんです。一五万円というのは幾ら何でもそのときの梅原の絵の値段としては破格に安いというか、とても買える金額じゃなかったと思います。それでも、知野さんは、梅原のところへ行って「葉書よりも小さなものでもいいいから譲って頂けないか」と頼んだそうです。

鈴木隆夫という人は梅原先生の絵を非常に尊重していまして、皇太子御夫妻の結婚のお祝いに何を上げようかというときに、イの一番に先生の絵を上げようということを自分で言い出して、それでお願いに来て実現させて頂いたという人間でしたから、この際、その人の退職の餞別に、私たちとしては先生の絵を贈りたい、ただ、私たち、お金を集めたがわずかなお金しかない、一五万円しかないんです、とても先生の絵を戴けるとは思わないのですが、どんな小さなものでもいいから何とか譲って頂けないかと言ったら、梅原は、鈴木という人間をやはり気に入ってくれていたようで、即座に応じてくれたそうです。もちろん大きな絵じゃありません、一〇号もなかったと思います。七、八号ぐらいの絵じゃなかったかと思いますが、結構いい絵でした。どこか、浅間か霧島山か何か、山の風景画でした。

ちょうど安保騒動の後で、岸内閣が倒れて池田内閣ができた時期でした。池田勇人さんは大蔵省の出身ですから、大蔵官僚たちが皆集まって、池田首相に総理の就任祝いの絵をあげようというわけで、梅原龍三郎のところへ絵の注文が来ていたんだそうです。それで、梅原は、大蔵省が総理のお祝いに上げようという話があって、そっちへ回そうかなと思っていた絵だけれども、これでよかったら持っていきなさいと言ってぽんとその絵をくれた。それで知野さんは意気揚々として帰ってきたわけです。

鈴木さんは非常に喜びまして、そんなにまで気を使ってくれたかと感激していました。私はまた、その知野さんの交渉能力というのは相当なものだな、やはり何でも正直に飾りなく言って衷情を訴えれば人は言うことを聞いてくれるのかな、というふうに思った次第です。

---

(1) 今野彧男「昭和の議会を支えた蔭の功労者」議会政治研究第八六号（二〇〇八年）六四頁以下（のち同『国会運営の法理』信山社、二〇一〇年、三三九頁以下に所収）。

(2) 一八八六～一九四三年。福岡市出身。早稲田大学卒業。岳父は三宅雪嶺。東京朝日新聞記者時代に護憲運動で活躍したのち、一九二〇年から連続八期の当選を果たす。革新党から憲政会、民政党に所属し、民政党遊説部長、逓信政務次官を歴任した。一九三二年に民政党を脱退して国民同盟を結成した頃から、直情的な反官僚主義への傾倒を深めた。新体制運動に身を投じたが、翼賛体制が官僚化することに失望して脱退、一九四二年の翼賛選挙では非推薦候補として当選を果たした。一九四三年に東条内閣に対する倒閣疑惑で検挙され、憲兵隊から釈放直後に割腹自殺した。

(3) 一九〇四～一九九二年。福岡市出身。玄洋社社長・進藤素平太の四男。大正一五（一九二六）年早稲田大学卒業。父が後援していた東方会にはいり、昭和四（一九二九）年中野正剛の秘書となる。東方会総務部長を務め、三宅雪嶺主筆の『我観』編集署名人となる。昭和一〇（一九三五）年九州日報社取締役。昭和一八（一九四三）年には「反東条」の理由で検挙された。一九四四年玄洋社社長。敗戦後A級戦犯容疑で拘留される。一九五二年旧玄洋社関係の同人会を組織した。一九五八年福岡一区から衆議院議員に当選（自民党）。以後通算四回当選。一九七二年福岡市長（計四選）。一九八七年福岡市美術館長。

(4)　一八八二～一九五三年。大分県出身。東京帝国大学卒業。大分県大分郡長、大分県理事官、衆議院書記官を歴任し、一九三〇～一九三八年衆議院書記官長。一九三八～一九四六年貴族院議員。

(5)　帝国議会時代の書記官は高等官・エリートであり、七～八名しか存在しなかった。書記官たちは日常的に書記官室（現在の議院運営委員長室）に集まり、意見交換を行っていた。このように、書記官達がいわば一体・中心となって会議の運営を担い、法規先例等について随時討議できる場が存したからこそ、例えば速記課長（現在の記録部長）しか経験していない有松昇氏であっても、議院法の逐条解説を執筆することができたのであった（有松昇「議院法逐条示解（一）～（十）」警察研究七巻一号～十一号、一九三六年）。これらの高等官は食堂まで一般職員と異なり、書記官室で一体的に議論・活動することが多かった。鈴木隆夫氏まではこのような戦前の気風が色濃く残っており、鈴木氏は戦後も、決して一般食堂で食事を取ることがなく、自室で食事をしていたし、また一年を通じて頻繁に「部長会議」を招集して、議事運営について検討していたとのことである（安保国会時などは一日に二～三回も開催された）。戦前の高等官（課長）達は、戦後は組織拡大・変更の中でそれぞれが部長職となり、各部毎に縦割りで所属することになったが、鈴木氏までは「各課長＝高等官」が一体的に活動する気風が生きていたようである。

高等官・非高等官という区別が喪失した現在では、議運理事会の開催される日の朝に、一定の幹部職員により構成される「案件会議」が開催されている（総長、次長、議事部長、委員部長、庶務部長、秘書課長出席）。案件会議については二一八～二二三頁を参照。

なお、参議院の「参事室」についての証言（『佐藤吉弘オーラル・ヒストリー』〔二〇一一年〕第四回記録）と比較されたい。

(6)　一九〇一～一九八九年。三重県津市出身。父は海軍中将の岡崎貞伍。一九二八年東京帝国大学卒業。高等文官試験行政科に合格。翌年、内務省警視庁に入り、一九三五年特別警備隊長、一九四〇年特高二課長、一九四四年特高部長、一九四五年内務省警備局保安課長を歴任。戦後は一九五二年まで公職追放。一九五五年衆議院議員に東京都第四区から初当選（自民党）。以後連続当選六回。岸内閣の官房副長官をはじめ、労働・行政管理・通産の各政務次官、自民党東京都連幹事長などを歴任した。回顧録として『激動より建設へ――明日の日本を想う』（非売品、一九七二年）、追悼集として岡崎英城追悼集刊行会『追悼岡崎英城』（非売品、一九九一年）がある。

(7)　一九〇四～一九七八年。東京出身。東京帝国大学卒業。一九三一年内務省に入り、千葉県官房長、外事課長などを歴任。一九五二年衆議院議員（自民党）。以後通算九回当選。一九七一年第三次佐藤内閣の運輸相。

(8) 一九〇八～一九八一年。兵庫県出身。父は陸軍中将の上村良助。東京帝国大学卒業。一九三〇年内務省に入り、警視庁特別高等警察部長、保安庁長官官房長などを歴任。一九五四～一九五六年初代航空幕僚長。一九六二～一九六六年日本道路公団総裁。

(9) 一八九六～一九九〇年。一九二五年四月に衆議院書記官となり、速記・庶務・委員・議事・警務の各課長を歴任した（「課」は現在の「部」に相当し、一般省庁で言う「局」に相当する）。一九四七～一九五五年衆議院事務総長。事務総長退職後、土地調整委員会委員長を務めている。

(10) 一九〇三～一九八五年。長野県出身。東京帝国大学卒業。内務省に入省後、一九三二年衆議院書記官。一九四七年衆議院事務次長、一九五三年衆議院法制局長（一九六一年退職）。退職後、憲法調査会事務局長、国会図書館専門調査員を歴任。伊藤隆・季武嘉也編『近現代日本人物史料情報辞典』（吉川弘文館、二〇〇四年）三〇九頁以下も参照。

(11) 鈴木隆夫『国会運営の理論』（聯合出版社、一九五三年）。

(12) 鈴木氏は一九三八年四月四日に秘書課長となり、戦後、一九四五年一〇月一五日に至って委員課長に転じているが、なお秘書課長兼務を命じられている。なお、鈴木秘書課長時代に、事務局内で「議院法研究会」が組織されているが、これが後の「国会法研究会」、およびその成果たる『国会法逐条検討資料』の作成につながったと思われる。

(13) このことはまた、国家公務員上級職試験に合格し、法務省に入省した直後の谷福丸・元事務総長（九州大学法学部卒）が、知野事務次長の面接を受けて、衆議院事務局幹部候補として衆議院に引き抜かれたことにも繋がっている可能性がある（以上につき、『谷福丸オーラル・ヒストリー』〔未公刊〕第一回記録を参照）。

(14) 文脈は異なるが、戦後最初の参議院事務総長である小林次郎氏も、長野県閥を形成していたという証言がある（『佐藤吉弘オーラル・ヒストリー』第五回記録を参照）。

(15) 大木操『大木日記　終戦時の帝国議会』（朝日新聞社、一九六九年）。

(16) 知野氏が委員部第一課長になったのは一九四七年五月三日で、参事制の導入と同一日であった。なお、前述のごとく、鈴木氏は一九四五年一〇月一五日から委員課長（現在の委員部長）に転じているが、部制への移行に伴い、一九四七年五月二四日に委員部長となっている（大池氏が事務総長となったのは二日前の五月二二日）。それゆえ、時間的な前後関係については、若干の留意が必要である。

(17) 『昭和二十八年八月編　衆議院要覧（乙）』。

(18)　一八九〇～一九六四年。岐阜県山県郡生まれ。一九一三年明治大学中退。政友会の院外団に属し、一九二三年東京市議、一九三〇年衆議院議員に当選、非推薦で落選した一九四二年の翼賛選挙を除いて、当選一三回を数える。戦後は鳩山を支えて日本自由党の創設に参加したが、一九四八年昭和電工事件で収賄罪に問われた（一九五一年最高裁で無罪）。一九五二年衆議院議長。一九五三年第五次吉田内閣の国務相。三木武吉と手を握り、保守合同の舞台回しに動いた。一九五七年から死去まで自民党副総裁の座を占めた。

(19)　なお、「鈴木隆夫関係文書」（国会図書館憲政資料室所蔵）には、「大野伴睦被告事件弁論要旨及び答弁書」「被告人大野伴睦に対する上告趣意反駁書〔草稿〕」が収められている。

(20)　『平野貞夫オーラル・ヒストリー』（未公刊）第二回記録を参照。

(21)　一八八五～一九六一年。東京帝国大学卒業後、逓信省、大阪商船などを経て、弁護士となる。一九二〇年代議士に初当選し（政友会）、以後通算一〇回当選。第三次鳩山一郎内閣の法務大臣。

(22)　一八八七～一九六六年。早稲田大学卒業。スタンダード靴（株）、明治製皮（株）各社長などを歴任。代議士に当選六回。石橋湛山内閣、第一次岸信介内閣の運輸大臣。

(23)　副館長を務めていた時期は、一九五四年六月一日～一九五八年一〇月二日（逝去）。

(24)　一九〇九～一九七五年。東京帝国大学卒業後、内務省に入る。人事院法制局長、行政管理庁行政管理局長などを経て、国会図書館副館長を務める。『職階法』（学陽書房、一九五〇年）、『公務員制度の研究』（有信堂、一九五五年）、『行政管理』（有斐閣、一九六七年）など著書多数。

(25)　第三一回国会参議院議院運営委員会（昭和三四（一九五九）年三月一八日）の記録を参照。

(26)　一九一三～二〇〇一年。東京帝国大学卒業。運輸省自動車局長などを経て、参議院議員に当選四回。三木武夫内閣で運輸大臣。一九八三～八六年参議院議長。

(27)　一八九一～一九八一年。東京出身。東京帝国大学卒業。会計検査院書記、同書記官を経て、一九二三年衆議院書記官。委員課長、議事課長などを歴任した後、一九三八年衆議院書記官長（一九四五年退官）。一九四五～一九四七年貴族院議員。一九四七～一九五〇年東京都副知事。大木氏の経歴については、矢野信幸「大木操」（伊藤隆・季武嘉也編『近現代日本人物史料情報辞典』二巻、吉川弘文館、二〇〇五年）、大木書記官長の辞任、貴族院入りの経緯については、大木操『激動の衆議院秘話』（第一法規、一九八〇年）三九八～四〇二頁、同『大木日記』（朝日新聞社、一九六九年）一九四五年九月一五日、一〇月五日の条を参照。

(28)　一八七七～一九四七年。東京帝国大学卒業。弁護士を経て、代議士に九回当選。政友会に所属し、法制局長官、

農林大臣、農商大臣を歴任。一九四五年六〜一二月衆議院議長。
(29) 今野・前掲論文（註1）。
(30) 一八八二〜一九四九年。東京帝国大学卒業後、会計検査院書記となり、同副検査官を経て、衆議院書記官となる。一九二三〜三〇年衆議院書記官長。一九四六〜四七年貴族院勅選議員。
(31) その経緯については、川人貞史『日本の国会制度と政党政治』（東大出版会、二〇〇五年）二九頁以下、赤坂幸一「戦後議会制度改革の経緯（一）」金沢法学第四七巻一号（二〇〇四年）一頁以下、および同「占領下における国会法立案過程」議会政治研究七四号（二〇〇五年）一頁以下を参照。それが委員部研修会のあり方に与えた影響については、赤坂幸一「事務局の衡量過程の Epiphanie」（『逐条国会法〔第一巻〕』（信山社、二〇一〇年）所収）を参照。
(32) 田口弼一『委員会制度の研究』（岩波書店、一九三九年）。
(33) 田口弼一『地方議会運営論　その理論と実際』（有斐閣、一九五一年）。
(34) 前掲『大木日記　終戦時の帝国議会』。
(35) 一九四七年（昭和二二年）の第一回参議院通常選挙に全国区から立候補したが落選。しかし同年六月から一九五〇年（同二五年）まで東京都副知事を務めた。安井謙『ほどほど哲学――私の履歴書』（一九八五年、日本経済新聞社）三六頁、七二頁も参照。
(36) 鈴木隆夫氏は、国立国会図書館長退任後、味の素の経営陣に加わっている。
(37) 大池眞『國会早分かり』（時事通信社、一九四六年）、および同『新国会解説』（時事通信社、一九四七年）。
(38) 赤坂幸一「戦後議会制度改革の経緯（一）」金沢法学第四七巻一号（二〇〇四年）一頁以下を参照。
(39) 猪瀬直樹『ミカドの肖像』（小学館、一九八六年。のち新潮文庫、一九九二年、小学館文庫、二〇〇五年所収）。
(40) 衆議院事務局『昭和三十三年八月　衆議院要覧（乙）』によれば、山﨑氏は昭和二二（一九四七）年五月に衆議院参事となる前にも、「副検査官兼衆議院書記官」や「衆議院書記官」をつとめている。昭和三〇（一九五五）年版の要覧でも同様である。また、『議会制度百年史〔資料編〕』三九八頁に、昭和一六（一九四一）年一一月から翌年九月まで、衆議院書記官に就いていた旨の記載がある。
(41) 山﨑高「『立法府センター』などの思い出」（『憲政記念館の二十年』五七頁以下）を参照。
(42) 二〇〇八年一二月二五日に赤坂と奈良岡が行った聞き取り調査のことを指す。
(43) ジャスティン・ウィリアムズ（赤坂幸一訳）「占領期における議会制度改革（一）」議会政治研究七七号（二〇

〇六年）三七頁以下の解題を参照。

(44)　第二回国会衆議院議院運営委員会議録第一一号（一九四八年二月四日）二頁の浅沼委員長の発言の中に、その間の事情を窺わせるものがある。

(45)　一九二六年六月生まれ。一九四七年五月一七日に衆議院に採用され、一九六七年に議事部議事課長、一九七七年に議事部副部長、一九八五年に議事部長に就任している（一九八七年一二月退職）。

(46)　今野・前掲論文（註1）八五頁を参照。

(47)　鈴木氏が事務総長になったのが一九五五年一一月二二日、知野氏が庶務部長になったのが同二八日のことである。

(48)　久保田氏は一九五三年四月一日から庶務部長を務めていたが、知野氏が庶務部長になった一九五五年一一月二八日に、入れ替わりで、記録部長になっている。

(49)　一八九九年一月生まれ。一九二三年四月に衆議院事務局に採用され、一九二八年衆議院属。一九四五年一一月衆議院事務官、一九四七年五月衆議院副参事に任じられ、委員部第二課長を命じられる。一九四八年三月衆議院参事となるが、一九五二年三月、行政整理により退職扱いとなった。同年四月から一九五六年一月まで、委員部第三課で調査員を務めている。

(50)　前註のとおり、本文の一九五三（昭和二八）年三月時点では、すでに第二課長の職を退いている。

(51)　一九〇七年一月生まれ。一九四七年一二月衆議院副参事、一九四八年六月衆議院参事。同年九月委員部第三課長を命じられ、一九五二年八月委員部第二課長、一九五五年一一月委員部第一課長（同年一二月まで第二課長兼務）となる。一九五九年七月の委員部副部長を経て、一九六〇年一一月退職。

(52)　前註のとおり、本文の一九五三年三月時点では、委員部第二課長である。

(53)　二〇〇八年一二月二五日に赤坂と奈良岡が行った聞き取り調査のことを指す。

(54)　これは参議院事務局でも共通して見られた現象である。『佐藤吉弘オーラル・ヒストリー』第七回記録を参照。

(55)　衆議院事務次長を経て、一九九二年一〇月～一九九四年四月に会計検査院長。なお、『平野貞夫オーラル・ヒストリー』第一〇回記録も参照。

(56)　『議会政策研究会年報』創刊号～六号（議会政策研究会、一九九四～二〇〇四年）。

(57)　参議院常任委員会調査室が一九六四年に刊行を始めた『立法と調査』。同誌は参議院企画調整室の発行に変わってからも、現在に至るまで刊行されている。二〇〇六年の第二五三号以降は、ＷＥＢ上でも閲覧可能である。

http://www.sangiin.go.jp/japanese/annai/chousa/rippou_chousa/index.html を参照(二〇一一年五月五日現在)。

(58) 森本昭夫「国会における審議の対象――動議、議案を中心として」議会政策研究会年報第四号(一九九九年)を参照。

(59) 今野・前掲論文(註1)を参照。

(60) 朝日新聞一九五五年一一月二一日、毎日新聞一九六〇年七月二三日、朝日新聞一九六四年一一月一三日をそれぞれ参照。

(61) 第一〇回国会両院法規委員会会議録第三号を参照(一九五一年二月九日)。

(62) 一九一三~二〇〇三年。東京帝国大学卒業。在学中に高等文官試験に合格。卒業後、内務省に入り、一九四一年に貴族院事務官に転任し、委員課長、参議院開設準備委員を務める。戦後は、参議院事務局で委員部長、議事部長、事務次長を歴任し、一九五七~一九六五年参議院事務総長。その後、第三代国立国会図書館館長、東京市政調査会理事長、東京都公安委員長などを歴任。没後に『国会とともに――河野義克遺稿集』(二〇〇五年、非売品)が刊行された。

(63) 一九〇二~一九九一年。東京帝国大学卒業。内務省に入った後、一九三一年貴族院書記官。以後、委員課長、庶務課長、議事課長を歴任し、戦後は参議院事務局で事務次長、事務総長を務めた。堀内寛雄「近藤英明」(伊藤隆・季武嘉也編『近現代日本人物史料情報辞典』吉川弘文館、二〇〇四年)も参照。

(64) 芥川氏については、『佐藤吉弘オーラル・ヒストリー』第三回記録も参照。

(65) 一九二二年~。東京生まれ。東京帝国大学在学中に高等文官試験に合格後、兵役につく。復員後に内務省に入省。福岡県属を経て参議院事務局に入り、人事課長、管理部長、委員部長を歴任(一九六八年退職)。著書に『註解参議院規則』(参友会、一九五五年、新版一九九四年)がある。佐藤氏については、『佐藤吉弘オーラルヒストリー』を参照。

(66) 新版が一九九四年に参友会から出版されている。前註を参照。

(67) この間の経緯については、『佐藤吉弘オーラル・ヒストリー』第九回記録および付録の自伝二八〇頁以下を参照。

(68) 同前・第一回記録を参照。

(69) 正確には「事務取扱」。

(70) 一九五五年一二月二六日の新聞各紙で取り上げられている。

(71) 岩倉規夫。一九一三年~一九八九年。一九三七年に東京帝国大学を卒業後、内務省入省。一九六四~一九六九年に総理府賞勲局長。

(72) 一九一八年〜。著書に、『政治記者の眼　永田町二〇年の目撃者』（徳間書店、一九六六年）、『防衛庁』（堂場肇、田村祐造と共著、朋文社、一九五六年）がある。

(73) 鈴木事務総長時代の一九五八年四月、衆参両院の議長、副議長、議員の歳費（月額）は、それぞれ一一万円、八万八千円、七万八千円から一五万円、一一万円、九万円に引き上げられている（『議会制度百年史』衆議院参議院、一九九〇年、二四七〜二四八頁）。

(74) 一九二〇年七月、貴衆両院の議長、副議長、議員の歳費（年額）はそれぞれ五千円、三千円、二千円から七千五百円、四千五百円、三千円に引き上げられている（同右、二四五頁）。

(75) ただしこれは実現しなかった。戦前の宮中席次の変遷については、百瀬孝「議員の宮中席次問題」（『日本歴史』四八八号、一九八九年一月）、西川誠「大正期の宮中席次」（『日本歴史』六四八号、二〇〇二年五月）を参照。

(76) 一九〇六年〜一九七七年。東京帝国大学を卒業後、大蔵省に入省。一九四九年に大蔵次官となり、のち公正取引委員会委員長を務めたほか、シャーロック・ホームズ関係の著作や、労働法関係の著作を多くものした。長沼源太「ずいひつ　父・長沼弘毅のこと」財界二〇〇四年八月二四日号も参照。

(77) 一八八九〜一九六五年。日本画家。大正から昭和にかけて人形玩具の収集家・研究家として知られる。東京浅草生まれ。一九一三年、人形収集の大家・実業家西沢仙湖の女婿となる。荒木寛畝の塾に入り花鳥画を学んだが、人形絵で優れ、玩具画集の大冊『うなゐの友』の続編を担当して完成させた。埼玉県越生町に笛畝人形記念美術館がある。

(78) 一八八八〜一九八六年。京都市生まれ。浅井忠主催の聖護院洋画研究所などで学んだ後、フランスに留学。帰国後、白樺派と交わり、仁科会の設立に関わる。ヨーロッパで学んだ油彩画に日本画の伝統的な技法を取り入れ、装飾的な世界を展開した。評伝として高峰秀子『私の梅原龍三郎』（文春文庫、一九九七年）がある。

(79) 『衆議院先例集（平成十五年版）』五八九頁を参照。

(80) 一八八四〜一九七八年。東京日本橋生まれ。小堀鞆音に学び、研究グループ「紫紅会」を結成。一九一四年に再興した院展に第一回展から参加し「日食」「王昭君」などの代表作を生んだ。正確な時代考証と正しい解釈のもとに、新古典主義といわれる高雅で洗練された歴史画を確立させたとされる。一九五八年に横山大観が逝去した後は、日本美術院の初代理事長に就任し、院展の中心として活躍した。

(81) 一八七二〜一九六三年。日本の近代陶芸の開拓者で、陶芸家として初の文化勲章受章者。

(82) 一八七八〜一九六七年。義太夫節、人形浄瑠璃に大きな足跡を残した義太夫節大夫。
(83) 一八七八〜一九七〇年。書道家。天台宗大僧正、文化功労賞。
(84) 議事部横断の親睦組織として、昔から「白亜会」というものが存在し、二〇〇八年には五〇周年の記念会が開催されたとのことである（白井誠議事部長（当時）のご教示による）。
(85) 今野彧男「両院協議会の性格――審査委員会か起草委員会か――」ジュリスト八四二号（一九八五年）、同「内閣に対する信任・不信任又は問責の決議案について」ジュリスト一〇二三号（一九九三年）、同「両院協議会の性格・再論――第一二八回国会における政治改革関連法案の取扱いを顧みて」ジュリスト一〇四五号（一九九四年）など。いずれも今野彧男『国会運営の法理』（信山社、二〇一〇年）に所収。
(86) 北岡博『議会速記事始め――帝国議会の裏方達』（コーエイ企画、二〇〇三年）、同『国会の会議録』（二〇〇六年）。
(87) 今野・前掲論文（註1）を参照。
(88) 一八八三〜一九七〇年。医師。名古屋市会議員、愛知県会議員を経て、代議士に通算一二回当選。第五次吉田内閣の国務大臣、法務大臣。一九五八年一二月〜一九六〇年二月衆議院議長。
(89) 一八八七〜一九八〇年。東京帝国大学卒業後、弁護士を務める一方、犬養毅代議士の秘書を務める。代議士に通算一七回当選。第一次吉田内閣で商工大臣。一九五八年六〜一二月衆議院議長。評伝に「政治と人」刊行会編『一粒の麦　いま蘇る星島二郎の生涯』（広済堂出版、一九九六年）がある。
(90) 一九四九年三月二四日に衆議院入局。秘書課長、警務部長、庶務部長、委員部長を経て、一九七六年九月事務次長、一九八〇年七月事務総長。議長秘書を務めたのは、秘書課長（一九六一年七月）になる以前のことである。
(91) 『佐藤吉弘オーラル・ヒストリー』付録を参照。
(92) 『谷福丸オーラル・ヒストリー』第六回記録も参照。
(93) 白井誠氏の場合は、議事課長→議事部副部長（議事課長事務取扱）→庶務部副部長→議事部副部長（秘書課長事務取扱）→議事部長という経歴を辿っている。
(94) 議院事務局における技官集団の存在と、その人事運用については、『佐藤吉弘オーラル・ヒストリー』第八回記録を参照。
(95) 一八九七〜一九八一年。早稲田大学専門部中退。岡崎邦輔秘書、和歌山県会議員を経て代議士に通算一一回当選。第三次吉田内閣、第二次岸内閣で国務大臣を歴任。一九六五年一二月〜一九六六年一二月衆議院議長。

(96)　一八九〇～一九七二年。東京帝国大学卒業。山口銀行などを経て、代議士に通算七回当選。第二次・三次池田内閣で運輸大臣。一九六六年一二月衆議院議長。

(97)　一八八九～一九八一年。東京高等商業学校卒業。朝日新聞社などを経て、代議士に通算一一回当選。池田内閣の通産大臣、佐藤内閣の法務大臣などを歴任。一九六七年二月～一九六九年七月衆議院議長。

(98)　一八九三年四月生まれ。一九一一年一二月に臨時雇として衆議院事務局に採用され、一九三四年七月に衆議院属、一九四七年に衆議院副参事（議事部議事課長兼議案課長）、一九四八年一月衆議院参事。一九五五年一二月二六日に管理部長。一九五八年五月から議事部長（一九六五年七月退職）。なお、『佐藤吉弘オーラル・ヒストリー』第八回記録も参照。

(99)　一九〇八年七月生まれ。一九二三年一二月に衆議院事務局に採用され、一九二八年一二月に雇、一九三七年六月衆議院属、一九四七年五月衆議院副参事となる。議事部議事課に配属され、一九四八年七月衆議院参事。一九七二年三月退職。衆議院事務局には大量の堺谷メモが遺されており、今後の調査・分析が期待される。

(100)　一九四八年七月に参事・主事・主事補という職制になったが、一九五九年には主事の名称も廃止され、参事に一本化された（北岡・前掲書『議会速記事始め』二四四頁を参照）。堺谷氏は一九四八年七月五日に衆議院副参事から参事になっている。

(101)　一九二二年三月生まれ。一九四五年一一月二〇日に衆議院事務局に採用され、一九五五年一二月に委員部第三課長となる。以後、委員部の各課長・副部長を歴任したのちに、管理部長、庶務部長を務めた。一九七三年九月事務次長、一九七六年九月事務総長に就任（一九八〇年七月退職）。

(102)　一九二三年三月生まれ。一九四九年三月に衆議院事務局に採用され、衆議院主事となる。一九五〇年六月に衆議院参事となり、一九五八年五月議事課長。以後、管理部長、庶務部長、委員部長を経て、一九七六年一月衆議院常任委員会専門員（予算委員会調査室長）、一九八三年九月に退職。

(103)　一九三一年一一月生まれ。一九五四年一月に衆議院事務局に入局し、議事部請願課長、議案課長、議事課長を歴任したのち、委員部副部長を経て一九九〇年一〇月憲政記念館長（一九九二年六月退職）。

(104)　一九一三～二〇〇五年。早稲田大学卒業。代議士に通算九回当選。一九六七～七九年山梨県知事。

(105)　『佐藤吉弘オーラル・ヒストリー』第八回・第九回記録も参照。

(106)　内藤氏は、一九四七年五月三日から八年余り議事部議事課長をつとめている。

(107)　註(62)の前掲書。

(108) 林田亀太郎『明治大正政界側面史』（大日本雄弁会、一九二六年。一九九一年に大空社より復刊）。
(109) 大木操『激動の衆議院秘話』（第一法規出版、一九八〇年）。
(110) 今野・前掲論文（註1）を参照。
(111) 伊藤隆編『斎藤隆夫日記』上下（中央公論新社、二〇〇九年）。

◇第2章◇ 鈴木体制の継承と動揺

◆鈴木隆夫の引き際——後継総長の調整と鈴木体制の継承

今野　昭和三五（一九六〇）年の七月に鈴木隆夫が事務総長を在職四年八カ月でやめます。鈴木さんは与野党に非常に信望がありましたし、みんなこぞってあの人の手腕を褒めて慰留したんです。しかし、何で断固としてあの人がそのときにやめたかといいますと、やはり基本には、前の大池さんが一〇年もいて、その間に西沢哲四郎さんが事務総長になれずに横へ出されてしまうということが一つありまして、余り長期に一人の事務総長が在籍し続けるのはむしろ弊害が多いという考え方が強くあったと思います。だから、就任したときから大体四年ぐらいを目安に自分の在職期間を考えていたんじゃないかというふうな気がします。

例えば戦前の田口弼一さんだって大木操さんだって、そうそう早くやめたわけじゃなくて、やはり六、七年ぐらいは在籍しているんです。しかし、後の山﨑さんの年齢なんかも考えると、自分は大体四年ぐらいでやめた方がいいんじゃないかということを強く考えていたと思います。それと、やはり安保のときは毎日が激動の国会運営でしたから、疲労困憊というか、かなり肉体的にも疲れが来ていたんだと思います。それで、断固としてやめるといってやめたわけです。

しかし、衆目の見るところは、やはり鈴木さんはちょっと早過ぎるんじゃないかというのは、これは何も与野党に限らず職員の方でも、何もやめなくてもいいじゃないかという考えはあったんじゃないかと思います。そういう状況のもとでの辞職だったものですから、実はこのやめるときに、山﨑さんを後任の事務総長にするということについては与野党から異論が出たんです。

鈴木さんは、非常に性格も強いし、与野党に対して発言するところは発言し、抑えるところは抑えるというふうな姿勢で来たものですから、そういう強い事務総長に対して、山﨑さんは、どっちかというと腰の低いといいましょうか、軽いと言ってはちょっと語弊があるんですけれども、余り強く自説を主張するというタイプの人ではありませんでした。

鈴木さんは、自分の後継体制としては、山﨑を事務総長、久保田を事務次長にと言って、議運の人たちに了解を求めて自分は辞表を出したんですが、それに対して与野党が、いや、あとの山﨑、久保田は少し線が細くて弱いから、ここはもういきなり知野虎雄を事務総長にしたらどうだという意見まで出たということです。庶務部長からいきなり事務総長につけようと言い出す議運の理事もいたそうです。それは案外、鈴木さんを引きとめるための政治家側の口実で、本気に考えたわけじゃないのかもしれないんですけれども、そういう声もあったと聞きました。

それに対して鈴木さんは、いや、そんなことやられたら困るんだ、やはり、衆議院の事務局は狭い世界ですし、順繰りに序列どおりに上の方が交代していくというふうな形をとらないと、ごたごたしてしまう。特に、知野虎雄は当時まだ四十歳そこそこで若いし、山﨑さん、久保田さん、それから、茨木さんという記録部長だった人がまだいますし、もう一人、山野雄吉さんという年長の人が、これもやはり東大を出たキャリアの人ですけれども、いたんですね。その下に知野さんでした。そういう上位者を一遍に飛び越えて若い人間が組織の長につくなんてことはとても許されないし、当人としてもそんなことは望まないことだろうから、彼が必ずきちんと運営の面ではカバーするから、こういう人事で認めてくれと言って、そして、レールを敷いて鈴木さんはやめていったんです。そういう細かな経緯が果たして山﨑さんや久保田さんの耳に入っていたかどうかは分からないんですけれども、しかし、やはり薄々感ずるところはあっただろうと思います。

山﨑さんが事務総長になった途端に、秘書は宇野と今野と二人いたわけですが、そのまま自分は使いたい、山﨑さんは私たちにそういうことを言ったわけです。それはつまり、鈴木体制を継承するということです。言われた私たちにしてみますと、正直言って、もう秘書生活というのは、鈴木さんにかなり手荒く使われていたこともありますし、それから、年齢からいって、やはりもう少し年かさの人がついてくれて、私たちはもう一遍、事務系統の下の方から実務の勉強をして出直すべきじゃないかというふうな考え方を持っていまして、それは勘弁してくださいと言ったんです。特に鈴木さんのように、言うことを聞いていれば間違いないという人についているのと、力量がかなり違う人に仕えるのとでは気苦労も違いますから、正直言って。

それで、それは勘弁してくださいと言って、また、山﨑さんも、君ら、どこか行きたいところがあるんだったら申し出てもいいよというふうな留保つきの指示でもあったものですから、ちょっと抵抗したと言うと言い過ぎですけれども、私たちは、勘弁してくださいということで、数日、そういう姿勢をとっていたんです。ところが、鈴木さんにしてみると、山﨑がお前たちを使って、おれのやり方を継承してくれるというのであれば、それに越したことはないんだから、お前たち、山﨑の言うことを聞けと言って、今度は鈴木さんの方から圧力がかかりまして、それで、すったもんだしたあげく、宇野君はどうしても嫌だと言って、彼は出ることになりまして、私が残留することになったんです。

しかし、そのときに、宇野君が第一秘書、今野が第二秘書というような序列で、私はサブのような形でいたものですから、私よりも上位の人を連れてきてください、その人を私は補佐しますから、そういう形で山﨑さんの秘書の体制を作ってください、私はそう言いまして、そのときに、私よりは七、八歳上の福富さんという人を、これは委員部にいてずっと庶務係をやっていた人なんですが、その人を私の上につけてもらいまして、山﨑さんを補佐する体制を作ったわけです。

◆列国議会同盟会議（IPU）の日本開催

今野　それで、実際に山﨑体制が動き出しまして、すぐにその年は、秋に列国議会同盟会議（ＩＰＵ）の東京会議というのがありました。初めて日本で列国議会同盟会議を開催するという、これは鈴木さんが在職中に決めていたことでした。その二、三年前に、「今度おれはあれを日本でやろうと思っているんだ」というふうに私たちに言ったことがあるんです。私は、それを聞いたときは、いや、これは大変だ、そんな国際会議をこの議事堂でやるというのは面倒なことだろうなと思って、総長も物好きにそんなことを言い出して、と思いました。一職員としては厄介な行事を抱え込むのは必ずしもうれしいことではありませんから、そういう印象を持ったんですが、とにかく、予算が確保されました。

福永健司[1]という埼玉県から出ている議員さんがいまして、この人が列国議会同盟会議に毎回出ていって、外国の議員団といろいろと交流するというのに非常に意欲的な人でして、自分は議員外交の立て役者になるというふうな感じで活躍していたんですが、その人が議院運営委員会の自民党側の理事をやっていました。その人と鈴木さんとが何か意見交換のときがあって一致したのかどうか知りませんが、日本でやるということになったんです。

これをやるということと、それから秋に、今度は議会制度七〇年という節目の時期が来るということで、七〇年の記念式典と同時に、七〇年史の編纂をやることになっていました。これも鈴木さんが専らレールを敷いて、予算交渉をさせて動き出していたわけです。ですから、鈴木さんがやめるときに、議運の理事たちが、せめてＩＰＵと七〇年の記念行事が終わってからあなたはやめたらいいじゃないかということを勧めたんですけれども、いや、それはもう後任者に任せると言って、鈴木さんはやめていって、山﨑さんになってから、すぐさまそういう大きな行事が二つ重なってきたんです。

私は、そのときに、山﨑さんは事務官僚としては力のある人なんだなというふうな認識を持ちました。やはり、列国議会同盟会議というのは、外国の議員団がたくさん日本にやってきて、これは九月の末から一〇月初めぐらいまで、一〇日間ぐらいだったと思いますが、国際会議をやるわけです。列国議会同盟会議にも事務局というのがありまして、事務総長がいて、事務次長もいて、それからいろいろなスタッフがいるわけです。実際に、列国議会同盟会議というのは、そのスタッフたちが運営するのであって、主催国は会議の場所を提供して、それから、宿泊だとか観光などのサービスを受け持つわけです。国連は各国の政府代表が討議に行って、すぐさままたみんな、忙しい人たちだから取って返すわけですけれども、この頃の列国議会同盟会議というのは、正直、物見遊山的な、観光を兼ねた、議員団のいわば懇親会みたいなものなわけです。それは議員外交という言い方もだんだん大きくなってきていますけれども、当時はとにかくそういう認識でした。

いざ、明日から会議が始まるというときになりまして、実は、山﨑さんが意外な準備の欠陥を発見するんです。

会議の準備は知野さんが庶務部長時代に鈴木総長のもとで進めてきたわけですから、専ら知野さんが、実際に、ＩＰＵの時期は知野さんはもう既に委員部長になっていたんですけれども、前の庶務部長、前任者ということでかなり采配を振るっていました。

ところが、いざ始まる前になりまして、外国の議員たちに対するサービスに気を使っていた余り、会議に参加する日本の議員団に対する事務的サービスを担当する部署を設けるのを忘れていたのです。例年、ＩＰＵには両院からそれぞれ議員団を派遣していますが、向こうへ行って議事日程や観光案内だとか、そういう向こうが用意した行事の日程表みたいなものを翻訳して、団員の議員に周知させるという仕事を、随行していった人間がやるわけです。その仕事を担当する者がいないということに、前日ぐらいになって気付きました。それを山﨑さんが言い出しまして、あれは誰がやるんだ、誰が担当しているんだと。そんなもの、誰も言われていないというわけです。それで慌てました。そうしたら、「私、海外に随行で行ったってそんなことはやっていませんよ」なんて言う人も幹部の中にはいました。海外に行くときは外務省の人たちも助けてくれるわけです。外務省の人間がやってくれていて自分は何もしない、そういう人間もいたんです。

山﨑さんは、海外随行で行くたびに、それを物すごく几帳面にやっていたらしいんです。「おれはやっているよ、おれはＩＰＵに行くたびにこういうことをやってきたんだよ」と言っていました。それで、急遽、その部署を作って間に合わせたということがありました。私は、それを見まして、この人はやはり事務屋として相当気配りをきかすところがあって、とにかく、緊急の場合でも間に合わせたなというふうに思いましたけれども、そんなことがありました。

それは、例えば鈴木隆夫さんだったら気がつかないことだったと思います。山﨑さんという人は、そういう面で長けていて、実績を積んで、そして歩いてきた人なんです。非常に細かな、几帳面な事務官僚として手腕を発揮してきた人だと思います。つまり、用地の問題なんかもそういうことなんですけれども、事務面では非常に積極的でもあり、能力もあった人だと思います。

◆「山﨑ノート」のゆくえ

赤坂　ところで、山﨑さんが事務総長退職後に、十数年前になりますか、「国会はどうやって作られたか」というNHKの番組に出演されて、当時のご自身のノートに基づきながら、こういう経緯があったんだという話をされた番組が放映されたようなんですけれども、今野さんはそれをご覧になられましたか。

今野　『日本の国会』[(2)]とかという本、何か読売新聞で出したあれと違いますか。それじゃないのですか。

赤坂　いや、あれとはまた別の、テレビ番組です。

今野　ああ、それは見ませんでした。気がつきませんでした。そうですか。

赤坂　いや、結構です。またちょっと調べて、詳細がわかれば。

今野　山﨑さんも、確かに、終戦直後から衆議院の幹部になって入ってきていたわけですし、国会法の作成には関与しているんです。実を言うと、私は山﨑さんの残されたノートの中身を、ぱらぱらっと見たことはあるんです。見たことはあるんですが、私にとっては中身がそんな貴重なものだと思えなかったものですから、あの方が亡くなったときに、私は、鈴木隆夫さんのときのような資料の保存というものに頭が働かなかったんです。

あの人の書いたそういうノート類というのは、日時があって、出席者の名前が書いてあって、会議の項目が書いてあって、つまり記録なんです。記録が大半なんです。それも言われてみれば非常に貴重な記録なんですけれども、私の関心はそういうことになかったものですから。つまり、そんなものはどこかの記録、また誰か別の人も記録しているかもしれない。私としては、筆者が何をそのときに考えて、何に注目しているかということがあればそれを知りたいというふうな関心を持ってあの山﨑さんのノート類を見たことがあるんですけれども、そういうことは殆ど書かれていないというたぐいのものでしたから、山﨑さんの資料は大したことないというふうに思ってしまったんです。

ですから、国会法改正、国会制度を作るについての山﨑さんの関与の程度というのは、私は、内藤さんや堺谷さんの方があるいは関与の度合いが強かったかなというぐらいの認識です。山﨑さんは庶務課長だったでしょう。ですから、ＧＨＱと折衝するにしても、議員の歳費だとか、設備の問題だとか、庶務部門に限られていたのではないか、という気がしています。

赤坂　『日本の国会』に入っている山崎論文を見ますと、先ほどおっしゃったように、ある日にどういうことが検討されてどう決まったのかというノートが恐らくあって、それをそのままとめられています。

今となってみれば随分貴重な記録なんですけれども、それがテレビでも引用されていまして、ＧＨＱと各会派がそれぞれ国会法を作る際に話し合いを持って、どういうつもりだということをいろいろ調整していたんです。そういうのがあったということはこれまで私も知っていたんですけれども、そこで話し合われた内容の詳細についてはそのノートの記録に基づくテレビ放送を見て初めて分かったという次第で、これがどこかに残っていないのか、その中身のコピーでも書き写しでもないものかと、今ちょっと探しつつあります。済みません、そういう関心でございました。

◆高評価だったＩＰＵ日本会議

今野　それで、ＩＰＵは、そんなふうにして非常に山崎さんも細心な指示をいろいろ出していたと思いますが、会議は大成功でした。それというのが、そのとき日本は、普通の外国で行われているＩＰＵの会議以上に予算を使ったんだと思うんです。そのころ割に財政的にだんだん余裕が出てきた時代でして、私は外国のことを知らないんですけれども、かなり大盤振る舞いをやったという感じでした。例えば、同行してきた御婦人たちも京都旅行に連れていくとか、最後の頃に日光の東照宮をみんなで見るとか、行った先々で、バイキング形式みたいなものでしたけれども、たくさんごちそうを並べるとか、そういうことをやったんです。

これは後で聞いたんですけれども、一番最後にパーティーをやったときに外国議員団がたくさん来て、これからＩＰＵの会議が始まるくらいの大にぎわいだったんですよ。外国に行った人の話を聞くと、列国議会同盟会議というのは、よそでやった場合には、おしまいまで議員がこんなにたくさんいることはないと言うんです。みんな観光

半分で、大体奥さん連れで来ているものですから、自分の関心のあるようなテーマの会議が終わった後はどこか観光の方へ行ってしまって、最終的に、おしまいの日まで列国議会同盟の会議員がいるということは殆どないんだそうです。

ところが、日本は、ホテルで出す食事だとか、衆参両院でセットした会合に出す食事などが非常に量的にも多く、質的にも高いものを用意していたらしいんです。おしまいの日に議員団がこんなにたくさん残って、終わりのパーティーにまで顔を出していくことは例がない、行った人がそういうことを言っていました。

これはそのときの写真で、私は右端にいます。〔中央で左手にグラスを持っている〕山﨑さんの右が福富さん、私の上に来た秘書です。左から二人目が三浦さん、西沢さんの後に法制局長になった人です。左端は茨木さんといって、記録部長でずっととどまっていた人です。私の隣が鮫島真男さん、衆議院の法制局長になった人です。最後に、もうあらかたお客さんたちが帰った後、うまくいった、よかった、成功だというような感じで乾杯していたときの写真なんです。

奈良岡　向かって右から、今野さん、鮫島さん、福富さん、山﨑さん、三浦さん、茨木さんですね。

今野 そうです。そんなふうにしてIPUは大成功でしたが、これは日本の復興を外国の議員団に印象づけるという点では非常によかったんじゃないかな、いい催しだったんじゃないかなというふうに思います。

赤坂 鈴木さんは御出席されたんですか。

今野 鈴木さんは、IPU、列国議会同盟会議には全然足を踏み入れなかったです。IPU会議は事務総長会というのもありまして、傍ら、議員たちの会合のほかに、事務総長だけが集まる会というのがあるんです。これは必ずしも各国の事務総長が来るわけではなくて、事務次長が来たり、ほかの部長が来たりということももちろんあって、必ずしも全部の事務総長が顔を揃えるというわけじゃないんですけれども、それでも小規模な会議が並行してありました。どんなことを議論していたのか、事務総長会にも山﨑さんは出ているはずなんですけれども、私、全然それは記憶がありません。

◆『議会制度七〇年史』の編纂

今野 その後に、今度、七〇年史の編纂というのが来るわけです。七〇年史の編纂というのも、これも鈴木さんが強く言い出したことです。昭和一五（一九四〇）年に議会制度が開設五〇年を迎えたときに五〇年史の編纂というのをやろうとしました。尾佐竹猛さんとか、ああいう方を特別に招いて、やろうとしていたんですけれども、そのときに集めた「伊藤博文文書」だとか「伊東巳代治文書」というのが今憲政資料室に入っているわけです。ですから、議会史編纂の端緒は一応そのときつけたんですけれども、結局は、戦争が始まるということで、立ち消えになってしまったわけです。

五〇年ができなくて、六〇年というのは、私が衆議院に入った年、昭和二五（一九五〇）年で、これは占領下ですから、とてもそんなことをやるという話にはならない。さらに一〇年たって七〇年になったときには、七〇年史の編纂をやろうということを鈴木さんが強く主張しまして、始めたことです。

区切りとしては五〇年とか百年とかというのは大きな節目ですが、七〇年というのは、区切りとして、どうしても七〇年を記念しなければならないということではなかったと思うんですけれども、戦後の国会制度が大きく変わって、戦前と戦後とどういうふうな制度の変更があったか、それから、憲法も改正になったわけだし、そういう理念の変化だとかいうものをよく認識させるためにはある程度まとまった文献的なものを作った方がいいだろうということで、七〇年史の編纂ということを鈴木さんは構想して言い出したんです。

鈴木さんは具体的な作業には何も関与しませんでした。衆議院の事務局も、言われたものの、五〇年のときの記録というのは何にもないわけですし、ただ資料だけが残っているけれども、準備にどんなふうなことを考えていたかというようなことは何にも記録がない。ゼロから『議会制度七十年史』というものを、あれは七、八巻ありましたか[3]、作り上げるのに全く暗中模索で始めたんです。後で聞いたんですけれども、言われて、みんなどうしていいかわからなくて、それを生み出すのに大変な苦労があったということを携わった人間は言っていました。平野貞夫氏なんかはその当時に入ってきて、まだ下働きだったでしょうけれども、いろいろと調査をやらされたはずです。

奈良岡　議員名鑑を担当されたと聞いています[4]。

今野　名鑑ですか。それで、その七〇年史の目玉というのは、トップの第一巻の『憲政史概観』という本です。つまり、七〇年史の第一巻に相当するんですけれども、これは大久保利謙さんという政治学者の方ですか……

奈良岡　歴史学者です。

今野　歴史学者ですか。あの方は大久保利通の孫だそうですね。それで、戦前は、伯爵か何か、爵位も持っていたという。

奈良岡　侯爵です。

今野　侯爵ですか。それで、当時は立教大学教授となっていますけれども、国会図書館の憲政資料室とも関係があったんでしょうね。

奈良岡　憲政資料室を立ち上げた一番の中心人物です[5]。華族のお仲間に声をかけて、井上家とか、いろいろなお宅に文書を寄贈することをお願いして、憲政資料室を立ち上げられたんです。

今野　どういういきさつで大久保利謙さんに執筆を依頼したかというのは、私は全然知らないんですけれども。

奈良岡　五十年史の計画のときに、嘱託で尾佐竹さんなんかの下でずっとやられていたんです。若い方で経緯を一番御存じだったということだと思います。

今野　その方に書いてもらった原稿が一応できてきました。それを、山崎さんが事務総長、久保田さんが事務次長ですが、この二人でめちゃくちゃに赤を入れたんですよ、毎日のように。昔の、明治、大正の頃の記述については余り手を入れることはなかっただろうと思うんですけれども、とにかく、昭和史に入ってから、たしか安保騒動の最後までが入っていたと思います。やはり事務局側から見ますと、ちょっと差し障りがあるというか、ここまで言ってもらっちゃ困るとか、これはもう少し表現を和らげてほしいとかいう部分が多々あったらしいんです。

私、覚えているんですけれども、山崎さんと久保田さんが二人、事務総長室に残りまして、ウイスキーをなめなめ議論しては赤を入れるわけですよ。原文は残っていませんから分かりませんが、かなりずたずたにしちゃったんじゃないかと思うんです。それで、大久保利謙さんは、でき上がったものを見て、これはおれの書いたものじゃないといって非常に怒った、腹を立てていたということを、私、憲政記念館に行ってから聞きました。あれを自分の名前で書いたものだと思われるのは困ると、やはり学者としての筋というか良心というか、そういうものがあったんでしょうね、そういうことを言われたと言っていました。

それを見ていて、山崎さんはやはり細かいし、よくやるなというような感じがしました。普通、事務総長がなかなかそんなところまでやらないんですよ、誰かにやらせるということはあっても。つまり、政治家たちが読んだときにどういう印象を持つかわからないというふうなことでしょう。やはり衆参両院事務局が作成した文書であれば、それなりにある種の節度といいましょうか、限界の中におさめた文章でなくてはならない、ということだったんだと思うんですけれども、それを相当時間をかけて赤を入れまして、二人でやっていました。

これもまた、鈴木さんだったらこんなことまではやらないだろうなと思いました。とかく、何かというと私は前任者と後の人を比較してしまうんですけれども、そういう点で、山崎さんも細かな人だけれども、よくやるなというような感じを持ちました。つまり、山崎さんという人は事務官僚なんです。非常に几帳面といえば几帳面で緻密なんですが、それなりに特徴を持った人だったと思います。

赤坂　今野さん御自身はこの七〇年史の編纂にはタッチされなかったのでしょうか。

今野　全然関与していません、まだずっと秘書でしたから。

奈良岡　平野さんをはじめ、特別のチームをつくって割り振ってやっていたんですか。

今野　やっていたようです。そういうことも私は余り関心を持たずに、資料課中心にやっているんだろうなという程度の関心しかありませんでした。

赤坂　随分直されたということでしたけれども、私の印象では、百年史よりも生き生きとした記述が、七〇年史には見られるように思います。そのあたり、今野さんから見たらどういうご印象をお持ちでしょうか。

今野　つまり、山崎さん、久保田さんは、七〇年史の『憲政史概観』をまとめ上げるについて、やはり国会として出すものなんだから、後々とかくのことを言われないようなものにしなきゃいけないという意識があって、そういうことをやったんです。

ところが、百年史となりますと、これは百年史ができ上がらない前に私は衆議院をやめたんですけれども、内容をきちんと恥ずかしくないものを作り上げるという点では、七〇年史のときのような意気込みはなかったんです。百年史の場合は、議会制度論でしたか、第一巻を佐藤功さんが書いているんです。佐藤功さんに頼んで書いてもらってまとめたんですけれども、何せ当代の憲法学者の代表者みたいな名のある方が書かれているんだから、あの先生の書いたものに任せておけばいいだろうという感じで、両院の事務局で佐藤功さんの書いた原稿に異議を唱えるということは殆どしていないんです。

実は私、細かなところですけれども、気に入らないところがあるんです。非常に細かなことだから、誰もそんな気がつかないようなことですけれども、やはり事務局サイドから見ると、こういう書き方はおかしいなと思うことがあるんですが、そういうのは誰もチェックしていないんです。だから、殊さらこの山﨑さんのときのことを思い出します。

赤坂　資料編なんかも、百年史には入っていなくて七〇年史にだけ入っている部分ですとか、見比べると、必ずしもアップデートされて百年史になったというのではなくて、七〇年史の方も別途見ないといけないなという印象を私持っていますけれども。

今野　それはやはり当時のトップの考え方、気構えというのが反映していますね。それで、分量的なものもあって、七〇年史にはあるけれども、それにつけ足すものも、これだけつけ足すとこっちは削らなきゃいけないというふうな、そういう配慮もあったと思いますが、全体の編集の姿勢として、私、それに携わっていながらこんなことを言うのは恥ずかしい話ですけれども、やはり真剣さの度合いが違っていたような気がします。百年だから百年史をつくらなくちゃいけない、どのみちやらなきゃならない作業だからみんなで一緒にやろうよというような感じです。

七〇年史の場合は、やはりずっと歴史があって、そういうたぐいのものがなかった、ここでひとつ締めくくりといいましょうか、とにかく旧憲法から新憲法になってきて、新憲法になってからでも実績が積み上がってきて、これを一度世に明らかにして、多くの人に国会についての関心も持ち、勉強もしてもらおうというふうな気構えがあったわけです。だから、漏れた部分とかミスだとかというものもあるかもしれませんけれども、作る人たちの気構えというのが、やはり七〇年史のときの方がずっと気合いが入っていたという気がします。だから、百年史についていろいろと御指摘を受けるのは、両院事務局は甘んじて受けなければいけないと思います。

奈良岡　鈴木隆夫さんはでき上がった七〇年史に関して何かおっしゃっておられましたか。

今野　いや、それは別に何も言っていませんでした。特にどうのこうの鈴木さんが批評したというのは記憶にありません。

結局、山﨑さんはそんなふうに、事務官僚で非常に几帳面で気さくな人でした。それから、なかなかスポーツマンで、剣道は七段の腕前でした。冬は必ずスキーに行くというような人でした。ですから、私にとっては非常に、手がかからないという言い方をしてはなんですけれども、鈴木さんからは休日も抜きにしてさんざん働かされたというようなことがあったんですけれども、この人は本当に、そう言ってはあれですけれども、楽というか。

例えばゴルフなんかをやる場合に自分で幹事役をやっちゃうんです。林修三さん(6)という法制局長官をやった方がいましたが、あの人と旧制高校でたしか同級生だったんです。東京高等学校だったかな。それで東大に行って、だから東大も一緒だったのかもしれません。林修三さんとは仲がよかったです。それから、そのとき服部安司さん(7)が官房副長官をやっていまして、この人は議運の理事をやったりしていたものですから、その関係でこの人とも仲よくしていました。そういうグループが何人かいまして、知野さんもそこへ一人ゴルフ仲間で入っていたんですが、幹事役を、知野さんなんかにやらせないで自分でやっていました。ゴルフ場の予約から、何かちょこまか電話をかけてやるんです。そういう方のおつき合いは私なんか全然ノータッチで、山崎さんがやっていました。そういうところがありまして、秘書としては楽でした。

奈良岡　当初は、政治家サイドから鈴木さんと比較してちょっと手腕を懸念するような声があったということでしたけれども、就任後は、事務的な部分だけではなくて、議会運営に関してもそれなりに信頼感を獲得していったというような評価でよろしいんでしょうか。

今野　それは余りありませんでした。やはり依然として、議運の理事会に行くとかなり辛辣なことを言われたりもしていました。かなり手厳しい問い詰められ方をしたりしまして。そういうときに、鈴木さんでしたら、「それはこうです、これはこうです」といって反撃するんですけれども、やはり山崎さんになりますと、「ちょっと検討させてください、検討した上でお返事させて頂きます」というふうなことになってしまうんです。そうすると、やはり、足元を見られるといいますか、そういうので議員たちは居丈高になってあれこれ注文をつけるということがありました。

◆山崎総長時代以降における国会運営の変化

今野　次の久保田事務総長のところへ行く前に、この山崎さんのことで、実はちょっと山崎時代から国会運営が少し曲がってきたというか変わってきたということを、お話して置きたいと思います。

それは何かといいますと、昭和三四（一九五九）年に、安保国会の前に社会党が分裂しまして民社党ができます。三五（一九六〇）年の一月に民主社会党が発足して、そのころは四〇人ぐらいありましたでしょうか、社会党とは別の、独自の活動を始めます。ところが、社会党と民社党とは、当然のことながら票を食い合う関係になるわけです。大体、五五年体制というのは、あの中選挙区制のもとで自民党と社会党のほぼ棲み分けみたいなものができて、例えば四人区であれば、三人は自民党がとるけれども、一人は社会党という時代が来ます。民社党ができますと、その一つの議席を社会党と民社党が争うということになります。当然そこで骨肉の争いが生まれてしまうんです。それで、民社党ができた途端に社会党は民社党つぶしを始めるわけです。

事の発端は、昭和三五（一九六〇）年の二月頃だったと思いますけれども、衆議院で本予算案を上げる段階になりまして、予算に対しては野党は組み替え動議を出すのが慣例になっていました。組み替え動議というのは、要するに、組み替えて出し直せ、これこれのところが気に入らないから撤回して出し直せという意思表示です。修正動議とは性質が違う、ただの希望の陳述みたいなものなんですけれども、いずれにしてもそういう動議を出すんです。

前年までは、いわば慣例的に社会党が組み替え動議を出して、それを自民党が多数で否決して本予算を可決していくというパターンが繰り返されてきたわけです。ところが、民社党が今度独立したために、民社党もその組み替え動議を出すということになりました。そのときに社会党は、いや、民社党は組み替え動議を出す資格がない、そういうものは認めないという挙に出たわけです。とにかく民社党は、やはり仲間割れして出た口ですし、選挙で争う相手ですから、なるべく活躍させない、新聞種になるようなことはさせない、というふうな姿勢を社会党はとるわけです。

それで、その昭和三五（一九六〇）年の二月の本予算を上げるときに、民社党が自分たちも組み替え動議を出すと言い、社会党はそれは許さないと言って争いが起きました。そのときに鈴木隆夫さんが、民社党にも組み替え動議を出す権限があると明言しました。予算の修正動議は五〇名以上の賛成者がいないと出せないんですが、組み替え動議というのは一人でも出せます。だから、民社党が組み替え動議を出すならば、私は本会議でそれを取り上げます、鈴木さんはこう言ったんです。

私今でも覚えているんですけれども、社会党の議運の理事の下平正一さん(8)という人がいまして、「総長、そんなのおかしいよ、そんな五〇名もない会派から組み替え動議なんか出せるというのはおかしいよ」、そう言ったら、鈴木さんが、「いや、おかしくない、それは私の言うことが正しい」、ぴしゃっとそういう言い方で下平さんの発言を封じてしまったことがあるんです。それで、その年の組み替え動議は、本会議で民社党の組み替え動議も上程されて、民社党が趣旨弁明をし、討論もし、そして結局は否決されて本予算が通りました。

それが、一年たつと今度は山﨑さんが事務総長になっていました。それで、昭和三六（一九六一）年の三月の頭に同じ問題が蒸し返されました。今度は社会党は執拗なんです。つまり、鈴木さんから山﨑さんに変わったということで、言ってみると事務局は足元を見られているわけです。それで、頑強に、民社党の組み替え動議は認めないということを言い張るわけです。

これは三八回国会だったと思いますが、そのときの会議録に残っていますけれども、「事務総長、この組み替え動議は一般動議だから、民社党として我が党の組み替え動議も出せるはずだけれども、事務局の見解はどうだ」と民社党の議員から山﨑さんが言われるんです。それで、「私どもは従前どおり組み替え動議は一般動議だと認識しております、解釈に変更はありません」、こういう返事をするんです。ところが、それに対して社会党は、組み替え動議の法規上の解釈については私たちも別に異を唱えるものではない、しかし、本会議の運営というものは各党協議の上で円満に進行すべきものだと思うから、この際、民社党は組み替え動議の提出は遠慮してもらいたいということを言うんです。

自民党はそのときどうしたかといいますと、安保後の池田内閣になって、「寛容と忍耐」ということを言い出していました。その寛容と忍耐の対象というのはつまり社会党なんです。社会党は大きな野党ですから。大きな野党に対して寛容と忍耐なのであって、民社党は時に味方してくれれば結構だけれども、何も民社党の権限を全部認めて助けてやるというほどの熱意はないんです。それで、その問題は、とにかくあなたたち両党の問題だから、あなたたち適当に話し合って決めてくれ、こういう姿勢をとりました。

前の年に鈴木隆夫さんが社会党の下平さんに、いや、それは私の方が正しいのであなたの言っている方が間違いなんだ、小会派なりとも組み替え動議が出せる以上は私はやらせます、認めますといって本会議に上程させた姿勢と、いや、その解釈は一向に変わっておりません、私どもも一般動議だと認識しておりますということで止めてしまって、それ以上は先生方でお話しくださいということでは、これは百八〇度違うんです。社会党が、民社党にも組替え動議の提出権があるのは認めるが、その権利を行使することは認めないというのは、明らかに矛盾です。権利を行使できなければ、その権利を保有している意味がありません。鈴木さんなら、その矛盾を指摘して、社会党の言い分を抑えたと思います。しかし、山﨑さんには、それができませんでした。

私、その当時ははっきり認識していたわけではなく、大分後になって気付いたのですが、戦後の国会運営はこの一事から曲がってきたというふうに思っています(9)。つまり、法規上はこうなっているけれども、いずれにしても運営は与野党の話し合いで決めるんだから話し合いの場でまとめてくださいというふうに、事務局が消極的な態度をとるようになり、法規上の解釈を前面に出してそれに合わせようというふうな姿勢を持たなくなるんです。

この間、赤坂さんのお書きになった文章(10)の中に出ていたオンスローといいましたか、イギリス議会の議長の言われた言葉というのを、私関連づけて考えるんですけれども、つまり、法規で小会派に認められた権限はできるだけそれを認めて会議の過程でのせていくという判断を、事務局ががっちり持っているのと持っていないのとでは、実際に変わってくるんです。それで、小会派の権限は実はこのときからじりじりと抑えられていくことになります。そうなると、やはり、大きい政党は、何といったって発言力が強い。特に、自民党と社会党が一緒になってしまったら、民社党とか共産党とかという小政党は発言機会がどんどん抑えられます。この社会党の民社党つぶしというのが、その後さまざまな面で出てきます。それがやはり国会運営をかなり歪めてきたということがあるのではないかという気持ちを私ずっと持ってきています。

もう一つ例を言いますと、もう近ごろは、殆ど見られなくなりましたけれども、緊急質問という制度があります。鈴木さんの時代までは、かなり頻繁に緊急質問というのが本会議場で行われました。それで、たしか、民社党だけが単独で緊急質問をしたという例があります。民社党の菊川君子さんという女性議員だったと思いますが、この方が、その日の本会議で一人だけ緊急質問をやらせてもらえたという時期があるんですね。これはやはり、鈴木さんが組み替え動議を認めたときと同じ頃です。

ところが、昭和三六（一九六一）年以降、つまり、山﨑総長になってから以降というのは、民社党が独自の問題で単独の発言者を立てて緊急質問をするというようなことは認められなくなりました。社会党の質問者のあとに、同じ問題で質問する場合に限り許す、という扱いになりました。社会党がそれに続けていろいろ言い出したのは、とにかく、民社党は社会党の何分の一かの勢力しかないんだから、仮に、六分の一なら六分の一とします、社会党が六人発言したときに、あなたたちは一人できる計算だ。そういうわけで、我々が六人やるまでは民社党の発言は認めないというふうな形で、社会党が民社党の発言機会をどんどん抑えていくという傾向が、その後、非常に顕著になっていくんです。

私は、鈴木さんがいたら、こんな運営は多分認めなかっただろうというふうに思います。やはり、小会派にも発言権がある以上は認めるべきだということをあの人が断固として言うと、議員は反駁できませんでした。それは、ああそうかというわけでおさまった。ところが、いかんせん、山﨑さん以後の事務総長は、そういうことが言えなくなってしまうんです。

奈良岡　二回にわたる議運の会議で、今野さんも間近でそれをご覧になってこられたわけですか、山﨑さんの発言と鈴木さんの対応の違いというのを。

今野　その当時、議運の理事会と委員会には私は出ていましたから、山﨑さんが、今までどおり、私どもの解釈は一般動議と考えておりますということにとどめて、それ以上、踏み込んだことは何も言わなかった会議というのは、出ていたと思います。私は、会議録を何回も後で読み返していますから、それは実際にその場に居合わせたときの記憶かどうかちょっと分かりませんけれども、多分、そのときはいたと思います。

赤坂　これまで随分盲点となっていた論点で、憲法学では、議院自律権とか自律運営権というものを、他の政治機関や裁判機関から、議院の自律的な運用をどこまで守るのか、という発想で検討してきたんですけれども、議院自律権でも侵せない領域というのが、やはり、先例、法規という形であるのだと。それをどこまで憲法の観点からそこに根拠づけて考えられるのかという話を、この前、原田先生がお書きになっておられて、まさに、今野さんの論文を引きながら、そういうことを指摘されています[11]。

その意味でも、議会法といいますか、議事法の研究というのが、憲法の観点からはまだまだ進んでいないなという印象を受けました、今の話を聞いて。

今野　やはり、事務総長の姿勢というのが国会運営を左右するところはあるんですね。実は、この手の話はタブーだったと思います。今まで誰も議論していないですね。しかしそこを認識しないと、日本の国会というのは本当によくならないんじゃないのか。よくならないというか、やはり、本格的な議会というものにならないんじゃないのかなという気がするんです。

でも、私は、外国の議会のことは余り知りませんし、漠然とただ、鈴木隆夫という人が思い描いていたような議会運営というものを何となく感得して考えているだけなのであって、果たして私の言うことが正しいかどうかは確信があるわけじゃないんです。ただ、私、これは鈴木さんがいたらどう思うかなというようなことをずっとよく思っていました。あの人から物すごく影響力を受けているものですから、もうあの人が基準なんです。そういう存在から照らしてみたときに、今の国会のあり方はどう見えるだろうかというふうなことをよく考えます。

◆ＩＬＯ条約の審議――委員会名簿の提出拒否に際して

今野　山﨑さんのことについて、続けて言いますと、これから二、三年後に、ＩＬＯ八七号条約とその関連法案の審議で、国会がもめたことがあります。

ＩＬＯ条約というのは、国際労働条約というんでしょうか、労働基本権の問題についての条約ですが、関連する国内法の整備が、自民党と社会党の大きな争点になるんです。外国から早く日本は批准せよというような圧力もかかってきていました。自民党も、いろいろな経緯があったんでしょうけれども、出してきた。出したものについて、特別委員会を設置して衆議院では審議することになりまして、多分、四六回国会、昭和三九（一九六四）年の六月頃だと思うんですが[12]、このＩＬＯ条約について特別委員会が本会議で設置されます。その特別委員会に条約と関連法案を一括して付託することに、社会党は反対でした。

それで、設置された特別委員会が動き出す際に、社会党は名簿を出さないんです。特別委員会が設置されますと、各会派が割り当てに従って委員の候補者を出します。それを本会議で議長が指名するという手続になっています。実際には、特別委員の指名は省略して公報によって指名いたしますとか、そんな宣告で名前は読み上げないのですが、その名簿を社会党が渋って出さないということがありました。それまでは、概して、特別委員会が設置されると、特別委員会の設置そのものに反対ではあっても、野党はすぐに名簿を出して特別委員会が動き出すということに協力していたんですが、そのときに限って名簿の提出を非常に渋りました。

そのときに、山﨑事務総長が、社会党が名簿を提出してこない限り特別委員会は動けない、つまり、開始できない、会議が開けないということを言ったんです。たしか、そのときの新聞に、「寝耳に水の山﨑発言」というタイトルで報じた新聞があったように思います。つまり、特別委員会を本会議で設置した以上は、すぐにそれが動き出して審議が始まると自民党側は思っていたのに、社会党が委員の名簿を出さないということで、いわばサボタージュをしたことによって、設置された特別委員会が、結局、機能できない、すぐに動き出せないという事態が起きている。山﨑事務総長が、社会党が名簿を出さない限りは開けませんよと言ったということが、すごく大きく取りざたされまして、それは大変だということになったんです。

これも、私、鈴木さんがいたらどういう対応をしたかなというふうなことをそのときに感じました。確かに、政党会派の意向を尊重すれば、社会党が名簿を出さないと言っている以上は、それは動かせないよということで終わるんですけれども、しかし、私、鈴木隆夫さんがいたら、多分、こういうことを言ったんじゃないかと思うんです。とにかく、社会党に、あなた方、特別委員会の設置に反対かもしれないけれども、しかし、これは院議で決まったことだ、本会議で院議決定をした結果のことなんだ、院議は守ってもらわなくちゃ困りますよ、出しなさい、本会議で決まったことをきちんと守らなければ院の運営はできませんよ、院議を尊重しない党は、議会政党とは言えませんよ、だから、嫌でもお出しなさいと、鈴木隆夫は言っただろうと私は思います。

それが、つまり、衆議院の議決の権威といいましょうか、それを中にいる人間が守らないでどうするんだということです。反対の議論は幾ら議論してもいい、しかし、採決をして決めたものについては、やはり、全部の人間がそれに同調して従わなければ議院の運営というのは成り立たないですよ、そんな勝手なこと言っちゃ困りますよと言って、多分、鈴木隆夫は、お出しなさいと言って、出させたと思います。

しかし、山﨑さんは、それが言えないんですよ。やはり、就任の際に社会党の議運の理事たちあたりからいろいろと言われていたということがずっと尾を引いて、山﨑さんの姿勢の中にはあったと思います。それで、すったもんだして数日経ちましたけれども、結局のところ、社会党は出しました。最終的には出して、しかし、審議引き延ばしというんでしょうか、何かそういう戦術の上では、ある種の効力を持ったんですけれども。

特別委員会が設置されながら、会派が委員の名簿を出さないことによって特別委員会のスタートが遅れるとか混乱が起きるということは、その後にも起きました。知野さんが事務総長時代に、沖縄返還条約の特別委員会を設置するとき、これはまた知野さんの時代のときにちょっとお話ししようと思いますけれども、同じような問題が起きました。

知野事務総長はそのときにどう判断したかといいますと、出さないものは出さないでしようがない、出してきた会派だけで特別委員会をやればいいという態度をとりました。これもまた乱暴な意見だと思うんですけれども。ですから、本会議で設置した、例えば五〇名なら五〇名という特別委員会を開くということを決定していながら、その三分の一ぐらいの社会党の人間がいないまま、会議を開いて、条約や法案を議決して通していくということをやりました。

委員会というのは、過半数の出席があれば、会議を開き、議決することができるわけですから、三分の一ぐらいの人間が仮に欠席しているんだと思えば、会議は有効に成立するものですけれども、構成すべき人数が決められていながら、最初から、その構成を欠いたまま会議を進めるというのは問題じゃないかなと思います。ただ、例えば、政府側で憲法調査会などというのを作って、野党が反対してそれに参加しなかった、それで審議だけは進めた、そういうことは間々あるんです、自民党と社会党の対立していた時代には。だから、政府側の機関で、相当数の人たちが欠けているままに会議が会議体として正常に機能したとみなされているという例はあると思います。ただ、国会の中でそういうことが法規上是認されていいのかどうかということは、ちょっと問題があるんじゃないかと私は思います。

それから、ずっとかなり後になって、参議院で斎藤十朗さんが議長になったときに(13)、これは選挙制度改革の参議院側の特別委員会だったと思うんですけれども、同じような問題が起きたんです。そのときに、斎藤十朗さんは、では、おれが指名すると言って、法規上、指名権は議長にあるわけですから、自分で選んだ委員を指名しました。これが問題になって、議長は辞任に追い詰められてしまったということがありました。これは法的には合法的な行為ですけれども、やはり、もうその時点では、何事も与野党合意でなければ、議長といえども、そんな権限を使ってはいけないという考えが支配的になっていて、そういう理屈が通ってしまったんだと思います。これもやはり、前例としては問題は問題だと思います。

非常に昔に書かれたものなんかを見ますと(14)、小林次郎さん(15)という人が、貴族院の書記官長から終戦直後の初代の参議院の事務総長になっていますが、あの人の思い出話の中に、帝国議会時代は、貴族院ですから、のどかな時代ですけれども、例えば、徳川家達議長が特別委員会の委員を指名するのに、はげ頭の人だけ全部委員に指名したとか、背の高い人ばかり委員にしたとか、お遊びをやって、そういうふうな委員会を作ってやらせたということが、小林次郎さんの思い出話にあったと思います。つまり、議長の権限というのは、その当時は貴族院では非常に絶大なものであって、議長がはげ頭の議員だけ集めて委員会をやれと言われれば、みんな笑いながらそれに応じていたというような時代があるわけです。

ですから、特別委員については議長に指名権があります。しかし、今のこの時代に斎藤十朗議長がそれを行使すると、自分の首を飛ばしてしまうほど、会派の意向というのが非常に強くなってきているわけですね、今の国会運営のもとでは。院議で決まったことに対して、政党や議員が言うことを聞かないというか、おれは嫌だと言って抵抗するというのは、それは本来許されるべきことではないのじゃないかなというふうに私は思います。思いますが、その後ずっと、つまり、山﨑さんの事務総長時代から法規先例よりも会派相互の合意が優先されて、運営の万般が決せられていくという慣行が次第々々に定着してきたと言えます。鈴木さんは各党間の協議を重視していましたが、そこで法規を曲げるような結論が出ることは許さない人でした。

◆附帯決議の運用

今野　例えば、もう一つ事例を挙げさせて頂くと、鈴木隆夫さんは、委員部長時代に、第一三回国会だったと思いますが、これは『国会運営の理論』の中にもちょっと書かれていることですけれども、法律案を上げるときに、与野党が、法案の中身には書き込まないけれども、附帯決議を付して、暗黙の約束みたいなことをして法案を上げるということがよくあります。鈴木さんはそれを嫌ったんです。これは戦前の政府優先時代の審議のあり方なのであって、議会の立場が弱いときに、政府に対してある種要望を伝えるというふうなときに使われた手段である、戦後は国会が唯一の立法機関になったんだから、何でも法律に書き込めばいいんだ、法律に明記してそれを政府側に執行させればいいのであって、附帯決議のような腰の引けた運営はすべきではない、鈴木さんはそう言いまして、一三回国会ではすべての委員会で全部の議案に対して一本も附帯決議をつけさせませんでした。それはそのときの委員部長の号令でして、各委員会の担当者がこれは附帯決議で片づけたいと言う議員たちを説得しまして、部長からそんなことはやめろと言われているから、この際つけないでくださいといって、つけなかったことがあるんです。

ところが、それは一国会だけで終わってしまいまして、次の国会からは、そんなことといったって、これでとにかく与野党はまあまあお互いに顔を立てて処理していくんだから、やはり国会には必要だよというふうな現実論が強くなりまして、貫徹できませんでした。それは法的にはやっていけないというものじゃありませんから、絶対にだめだと言い張るわけにも行かず、鈴木さんも折れまして、結局その後は、今に至るまで、法案を上げる場合の附帯決議というのは、ある種、与野党の暗黙の合意みたいなことを文章化するだけということで、一つの法案を上げていく際の潤滑油みたいな形で使われています。

鈴木さんは、そういうふうに、原理原則を立てて、できるだけそれに近づけた運営をして、そして、国会というものをもっと権威を高め、充実したものにしていかなくちゃいけない、権威のあるものにしなきゃいけないというような考え方を持っていました。そういう姿勢だったんです。

ところが、例えば知野虎雄さんは、鈴木さんの傍にいてそういうものを見てきた人なんですけれども、非常に力のある人ではありましたが、鈴木さんと同じような理念で議会運営を考えていた人ではなかったように思います。これは、私、いつの頃に聞いた事柄かちょっと記憶が定かではないんですが、委員部にずっと残っていた私の友人があるとき私にこういうことを言ったんです。「委員会の運営で、鈴木さんが法規、先例を尊重してきちんとした運営をしろと言ったのを、次の部長の山﨑さんは崩してしまった、その次の久保田委員部長は鈴木さんのような方式でやらなきゃいけないといってまた少し締めた、それを知野さんがまた崩してしまった」ということを委員部にいた友人から聞いたことがあります。

私、何でこれを強く覚えているかといいますと、知野さんというのはそういう人じゃないと思っていたわけですよ。鈴木さんの一番弟子だし、鈴木さんの影響を非常に強く受けてきた人ですから、知野さんがそういう運営をやっていると聞いて「本当か？」と聞き返したくらいです。山﨑さんと知野さんは、山﨑委員部長時代に知野委員部一課長という時期がありまして、それは大池さんが事務総長、鈴木さんが事務次長の時代です。そこで案外、国会運営の基本的な取り組み姿勢という点で、ある種の共通性というか、お互いにそれでいいじゃないかというような合意をしていた時期があるのかな、という気がしないでもないんですけれども。

ですから、特別委員の話に戻ると、社会党が特別委員会の名簿を出してこなかったときに、それが出てこない以上は特別委員会は動かせませんよと山﨑さんが言った姿勢と、かなり後になってからですけれども、沖縄返還条約の特別委員会のときに、知野さんが事務総長で、社会党が名簿を出してこないんだったら、そんなのはいいよ、名簿を出してこないなら参加する気がないんだから、先に与党の委員だけでやっちゃってもいいよというふうになったことと、何となく似たようなところがあるような気がします。

知野さんもちょっとそういう点では、会派中心の運営を是認していていました。知野さんの場合も、社会党は、自分たちは名簿を出さないけれども、自分たちが名簿を出さないことを踏まえて与党側が審議を進めることに別に絶対反対はしない、そういうふうな了解を与えていたと思います。つまり、会派間でそういう暗黙の了解がなされている場合には、それでいいということです。法規に従った、この場合は議決で決定された事項を、完璧に実施しなくても国会運営というのはなされていっていいということです。

私、鈴木隆夫さんならそういう運営はしなかっただろうというふうに思うんです。やはり、本会議の議決というのはいわば議院の最高意思決定ですから、そこで決められたことは何としても、どんな会派であれどんな議員であれ従うべきである、従わなければ院の秩序は保てないということを、鈴木さんは考えていたと思います。そういうことからいうと、その後の国会運営というのはかなり緩んできているというか変わってきているというか、今は殆ど会派中心の話し合いで決めて、事務局が理論を強く主張するということさえも余りなくなってきているというふうに思います。

私が何で鈴木さんのことをこの間書いたかというと、ああいう人のことはやはり書いておかなくちゃいけないだろうと思って書いたんですが、あれを見て頂いてオンスロー議長の発言というのを取り上げて頂いたのは、私、本当に有難いと思っています。私の理解ですけれども、通ずるところがあるわけでしょう。

赤坂　もちろん、法規、先例はちゃんと遵守していますとパンフレットにもどこにも書いてあるのですが、先ほどの今野さんの御説明だと、必ずしもそれが杓子定規に貫徹されているわけではなくて、会派間の話し合いによって、時には、法規、先例の合間を行く運営がなされることもある、そういう理解なのかなと聞かせて頂きました。

Ⅱ

◆山﨑総長の「引き際」

今野　久保田さんのところに入る前に、山﨑さんがやめるときの事情をちょっとお話ししようかと思います。トップの人の出処進退というのは非常に難しい面があるんですけれども、前に、鈴木隆夫さんが昭和二八（一九五三）年に事務次長になる時点で、西沢哲四郎さんを法制局に移したということをお話ししました。それで、西沢さんは、その後ずっと衆議院の法制局長の座におられて、鈴木さんの時代もそのまま法制局長を続け、山﨑さんに事務総長が代わっても、まだ西沢さんは法制局長の座にとどまっていたわけです。

実は、法制局には三浦義男さんという方がいまして、この方が、最高裁判事になられた入江俊郎さんの下で法制局の第一部長をやっていました。それで、局長が最高裁判事に出られた後、一時期、この三浦さんは、衆議院の法制局長事務代理というような形で、局長職を代行していたことがあるんです。恐らく、自分がこの次に法制局長になるんだというふうに思っていたと思います。ただ、前の入江さんが法律家としては非常に著名でもあり、憲法改正などにも参画した人だったものですから、その人と三浦さんとを比較すると、どうしてもやはりちょっと落差があるということだったんでしょう。それで、三浦さんはそのまま事務代理は務めていましたけれども、すぐには局長にはなれませんでした。そこへ西沢さんが事務次長の方から横滑りして来て、法制局長になられたわけです。

ところが、西沢さんはその後、長い間やめずに居続けたわけです。昭和二八（一九五三）年の三月に法制局長になってから、結局、西沢さんがやめられたのは昭和三六（一九六一）年になりました。ですから、八年ぐらい、西沢さんは法制局長にとどまっていたんです。これはやはりちょっと長過ぎました。西沢さんは明治三六（一九〇三）年生まれで、鈴木さんと一つしか違わない。三浦さんも、年格好からすると、そんなに違わなかった人じゃなかったかと思います。

それで、事務総長が山﨑さんになってもまだ西沢さんが居続けているものですから、三浦さんは議員に働きかけたのではないかと思います。というのは、三浦さんは選挙法が専門でして、選挙法というのは、いろいろ面倒な手続や制限事項などがたくさんあって解釈のややこしい法律でもあるわけですが、選挙違反に問われるというようなことを恐れて、議員は選挙法をよく知っている人に物を聞くんですけれども、三浦さんは、そういうわけで、議員の間にかなり顔がきくというか、幅広く議員に知人がいる人でした。

民社党に佐々木良作[16]という議員さんがいました。この人は、後に民社党の委員長にもなりましたけれども、当時、議運の理事をやっていました。それで、佐々木良作さんが問題提起したわけです。昭和三六（一九六一）年の二月になってから、私、この議運の委員会に出席して聞いていたような記憶もあるんですけれども、「最近、衆議院法制局の人事が停滞している」というような言い方で佐々木良作が西沢局長の辞職を促しました。それを契機に、西沢さんは辞表を書いて辞めました。それですぐに三浦さんが局長についたわけです。

この三浦さんという人もまた、実は、その後、一〇年も居座っているんです（笑）。余り人のことを言えないんですけれども、この人は自分で、「おれは随分待たされたんだから、前任者がやったぐらいはやるよ」ということを公言していたような人で、そのとおり、西沢さん以上に長期に法制局長を続けた人でした。事務局から見ても、西沢さんがそんな形で追われたといいますか、詰め腹を切らされたというのは非常に格好の悪いことでした。

一方、事務局は山﨑高さんが、昭和三五（一九六〇）年、安保の後に、鈴木さんの後を襲って事務総長になって、ちょうど四年後の昭和三九（一九六四）年になりました。その春頃だったと思うんですけれども、私、鈴木さんから、鈴木さんはその当時、国会図書館長になっていましたが、「おれ、山﨑に、もうそろそろ進退を考えるようにと言ったんだ」、そう言われました。

というのは、ちょうど池田内閣が終わり頃になっていまして、池田勇人さんは安保の後、岸内閣の後すぐに総理になったんですけれども、池田勇人と佐藤栄作というのは、吉田さんが二人引き立てた官僚出身の大物ですね。それで、ライバル関係にあったわけですけれども、池田さんも昭和三九（一九六四）年には四年目に入るわけですし、自民党の中でも佐藤待望というふうな考えがだんだん強くなって、遠からず、池田さんが佐藤さんに総理の座を譲るのではないかというふうな感じになってきていた時期だったんです。

鈴木さんが山﨑さんに、もうそろそろ君も進退を考えたらどうだというふうな趣旨のことを言ったというのは、どういうわけか、佐藤栄作さんは山﨑さんを嫌っていたといいますか、軽く見ていたといいましょうか、要するに余り期待されていなかったということがあったようです。これは鈴木さんがそう言っていました。それで、「おれは山﨑に、佐藤内閣ができると君は苦しい立場になるかもしれないから、もうそろそろどうするか考えておいた方がいいぞ」というような意味のことを山﨑さんに言ったというふうに私は聞かされました。

山﨑さんも、当然、就任して四年経つわけですから、別に、衆議院の事務総長は四年という任期があるわけじゃありませんけれども、鈴木さんのように議員たちから非常に嘱望された人も四年と八カ月で辞めていたわけだし、自分も四年務めたからにはもう出てもいいというふうに山﨑さん自身も思っていただろうと思います。それで、山﨑さんはどういう行動に出たかといいますと、一種の天下りですけれども、会計検査官に横滑りして入るということを考えたわけです。

それで、実は、会計検査院には、前に話しました下山事件で、ＧＨＱの意向で運輸省から参議院事務次長に異動させられていた芥川治さんが、事務総長を務めた後、会計検査院の検査官になり、検査院長になっていました。検査官というのは任期七年で、任期中に六五歳になれば、その時点で辞めるというふうな形になっておりまして、芥川さんは、ちょうど昭和三九（一九六四）年の夏に任期七年を迎えることになったわけです。山﨑さんは、もともと会計検査院にも籍を置いていたことがある人ですから、人脈もあったんだろうと思います。

芥川さんがどうして参議院の事務総長から検査官になったかという経緯は、私、知りませんけれども、芥川さんが辞めたらその後に自分が検査官として入っていくということを、山﨑さんは、多分、昭和三十九（一九六四）年の春頃から計画を立てていたんだろうと思います。それで、ゴルフのクラブのメンバーに、内閣官房副長官をやった服部安司とか、あと、検事総長をやった馬場義続なんてかなり大物の人がいましたけれども、ああいう人たちとゴルフ仲間だったものですから、多分、そういう人たちの口添えを得て、検査官入りを具体化していたんだろうと思います。

しかし、事務局は何も知らないわけです。秘書である私自身も全然そういうことは予想していませんでした。最近のように天下りだとかわたりだとかが慣例化している時代なら、あらかじめ予測ができたんだろうと思いますけれども、そのころはまだ全然そういうことはありませんで、山﨑さんは辞めるかもしれないけれども、辞めてどこかへ行くような工作をしているというようなことは、私、全然気づきませんでした。

それで、昭和三九（一九六四）年に、その前年の暮れに召集された第四六回国会が、六月二六日に終わりました。終わった時点でも、まだ何も山﨑さんは態度にあらわさなかったんです。ところが、芥川さんの検査官の任期が、その年の八月二二日に切れましたが、その直前になりまして、山﨑さんは船田中議長に辞表を出しました。

その数日前に、山﨑さんから、「今度おれは辞めることにした、ついては、会計検査院の方で来てくれということだから、辞めた後はそっちの方に行くつもりだ」という話を聞かされたんです。私、正直言いまして、それはないよと思いました。なぜかといいますと、鈴木隆夫さんは、各党からみんなに慰留されながら辞めるときに、次の事務総長は山﨑、事務次長は久保田にしてやってくれと言って、つまり、後の人事までレールを敷いて、そして、辞めていくその当日に、山﨑さんを後任として選挙されるようにして出ていったわけです。山﨑さんは、そういうふうな鈴木さんの配慮を受けて事務総長の座についたんです。

ところが、閉会中に議長に辞表を提出すると、議長の許可だけで事務総長は辞めることはできますが、後任の人事は決められないわけです。後任の人事は、あくまでも、国会を開いて、本会議で事務総長を選挙しないと、正式に決まらないわけです。ですから、この場合は、山﨑さんはやめるけれども、事務次長の久保田さんは事務次長のままで事務総長職務代行者という形になります。職務代行者というのは、非常に立場が不安定です。

その年は、東京オリンピックが開かれる年でした。一般にはオリンピックムードで、いろいろ体育関係の議員なんかはオリンピックの方で大騒ぎをしているような時期でした。ですから、その閉会中は別に国会としての動きは何もありませんでした。しかし、長い閉会中には何が起きるか分からないわけですよ。それは、ぼやが起きるかもしれない、部下の汚職が発覚するかもしれない、何が起きるか分からないわけです。そういう状態で事務総長職務代行者に変にけちがつきますと、すんなりと事務総長の座につけてもらえるかどうか分からないじゃないですか。しかも、山﨑さんは、後の人事について議運にこういうことをしてくれとかということを何も言わずに出ていくわけです。

私、秘書でしたけれども、そのときに事務総長、それはないでしょうというふうな気持ちがあったものですから、「総長、閉会中にお辞めになられると後が困るんじゃないですか」というふうな言い方で、いささか秘書としては非礼だったかもしれないけれども、山﨑さんにそういう口をきいたことがあるんです。しかし、「検査院の方も急いでいるようだからな」なんて言いまして、それで、辞めてしまったわけです。八月二二日に議長の許可を得て辞めまして、議運のメンバーや何かへの挨拶はどうしたか覚えていませんけれども、一日置いて八月二四日に、会計検査院の検査官の発令を受けたんです。実に手回しよく、そういうふうにして中一日置いただけで、役人生活をそのまま続けるというふうな辞め方をしていきました。

実は、芥川さんが辞めたときに、こういうことをやっているんです。芥川さんが参議院の事務総長をやめて検査官に行くときに、これも七年前の同じ日付なんです。それは正確に、任期七年ですから、七年前のほぼ同じ日付に芥川さんが参議院の事務総長を閉会中に議長の許可でやめている。一日置いた翌日に会計検査官の発令を受けている。それで、芥川さんの次の事務総長は河野義克さんですから、河野義克さんが事務総長職務代行者としてしばらくいて、次の国会の召集日に正式に事務総長になったというわけです。

ただ、河野さんの場合は、前から事務総長になるべき人間として嘱望もされていましたし、実力も十分に備えている人でしたから、多分芥川さんがそういうことをしても参議院の中では異論はなく、みんな自然に見送ったと思うんですけれども、衆議院の場合は、山﨑さんの後の久保田さんが、知野虎雄さんのように、必ずしも事務総長につくのに懸念なしにそのポストに置かれるかどうか、少々不確かな面もあったわけです。

ですから、私は、本当を言えば、そんなことをこの八月にできるなら、六月の二六日、前の四六回国会が閉会するときに辞表を出して、その国会の最終日に次の久保田さんを事務総長につけて、そして自分は辞めていく、後の事務総長、事務次長のポストまで議運の人たちに話をつけて出ていくというのが本来のあり方だろうと思いました。二カ月ブランクがあっても、会計検査官に行くということさえきちんと約束を取りつけていたら問題はなかったんじゃないかと思うんですが、芥川さんの例があったからなんでしょう。ぎりぎりそういうふうに運んで、自分だけうまいぐあいに出ていったというふうなことでした。

◆久保田体制の始動

今野　オリンピックがあって、次に一一月九日に召集される第四七回国会というのがありまして、その冒頭に、どうやら無事に久保田さんが後任の事務総長について、知野さんが事務次長になりました。

私は、山﨑総長が辞めたあとも次の総長が決まるまでは事務総長秘書の身分のままでしたので、オリンピックの前後は、何も仕事がなくて遊んでいるようなものでした。久保田さんが事務総長職務代行者ではあったんですが、やはり代行者ですから、事務総長室に入ってきてあれこれ仕事をするということはないんですよ。ですから、私は、あるじのいない期間を呑気に過ごさせてもらいました。しかし、いざ第四七回国会の召集日に久保田さんが事務総長になるについては、やはり議運の理事会で、いじめほどじゃないんですが、いささか嫌がらせみたいな発言がありました。それは社会党の方からです。

普通、事務総長の人事というのは、本会議で選挙をするということに法規上はなっていますけれども、議長が指名するというのが慣例です。本会議で、ただいまから事務総長の選挙を行いますと議長が言うと、「事務総長の選挙はこれを省略し、議長において指名されんことを望みます」という動議が出まして、「その動議に御異議ありませんか、異議なし、では、議長は事務総長に久保田義麿君を指名いたします」という形で事務総長が決まるんです。

本会議の前の議運理事会で、社会党の理事が、その手続を投票でやろうと言いました。それは明らかに、全会一致じゃないよ、選挙で投票したら別の人の名前を書いた票も大分出るよということです。普通はそういうことはないんですけれども、久保田さんが事務総長になるについて、議運の理事会で一種の嫌がらせのようなことがありました。久保田さんが事務総長になって知野さんが事務次長になるというのは、これは体制としてはそれ以外は考えられないようなことで来ていましたから、事務局の中では当然のこととして受け入れられましたけれども、議員サイドではそういういきさつがありました。

それで、久保田さんは事務総長になったんですけれども、しかし、なるについて、裏の事情は私よく分かりませんが、普通ですと、前任者が次は久保田事務総長にしてくれと言って出てくれる、そういう働きがなかったわけです。さりとて、久保田さんが私を事務総長にして下さいと言えるわけでもありません。そうしますと、事務局側の意向は一体誰が政治家側に伝えたのかということがあります。それはもちろん知野さんですよ。知野さんが、多分、久保田さんが事務総長に選任される前に、政治家のグループに、議運の委員長や理事ですが、次の事務総長は今の事務次長を順当につけて頂くようにお願いしますといって働きかけただろうと思います。知野さんはかねてから議員の間にも信望がある人でしたから、社会党もそれに対しては異議は言わなかっただろうと思います。

結局、久保田さんは通常の議長指名の形で無事に事務総長になり、知野さんが委員部長から事務次長になり、あとの人事はほぼ序列どおりといいますか、順序に従って一つずつ上のポストに上がるというような形で、久保田体制というのはできました。ちょっと長くなりましたけれども、これが久保田事務総長が実現するまでのいきさつです。

奈良岡　ちょっと確認ですけれども、今野さんが鈴木さんに国会図書館でお会いになったのは昭和三九（一九六四）年の春ぐらいですか。

今野　春頃だったんじゃないかと思います。要するに、山﨑さんがはっきりやめると言うよりも少し前です。半年ぐらい前だったかもしれません。

何かそのときに、鈴木さんは、佐藤栄作さんや佐藤派のグループの人たちから、山﨑はだめじゃないかとか、そういう山﨑さんに対する批判めいた話を聞いていたんじゃないかと思うんです。「佐藤さんは山﨑が嫌いなようだから、佐藤内閣ができると山﨑は苦労するよ、だから考えておけよというふうな言い方を山﨑にはしたよ」ということを私に話してくれたんです。つまり、鈴木さんは、山﨑さんの秘書である私に、お前もそれなりに、今の事務総長もそう長くはいられないだろうから念頭に置いておけよということじゃなかったかと思いますけれども、そういうふうに言いました。はっきりした期日は覚えていませんけれども、少し早めに言われたように思います。

ですから、山﨑さんも十分に考える余地のある時期だったと思います。佐藤内閣ができたのは、池田さんが喉頭がんになって、引退したあとですから。その時点では池田さんはまだ病気でも何でもありませんでしたから、いつまで池田内閣が続くかというのもこれまた不明確な時期でしたけれども、しかし、もう四年ぐらいたっていまして、自民党内の情勢も、次は佐藤だろうというふうな感じに流れていた時期だったんじゃないかと思います。ですから、鈴木さんは、佐藤内閣ができたら山﨑は安泰じゃないかもしれない、と、あらかじめ教えてくれたわけです。

鈴木さんと山﨑さんとは四歳違いです。山﨑さんと久保田さんも四歳違いなんです。鈴木さんも辞めるときに大体そんなことも漠然と考えたんじゃないかと思うんですが、いろいろ慰留されましたけれども、自分が四年八カ月でさっさと辞めたというのは、余り長くいると山﨑さんの時代がなくなってしまう、だから、トップの人間はきちんと一定期間ごとに辞めていくのがいいんだという考えだったろうと思います。

私、こうしてお話ししていてふと思いつくんですけれども、西沢さんが法制局長に八年間、次の三浦さんがじりじりして待っているのにポストを譲らなかったということを見ますと、もしも大野伴睦さんが西沢さんを法制局長に出すという荒療治みたいなことをやらずにいたら、どんなことになっていただろうかと思います。大池さんは昭和三〇（一九五五）年の一一月までいましたから、それから西沢さんは事務総長になる。西沢さんがその後、誰からも何も言われないからといって呑気に八年間もいたとしますと、鈴木さんと山﨑さんの二人の時代まで食ってしまうくらい居続けることになるんです。

だから、そういうことを考えますと、大野伴睦が強引な人事をやってくれたというのは、回り回って衆議院の事務局に良かったといえます。鈴木時代を作ってくれた上に、次の山﨑、久保田時代に順当につないで行けたわけですから。やはり、余り後の体制のことを考えないで、呑気な人がトップの座に居座り続けていますと、どうしても人事というのはおかしなことになってしまいます。ですから、これは結果論ですけれども、大野伴睦が好き嫌いを発揮して、あの時期にそういう人事をやってくれたというのは、結果として衆議院事務局にプラスだったんじゃないかなというふうな気がします。

奈良岡　鈴木さんは、久保田さんが総長に就任するに当たって、すんなり人事が進むように何か働きかけたり、お考えになっていたような形跡はありましたか。ある意味、山﨑さんが後の人事をしっかり固めないまま辞められたとすれば、事務局内で、知野さんとか中におられる方が議員さんに働きかけるということも当然あったでしょうし、もう一つ考えられるのは、前総長である鈴木さんが何らかの働きかけというか、スムーズになるような地ならしをされた可能性はあるかなと思いまして。

今野　そういう話は聞いていません。やったかどうか分かりませんが、そこまでやらなかったんじゃないかという気がします。

山﨑さんの後、久保田さんを事務総長につけるについて政治家側に鈴木さんが働きかけたということは御本人から聞いていませんし、そこまではしなくても、多分、知野さんの存在がもうかなり大きくなっていましたから。鈴木さんが辞めたときは知野さんはまだ庶務部長でいたんですけれども、その後委員部長になっていて、委員部長になれば委員たちと随分いろいろ折衝がありますし、議員たちの間に顔も広くなりますし、特に議院運営委員会は委員部の所管ですから、委員部長も議運の人たちとは日常的に接触がありますから、委員部長の知野さんの働きで久保田事務総長を実現するというのは厄介なことではなかったんだろうと思うんです。

鈴木さんがその時点で国会図書館長でいて、衆議院の人事にいろいろと口添えをするということまではしなかったんじゃないかというような気がしますけれども。

◆鈴木理論に忠実な議事運営

赤坂　事務局の中では、久保田総長になるだろうということについての合意というのは動かないものとしてあったということでしたが、外に向けては必ずしもそうではなかったというのは、例えばどの点に問題があると考えられていたんでしょうか。経歴だけを見ると、久保田さんは秘書課長から庶務部長、記録部長、委員部長とずっとゴールデンコースを歩んでこられていますし、東大系の前総長などとの仲もそれなりによかったという中で、事務局の運営として何か問題があったのか、それとも野党の方と何かあったのか、その辺りはどうでしょう。

今野　久保田さんは、いわゆる法理論家ではなかったんです。やはり衆議院の運営というのは、どうしても法規、先例というものに通暁していて、与野党が激突する中で、今目の前で起きた問題が法律的に有効なのか無効なのか、適当なのか適当でないのかというようなことを判断しなければならない立場に置かれるわけです。久保田さんは、そういうふうな意味での国会運営のルールの蓄積というものを持っている人とは見られていませんでした。

それは、自分もそう自認はしていたと思うんですけれども、どちらかというと、やはり庶務的な仕事の方が得意な領域でして、例えば予算折衝なんというのが非常に上手な人でした。その頃の予算折衝というのは、大蔵省の主計局が物すごくハードルを高くして、そして高みから、いろいろと懇願してくる各省の要求を、主査というのは課長補佐ぐらいでしょうか、そういうのがよその局長などが懇望してくるものを鼻先であしらうみたいな、そういうのが予算折衝のあり方でした。

衆議院の事務局というのは事業官庁じゃないものですから、歳費の引き上げだとか職員のポストをふやすとか建物を建てるとか、つまりそんなようなことしかないわけです。ですから、それほど大蔵折衝で厄介なことというのはないはずなんですけれども、それでもいろいろと意地悪をされたり暗礁に乗り上げたりというようなことがその当時はあるようでした。この久保田さんは、そういうのを非常に巧みにこなして、予算折衝をむしろ楽しんでいるような感じのある人だったんです。

一方、確かに記録部長から委員部長になり事務次長になりという経歴を歩んではいたんですが、委員部長時代に、部員たちにレポートを書かせて勉強会をやって、『執務資料』というようなものを作らせていたということがありました。前任の山﨑さんは、委員部長時代に実はそういう研修会的な、勉強会的なものは何もやらないで事務次長になったんです。山﨑さんは非常に楽天的な人でして、言い方はちょっと適切じゃないかもしれませんが要領のいい人でした。議員たちからもかなり手ひどく罵言を浴びせられるようなことがあっても、けろっとしているんです。そんな人でした。そういうので切り抜けてきたわけです。

久保田さんは、やはり山﨑さんとは大分タイプが違いまして、自分が理論的な問題でいろいろ判断を要求されることがあるだろうということはもちろん予想はしていたわけですけれども、そういう知識を補強するというふうなつもりもあって、委員部長時代に、ああいう『執務資料』みたいなものを書かせて、部下みんなの知識を吸収しようとしたんだろうと思います。

しかし、やはりにわか仕込みではなかなか鈴木隆夫さんのようなわけにいきません。それで久保田さんは、鈴木隆夫さんの『国会運営の理論』というのを非常に大事にしまして、鈴木さんの書いてあるとおりに運営すれば間違いがないというふうに、何かというと鈴木理論に頼るというふうな感じの人でした(17)。ですから、久保田さんが事務総長になるについて、鈴木さんだとか知野さんだとかが事務総長になるときのような安心感というようなものを、事務局のほかの連中が持っていたかというと、そんな安心感はなかったんです。

なかったんですが、先に触れましたように、委員部長時代に、法規の運用について鈴木さんは非常に厳格に物を言ったけれども、山﨑さんがそれを緩めてしまった、しかし、久保田さんがまたそれを厳格にし、それをまた知野さんが緩めてしまったということを、私は委員部の友人から聞きました。知野さんが鈴木さんのやり方を緩めるというのはおかしいなというふうな思いもしましたが、つまり、実際に知野さんは知野流の運営をやろうとしていたということです。久保田さんは、そういう独自の姿勢をとるのではなく、なるべく鈴木流に従ったということです。

そんなふうな気質というのが何となくみんな分かっていまして、それで、久保田さんが事務総長になるという時期に、久保田さんだから不安だとか、久保田さんだから頼りないというふうな感じは、一般の職員の中にはなかっただろうと思います。一般の職員は、やはり山﨑さんが出た後は久保田さんがやるのが当然だ、しかし、知野虎雄氏がいるから、何かにつけてそっちの方は心配ないだろうという感じでいたと思います。

ただ、事務総長につける、選択する側の議員としては、やはりそれはその時点の事務局員の中で最強の人間をつけておく方が安全だという思いはあるでしょうから、山﨑さんに続いて久保田さんを事務総長につけるについては、もう知野でいいのではないかというふうな考えから嫌みを言うような人もいた、そういうことです。そんな雰囲気の中で事務総長になったものですから、久保田さんは自分は長く務めるという気持ちはさらさらなかったんです。事務次長までいって事務総長にならずに終わるのはちょっと不名誉というか面白くないことではあるけれども、しかし、事務総長になったらもうそれで自分はいつ辞めてもいいという感じでいました。

◆久保田総長の人柄

今野　久保田さんは三重県の鈴鹿の出身です。この人は大変な素封家の次男坊でして、素封家というのは、地主だったようですが、味噌や醤油の醸造元でもあったようです。庄屋さんをやったとか地方の政治家をやったということではないらしいんですが、とにかく大変な資産家で、最寄りの駅から自分の家まで他人の土地を通らないで歩いていけるというふうな家に育っています。

それで、お父さんが非常に元気な人だったんでしょうし、お母さんも丈夫な人だったんでしょう、久保田さんはそのお父さんお母さんから生まれた一二人兄弟姉妹の次男なんです。ただ、姉さんたちが多いと聞いていますから、順番からいうと何番目か分かりませんけれども、とにかく、弟も三人ぐらいいるということでした。ところが、そのお母さんが一二人子供を産んで亡くなった後、お父さんがまた後添えさんをもらったんです。随分年の若い後添えさんだったんでしょうけれども、その後添えさんから七人子供が生まれた。それで結局、久保田さんは、同じお父さんから生まれた兄弟姉妹が一九人いる、そういう大家族で育った人なんです。

その次男坊で、長男は久保田藤麿さんといいまして(18)、この人も文部官僚で国会議員になりました。余り選挙は強くありませんでしたけれども、何度か当選しています。久保田さんが事務総長時代にも現役の自民党の議員でいたことがあります。その当時から愚兄賢弟なんという言い方が大っぴらにされていまして、兄さんよりは弟の方がよっぽど人柄もいいし、政治力があるというふうに見られていたんでしょう。兄さんは選挙に強い方ではなく出たり入ったりだったんです。弟が出たら絶対に連続当選すると言われたような人でした。それだけの資産も持っていて、そういうふうに田舎では認められるような人柄でした。

京都の三高に入りまして、それから東大に入った人です。東大を出て文部官僚になって、大東亜省というのが戦時中できましたが、文部省からそこに出向になって行って、インドネシアのジャワ島で、司政官というんでしょうか、海軍の司政官だと私は思っていましたけれども、この間ちょっと人に聞きましたら、大東亜省の司政官だったようです。当時はかなり暴れん坊といいましょうか、威勢のいい外向きの人だったような話も聞きますけれども、一面、戦地で女性の職員、女子の人たちを兵隊やら軍属の荒くれどもから守るのに気を使って、女子の部下たちからは非常に信頼され敬愛されていたというふうなエピソードも伝わっているようです。そういう人です。兄弟姉妹が非常にたくさんいたということも一つあるんでしょうけれども、次男坊というのは普通暴れん坊が相場ですが、根は優しい人で、面倒見のいい人でした。衆議院にいた間も、親分肌の人で、周辺に人を集めるということでは定評のある人だったんです。言ってみますと、人望があるというか人徳があるというか、そういう人でした。衆議院の幹部としての手腕、能力よりは、むしろそちらの方で人気のある人だったんです。

山﨑さんが辞めた後、久保田さんの時代には、当然私は事務総長秘書は辞めるものだと思っていました。山﨑さんが私をそのまま引き継いで使ったのについては、先にお話ししましたように、鈴木体制をそのまま維持するというふうな、ある種シンボル的な感じで私の人事を考えてくれたからでもあるんですけれども、久保田さんになるとそういうことはありませんから、私は当然秘書から外れるものだと思っていました。

久保田さんには、高鹿隆君といいまして、私より三つぐらい年下の人がいまして、これが、久保田さんが秘書課長のときに秘書課にいたんです。それから庶務部長になり記録部長になり委員部長になり事務次長になりという間、ずっと久保田さんについてきて、身近な世話をしている人でした。そういう人がいるものですから、私は当然もう事務総長秘書から離れると思っていたんですが、いや、引き続いて君やってくれというふうに久保田さんから言われまして、私とその高鹿君という人とが二人で組んで事務総長秘書を務めることになりました。今お話ししたような私的なことは全部その高鹿君から聞いた話でして、私自身は、久保田さんとはそれまでほとんど直接の接触がなかった。いわゆる事務的な連絡などで口をきいたことはありますが、それ以外には特に久保田さんとの関わりはなかったものですから。

赤坂　久保田さんは、大東亜省の後、どういう経緯で議会に……

今野　大東亜省の後は、戦争中、何か最後の引揚船に乗って帰ってきたんだと言うことでした。終戦前の戦時中に帰ってきて、それから後はどこにいたか、高鹿君もはっきりどうも知らないようです。私の記憶では、外務省の人たちとかなり懇意でいたものですから、引き揚げてきてから外務省に入ったんじゃないかなという気がしていたんですけれども、久保田さんの場合は履歴をきちんと承知していません。

大東亜省というのは敗戦間際まであったわけですから、大東亜省に戻ってきたのかもしれません。大東亜省は、東南アジア関係の外交問題も全部やっていたわけでしょうから、外務省とも連携があったでしょう。ですから、外交官とつき合いが多かったというのは、やはり、戦時中、ジャワへ行っていたということとの関わり合いで、役人として同僚であったということではないのかもしれません。

それで、先にお見せした「時の人」の新聞の切り抜き、あれに山﨑さんの紹介で衆議院に来たというふうなことがちょっと書いてあったような気がしますけれども、山﨑さんともどこかで接点があったんでしょう。

赤坂　そうですね、「山﨑高前事務総長が事務局に引き入れた」とだけ書いてあります。

今野　ただ、山﨑さんと久保田さんというのは、本当のところ、そんなに親密だったかどうか、個人的に気心が合っていたかどうかについては、私、ちょっと疑問を持ちますが。

奈良岡　山﨑さんは昭和二〇（一九四五）年の一一月に衆議院の書記官になられて、久保田さんは昭和二一（一九四六）年の四月に入られています。山﨑さんよりはちょっと後ですね。

◆日韓国会──強行採決をめぐって

今野　それで、第四七回国会で事務総長に正式に選任されまして、それが四〇日ぐらいの臨時国会だったと思いますけれども、最終日を迎えましたときに、久保田さんは私に、「これでおれ、いつでも事務総長をやめていいな」、こう言いました。一国会とにかく無事に務め上げたんだから、もうあと何を言われようと、まああ格好はつくだろうという感じですね。私、この人は無欲な人だ、欲がない人だなと思いました。そういう点では、山﨑さんは非常に世渡り上手に役人の世界を生きてきた人ですけれども、この人は、お金持ちのうちに育って、鷹揚に生きてきたせいか、山﨑さんのような生き方とは全然正反対の生き方でした。

率直に言いまして、国会法規についての久保田さんの蓄積というものは、やはり心許ないものが確かにありました。そういう中で、日韓国会という物すごい大変な大騒ぎの国会を迎えるんです。これが第五〇回国会ですから、昭和四〇（一九六五）年の一〇月に召集されています。それで、日韓基本条約やら関連の法律案を上げるということで、五五年体制の中で、安保騒動に次ぐ大騒動の国会でした。

当時の社会党は猛烈に反対しますし、国会の外もデモが、安保のときほどではありませんでしたけれども、相当荒れ狂っていましたし、そういう外部からの圧力も受けて、野党はかなり強硬でした。何せ、米ソ対立時代に、アメリカと提携している韓国との国交を強化するというわけですから、社会主義陣営側からすると許しがたい政策だと受け取られていました。

今でも覚えているんですけれども、日韓条約が締結されると、必ず戦争に巻き込まれる、日本だけ埒外にいるわけではない、朝鮮半島でまた朝鮮戦争のようなものが起きたときには当然、日本の自衛隊も派遣しなきゃならなくなるだろうし、日本にソ連側の爆撃機が飛んでくるかもしれない。だから、日韓条約を推進する者は、今に戦争犯罪人としてやがて罰せられる時期が来るかもしれないというふうなことで、反対運動が非常に激しかった時代です。しかし、そのときの議長の船田中さん[19]は、日韓協力を強硬に推し進めようとしていた方ですし、副議長は田中伊三次さん[20]です。この人は京都の方で、非常に気さくな面白い議員さんでしたけれども、国会紛争を楽しんでいるような人でした。

それで、昭和四〇（一九六五）年の一一月に、日韓案件がいよいよ委員会で強行採決で上がりまして、本会議にかかるということになりました。当然、野党の方は、閣僚の不信任案などを続々連発して抵抗しました。そして、たしか一一月の九日からだったと思いますが、本会議が始まりまして、延々と、外務大臣、農林大臣、大蔵大臣、通産大臣の不信任案を野党は連続して提出します。不信任決議案というのは、内閣不信任決議案と違いますから、格別、優先議題にしなくてもいいという考え方もあるんですけれども、慣例的にずっと、閣僚の不信任案は優先議題、先決問題ということで考えられているものですから、やむなくそれを受けるわけですね。

そうすると、野党が趣旨弁明をする、その趣旨弁明に対して同じ野党が質疑をする。質疑をするたびに、質疑打ち切りの動議とかそういうものを採決しなきゃいけない。討論をやる、討論もまた三人、目いっぱい立てて、討論打ち切りの動議もやらなきゃいけない。その間に牛歩がある、それから、演壇占拠して議事妨害がある。延々として、果てしなくそれが続くわけです。

これをどう処理するかということになったときに、副議長の田中伊三次さんには委員部の課長補佐で、この人はノンキャリアでしたけれども、やはり後に幹部になっていった多田俊幸という人が、副議長秘書についていました。この多田さんも、田中伊三次さんの信頼を非常に得ていまして、それで、「お前、この事態をどう乗り切るか考えろ」というふうに副議長から言われたんです。それで、委員部の方へ帰って相談しまして、結局、議長の発議で議事日程を変更して、不信任案の議事をそこで中断して、委員会から強行採決で上がって来ている日韓案件をそこに突っ込んで強行採決してしまうという方法を多田さんが一応考えまして、それを副議長に上げたわけです。

副議長は、「本当にこれで大丈夫なのか、お前の言うことを信用していいか」、こう言われたようです。そう言われると、さすがにちょっと自信がなくなりまして、私のところへやってきたんです。それで、メモを見せまして、「これでいこうと思う、副議長がこれでいけと言っているんだけど、これで通るかどうか考えてくれ」と言うわけです。私も判断できませんから、知野さんのところへ多田氏と二人で行きまして、もうこの分では埒が明かないから、副議長はこれでやろうと言っています、よろしいでしょうかというふうに聞いたんです。そうしましたら、知野さんが、「大丈夫だろう、これでよかろう」と言ってくれたんです。それでは、これでいけると思って、久保田事務総長のところへ行きまして、「実は、副議長の案として、議長発議で議事日程を変更しよう、強行突破をやろうという策を正副議長の方では考えているようだから、これで行くようですよ」というふうに私が見せたんです。そうしましたら、久保田さんが、これはまずいと言い出しました。

それは何でかといいますと、余りやかましくは言われていないんですけれども、国会の本会議の議事手続には一議題の原則というのがあります。委員会では審議しなければならない案件がたくさんありますから、一つの議案を議題にして質疑を開始しても、それを中断して別の議案の質疑に入る、というようなことは、日常的に行われていますが、本会議は大勢の人間を集めて一定時間、集中的に審議をする場なものですから、一つ掲げた議題は、その議題についての結論が出るまではほかのものは割り込ませないということを、一応原則としているんです。

どうも私の記憶ですが、参議院では、例えば何か法案の審議をしている過程で、仮に、今の議長の議事の裁き方はけしからぬと言って、どこかの会派が議長不信任案を出すとします。そうすると、議長の問題はやはり最優先だということで、その前の議事をとめて議長不信任決議案を議題にするということを、参議院ではやったことがあったんじゃないかと思います。衆議院の場合は、その場合でも、一応、前の案件について可否の結論を出してから議長不信任の議事に入るというのが原則で、ほぼ、この一議題の原則が通常の状態では貫かれているわけです。しかし、この場合はそれを無視して、適当なところで議長の発議で議事日程を変更して、日韓案件に切り替えようという作戦です。

結局、田中伊三次さんが考えたのは、一つのことをやっている最中に、議長の発議で議事日程の変更を諮って日韓案件を突破してしまおう、という案でした。具体的には、一つの不信任決議案の審議中に、夜一二時になって時間切れになると、議長は、「本日の議事はこの程度にし、明何日午前零時一〇分から開会することにいたします、本日はこれにて延会いたします」というふうに宣告して、翌日午前零時一〇分から本会議を開くわけです。その頭に日韓をやろう、こういうふうに考えたわけです。

しかし、これも、延会されたときの前の日の議題は翌日に継続するというのが原則ですから、一議題の原則からいうとやはり異例になります。ここへ来て久保田さんは、「それは嫌だ、そういう議事はおれはやりたくない」と言ったんです。しかし、それは困るわけです。知野さんにしましても、いいだろうとオーケーを出しているわけですから。

久保田さんが何でそこで反対したかというと、やはりこれが、非常に鈴木理論に忠実でありたいという日頃の久保田さんの考え方のあらわれだっただろうと私は思います。法規や先例から外れるような議事はやりたくない、整々とやって、くたびれ果てて、もうここまで来たんだから仕方がないというふうに野党が断念するまでは正規の手順で議事手続を進めるべきだというふうに、久保田さんは考えていたんだと思います。あと三日も四日も続くわけじゃないんだから、もうちょっとの辛抱なんだから、むちゃはやらぬ方がいいだろうという感じ方だったと思います。

しかし、知野さんは、知野さんの判断で副議長の方に、合法的にこれで行けるでしょうというふうに言った手前、知野さんもまた引っ込みがつかないわけです。それで、結局、みんなで久保田さんを説得しました。知野さんは、あなたがやれないと言ったら私もやれるとは言えない、そうすると事務局は誰も副議長の案に賛成できないということになってしまって、しかし、そんな事務局なら要らないと言われればもう事務局は崩壊ですよ、なんて知野さんは言いました。私も、「ここまで来たんですから、総長、それは仕方がないでしょう、もうやるしかないでしょう」――私もちょっと知野さんの了承をとるのに一枚かんでいるものですから――そんなことを久保田さんに進言しまして、久保田さんにようやく決断してもらいました。

それで、一一月の一〇日に石井法務大臣の不信任決議案というのが入っていて、それが延会措置がとられまして、翌一一日は丸々本会議が〔実質的には〕開けないで空費していまして、そして、一二日の未明に船田中さんが議長席に着きまして、石井光次郎法務大臣不信任決議案の議事がまだ終わってない、つまり一つの議題がまだ片づいてない間でしたけれども、日韓案件を強行したんです。議場騒然となっているときに強行可決して、本案は可決しましたと議長が宣告して、議長はばあっと脱出しました。

◆船田議長、田中副議長の議事進行ぶり

今野　そういうときに秘書グループというのは、どこへ車を用意しておいて、どの通路を通って議長を外へ出すかというようなことを考えるんですよ。

奈良岡　大分御準備されたわけですか。

今野　ええ、そういうことをやはり考えました。そんなときに、長く秘書生活をしていた人間というのはそういうときじゃないと余り役に立たないんですけれども、こうしましょう、ああしましょうと言ってやる。

これはちょっと事務局のこととずれますが、そのときに実は自民党内では大変厄介な事態が起きていました。それは、本会議がなかなか進行せずに膠着状態が続きますと、当時の自民党の中、今でも多分そうだろうと思いますが、派閥が幾つも分かれていますから、必ずしも議長に同調する人たちばかりではないわけです。船田さんは大野伴睦の派を継承して船田派というのを率いていましたけれども、十何人というぐらいの小派閥でした。そういう状態になりますと、議長のことを心配して派閥の連中は議長周辺に集まってくるんですけれども、勢力が小さいと、やはり政治力として大きな影響力を持たないわけです。一般の議員たちは、議長のお手並み拝見というふうにして、さあ議長、この事態をどうするんだ、やってみろよというふうな感じで傍観することになってしまうんです。

このときに、船田中さんには長く仕えている秘書で蓮実進[21]という人がいました。この蓮実さんが大変な秘書でして、行き詰まった状況を見て、今野さん、これはどうすればいいんだ、と言うわけですよ。それで、私は分からないものですから、総長に相談してみようじゃないですかといって総長のところへ入れたんです。そうしたら、久保田さんも、党内が、議長のお手並み拝見というふうにしてみんなが手を引いてしまうと動かなくなる、これは大変だと思っておれも困っているんだというふうに言ったんですよ。「分かりました、じゃ、やります」といって蓮実さんは飛び出していきまして、議長に、「議長、この際知恵を絞りましょう」と言うわけです。

そして、派閥の連中をみんな議長室に集めたんです。一五、六人ですから、議長室に全部入るぐらいの人数しかいない。そこで、「総理に電話をしたらどうですか」、こう蓮実さんが言ったんです。もう真夜中ですよ。三時か四時頃じゃなかったかと思います。総理大臣もうちへ帰って寝ているんです。ところが、国会の中は大騒ぎしているわけです。それで、よしといって船田中さんが総理大臣の自邸に電話しまして、「総理、あなたはこの案件を絶対に通したいのか、それともこのままつぶれてもいいのか、どっちなんだ」というふうに佐藤総理に言ったそうです。佐藤総理はびっくりしまして、佐藤総理の方も議長に処理を預けたというような感じでいたわけですから、「それはぜひとも通して頂かないと困る、これは何としてでも通してほしい」「それじゃ協力してくれないと困るよ」というわけです。「分かりました」と佐藤総理は答えました。

その電話があった直後に、当時、田中角栄さんが幹事長でした、田中さんが幹事長室から議長室にすっ飛んできました。私はそれを蓮実さんから後で聞いたんですけれども、田中角栄も何を言われるか分かっているわけです。来るや否や、蓮実さんの話ですけれども、ひざに手が届くくらい最敬礼しまして、「議長、御苦労さまです、御面倒をおかけします」と大声で田中角栄さんが言ったんだそうです。そうしましたら、船田さんが、「何を考えているんだ、やる気があるのかどうか」と怒鳴りつけたというんです。それで、「分かりました」といって田中角栄さんはすっ飛んで帰った。

それからほどなく佐藤栄作首相が登院しまして、議長室にやってきました。それで形勢は一変するんですよ。総理大臣が議長室を訪ねて日韓案件の成立について議事進行を依頼した、お願いしますというふうに総理が頭を下げた。総理の動きになりますと、新聞記者団がわあっとついて歩いていますから、そういう情報はたちまち伝わるわけです。その一事で自民党内の大勢は全部船田議長支援に向かうわけです。私、それを見て、政治というのはこんなふうにして動いていくんだなということを実感しました。

それで、やはり政務秘書というのはこういうときに大変な働きをするんだなと認識を新たにしました。蓮実さんは、その後、議員にもなって、もう引退しましたけれども、この人が、その時点で議長に総理の自宅へ電話をかけさせるように助言をした働きといいましょうか、秘書としての動きというのは見事だったと思います。そういうときに言われたことだけしてぼんやりしているというんじゃ話にならぬわけですよ。そのときに、自治省から来ていた大橋和夫氏[22]が、事務局から出ていた議長秘書でしたけれども、役人は悲しいかな、そういうことになるとまるっきり鼻がきかないんですよ、私も含めて。茫然とそういう事態の進行を眺めて、感心しているだけでした。

奈良岡　当時、議長はまだ党籍離脱をしていないですね。

今野　そうでしたか。

奈良岡　前尾議長からだと思いますけれども[23]。副議長も自民党が持っていて、正副議長、両方独占しているんですね。

今野　そうです。

奈良岡　その後と比べると、露骨にといいますか、与党サイドと連携して議事進行をするという感じはやはりあったんでしょうか。

今野　それはそうかもしれませんが、しかし、安保国会のときの清瀬一郎さんも党籍離脱はしたんですよ。ぎりぎりのときに党籍離脱はしたんですが、表向き党籍離脱はしても、そういう重大案件の成否という局面になりますと、議長もすっかり与党側について行動します。党籍離脱して中立だと言いますけれども、野党から出ている副議長の場合も、やはり非常に野党的に振る舞います。それはもう仕方のないことだと思います。イギリスの議会のように、本当に中立にいて、選挙のたびに対立候補も立てないで終身議長というふうな状態に置いてもらっているような議長でしたら別でしょうけれども、やはり正副議長の党籍離脱というのは、なかなかジェスチャーのような面があります。

それから、例えば益谷秀次さん(24)が、鈴木隆夫さんがついた最初の議長ですけれども、この人が非常に野党的に振る舞って、野党からも評判がよかったというのは、あのときはいわゆる保守合同の前で、益谷さんというのは吉田派の人でしたから、鳩山内閣に対していわば反主流派の立場の議長だったんです。議長になるときも、主流派から誰かが立ち、反主流派から益谷さんが立ち、しかも、益谷さんはそのときの社会党の票をとって当選している、そういう議長でした。

ですから、鳩山内閣の、鳩山執行部の方針に対して独自な判断を益谷さんが比較的自由にとれたのは、そういう政治背景が、党派的な中での派閥の背景というのがあってですから、それなりの力を背後に持っているわけですよ。ですから、船田さんのような、小派閥から、議員としてのキャリアが古いということで祭り上げられて議長になったような人たちというのはかなり大変です。特に、党籍離脱して中立だということを掲げてしまうと、いろいろ苦しい面が出てくるだろうと思います。

その日、船田議長は、本会議の直後に脱出しました。本会議の強行採決をやると野党がどやどやと抗議にやってくるんですよ。議長を責め立てる。ですから、議長は早々と逃がしちゃうんですけれども。そうすると、事務総長が傍にいて何だというわけで、今度はがんがん事務総長がやられるわけです。事務総長は逃げられませんから、それには耐えなきゃいけないんです。そういう騒動というのは、あの当時は幾度もありました。何かあると野党の議員たちが激高して事務総長室に詰めかけてきて総長を責め立てるんですが、総長としては仕方がないんです。辛抱してそういう攻撃に耐えなければならぬという役割があるわけです。

奈良岡　それでは、この日の久保田さんは余り乗り気ではなかった強行採決を認めて、終わった後で野党サイドから非常に責められたということですね。

今野　大分責められましたけれども、そのときに、私も知っていましたとか、私も承知の上でやりましたとか、あるいは私はあれには反対でしたとか、そんなことは一切言わないわけです。そんなことは何も言わないで、要するにただただ黙っているしかないんです。「御趣旨は議長によく伝えます」みたいなことを言って、それで終わらせるしかないんです。

実は、船田議長はその日のうちに青山の病院に入院してしまったんです。政治家はよくそういうことがありますね。何か矢面に立って追及されると、それをかわすために入院します。入院すると記者団も入ってこれませんし、野党ももちろん入ってこれませんし、安全地帯に逃げ込むわけです。そのときに、議事を主宰したのは船田議長でしたけれども、案を勧めたのは田中伊三次副議長ですから、田中伊三次さんが野党の攻撃を一手に引き受けて、その後、一カ月近くもありましたでしょうか、船田議長と事務局を擁護し続けてくれたんです。

この人は、野党の攻撃を面白がって、楽しんでいました。副議長室にいますと、野党側が抗議に来るわけです。あの議事は何だ、あんな議事は無効だというふうにしてやってくるわけです。そうすると、議長応接室、議長サロンというのがありますが、大勢だからそっちへ行こうなんていって議長応接室に行きまして、久保田事務総長をそばに置いて、あと四、五〇人、社会党がやってきまして、わんわんわんわん、あれは何だ、歴史上ない暴挙だとかいって責め立てるんです。

そうすると、「君らよく聞け、この間議長がやった議事には、実を言うと問題点が七つあるんだ、君らはさっきから二つか三つしかそれについて言わない、実はそのほかにも法律上の問題は多々ある、少し勉強してきなさい」なんて、煙に巻いちゃうんです。それで楽しんじゃう。

実際は七つなんかありゃしないんです（笑）。ありはしないんですが、喧嘩の作法というのを心得ているんです。これまた私勉強しました。何十人相手になろうと度胸を据えて。とにかく、みんな同僚議員ですから、自分より地位の高い人というのはいないわけだし、選挙民であるわけはないんだし、自分の選挙の当落とも関係ないですし、そうなったら古手の議員というのはやはり大変なものですよ。相当したたかなものです。田中伊三次さんの喧嘩ぶりには感嘆しました。

それで、久保田さんを指さしまして、「この男は何にも知らずにあそこへ行っておるんだよ」といって弁護してくれるんです。「議長と私とで考えたことで、この男には何にも言っておらぬのだよ、だから事務局を責めたってしようがないよ」なんて言いまして、かばってくれました。

◆正副議長の辞任

今野　しかし結局は、一カ月後ぐらいでしたか、事態収拾のために議長、副議長は辞表を出すわけです。実はそのときに久保田さんも辞表を出しました。久保田さんは欲のない人だったものですから、本当にそのときに、それで辞めたらそれでもいいんだというつもりで辞表を出したんです。本当だったら、船田中さんも田中伊三次さんも事務局に責めを負わせる気はなかったんですから、辞表なんか受理しなくたって突っ返してくれればよかったと思うんですけれども、一たんはどうも船田議長は受理したようです。

しかし、実際、その後、事務局に責任はないんだということで、正副議長さえ辞職すれば一たん野党の追及も矛をおさめるということになりまして、それで、次の五一回国会の召集日、昭和四〇（一九六五）年一二月二〇日の本会議で正副議長の辞職が許可されまして、後任に、山口喜久一郎さんが議長、園田直さん(25)が副議長、そういう陣容が新しくできました。ですから、事務局はおとがめなしで、そのまま継続されました。

写真〔次ページ〕はその日の風景ですが、本会議場の一番後ろ側の席は大体秘書が座るんです。これは、第五一回国会の召集日で、船田議長と田中伊三次副議長の辞職が許可されるというものですから、ここで私たち秘書グループも議事をちょっと見守ろうということで入ったんです。一番左側の眼鏡の人が自治省から来ていた大橋和夫氏です。その隣が今話しました船田中さんの子飼いの秘書で蓮実進という人です。右から二人目が副議長の秘書をやっていた多田俊幸という、僕よりも二つぐらい若いと思います。昭和五（一九三〇）年生まれじゃないかな。

奈良岡　記録部長をやっている。

今野　ええ。一番右が私です。珍しく秘書グループがちょっと勢ぞろいした写真なものですから。ちょうど議長、副議長がやめるというときの議事だったものですから、別に頼んだわけではないんですけれども、カメラマンが遠くから撮って持ってきてくれたのがありましたので、持ってきました。

赤坂　場所はどこでしょうか。

今野　本会議場です。その前が大臣席なんです。向かって右側の一番隅っこの方の位置。

赤坂　向かって左側は事務局の幹部の席ですね。

今野　そうです。次ページの写真は、それから一年ほどして解散になった後の特別国会の召集日、久保田さんが議長席に着いている写真です。

特別国会の召集日は事務総長が議事を主宰するということになっていますから、この日だけは事務総長が議長席に着くわけです。知野さんだとか幹部は左側にいるわけです。ここで、座っている人間の左端から二人目が、泉清というそのときの議事部長で、その次にいる坊主頭の細面の人が堺谷さんです。

赤坂　議事課員がここに並んでいるわけですね。

今野　ええ、そうです。しかし、議事課長がいないな。堺谷さんが二番手で、堺谷さんは課長になっていませんからね。これはどういうことだったんでしょうか、ちょっと……。

奈良岡　このとき、四二（一九六七）年の二月は、議事部長事務取扱が知野さん、泉さんはまだ部長になっていません。

今野　なるほど。内藤さんがやめた後、そういうことになっていたんですね。内藤さんがやめて、また知野さんが一時期議事部長を兼ねていたという時期がありましたから。

奈良岡　泉さんは、議事部副部長で議事課長事務取扱。

今野　そういうときですね。ですから、副部長で議事課長をやっていたわけですね。片っ方、事務次長・議事部長事務取扱は左側にいた〔なお、右側の左端の人物が誰かは、隠れてよく見えない〕。それで、この一番右の後ろに、私と高鹿君というのが二人、ここに座っているんです。

奈良岡　今野さんが二番目ですね。

今野　ええ、私が二番目です。つまり、前ページの写真はこの席のアップなんです。

赤坂　そうか、ここは机がないんですね。

今野　机はない。前は閣僚の席がありまして、大臣が座ります。これは議長、副議長の選挙ですから、議員はみんな議席の方にいます。この日は内閣は総辞職していますから、閣僚はいないわけですね。

大体、事務総長も四年ぐらいやっていますと、間に一度だけこういうことは経験させられるんです。山﨑さんは二回ぐらいやったんじゃないかと思います。三回やる人も中にはいますけれども。鈴木さんも、議長席に着いて正副議長の選挙を主宰したというのは一回しかないんじゃないかと思います。

今野　日韓国会は私にとっては忘れられない国会です。安保のときは何せ鈴木さんの言うとおりに動いていればいいようなものでしたけれども、このときになりますと、やはりそれなりに、おまえは長くいたんだからそのくらいのことは知っているだろうと言われるような立場にありましたから、かなり真剣になってやりました。後で笑い話に、「もしも野党の言うとおりにこの日韓条約で戦争になったら、僕らもC級戦犯ぐらいには問われるな」などと言って笑いましたけれども。その程度の働きはさせられました。

奈良岡　秘書グループとおっしゃいましたけれども、この横のつながりというのも面白いですね。

今野　騒ぎがないと別にどうということはないんですけれども、このときは、四人が四人とも、きっと忘れられない思い出があると思います。大橋さんはもう亡くなりましたけれども。

奈良岡　皆さん、自分のボスの意を体して情報収集したり情勢を伝えたりするわけですね。

今野　ええ。やはり事務総長も、今日は議長はどうしているのか、どこにいるのか、副議長は何をしているかというようなことを、ふだんはそんなことは何も必要じゃありませんけれども、いろいろとそういうことを把握する必要がありますから、この四人のグループというのは結構連絡し合っていました。

奈良岡　田中副議長がやめられて園田さんが副議長になられて、園田副議長の秘書になったのが平野貞夫さん。

今野　そういうことです。平野氏が園田さんの秘書になったんです。

奈良岡　多田さんの後になったんですね。

今野　ええ、そうです。

◆国会正常化に向けた取り組み——知野氏の正常化試案

今野　日韓国会が終わった後に、大騒動の反省という意味もあって、次の山口喜久一郎さんの議長時代に国会正常化ということがしきりに言われるようになるんです。たしか、議長を中心にして議運のメンバーを交えた議会制度協議会というのは、山口喜久一郎さんが議長になって間もなく、こうのべつ幕なし国会が荒れるようじゃ国民の信頼を失うから、もっと正常化の運営を定着できないかというふうなことで、与野党協議の場を作ろうという発想から、始まったものです。

議会制度協議会というのは、大体議長公邸で開かれていました。いつもお昼ごろ、正午から弁当を食べながら、議長、副議長、それから議院運営委員会の委員長と理事、共産党なんかがオブザーバーで入るということもあったかもしれませんけれども、そういうメンバー、それと事務総長、事務次長、委員部長ぐらいが入って、食事をしながらいろいろな協議をするということをやっていました。それも『議会制度百年史』の資料編の記録の中に入っていると思います。

そんなことがあって、あるとき、事務局も、国会正常化について何か案があったら出せという話が議運の理事会から出たわけです。それに基づいて、事務局の国会正常化試案というのが書かれました。

赤坂　これは知野さんが出したみたいですが……

今野　ええ。昭和四一（一九六六）年の三月一〇日に議会制度協議会の設置が決まっているんですが、それとほぼ同時に、この際、事務局も、何か正常化について意見があるなら、まとめて出してみたらどうだということを議運の理事会で言われまして、それで幹部が集まりまして、そう言われたから何か出さなきゃいかぬけれども、どうするかというふうに久保田さんが次長以下皆に話したときに、知野さんが、この際、言いたいことをみんな書いてやろうじゃないですか、そう言ったんです。それで、「じゃ、あなたが書いて」というふうな雰囲気になりまして、それで知野さんが書いたものです。『百年史』の資料編に載っているのは、ほとんど全文、知野さんが書いたもので、だれも手直しをしなかったんじゃないかと思います。

もちろん、事務局の案として出すわけですから、全部を、各部長が揃ってそれをよく精読して、意見がある者は意見を言って、直すべきところは直して出したということになっていますけれども、私、そのとき見ていた感じからいいますと、誰も、ここはこうじゃないですかとか、ここはもう少しつけ加えたらどうですかというような意見は差し挟まなかったような気がします。何か、その当時から知野さんの独走体制が出て来ていたような気がします。久保田さんも、別に、知野さんの書いたものに対してあれこれと注文をつけるような感じの関係ではありませんでしたから、それをそのまま事務局案として議運に提出したということです。知野さんが書いて出してくるのに一週間もかからなかったと思います。五、六日、まあ、一週間ぐらいでしたでしょうか。

あそこで知野さんが特定重要議案審議方式というようなことを提案していますが、知野さんは日頃からそういうことを言っていました。要するに、もめる案件を最初に重要案件として与野党合意でピックアップして決めてしまえ、それで雑多な案件はどんどん審議を進めていって、大きな問題だけ集中的に与野党で話し合う、そういう慣行を作ったらいいんじゃないのかというようなことを言っていました。

赤坂　日韓国会のときに、小粒の議案をたくさん出して、重要なものの審議にすら入れない、そういう問題が起きたからですね。

今野　そうですね。それと、あの頃から問題になっていたのは、いわゆる「吊るし」という言い方があります。ある党が、議案に対して趣旨説明の要求をつける。そうすると、とりあえず委員会には付託しないでおいて、その趣旨説明を聞いた後に付託をして委員会の審査に入る、という慣行が少し前からできていました。実際に委員会中心制の国会運営になってから、これは鈴木さんなんかが後でも言っていたんですけれども、趣旨説明要求というのは、そんなつもりで設けた制度じゃなかったんだ。つまり、戦前は、提出された議案はすべて本会議にまずかけて、趣旨説明をした後で、読会制度の中の第一読会の中で委員会に付託する、そして委員長の報告を受けた後で第二読会に入る[26]、そういう仕組みだったんです。

ですから、議員は、出てきた法案すべてについて、どんな法案が今国会には提出されているのかということを、本会議に出ていれば認識できたわけです。ところが、新しい国会法では、議案が提出された場合は、議長は直ちに所管の委員会に付託するという規定になっていまして、出たものは全部、まず委員会に行くわけです。そこで、議員の間から不満が出たんです。おれたちは、どこで何が、どんな法案がこの国会に出ているのか分からないじゃないか、付託された委員会の委員は分かるけれども、一般の議員は分からないということがありまして、戦前からいる議員たちのそういう不満を解消する対策として、昭和二三（一九四八）年の改正のときに、必要があるものは趣旨説明をすることができる、そういう規定が設けられたわけです。

ところが、これは衆議院と参議院とで解釈が違うんですけれども、鈴木隆夫さんは、付託した後でも趣旨説明を聞くことができるという解釈をしていました。とにかく、国会の、委員会中心制の基本原則は、まず委員会で審議するということだから、出てきたものはまず委員会に付託するというのが原則なんだ、しかし、その中身を知りたいと議員が言うのであれば、全体会議である本会議でその中身を説明するということは、これは案件の審議に当たらないから説明することはできる、こういう解釈を鈴木隆夫さんはとっていました。

しかし、説明を聞きますと質疑をしたくなるわけです。やはり、野党としては何やら議論をやりたくなるわけです。ですから、それじゃ質疑をさせてくれということになって、質疑も認めました。そうなると、それは審議じゃないか、それは明らかに、説明があり質疑があり答弁があるというのであれば、それは審議というふうに言えるんじゃないかということになりまして、衆議院は、その趣旨説明は審議じゃないと言っているけれども、参議院としては、それは審議と見ざるを得ないというふうな言い方がされるようになりました。

それで、その間の経緯から、衆議院は、鈴木さんの理論を変更したというわけではないんですけれども、しかし、参議院側の方の説が一理あるものですから、趣旨説明の要求がついたものは付託を留保するということにしてしまったんです。これがだんだん範囲が広がってしまいまして、以前は、それこそ重要議案だけに限って趣旨説明の要求が出ていたのが、やたらとあれも聞きたいこれも聞きたい、本音は別に聞きたいわけでも何でもないんですけれども、聞きたいと言って、野党側が委員会の審議を停滞させるといいますか、ストップをかけるというふうな手段として趣旨説明要求をつけ始めたわけです。

たしか、知野さんの書いたものの中にもその点の指摘があったと思いますが、趣旨説明要求があったものについてもどんどん付託を進めて構わないようにする。本会議の趣旨説明は趣旨説明だけれども、委員会の審査として、それと関わりなく進行させるようにすべきじゃないかというのが、たしか知野さんの正常化試案の中にもあったと思います。しかし、それが野党のいわば一種の審議引き延ばしの抵抗の手段になってしまったものですから、この時点で、それを知野説のようにするわけにはいかなくなってしまっていました。それでずっと今まで来ているんです。あれは本当に考えなきゃいかぬことだと思います。

つまり、吊るしの問題というのは、国会の今の審査形態を非常に歪めているというか、非効率化していると思います。国対の方で順番をつけてしまうわけですから。大体、提出される法案の半分以上でしょう、毎国会、今国会に提出予定の法案はこうだという案件名が政府の方から出て来ます。そうすると、通常国会の場合は会期が長いですから、八〇件から多いときは百件ぐらい、提出予定法案というのが事前に知らされます。それに対して各党がみんな、これは趣旨説明を聞きたいというふうに、国会が始まってすぐに要求を出すわけです。それで、恐らく六割ぐらい趣旨説明要求がついてしまうんです。最近どうか分かりませんけれども、多分そうだと思います。それをつけると提出されてもすぐには付託できないわけです。

委員会の方は委員会の方で、付託された順序に従って委員会の審査を始めていくというふうな慣例を、これもいつの頃からか、そういうのが定着してしまったんです。それなものですから、各省の方で、提出する順序をいろいろと、委員会の都合を見ながら考えて調節し出したんです。以前は、各省が出したい法案は、準備ができ上がりますと、すぐ国会に提出手続をとって出す、そうすると委員会に付託される、付託された委員会は、付託の順序に拘らず、この法案の方を優先しようとか、これは後回しにしようと委員会が決定して、委員会の裁量で審査の順番を決めてやっていたんです。

ところが、この吊るしの問題ができてから後は、各委員会とも付託順序で順繰り順繰りに審議するということを言い出したものですから、付託させるための工作といいますか、ある種の準備作業というのが必要になって、内閣の方でも案はできているけれども、もっと先にやってもらいたいものが来週でき上がるから、それを先に提出して、それから先にやってもらう、これは後回しにするというふうな感じになりました。

それで、法案が提出されると、趣旨説明要求をどこかの政党がつけます。そうすると、付託できない、そういうのがたまります。たまってきた中で、じゃ、どれがもうそろそろ所管の委員会で審査させていいかということを委員会側と相談しながら考えて、そして小出しに付託していくわけです。その際は趣旨説明要求を取り下げるわけです。要求を撤回するから付託していいということになります。ですから、議運の理事会が、各委員会、全部の委員会の議案の審査順序を作っていくというふうなことになっているんです。もちろん、委員の中には、あれを早くやりたいから早くそういう措置をしてくれというふうに議運に働きかける人もいますけれども、じっとしていると、とにかく、議運の方のそういう与野党の駆け引きで、すっかり全部の委員会が左右されてしまう。

また、議運の決定というのが、議運の理事たちが非常に権威をもって決められるかというと、そうじゃなくて、国対協議というのがまた一つできてしまいましたから、与野党の国対委員の間であらかたそういうことのこなしはやってしまいまして、国対の指示を受けて議運の理事たちが理事会で、もうこの法案の趣旨説明要求は取り下げるとか、これはまだうちの党としては吊るしておく姿勢だとかということをやるようになってしまいまして、国対政治というのが、あらゆる面で今の両院の国会運営を支配してきているというふうなことになります。たしか、知野さんは、そういうことについても問題視して、正常化試案の中でも触れていたと思います。

しかし、その後、あれを見直して、その中の何を生かすか、何を捨てるかというふうな議論をしたことは事務局の中ではないと思います。出しっ放し、また、議運の理事会の方でも聞きっ放し。ですから、知野さんとしても、この際、言いたいことは全部言ってやろうなんて言って意気込んで書いていただけに、心残りはあっただろうと思います。ただその後、あれをもう一度検討してくれというふうなことで、議会制度協議会で提起して議論の対象にするというようなことまではやりませんでした。

それで、ちょっと日韓国会のことで、これもまた裏話ですけれども、日韓条約が難航の末成立したときに、自民党から、実は、久保田さんのところに金包みが届いたんです。私の経験からして、それまで、法律や条約の成立に関連して政党の方から事務局の幹部にそういう謝礼みたいなものが届けられるということはありませんでした。そんなことは聞いたことがない。

それで、どういう形か分かりませんけれども、久保田さんのところに百万円、お金が届いたんです。その当時、倉石忠雄さんという人が国会対策委員長でした。それで、久保田さんは、倉石さんの議員会館の部屋へ持っていきまして、こういうものは頂けませんというふうに突き返したんです。それは私、久保田さんから聞きました。「自民党がおれに百万円持ってきた、おれたちは何も金で使われているんじゃないんだと言って、おれは返してきたよ」、久保田さんがそう言っていました。

つまり、その頃からお金が動き出しているんです。それはやはり、田中角栄さんの金脈というものと非常に関連してくると思いますけれども、田中さんも幹事長として活躍している過程で、随分そういう手段で、お金を使い出していたようです。それまではそんなことはなかったと思います。ですから、日韓国会の頃、昭和四〇年前後から、政治家同士の動きの中ではもちろん、役人に対してもお金を使うというふうな慣行が始まっていたように思います。

奈良岡　それは日韓条約が成立した後ですか。

今野　後です。会期が終わると私たちにも、自民党の国対から秘書室にはビール一ダースとかウイスキーのボトルだとかというものを持ってくることはあるんですけれども、そういうものはもらっていました。

それから、例えば議事部の議案課だとか、議事課もそうだろうと思いますが、結構自民党からはお酒の差し入れというのがありました。でも、それは余り気にしないでもらって、みんなで集まって、会期終了日などに打ち上げの一杯会なんかをやっていました。ただ、現金を持ってきたという話を聞いたのは、後にも先にも、その時だけです。

◆久保田総長の退職

今野 久保田さんは昭和四二（一九六七）年の第五五回国会の会期末に唐突に辞表を出しました。その少し前だったと思いますが、ある日の議運の理事会で、自民党の田中六助(27)という理事が、何かの問題で事務局を非難したことがありました。何の話だったか覚えていないのですが、細かなことを言い立て、久保田総長の個人攻撃まで始めました。久保田さんは最初は弁解していましたが、やがて黙ってしまい、それでも田中六助がまだ言い立てているので、不意に立ち上がって部屋を出て行きました。知野次長もそれに続き、事務局の幹部は一斉に退席しました。事務局が議員たちに反抗の姿勢を見せたわけで、前例のないことでした。部長たちはどうなることかと緊張していましたが、久保田さんは部屋に戻って、割に涼しい顔をしていました。そんなに気に入らないなら、辞めてもいいよという感じでした。

暫くして、議運の委員長と田中理事が総長室に来て、何やら話して行きました。恐らく言葉が過ぎたと言って、陳謝したのだと思います。久保田さんの方も、少々大人気なかったと頭を下げたのでしょう。それで、理事会は再開されました。

久保田さんは、若い頃には暴れん坊だったという話を聞いていましたが、いざとなると喧嘩も辞さない人なんだなと感じました。山﨑さんならこういう場合は、ただただ黙って忍耐しているだけだったでしょうが、久保田さんの方が、性格的には短気でした。そんなこともあってか、もう辞めたいということで、もともと久保田さんは素封家の出だし、それから子供さんがいなくて夫婦二人暮らしだったものですから非常に恬淡な人でして、もうここでおれもくたびれたから辞めるというふうな感じで、さっさと辞めました。総長の在任期間は、二年八カ月でした。後は長年嘱望されていた知野さんという人がいたわけですし、久保田さんがあれこれ後の人事を心配しなくても、知野さんに任せればそれでいいというふうな感じだったと思います。二年八カ月というのはそれまでの感じからいうと早いんですけれども、さばさばした感じで久保田さんは辞めていきました。

これがやめた当日の久保田さんと秘書グループの写真です〔次ページを参照〕。久保田さんはまだ五十代でしたが、随分老けて見えますね。右端が高鹿君といって、ずっと久保田さんについていた人です。左端は川成君といいまして、兵学校の私の同期なんですけれども、委員部にいまして、このとき石井光次郎さんという議長の秘書をやっていました。

先にお話ししましたとおり、綾部健太郎さんが、山口喜久一郎さんが黒い霧事件でやめた後、短期間、ピンチヒッターで議長になって、そのときに彼がついたんです。ところが、一カ月足らずで解散になりまして、それで綾部さんは落選して、次に石井光次郎さんが議長になった。引き続いてこの人が石井さんの秘書もやっていたという時代です。彼だけが例外的に二代の議長に秘書としてついたということですけれども、そういう人物です。あとは、そのときの女子職員です。

ついでにちょっと久保田さんのことをお話ししますと、久保田さんは実は六〇歳で亡くなったんですが、次の写真〔次々ページを参照〕は、亡くなる年の一月に、久保田さんが満六〇歳を迎えたので、久保田さんを慕う連中が還暦のお祝い会を開いてちゃんちゃんこを着せたところなんです。昭和四二（一九六七）年に久保田さんが衆議院の事務総長をやめてから、このときは既に五年たっていました。当時、久保田さんは国会図書館長をやっていました。ですから、議事堂の近くにはいるわけですけれども、衆議院の職員の中で久保田さんを慕うグループが、久保田さんが還暦になるということでみんなお祝いをしようといって、こういう会を開いたんです。私も、短期間ですけれども、久保田さんに秘書として仕えたということでこの案内を受けまして同席したんですが、私、そのとき初めて久保田さんを慕う人がこんなにいたのかと思って、ちょっと驚きました。

その時のメンバーを見ますと、まず、久保田さんは衆議院に来たときに議案課長をやっているんですが、その議案課の連中がかなり多いんです。それから、秘書課長をやりましたから、当時の秘書課の連中もいます。同じ衆議院の同僚たちですから、皆顔馴染みですが、私は、本当にこのグループの中では何か借りてきた猫みたいな感じでした。このとき初めて、久保田さんにはこんなグループが、久保田さんを慕っていたのかというふうに認識して、ちょっと驚いたということです。

つまり、衆議院事務局の中で、実は、見えないところで久保田さんは非常に人気があったということをお話ししたいわけです。表向きの能力、手腕ということとは別に、人柄に惹かれていろいろと陰ながら久保田さんを支えていた人がいたんだなということです。久保田さんはバラ作りなどをやっていましたから、そのときに衆議院バラ会なんというのを作って、バラ作りも何人かその中に入っています。

ほかの事務総長では、やめて五年もたった後、みんなで還暦のお祝いを賑々しくやるというようなことは聞いたこともありませんし、私自身ちょっとびっくりした経験だったものですから、久保田さんの人柄を説明するために、こんな写真を持ってきてみました。役所の仕事とは直接関係ありません。ただ、この半年後ぐらいに亡くなってしまいました。

久保田さんは、実は大方の予想より早く辞めましたから知野さんがいろいろ気を使いまして、やめた後、地方財政審議会委員というのを紹介して地財の委員のポストにつけてあげていました。そこが久保田さんとしては気に入っていたんです。ところが、国会図書館の方で、鈴木隆夫さんの後に河野義克さんがなって、河野義克さん

が、大体四年でやめるところを、後の適任者がいないというので一年延びて、五年ぐらい続けていました。いよいよもうこの時期、河野さんもやめるということになったときに、参議院の方ではちょっと出しにくかったんだろうと思います。つまり、衆参両院の事務総長が交互に国会図書館長になるという何か暗黙のルールがもうできかかっていたものですから、河野さんの次は衆議院側から立てなきゃならぬ。そうなると知野さんになるんですけれども、知野さんはまだ、もうしばらく衆議院の運営にかかわってもらう必要があるということなんでしょう。地方財政審議委員になっている久保田さんをやめさせて国会図書館長にする、これは知野さんが議運の理事や何かに働きかけたわけです。

久保田さんは国会図書館長になりたくなかったんです。それははっきり自分でそう言っていました。どうしてかといいますと、国会図書館は衆参両院の監督下におかれて、何かある度に議運の委員会に呼び出されて、予算から何から、また、いろいろと不祥事があるとその弁解やら、そういうことでこづき回されるのはもうおれは嫌なんだ、何もそんな大臣待遇の職につきたいなんて思わないから、もうこのまま置いておいてくれればいいといって逃げたんですけれども、知野さんがどうしてもということで、しようがなしに図書館長になったんです。

図書館では、こういう人柄なのか、非常に評判がいいということでした。館長として、今までの人よりはいいというふうな評価でした。それは、鈴木隆夫さんなんかは厳しい、怖い人でしたし、河野義克さんだって非常に筋を立てる人でしたから、そういうのから見ると、久保田さんはソフトな感じを図書館の職員たちに与えたんじゃないかと思います。ところが、この年の夏に脳出血で倒れて、亡くなってしまいました。図書館では非常に惜しんでくれたという話です。

III

◆鈴木隆夫と知野虎雄の間柄

今野　それでは、次の事務総長の知野さんのことについてお話をしようと思います。知野虎雄さんは、私が衆議院事務局に入りましたとき、委員部長のもとで第一課長をやっていたものですから、私が入って早々からのおなじみだったわけです。そして、委員部に最初三年近くいた間、知野さんの部下でもあったわけで、毎日同じ部屋で仕事をさせられていました。知野さんとは、離れていても鈴木さんとの関係が非常に濃い人でしたから、何かにつけて私も懇意にして頂いていました。

久保田さんがやめて、知野さんが事務総長になりましたときに、山﨑さんのときも久保田さんのときも、自分は事務総長秘書から離れるんじゃないかというのを一応考えたんですが、知野さんの場合は、君、いてくれと言われる可能性の方が高いんじゃないかと思っていました。案の定、僕と君との仲じゃないか、やってくれよというようなことを言われまして、そのまま引き続き知野さんの事務総長秘書もやることになりました。知野さんには委員部長時代から長谷川英一郎という人がずっとついてきておりまして、その長谷川君と組んで、二人で事務総長秘書を勤めるということで始まりました。

知野さんの来歴をちょっと御説明しますと、和歌山県の串本町の出身です。知野さん自身の話だと、自分が生まれ育ったころの串本というのは陸の孤島みたいなものでして、名古屋の方へ出るのも大阪へ出るのも船便で行くというふうな時代だったそうです。子供のころは串本には電気さえもなくて、受験勉強はランプでやったということを言っていました。

それで、大阪外語に進学しました。串本の旧制中学を出て、そのころは専門学校だったんですが、大阪外語に入るんです。そして、支那語――中国語ですね――支那語科に入ったということです。外語も旧制高校と同じように三年で終わり、その段階で九州帝大を受けるんです。九州帝大の法学部に入って、高文にもパスして、たしか昭和一七（一九四二）年に内務省に入るんです。それで、例の海軍の短期現役に応募して、そこで採用になって、すぐに軍人になるわけです。優秀な人ばかり集まっていた中で一時期現地勤務をやって、そして昭和一九（一九四四）年に日本内地へ帰ってきて本省詰めになり、海軍省の軍務局というところに配置されました。

中山定義さんの『一海軍士官の回想』[28]という本があります。中山定義さんは、戦前、南米チリの駐在武官などをやって、昭和一七、八年頃、戦争が始まってから日本に帰ってきて、軍務局の軍務課員になっています。そこで、大臣の演説原稿や答弁原稿を書く役を任されたようです。知野さんはその下にいて、ちょうど今いろいろ話題になっている質問者の質問取りというような役割をやっていたということが書いてあります。

早くから中山さん自身が鈴木秘書課長のところへ出入りして、仲よくしていた。それで、知野さんの前任者の青山俊[29]という、これも主計の短期現役の人ですけれども、これは大蔵省出身で、戦後、大蔵省に戻りましたが、その人がやっていた仕事の後を継いで、知野さんが質問取りのような仕事をして、しきりに国会に出入りしていた。その関係で秘書課長だった鈴木さんのところへ足しげくやってきて、いろいろとつき合いができてきた、そういう関係です[30]。

著者の中山さん[31]は、〔後の〕海上自衛隊に入りまして、海上幕僚長にもなりましたし、艦隊司令長官のようなこともやってやめた人です。海上自衛隊ができる前にも、鈴木さんの所には時折やってきていました。海上自衛隊に入ってからは、忙しいのか、余り国会に顔を見せませんでしたけれども。

それで、終戦直後に占領軍が進駐して来る前のことですが、知野さんが鈴木秘書課長のところへ血相を変えてやってきたというんです。何事かと思うと、自分の上官たち、プロの海軍の軍人たちが、負けたということで、物資の横流しみたいな、何かそういう非常にけしからぬことをやり始めた。海軍省の地下室にある物資を勝手に持ち出すということがあったのかもしれませんが、要するに、上官たちが非常に醜い、けしからぬことをやっている。それで、腹が立って仕方がないから、ぶった切ってやろうと思うんだと、知野さんが息巻いて鈴木さんのところへ訴えに来たというんです。それで、鈴木さんは、中山中佐に電話をかけて、余りみっともないことが表に出ると海軍の名誉にかかわるから気をつけた方がいいよというようなことを注意して、そういう知野さんの抗議を海軍の上層部に橋渡ししたそうです。

思いますのに、知野さんを衆議院に招いたのは、東大出じゃない優秀なエリートだということも一つあるんですけれども、鈴木さんはそういう正義派が好きなんですよ。多分ほかの人たちはそんなことを言ってこなかったんだろうと思います。「知野君が唇をぶるぶる震わせながらおれに訴えるんだよ、だからおれは中山さんに言ってやったんだ」というようなことを言っていましたから、そういう一種の正義派的な性格というのも鈴木さんは気に入ったんじゃないかと思います。

その後、知野さんは内務省に帰って、熊本に赴任することになります。熊本に知野さんが出向くというときに、鈴木さんは東京駅まで見送りに行ったりしているんですよ。

そのときにまた一つ話がありまして、プラットホームを知野さんと並んで歩いていると、知野さんの足元でぺったんぺったんと変な音がする。見ると、破れ靴を履いていたというんです。それで、鈴木さんが、「君、そんな靴を履いて新しい職場に赴任するのはみっともないから、おれの靴とここで交換しよう」といって、鈴木さんの方がいい靴を履いていたんでしょう、「そうしたら足のサイズがたまたま一致したものだから、知野君はそれを履いて熊本へ行ったんだよ」というようなことを言っていました。鈴木さんにしてみると、そのころから知野さんに対して非常な好意を持って、そして、できれば彼を自分の部下につけたいという気持ちを持っていたんだと思います。

◆知野氏、衆議院へ

今野　その後、昭和二一（一九四六）年になって、知野さんの方も熊本のカタをつけて、衆議院の求めに応じてやってくるわけです。それで、来てからすぐに書記官にはなったものの、格別な仕事も与えられないで不満だったというようなことはちょっとお話ししましたけれども、その後、委員部の一課長になって鈴木さんとのコンビが始まって、順調に衆議院事務局の中でポストを得て活躍していくわけですが、もう私が入った頃は息が合ったコンビで、毎日のようにいろいろと国会のことを議論し合っているという間柄でした。

ちょっと思い出すのは、知野さんのほかにももう少し若手の人材を集めたいというふうな気持ちが、鈴木さんにもあったし、知野さんにもあったようです。それで、いろいろよその人に呼びかけて、来ないか、来ないかというふうなことをやっていました。知野さんも、海軍に行って、海軍で知り合った短期現役の自分より若いクラスの人たちに、何とか衆議院に来ないかというふうなことで声をかけているようでしたけれども、皆それぞれ、もとの古巣に帰って一応ポストにつくと、何か著しくそのポストに不満がなければ、衆議院の事務局に行ってみようなんという気は起こしてくれなくて、その関係では、知野さんに続いてやってきてくれるという人は誰もいませんでした。

赤坂　知野さんは、戦後、自分の非常に強い希望で衆議院に来たということでしょうか。

今野　それは、鈴木さんの説得が強かったからだと思います。知野さんと鈴木さんとの関係は既にかなり濃いものがあったんですけれども、熊本に赴任するときに靴を交換したというあたりは、まだ衆議院に来たいという気持ちはそんなに強くはなかったんじゃないかと思います。向こうへ行ってから、現地でどんなふうな仕事をしたのか聞いたことはありませんけれども、向こうの仕事だとか向こうの体制というのが余り意に染まないということがあったんじゃないでしょうか。それから、鈴木さんがしきりに手紙を書いて、衆議院に来いよ来いよと声をかけたんだと思います。熊本にいる間も逡巡したところはあったと思いますよ。衆議院に行こうか、それともこのまま内務省にいた方がいいのか。

鈴木さんは、内務省なんていずれ解体されると、どういう情報で知っていたのか知りませんけれども、あるいはGHQがそういう方向を早々と出していたのかはわかりませんが、「内務省はばらばらになってなくなっちゃうかもしれないんだから、それより憲法上、国会の方が俄然優位な組織になるんだから、国会に来いよ、国会に来いよといっておれは呼んだんだ」というふうに鈴木さんは言っていました。知野さんの方が次第に心を動かされてこちらに来たということだろうと思います。知野さんの熊本での体験というのは聞いたことがありません。

奈良岡　参議院の佐藤吉弘さんのお話を伺ったときに、佐藤さんは、戦後、佐賀県に赴任して、最初は内務省の身分だったんだけれども、地方が独立して、要するに県の職員になってしまって、とにかく中央に戻りたかった、戻るときに、参議院から来てくれという話になって、本当はそんなに気も進まなかったんだけれども、いわば中央に戻ってくるための手段というか足がかりとして国会に来たというようなことをおっしゃっていました(32)。

この時期はちょっと分かりませんけれども、知野さんも、もしかしたら熊本県の職員になっていたということかもしれませんね。

今野　そうかもしれません。和歌山県ならともかく、熊本と特に地縁があったわけじゃないですから、やはり熊本にいるよりは東京に出たいということで、来たのかもしれません。

奈良岡　まして、鈴木さんから声をかけて頂いたという事情がありましたから…。

◆鈴木氏の面倒見——馬術と海水浴と

今野　ええ。それで、鈴木さんは、知野さんがかわいくてしようがないというような感じでした。それは、私が聞いていてもそういうことは感じましたし、何かにつけて手とり足とり知野さんを育てていくというふうなことをしていました。ただの上司と部下というような関係じゃなくて、何かというと知野君、知野君と言っていました。

それから、知野さんは、これは大分後になってからですけれども、乗馬をやるんです。これはいつだったか忘れましたけれども、オリンピックの選考会があったときに、一〇番目ぐらいに入ったんです。馬場馬術というものを始めまして、それにかなりのめり込んでいました。それを、鈴木さんはやめろやめろと言うんです。おっこちて蹴飛ばされて怪我でもしたら大変だから、馬術はやめろとしきりに言っていましたけれども、知野さんはやめませんでした。また、田中角栄さんが、あの人は本来、博労〔馬商人〕の子供だとかというようなことを言われていますね。それでやはり馬術をやるんです。馬術は皇宮警察が馬を持っている関係で、宮内庁に馬術クラブがありまして、そこへ行ってやるんです。だから、田中角栄さんと知野さんは馬術クラブの仲間で、一時期懇意にしていたということがありました。

馬に乗るなということもそうですし、それから、これも後で聞いた話ですけれども、葉山に衆議院の寮(33)がありまして、この間ちょっとここで話題にしたら、手放すことになったとかと言っていましたけれども(34)、その寮に、夏には職員が休暇をとっては海水浴に行くんです。鈴木さんが事務総長時代に、知野さんが庶務部長で、海水浴に行っていた時のことです。私、この話をその当時、寮に詰めていた職員から聞いたんですが、総長から知野さんあてに電報が届いたそうです。これは何か急用かもしれないと思って、海に出ている知野さんのところへその電報を持っていった。知野さんは陸に上がっていたものだから、知野さんに、総長からの電報ですといって渡したんだそうです。知野さんがぱっと開いて見て、苦笑いしながら、はいと言ってその電報を見せてくれた。そうしたら、今日は波が荒いようだから海に入るな、そういう電報だったというんです。

天気予報を聞いて、そういうことまで心配して知野さんの健康を気遣うような、そういう間柄でした、鈴木さんの方は。言われている方はどんなふうに思っていたか分かりませんけれども、とにかく鈴木さんの知野さんに対するかわいがりようというのはそんなふうでした。

◆官僚の十傑

今野　それで思い出すんですが、知野さんが順当に出世の階段を上がって事務次長になった頃、昭和四〇（一九六五）年頃ですけれども、『文藝春秋』が、「官僚の十傑」というのを特集したことがありました。主要な新聞の政治部記者たちあたりに投票させまして、そのときの官僚の中で誰が有能な人材と言えるかという、ベストテン選びみたいなのをやったことがあるんです。これは古い『文藝春秋』に残っていると思いますが、たしか昭和四〇年、知野さんが事務次長のときです。

一位が下田武三[35]といいまして、当時の外務次官でした。駐米大使をやったり、その後、最高裁の判事になったりしました。二番目が佐藤一郎[36]という人でして、これはやはり大蔵省の事務次官でした。この人は、やめて衆議院議員になって、当選一回ぐらいなのに経済企画庁長官なんかをやった人です。非常に有能な人だと言われていました。それから、通産省に佐橋滋[37]という人がいまして、これまたちょっと異色な官僚だったと思います。たしかそんな人も名前が上がっていたと思うんです。

それで、知野さんは事務次長だったんですけれども、そのときに、ベストテンには入らなかったんですが、一一位だったんです。事務総長であればもう少し上にランクされたかもしれないんですけれども、まだ事務次長の段階で、久保田さんがいての話ですから。だから選ぶ方も遠慮したのかもしれません。だから、もしも知野さんが事務総長時代にそういう企画がなされたら、多分ベストファイブぐらいにはなっただろうと思うんですけれども、そんなふうにみんなから見られている人でした。

◆法規・先例に対する知野氏のスタンス——会派と議員との関係

今野　ただ、鈴木さんとはやはり大分考え方が違う人でした。

この間、私、鈴木さんのことを書いた文章の中で、衆議院事務局の議事運営の執務姿勢の中に二つ流れがあって、一つは法規を厳格に守る、それに対して、もう一つは、各党の話し合いの方を重視して、話し合いがまとまるなら ば法規の運用は緩めてもいいというふうな判断をとると書きましたけれども[38]、知野さんはどっちかというとその第二の方の考え方をとっている人でした。やはり知野さんあたりから、個々の議員の発言権だとか議案の提出権だとかという権利よりも、会派の動きというものを重要視するというふうにだんだん流れてきているんです。

その一つのあらわれとしまして、私の経験から申しますと、知野さんが事務次長時代に、社会党の山口シヅエさん[39]という女性の議員がいました。これは戦後すぐに、婦人参政権が実現したときからずっと当選してきた人で、東京の下町の方の山口自転車という自転車会社の娘さんだった人です。そういう事業経営者の家族ですから、どちらかといえば社会党というよりはむしろ自民党的な感覚の人だったんじゃないかと思いますけれども、選挙区の事情で社会党で出てきて、ずっと社会党でいた人です。

ところが、やはり何となく党内の空気とずれが出てきてしまいまして、昭和四二（一九六七）年の五月ですけれども、いじめられて追い出されるような感じだったと思いますが[40]、いたたまれなくなって社会党を離党するということがありました。そのときに、山口シヅエさんが社会党からの離党届を議長のところへ持ってきまして提出したんです。それで、議長も、ああそうかというので受け取って、それを議長秘書に渡して、議長秘書から私のところに、山口シヅエさんの離党届が廻って来ました。

ちょうどそこへ事務次長の知野さんがやってきたんです。事務総長は久保田さんだった。それで、私、「山口シヅエさんから離党届が出ました、議長が受け取られたそうです」、そういう報告を知野さんにしたんです。ところが、知野さんは、「離党届、そんなものは党から来るものだ、受け取ってはいかぬ、突っ返せ」、こう言うわけです。それで私怒られました。しかし、突っ返せといったって、本人が持ってきて議長が受け取ったものを、これは議長が受け取るのは間違いでしたからと返すというのもおかしな話です。

そのとき、私は変だなと思いました。そんなことはない、議員が離党届を議長に提出していけない、などということはないはずだと思いまして、私、そのときの『先例集』を開いて見たわけです。そうしましたら、会派の役員の届出と本人からの届出とが一致しない場合には、本人の届出によるということが、そのときの昭和三八（一九六三）年版の先例集には出ていました。だから、本人が離党届を出すというのは決しておかしなことではないし、むしろ、党が、いやまだ当人は社会党にいるんだと言った場合には、当人が出している以上は当人の申し出に従って処理するのが正しいというふうに先例にはなっているわけですから、知野次長の考えには納得できないなと思いました。

それで、私はそのとき、その離党届を担当のところへ持っていきまして、こういうわけでこの離党届を僕は受け取っているんだけれども、知野さんからは突っ返せと言われた、しかし、先例集を見るとこう書いてある、だから、普通の受理と同じように手続をとってくれ、もしも知野さんから何か言われたら、『先例集』にこう書いてあるから、今野は受け取ってよこしたんだと言ってほしいと言って、その係の者に渡しました。

昭和三八（一九六三）年版の次の『先例集』は昭和五三（一九七八）年版ですが、そこでは本人からの届けがあった場合にはどうこうするというのは削られています。昭和五三年ごろというのは大分後ですし、知野さんはもうやめた後ですけれども、いずれにしても、会派からの所属の届けについては、この間に衆議院事務局の考え方が変わったわけです。試しに参議院の『先例録』を見てみましたら、参議院は初めから会派からの届け出を優先していまして、どういうわけか、衆議院のように本人からの届け出というのを受けていないようです。早い段階で、参議院の方の『先例録』には、議員の会派所属は会派からの届け出によるということで統一した書かれ方がされています。ですから、今は、衆参両院ともに会派の届けによっていると思うんですけれども、しかし、衆議院は、とにかく一時期こういうふうに、会派の届けについては、当人からの届けが優先するという考え方に立って処理していました。それを改めたわけです。

最近の会派の届けを見ながらも思うんですけれども、近頃は、やめる人間が離党届を当然のことながら党には出すわけです。そうすると、党の方は、いろいろ処分を考えるわけです。離党届を受け取っても、それは保留しておいて除名処分にするというような例が近頃多いようです。つまり、余り議員個人の自由意思に任せて出入りを正式に決めるというようなことをしないで、党が主導権を握って、その人間を党員として認めるか、それともクビにするか、そういうことを決めるんだというふうに、流れがそういうふうになってきていますね、事の処理が。

だから、私、そういうのを見て、ちょっとひっかかる感じがするのは、結社の自由というんでしょうか、自分はどこに所属するか、どこに所属しないかというようなことは、やはり本人の意思というのも尊重されてしかるべきなんじゃないのか。本人の意向はそっちのけにして、党の決定だけが最重要視されるというのはどうかなというような感じがしないでもないんです。でも、もう慣行としてはこういうことになってきている。つまり、知野さんの反応というのが、やはり会派からの届けだとか会派の意思を優先させるというふうに、日常の業務の上でそんなふうな感覚になってきていたんじゃないかなと思います。現に、そういう傾向がだんだん非常に強くなってきているわけですね。

赤坂　政党というのは、普通の結社とは違うとよく言われますね。普通の我々のサークルのようなものだと、任意につくるもので、公権力も行使しないわけですから、これは全く、構成は原則として任意である。他方、政治権力を握る可能性のある政党には公的な側面がありますから、それだけ自律的な決定権が制約される。お金の問題もそうですし、構成員の処遇をどうするかについても、全く自由奔放にはできないという考え方がありますね。今のお話は、それとはどういう関係に立つんでしょうか。

今野　いや、私も余り深く考えたことはないんですけれども、以前はどうして会派の届けと本人の届けとが一致しない場合は本人の届けを優先するというふうなことにしていたかというと、つまり、政党、会派の事務の組織というものが余り整備されていなかったということが一つあるんじゃないかと思うんです。

赤坂　扱いがどっちかよく分からない、そういうことでしょうか。

今野　そういうこともあって、本人から、もうおれはあの会派には属さないと言えば、そっちの方を優先して処理するということじゃなかったかと思います。

まあ、実際問題としまして、会派から離脱すると議席の位置なんかが変わってくるわけですね。それから、委員の割り当てもありますから、どこの委員になるかということも変わってきますし、議席の移動などは事務局だけでは決められない問題で、議運の理事たちが、今度はこの人間が出ていったからこっちにしてくれというようなことをやるわけで、全体としてやはり会派の動きにかかわってくるわけですから、会派中心にせざるを得ないという面はあるだろうとは思うんです。

ただ、山口シヅエさんの頃までは、会派を変更したときは、やはり当人がまず議長に届けるんだというふうな認識を持っていたわけです。そういう議員の個別の行動というのは、不必要になるというか、要らなくなるというか、否定されるというふうな方向になってきているわけです。事のよしあしはちょっと私は何とも言えませんけれども、そういうようなことがありました。

奈良岡　昔の形だと、党から除名される前に自分から離党することが可能だったわけですね。

今野　そういうことです。

◆返還前の沖縄代表の扱い

今野　別の問題ですが、知野さんが事務総長になってからのことで、非常に印象に残っていることがあります。それは、沖縄の返還問題が近づいてきまして、昭和四三（一九六八）年の暮れごろ、正しくは一二月一〇日のことです。第六〇回国会が開会中で、これは年表に載っているんですが、佐藤首相が両院議長に対して、沖縄代表の国政参加についての立法措置を書簡で要請したということがありました。

沖縄返還交渉というのがだんだん煮詰まってきまして、目の先に迫ってきたわけです。そして、沖縄の方では、早く自分たちの代表を国会議事堂に送り込んで、いろいろと沖縄の現状について訴えたり検討してもらう機会が欲しいという声が高まってきました。一方、各政党の方も、そこが日本の領土として返還されれば、すぐそこで自分たちの政党の支部をつくって、選挙運動を始めて、そこの代表を一人でも国会に確保しなきゃいけないということを考えるわけですから、一斉にそういう方向に向かって動き出すんです。

そういう事情を見て、総理大臣が両院議長に対して、これは国会のことだから、政府の方から法案を出すのではなく、議員の方でそういう制度を作って沖縄の代表を迎え入れるという格好をとってくれということだろうと思いますが、議員立法で措置してくれという書簡を、佐藤首相が両院議長に送ってよこしたという事実がありました。

それで、各党は、そういうことを受けて、では、内閣からの申し入れだから、法律を作って緊急にも沖縄代表を議員として迎え入れようと動き出しました。ところが、知野さんがそれに対してノーと言うわけです。知野さんの理屈は、日本国憲法の効力の届かない地域から選ばれた人たちを国会議員として迎え入れて国政に参加させるというのはおかしい、それは言ってみれば、外国に住んでいる人たちが選んだ人を日本の国会議員として迎え入れるということと同じじゃないか、やはり、きちんと日本に返還された後に代表というものは迎え入れるべきであって、事前にそういう人たちを迎え入れるのは憲法違反ではないかと私は思うから反対すると知野さんは言うわけです。

やはり、これはちょっとした出来事でした。それで、知野さんが、事前に各部長たち幹部を呼びまして、おれは今度のこういう動きに対して賛成できない。正式に日本人と言えない、まだ日本住民と言えない人間の代表を国会に迎え入れるというのは反対だと言って、それを各党に主張しようと思う、こう言うんです。その頃になると、知野さんは重要な方針でも独裁的に進める傾向がありましたから、みんな、拝聴するだけで、異議はありません。

それで、知野さんは、議運の委員長と理事たちをみんな事務総長室に呼んでこいと言うんです。事務総長室と議運の委員長室というのは隣合った部屋ですから、私は、ちょうど委員長と理事たちが集まっているところへ行きまして、大変恐縮ですけれども、事務総長が皆様にお越し頂きたいと言っておりますので御足労願いますと言ったんです。そうしたら、何だろうというわけで、ぞろぞろとみんな来ました。それで、委員長、理事がいたところでそれをぶったわけです。かなり度胸の要ることだったんじゃないかと思います。

しかし、各党は、もうみんな気持ちはやっているし、走り出しているわけです。支部をどこに置くとか、建物の確保だとかいろいろあるわけですけれども、各派それぞれいち早く動き出しているのに、だめだというわけですから、話が終わってから、議運の委員長と理事はみんな憮然とした顔をして出てきました。それで、事務局はかたいことを言うななんて、ぶつぶつ言いながら出ていきました。しかし、やはり、それは事務総長の言として一応考えざるを得ないだろうということですね。それで、知野さんは意気軒高としていました。

しかし、結局、これは負けました。負けたというか、これはやはり政治的な配慮が優先して、特別な立法措置が取られました。一年半ほど経ってからですけれども、議員立法で沖縄住民の国政参加特別措置法というのが成立しまして、衆議院に五人、参議院に二人という定員で沖縄で選挙が行われ、実際に沖縄返還がなされる少し前に、沖縄代表の国政参加というのが実現しました。そういうことがありまして、これはやはり知野さんの仕事ぶりを示すエピソードじゃないかと思います。

奈良岡　その場では引き下がったけれども、結局、上の政治判断としては知野さんの意向は通さなかったということですね。

今野　ええ。結局、内閣法制局が、それは違憲じゃないといったわけです。そういう立法がなされても違憲の法律とは言わないという判断を内閣側で固めたんだと思います。

衆議院の法制局がどう考えたかというのは、相談したのかどうか分かりませんけれども、余り関係させなかったんじゃないかという気がしますし、それから、私、どうして参議院の意向を聞かなかったのかなという気はするんです。それは衆議院だけの問題じゃありませんから、参議院の方とも協議して衆参両院の一致した考えとして言えば、また分かりません、ひっくり返らなかっただろうとは思いますけれども、知野さんだけが異を唱えたという感じでした。

奈良岡　先ほど、正義派という言葉がありましたけれども、知野さんというのは、自分でこれと思ったことを強く主張なさることがあった、そういうエピソードとしてとらえてよろしいでしょうか。

今野　そうですね。正義派というか、やはり、知野さんというのは、ある意味、強いリーダーでしたから、自分はこうだというふうに考えると、周辺の人間の意向を余り頓着しないでそれを断行するというんでしょうか、そういうタイプの人でした。この問題では現実に実施されてしまったわけですし、事務局の知野さんの説は負けたんですけれども。

しかし、私、この前、後輩たちに対する講演会のときにも言ったんです(41)。これで議員たちは、事務局は余計なことを言いやがる、うるさいことを言うんだなんて言って、悪口を言う人は誰もいなかった。むしろ、自分たちが主張すべきだと思うことは遠慮なく主張したという点で事務局の株は上がったんだというふうに、このエピソードを紹介して、自信を持って国会の法規の運用については当たるべきなんだ、そうする方が、結果はどうあれ、議員たちは信頼するんだということを後輩たちに言ったんです。知野さんはそういう人でした。

◆部長会議と案件会議

赤坂　先ほど、議運の委員長などに話す前に部長たちを集めてお話をしたということでした。総長のもとで「部長会議」というのが週一回ぐらい行われていて、そこが事務局の意思決定をする場所だったというふうに聞いたことがあるんですけれども、そういう場で総長が事務局の意思を固めて動いている、事務局の意思決定のあり方というのは部長会議が中心になって行われている、というふうに理解してよろしいですか。

今野　ええ。事務局の中の意思決定というのはそうです。それは事務総長が単独で決めるということも多々ありますけれども、しかし、やはり全体の問題であれば、当然、幹部たちの意向を聞いて確認した上で事務総長が断を下すというのが決まりです。決まりというか、そういう慣習ですね。特に部長会議というものが、何か法規上の定めがあるわけじゃないと思いますけれども、日常的にそういうふうにしています。ただ、近頃は余り頻繁には行われていないんじゃないかという気がするんです。

私、鈴木隆夫さんのことを話したときに、鈴木さんは、例えば安保国会のときなんか一日に何度も部長会議を招集して、混乱する国会、本会議に臨む部長たちに適切に指示もし、自分の考えも伝えていたということを前にお話ししたことがありましたけれども[42]、だんだん余りそういうことはなされなくなりました。特に山崎さん時代、久保田さん時代というのは、知野さんがいてくれると、あの人の判断に従っていれば間違いないみたいな感じがありまして、ですから、知野さんを加えた会議であれば、全部の人間を集めなくてもそれで済ましていくというようなことがありました。

赤坂　部長会議という形じゃなく、総長、次長、知野さん……

今野　そうそう、委員部長〔知野氏〕と。それが今依然として残っていまして、今も主要な議事が行われる会議であっても、総長と次長と委員部長と議事部長と、そのくらいで決めているんじゃないですか、議事運営のことは。

赤坂　それは大体いつ頃行われるんでしょう。案件会議というのがありますね。あれとの関係……

今野　案件会議というのは、山崎さんの頃から始まっていますが、案件会議で決める中身がだんだん膨らんできている面があると思うんです、その日の案件だけじゃなく。幹部を全員集めての部長会議は、余り頻繁に開いていないような感じがするんですけれども。

赤坂　案件会議と部長会議の関係というか、役割分担はどうなっているのでしょうか。

今野　案件会議というのは、議院運営委員会がある前日とか当日の開会前に、総長と次長と委員部長と議事部長が打ち合わせをするというのが案件会議です。

赤坂　庶務部長と秘書課長は出ますか。

今野　私の知っている限りは、庶務部長と秘書課長は案件会議には入らないと思います[43]。今はどうか分かりませんが、私のいた間のいわゆる案件会議というのには、庶務部長と秘書課長は入っていなかったです。つまり、四者会談なんです。総長、次長、委員部長、議事部長。六者じゃなかったように思います。

ただ、その後どうしているか分かりません。私は弥富さんのときまでですから、後の時代にどういうふうなことになったか分かりません。それに、仮に、庶務部長、秘書課長が加わりますと、かなり協議の対象が広がりますね。庶務部長と秘書課長というのは議事運営だけじゃありませんから、ほかの、予算の面だとか。秘書課長というのは、いろいろ、議長周辺の情報ということで渉外的な面も入ってくるでしょうし。

今はそういう六人でやっているわけですか、案件会議というのは。

赤坂　ええ、これはもう少し確認したいですが、私が調べた限りでは、案件会議は庶務部長と秘書課長も出席して行われるそうです。

以前、今野さんから、戦前は高等官が一体的に議論するものであったと、それが全部参事になった後の国会においても引き継がれて、それが今では案件会議という形にちょっと形を変えて続いているんだというお話をお伺いしましたけれども[44]、部長会議もいわばそういう性格を戦前から引き続いてなお持っている、そういう位置づけでよろしいんでしょうか。

今野　帝国議会時代からの書記官たちの集まりが戦後の時代も引き続いて部長会議という形で、実質的にそういうものが行われていたというのは、鈴木隆夫さん時代までなんです。鈴木隆夫さんは、多分、そういう書記官たちの集まりの会合というようなものが念頭にあったものですから、そして、部長たちを見るのも、旧書記官的な役割をお前たちは担っているんだという認識でいたものですから、何かにつけて部長全員を集めて部長会議を開いて、殊に会議の運営に関係することについては、部長たちの意見を聴取したし、自分の意思もまた伝達する、そういうことを鈴木さんは頻繁にやっていたということをお話ししたんです。

ところが、鈴木さんから後、山﨑さんになって、当初はそういうふうなこともやっていたような気もしますけれども、しかし、だんだん、全員を集めることはない、国会の議事運営で重要なことは、総長と次長と委員部長と議事部長、四人の意思、考え方が一致していれば、それで当面は片づくというふうな傾向が強くなってきまして、次第に四者会談、四人の会談の方が頻繁に行われて、部長会議というのは余り行われなくなった。

では、部長会議というのはどういうときに行われるかといったら、やはり人事を決めるときです。誰それをどこに異動する、誰それがやめる、今度はこういう人間がやってくる、そういうことには全部長を呼んでやります。

今は毎年七月に大きな異動がありまして、定期昇給もそうですし、特別昇給というのも七月です。年一回なんです。ところが、これはいつ頃だったかはちょっと覚えていませんが、四半期ごとに人事の変更をやっていた時期がかなりありました。私、久保田さんの頃までは四半期ごとに人事の会議があったんじゃないかという気がします、三月の末、六月の末、九月の末、あと年末と。昇給なんかも年に四回、小刻みに。一人の人としては昇給は年一回なんですが、三カ月、三カ月に刻まれていて昇給時期が違っていたものですから、その都度、人事の会議をやっていた時期があります。

そういう意味では、そのたびに部長たちを全員集めるわけですから、割に部長会議があったわけです。特に鈴木さん時代までは、それに加えて、議院の運営についても頻繁に部長会議をやっていました。ですから、安保のときの大騒動の本会議なんかでも、本会議の開会ベルが鳴ると、この次どういうことが起きるのかというようなことを部長たちは一応認識して議場に入れたんです。

ところが、久保田さんの頃からだったかもしれません、管理部長だとか警務部長だとか記録部長だとかというのは、本会議には入らなきゃいけない、氏名点呼で名簿を読み上げたり、札取りもしなきゃいけないという役目はあるんですけれども、休憩があって、しばらくしてまたベルが鳴って本会議に行くというふうなことになって、この次何が行われるかというのが分からないで本会議場に入るということが珍しくなりました。私は秘書でいて、「今野君、今度何をやるんだよ、これから何をやるんだ」と聞かれて、私が部長たちに解説するというようなこともありました。つまり、そういうふうな時期は、鈴木さんのときよりはずっと、部長会議の意味合いというのが変わってきたといいますか……

赤坂　議事に関する部分はもう少し機動的な案件会議に大半が引き継がれて、主に人事面が部長会議という組織に残ったけれども、余り頻繁には開かれていない、そういうことですね。

今野　ええ。現在はどうか分かりません[45]。とにかく私も、やめてもう二〇年以上ですから。

だから、今の人がどういうふうなことを考えているか分かりませんが、私は、やめる前に、副議長秘書をやった多田俊幸という人なんかが記録部長をやっていましたから、あの人たちに、あなたが進言して、部長会議を頻繁に開くように言いなさいよ、記録部長でいて、何も知らないで議場に出ていくなんというのは心もとないし、そんなのはおかしいよなんて、私、そんな言い方までして、なじみである部長たちには口をきいたりしたことがありましたけれども、本当に余り行われなくなっていました。

やはり、そういうことを頻繁にやっているのとやっていないのとでは、何か違ってくるんです。決定的なときに違ってくるんですよ。部長会議は情報交換、知識伝達の場でもあるわけですから、本会議に直接関係しないような部の部長でも、議場で仕事をさせる以上は、色々と予備知識を与えておくべきだと私は思います。

赤坂　鈴木さんの時代には案件会議という名前の会議はなかったんですか。

今野　そういうことはなかったです。

赤坂　それでは、四者会談というのが案件会議として独立していったわけですね。

今野　鈴木さんのときは、事務次長が来たり、委員部長が来たり、議事部長が来たり、いろいろと話をしたりしていました。しかし、特に定期的に案件会議というようなものをやっているということはなかったです。委員部長は議運の委員会のことで事務総長に報告に来て指示を受けるし、議事部長は議事部長で、事務総長に同じように報告に来て指示を受けるというようなことをやっていましたけれども、定期的に総長と次長と委員部長と議事部長が四人揃って、今日の案件について打ち合わせをするということはやっていませんでした。

人によって大分変わりますし、それから、よしあしはともかくとして、四人ぐらいに絞られてきたというのは、知野さんが一人入っていれば、あとの人の意見はいいよというような感じになった節があるんです。

奈良岡　鈴木さんの時代は、鈴木さんが絶対的なリーダーで、みんなを集めて、チームとしてやっていこう、みんなついてこいと。その後の人たちは、知野さんに頼って少数で決めていく。そういう感じなんですね。

今野　そういう傾向が強かったです。

奈良岡　知野委員部長のときからということですね。

今野　そうです。大体そういう傾向が強くなりました。

奈良岡　知野さんが委員部長になったのが昭和三五（一九六〇）年です。鈴木さんがやめてすぐですね。

今野　鈴木さんが国会図書館長になってからだと思うんですが、私、聞いたんですけれども、図書館では、閣議のようなものを館議と称しまして、幹部だけの会議、館長、副館長、あといろいろな部長たちを集めて、定期的に、毎週月曜日の一〇時とか、館議というのをやるということを言っていました。

私、それを聞きまして、それはいいなと思って、そういうことも含めて、衆議院の事務局も定期的な部長会議を開くべきではないか。余りにもそういう案件会議的な、少数の議事運営の人たちだけの会議に偏っているよりは、部長会議をやった方がいいんじゃないかと思いました。参議院も何かそういう定例会議を金曜日とかにやっているというようなことを聞きましたけれども、衆議院は今どうか分かりません。もしそういうことをやっているなら、それはそれで結構だと思うんです。

特に私が何でそういうことを言うかというと、私が事務総長秘書を外れる頃は、そういう部長会議の頻度が減ってきまして、本会議をやるときに、何をやるか教えてくれよと部長が私に聞くということが珍しくなっていました。その傾向が多分その後も一〇年ぐらいはずっとあったように私は見えました。ですから、そんなふうに割に気安く物の言える部長たちには、あなたたち、部長会議を開いておれたちにも話を聞かせてくれ、情報を与えてくれというようなことを言いなさいよといって勧めたことがありました。

◆健康保険法の特例法案をめぐって——知野氏の献策と正副議長の辞任

今野　それで、そういうふうに沖縄の国政参加のときの法案の扱いでは、知野さんが特に発言したということがありましたけれども、その後に非常に重要な事件がありました。

それは、昭和三五（一九六〇）年の安保条約の国会、それから昭和四〇（一九六五）年の日韓国会というのが非常に大騒動の国会でしたけれども、その後、知野さんの時代になりますと、健康保険法の改正、国鉄運賃法の改正、それから大学管理法案というのも、大変審議がもめました。つまり、自社対決、五五年体制の下で、公明党や、民社党や、共産党も出てきてはいるんですけれども、それら小会派もいろいろ入り乱れていまして、大きくは自社対決の時代で、大騒動が続きました。

そこで、これは昭和四三（一九六八）年の暮れに召集された第六一回国会ですけれども、健康保険法の特例法案というのがかかりまして、社会党と公明党が猛烈に抵抗したんです。当時、民社党と共産党も少数ながら出ていましたけれども、この人たちは割に審議に協力的でして、社会党と公明党が強く反対したんです。

昭和四四（一九六九）年の七月一〇日に、自民党が社会労働委員会で健保特例法案を強行採決します。翌日、本会議に上げようとしたんですけれども、野党が抵抗しまして、議長、副議長の不信任案を出す、続けて翌日には社労委員長の解任決議案、それから、担当大臣である厚生大臣に対する不信任案を出す、そういうことで抵抗しました。当時は、石井光次郎さん(46)が議長で、小平久雄さん(47)が副議長でした。

七月一二日は土曜日だったんですけれども、それでも延々と本会議を開きました。日曜日も本会議をやるということで人を集めましたが、その日は何も議決できませんでした。それで、日曜の晩から情勢が非常に緊迫しまして、七月一四日月曜日の夜明けまで、本会議を開いてようやく健保改正案を議題にして、いろいろな抵抗があった後、最終的に健保法案そのものの採決にたどりつきました。

ところが、社会党が演壇を占拠しまして、投票させないんです。自民党の議員たちが投票札を持って演壇の下に集まってきたんですけれども、社会党が投票箱のあたりを占拠してしまって、上に上がってこられないようにして妨害しました。そのときは、小平副議長が議長席に着いていまして、知野さんが事務総長席にいて、七月一四日の午前二時過ぎに始まった本会議が延々と、記名投票に入りながら一時間以上もみ合った状態が続いて動きがとれないということになりました。

三時三五分になりまして〔実際には散会が三時三四分〕、これはちょっと歴史的な一瞬なんですけれども、小平副議長が、そのときのせりふをはっきりここで再現しているわけじゃありませんが、言わんとしているところは、「社会党の諸君は、憲法の規定に基づいて記名投票を要求しておきながら、その記名投票を実力をもって妨害しているということは、みずからの要求をいわば否定することである、そういう状態が続いていると、憲法の規定に基づいて多数決で議決するという多数決原理が機能できないことになっていく、したがって、私は、この際、記名投票をここで打ち切って、起立採決に切りかえます」、そういう宣言をして、「賛成の諸君の起立を求めます」と言ったわけです。みんな突っ立って騒然と騒いでいるわけですから、野党も含めたみんなが起立しているようなものです。それで、「起立多数、よって本案は――これは修正だったかもしれない――委員長報告のとおり修正議決されました」と宣告をして、けりをつけるわけです。つまり、実力行使で投票を妨害していたのを切り捨てて、起立採決で結果を出したということです。

実は、これは知野さんがかねがね考えていたことだったんです。知野さんは、いつかこれをやろうと思っていたと私に言っていました。近頃の社会党の抵抗ぶりを見ていると、全く乱暴で、議会政党らしからぬ行動をとっているので、自分としては認めがたい、記名投票を要求しておいて記名投票をさせないというのは矛盾しているんだから、それを打ち切って起立採決に切りかえて、本会議を強行して議案を通そうと、いつかやろうと思っていたというんですよ。小平久雄さんは知野さんとウマが合う人で、話の合う人でした。石井光次郎さんは、総裁候補になっているような人で、言ってみれば高い人でしたけれども、小平さんは割に気さくな人で、知野さんとは事前によく打合せていたと思います。

それで、小平さんが議長席に着いているときに、知野さんが特別に用意した次第書きを読ませたのです。夜明けの三時半でした。それで、本日はこれにて散会いたしますと宣告して、さあっと帰ってきました。もう知野さんは、やったやったということですよ。野党も、普通はそういうことをやると、うわっと議長室や総長室に駆け込んで、がんがん猛抗議をやるんですけれども、そのときは、延々と本会議を続けていてもう皆くたびれ果てていたんだと思うんです。野党もみんなぞろぞろと帰っちゃいました。もう夜明けの三時半ですから。

幹部も総長室に集まりまして、知野さんは凱歌を上げまして、いつかやってやろうと思っていたが、やったやったといって祝杯を上げたんです。とにかく、多年、社会党のそういう横暴な、暴力的な抵抗に我慢を強いられてきたんだけれども、これで一発やって、今度はもう社会党も、これをやられたんじゃ割に合わないと思ってやらなくなるだろう、やったやったと。

御機嫌になりまして、朝、引き揚げたわけです。私も、役所の近く、赤坂新坂町の宿舎でしたから、その日は夜明けに帰って仮眠をとって、翌朝、九時半頃に出勤しました。すると様子が違うんです。何か変なんです。そうしましたら、長谷川英一郎君が、総長は議長公邸に行っていますよ、議長がやめると言っているんですよと言うんです。それは大変だと思いました。しばらくしたら、知野さんが渋い顔して帰ってきました。

実際に、議長、副議長は、混乱収拾のために辞意を表明するということを発表しました。私は、これは大変なことになったと思いました。事務総長が、こういう策で運営をなさい、これでいきましょうと言って勧めた案に従って処理した途端に、正副議長が腹を切るというのであれば、これは事務総長もただではおられない、これは大変だ、昨日は勝った勝ったみたいな感じで凱歌を上げていたのが、一転して、これは一体どうなるんだろうかと思いました。非常に心配しました。

しかし、混乱はそれ以上発展しませんで、結局、議長、副議長がやめまして、翌日の七月一五日に正式に正副議長が辞表を事務総長に提出して、一六日の本会議で、その正副議長の辞任が許可されて、新しく松田竹千代議長[48]と藤枝泉介副議長[49]が選出されたんです。社会党は、あの採決はけしからぬとは言いましたけれども、結局、そういう正副議長の交代によって抵抗の波は一応静まりまして、国会審議は正常化しました。

私、知野さんが一体これからどうするだろうかと思って、非常に心配もし、興味もあったんですけれども、結局、知野さんはそのときに辞表も出さなかったし、後のそういう議事の処理をしただけで、言ってみると開き直ったように平然としておりました。このときの知野さんの心境というのがどうだったかというのは分からないんです。私のそのときの感じでは、これは、鈴木さんだったら間違いなく、辞表を書いて自分の進退も一度与野党の検討に任せるということをやったんじゃないかなと思うんです。しかし、そういう動きはなくて、事はおさまりました。

ここで私が何をお話ししたいかといいますと、先生方もごらんになっていると思いますけれども、読売新聞社が出した『日本の国会』〔一九八八年〕という本がありますね。あの中で、山﨑さんに続いて知野さんの話が載っていますが、そのときの経緯というかそのときの感想が、知野さん自身の言葉で語られています。このときに知野さんは、この措置を、「議会史の中で例のないことだし、私も『首を賭けた』どころじゃなくて『これはやって大丈夫かな』と思ったのだが、散々理屈を考え、やったとたんに発表する文書まで考えてやった」云々と話しています。

これは非常に重要な証言じゃないかなと思います。それは何でかといいますと、憲法五七条の三項で、「出席議員の五分の一以上の要求があれば、各議員の表決は、これを会議録に記載しなければならない。」という規定があるわけです。五分の一の名前を連署して社会党は記名投票を要求しています。ですから、これに従って本会議では記名投票をしなければいけない。つまり、この規定によって、投票の結果を、誰が賛成し誰が反対したというようなことを、会議録に記載する義務が生ずるわけです、このときの衆議院の本会議の議事を主宰した責任者には。それを打ち切ってしまったわけですから、憲法に違反するわけです。社会党は当然、憲法違反の行為であり暴挙である、義務違反だと言ったわけです。

これに対して知野さんが立てた理論というのは、その前の五六条の二項に、「両議院の議事は、この憲法に特別の定のある場合を除いては、出席議員の過半数でこれを決し、可否同数のときは、議長の決するところによる。」という規定があって、本会議の議事は過半数の意思の確認によって決するんだということがあります。つまり、五七条の三項と五六条を比較した場合に、五六条の方が優先するということなんです。五六条の過半数の原則の方が会議原則としては優先するんだと。

この五七条三項の規定は一つの手続規定なんだけれども、これを実際に要求しておきながら、その義務の履行ができないような状態に陥れている人たちは、いわば矛盾している行為をとっているわけなんだから、したがって、その行為を全面的に認めれば、五六条の過半数の原則というものが生かせない、過半数の原則を生かそうと思えば、みずから要求しておきながらそれを妨害している人たちの行為は否定されたってやむを得ないんだ、そういう論理に基づいて、議長は、記名投票の要求を斬り捨てて起立採決に切りかえて、多数の認定を果たしたんだ、これがこの健保国会のときの議事運営の理論だということです。

それを、ここで知野さんは自分の経験として思い出話の中に話をしています。つまり、事務総長が憲法解釈を決めているわけです。おれが憲法解釈をやって、おれの憲法解釈に従って議事を運営して、とにかく成功させた、おれは首をかけたどころじゃなくて、本当に大丈夫かなと思って真剣に考えたけれども、断行してやったんだということを知野さんは証言しているわけです。

◆事務総長の憲法解釈

今野　私は、これを事務総長の職責として、当り前のことをしたと思っていますが、最近の例を見ると、必ずしもそうではないようです。

平成二〇〔二〇〇八〕年の第一六九回国会でのことです。当時は自民党が衆議院で圧倒的多数を持っていました。衆議院で租税特別措置法案を可決して参議院に送った。ところが、参議院では、民主党側、野党側が多数なので、その審議は進まないで、逆に、その租税特別措置法案の一部を否定するような対案が参議院で可決されそうな形勢にあったわけです。それが可決されそうになったときに、衆議院の自民党が、参議院で野党提出の租税特別措置法案〔対案〕が可決されれば、衆議院で先に送っている政府案の租税特別措置法を参議院が否決するのと同様の効果を持つものと見られるから、その場合は租税特別措置法案を衆議院で再議決するぞというふうなことを言ったんです。

赤坂　少々乱暴ですね。

今野　そんなことはできるわけないんですけれども[50]、そういうことを言って、参議院側の野党の動きを牽制したわけです。それが問題になって、一体その解釈はどうなんだというふうに聞かれまして、駒崎〔義弘〕事務総長が衆議院の財務金融委員会に呼ばれていって質疑を受けました。その経緯については『議会政治研究』誌八六号で、原田一明さんが「衆議院の再議決と憲法五十九条」というのを書かれているんですけれども、ここで、駒崎事務総長の委員会での発言が紹介されています。

そこで駒崎氏がどういうことを言っているかといいますと、こういう憲法解釈は、今までどう扱うべきかということを議論されたことがないので、その取り扱いにつきましては私はお答えいたしかねます、こう言いまして、それで、「衆議院規則によりますと、規則の疑義というのは議長が決するということになっておりまして、これは衆議院規則の二五八条でございますが、『この規則の疑義は、議長がこれを決する。但し、議長は、議院に諮りこれを決することができる。』となっておりますので、そういう今までに事例のなかったことが実際に起きた場合には、議長が議運に諮問して御協議されるなり、各党間でまず御協議されるということになるんだろうと思います。」こういう答弁をしているんです。つまり、事務総長でありながら、憲法解釈は私は出せないと言っているわけです[51]。知野虎雄さんがみずから証言しているように、過去の衆議院の事務総長は、憲法解釈について独自の見解を出して、それを実際の運営に反映させて、そして国会審議を進行させていくという役割を堂々と演じていました。知野さんはそれを自分の体験談として話しているわけです。しかし、今の人たちは、そういう先輩の仕事をずっと受け継いできたはずなのに、それは答えられないと言っているのです。殊にこの問題は何ということのない憲法解釈です。何ということないと言ったらおかしいですけれども、自民党のいうような再議決などできるわけないんです。

実際の原案を衆議院で議決して参議院に送って、参議院がこの案を否決するなり、あるいは六〇日経過した後であれば、衆議院はそれを再議決することができるわけですけれども、この案は参議院に行ったまま別の案、野党案を参議院が可決して——つまり政府案を否定する意味にはなるでしょうけれども——衆議院に送ってくるという動きになったときに、衆議院側の自民党が、そんなことをしたら、その案によって、先に行ったのは否決されたのと同じようなものだから、政府案の方を衆議院で再議決して成立させるよ、こう言ったわけです。

それが妥当か妥当でないかということの見解を問われたときに、駒崎事務総長は、私は答えられないと言っているわけです。私はお答えできなくて、そして、衆議院規則の何条かによるとこういう条文になっていますから、それは議長で御判断になるなり各党で御協議頂くことになります、ということを言っているわけです。知野事務総長が、非常に混乱した国会の中で案件を議決させるために——それは衆議院の仕事を一つ貫徹させるためです——はっきりと憲法解釈を出して、そして、その憲法解釈にのっとって自分が正副議長に進言して、その議事をやってもらった。その結果、正副議長は腹を切ることになったんですけれども、私、知野さんのこの解釈というのは間違っていないと思います。

つまり、憲法五七条の三項によって記名投票を要求しながら、それを妨害してさせないという勢力に対して、どうしても何時間たっても議事が動かないときには、その要求を打ち切って五六条の多数決原理の方を優先させるという判断をして、衆議院の結論を導き出したという議事手続は、そういう情勢を前にしてとった手段としてやむを得なかったと私は思うんです。

知野さんは、とにかく凱歌を上げて帰ってきたんですが、一転してその翌日は、正副議長の辞任というふうな予想外の厄介なことに当面したわけです。しかし、知野さん自身は、おれの立てた憲法解釈も、おれのやった運営も間違いではなかった、国会運営を進めていく上で間違っていなかったという気持ちがあって、それであの人は辞表を出さなかったんだと思うんです。

議長も、この解釈は間違っていないんだということを断言して、記者会見で発表しています。新聞記事によりますと、「記名投票が憲法に由来するということのみに固執することは、他面、さらに重大な憲法の規定であり、また議会制民主主義の根幹である多数決原理を否認することとなる。実力行使による少数の支配は、民主主義憲法の本旨に違背する反逆行為である」という石井衆議院議長の声明です。昭和四四（一九六九）年七月一四日の朝日新聞夕刊の二面に掲載されているんですね。このときの声明は、知野さんが全部書いた文章だと思う。『日本の国会』に「私も文章を書いて臨んだ」と言っていますけれども、それですね。

◆鈴木隆夫氏の場合

今野　この知野さんのやり方も、私は、鈴木さんならまたちょっと違ったやり方をしたんじゃないかなという気がしています。それはどういうことかといいますと、憲法解釈というのはやはりとても大変なことです。一役人が、自分の職務に非常に密接に関係するとはいいながら、憲法の条文についてはっきりした見解を出して、それを議事運営の上に反映させていくというのは大変なことですね。そういうところへ持っていくためには、知野さんのやり方のように、抜き打ち的にばっさり切り捨て御免で実行するというんじゃなくて、私、これが鈴木隆夫だったら、多分、事前に野党にも憲法解釈を示すんじゃないかと思うんです。

あなた方はこういうことをやっているけれども、しかし、それは憲法違反だよ、憲法違反と言われても仕方がない行為になるんじゃないか、だから、どうしても、いつまでもそのことをあなた方はやっているんだったら、私はこういう手段を正副議長にとらせますよ、それで本会議を進めて、院の意思をとにかく決めていくということにしなければ、国会というのは機能しませんよ、あなたたちは、憲法に基づいて記名投票を要求しているんだったら記名投票を認めなくてはいけない、それを妨害して採決を一切させないというのは憲法五六条に違反しますよ、だから、こういうことでいきますよと、鈴木隆夫なら、事前に議運の理事会なりなんなりで提起したと私は思います。

それに対して、社会党が、もしも、そうか、そういうことなら仕方がないと言ったら、妨害はなくなるんです。どうせ、やったって、そのうち切りかえられちゃったら仕方がないと思って、実力妨害をやめるでしょう。そうすれば、議長、副議長だって順当に議事を進行できるわけだし、仮に、これを実行しても、事前に野党側にも通告して説明してあれば、議長、副議長はやめなくて済むんです。その点で、知野さんは配慮が足りなかったというふうに私は思います。

知野さんとしては、しかし、それを抜き打ち的にやらないと、事前に予告しておくともっと妨害が起きて、単に本会議の演壇占拠だけじゃなく、議長、副議長が議場に入るというところからもう妨害が始まってしまうと、また警官導入だとかそういうことが起きるかもしれない、だから、やはりこれは、現場の人間の判断として、抜き打ち的にやらなければ成功がおぼつかなかったから、おれは抜き打ち的にやった、知野さんはそう言うかもしれません。ただ、私、衆議院の事務総長の判断というのは憲法解釈にもかかわってくるし、それに基づいて非常に決断力を要求され、それを正副議長に進言することによって国会を動かしてきた、こういうことをお話ししたかったわけです。そして、それをやはりもっと後輩たちは学ばなければいけないと私は思うんです。

◆ 知野総長時代の末期

健保国会の続きでお話ししますと、このとき本会議で一つ騒ぎが起きました。

コピーをとってきたんですが(52)、実は、本会議の議長席にはそういう形の手で振るベルが置いてあるんです。衆議院規則二一八条に、「議長が号鈴を鳴らしたときは、何人も、沈黙しなければならない」という規定があります。ですから、言ってみると、規則に明記してある、議長が議事運営上使う小道具の一つです。ところが、それを鳴らしたことによってかえって議長が辞職に追い込まれたとか、あるいは、一般の議員が手を出したことによって懲罰騒ぎが起きたとか、過去に何かと騒ぎのタネになることがありました。そういうものですから、それが議長席に置いてあるということはみんな知っているんですけれども、さわっちゃいけないというふうな形になっているベルなんです。

健保国会で、徹夜が続いたり、何度も何度も休憩したりまた再開したりというふうな本会議が続いている間に、係の人間が議長席にそのベルを置くことをうっかり忘れてしまったということが、一度起きたんです。それで、社会党の議員たちが、記名投票を要求しながら演壇占拠してほかの党の投票を妨害するという挙に出て、演壇の上でわいわい騒いでいたときに、誰か一人がベルがないと気がついたんです。彼らは、党の方で、あのベルにさわっちゃいけない、どんな騒ぎが起きても、あのベルにさわったら懲罰になるからさわっちゃいけないよというようなことを言われて、承知して本会議へ来ているわけなんです。それがないのに気がついたものですから、本来そこにあるべき議長の権威のシンボルであるようなベルが置いていないというのは何だというわけで、騒ぎ始めました。

知野さんは事務総長席に着いていて、しまったと思ったんでしょうけれども、これは仕方がないということで、議長に、この際休憩してくださいというわけで、休憩にしてもらいました。休憩になると、それまでやっていた記名投票は全部御破算になってまたやり直しになるんですけれども[53]、とにかくそうでもしなきゃおさまらないというわけで、休憩しました。

休憩になりますと、議運の委員長室に各党の理事がすぐ集まりまして、次にどうするかということを協議します。それで、休憩になってすぐ事務総長がそっちの議運の委員長室に行ったものですから、私はついていきました。そうしましたら、議運の理事たちが集まっているところへ事務総長が入っていきまして、「いやいや申しわけありません、あれはとかく騒ぎの種になるベルなものですから、私が指示して置かせなかったんです、責任は私にありますから、どうか勘弁してください」、こう言ったんです。

野党の連中は、なぜ置いておかない、誰の責任だと言って、があがあ追及しようと思ってそこへ出てきているわけです。そうしたら、事務総長がやってきて、「あれは私が出すなと言って出させずにおいたんだから、命令したのは私なんだから責任は私にある、どうか勘弁してください」、こう言った途端に、抗議しようと思っていた野党の理事たちは言葉に詰まってしまいまして、もうそれ以上何も言えなくなってしまったんです。

事務総長が指示してそのベルを置かせずにおいたなどということは、誰もそんなこと信用しはしないわけです。要するに、置くべき人間が忘れていたということは明らかなんですけれども、とっさに事務総長が、私が指示して置かせなかったんだから文句は私に言ってくださいと言った途端に、野党の抗議はぴたっとおさまってしまいました。私はそれを見て、やはりこの人はやるなと思いました。山﨑さんや久保田さんではなかなかこんなわけにはいかないな、これはやはり指揮官として冴えているなと思いました。

それで、野党もそれじゃしようがないというわけで、結局は、間もなく本会議再開になりました。これはやはり、議事課の係長クラスの人間がやる仕事ですし、それから議事課長、議事部長はそれぞれ責任があるわけですから、みんな、しまったと青くなっただろうと思うんですが、事務総長が一言そういうことを言って瞬時に片づけてくれたものですから、みんな胸をなでおろしたんだろうと思います。

つまり知野さんは、そういうふうに非常に決断力があるといいますか、事態収拾のために自分はどうすべきかというようなことを瞬時に判断して、ばしっと議員たちの騒ぎも抑え込んでしまうというふうな迫力がありました。だから、かばわれた部下たちはみんなやはり信頼するわけです。言ってみると救われたわけですから。ベルを置くのを忘れたのは誰だなどと、がたがた言われずに済んだわけで、そういう修羅場の対応としては、やはり知野さんというのはちょっとしたものだなというふうに私は思いました。

国会の幹部というのはそういうことがあるんです。何かにつけて、言ってみると与野党が衝突してけんか騒ぎみたいになったときに出ていって、その場をどう収拾するかというようなことを、とっさの判断で対応させられるということがありますから、相当の度胸がないと務まらないし、それから、人間としてのある種信頼感というようなものを与野党に与えていないとうまくいかないということがあると思います。そういう点で、やはり知野さんは部下から信頼されるだけのことをする人だなというふうに私は思いました。

◆「知野記念館」としての憲政記念館――川崎議員との確執

今野　それから、憲政記念館の設置についても、知野虎雄さんが大きな役割を果たしているんです。これも裏話ですけれども、憲政記念館というのは、一時期、知野記念館と言われるくらい、知野さんが力を入れてつくった記念館なんです。

『憲政記念館の十年』の中に「憲政記念館設立の経緯」という一文があって、館長の堀籠さんの名前で出ていますけれども、これは私が書いたんです。文章は私がまとめたものです。

憲政記念館の前に尾崎行雄記念会館というのがありまして、これが昭和三一（一九五六）年頃からでしょうか、尾崎咢堂が亡くなったのは昭和二九（一九五四）年なんですけれども、その後、尾崎行雄さんを記念して、何か尾崎さんの名前をつけた記念館を作ろうじゃないかという運動が、三重県出身の川崎秀二さん(54)などの発案で言い出されました。

当時の雰囲気を思い出すと、本当に、尾崎行雄に対するある種の尊敬の念というか尊崇の念というのは与野党を問わずありました。それで、大池さんもそうですし、西沢さんも鈴木さんもそうですし、みんな、尾崎咢堂という名を聞くと威儀を正すような感じの尊敬を尾崎さんは集めていました。最後に落選して亡くなったわけですけれども、亡くなったときに衆議院葬をやりましたし、川崎秀二さんが尾崎さんを記念する施設を作ろうと言ったときにも、与野党を問わず、それから事務局も、それは結構な企画だからというわけで、たちまちみんな衆議一決しまして、川崎さんの企てに賛成したわけです。

それで、当時の議長の益谷秀次さんが会長か何かになり、記念館の設立組織――尾崎行雄記念財団というのを作りました。とにかく、専ら川崎さんが中心になって計画を進めて、尾崎記念会館というのはでき上がっていくわけです。これは民主政治家を記念する建物だというわけで、全国の小中学生からも募金をしましたし、私たち国会職員も、一人三〇〇円ぐらいでしたか、とにかく全員募金に応じさせられました。議員ももちろん全員が拠出していま す。一億何千万円かかったわけですけれども、全部そういう浄財を集めて建てたというわけです。川崎さんが非常に活躍して力を入れてでき上がったものです。

そのときに、衆議院の用地の中に建物は建てる、でき上がった建物は、完成した段階で衆議院に寄贈するということが最初から約束されていました。つまり、国の用地の上に建った建物を民間が保有しているのは許されませんから、作ったものは衆議院の管轄にするというふうに最初から決められて発足したわけです。それで、尾崎記念財団は会館内の一室に入りまして、尾崎さんの遺品の陳列室も設けまして、あとは専ら会議施設みたいにするという計画でした。

実は、川崎秀二さんにはちょっとした目論見がありました。それは、この界隈に選挙区からバスでいろいろと国会参観の地元民を連れてきても、ゆっくりお昼を食べさせたりお茶を飲ませたりという施設がないんです。それで、そういう会議室みたいな割に大きな部屋を持った施設が国会の構内にあれば、議員たちみんなそれぞれそういう面で利用できるじゃないかという思惑も一つ、川崎さんの中にはあったんです。それは表向きには全然出てこない話であって、みんなただただ尾崎咢堂の業績を顕彰するという意味でいいことだというので作ったんです。その際、一切合財、とにかく浄財を集めて設計者に頼んでつくるというのは財団がやる仕事で、衆議院事務局はただ土地を提供しているだけ、タッチしていないわけです。ただ、でき上がったものは衆議院の施設になるということでした。

それが数年たってでき上がりまして、動き出したわけです。当然、衆議院の施設になったものですから、事務局でも、記念会館というのを庶務部の中の一つの課みたいな形にしまして、たしか六、七人だったと思いますけれども、事務室に人間を置いて、宿直なんかもさせるようになりまして、衆議院の施設として発足したんです。

ところが、川崎秀二さんが、もともとそれは自分が努力して作ったものなわけですから、どうしたって、最初に井戸を掘った人間としてのある種の権利といいましょうか、実際としておれが作ったということがありますから、尾崎記念会館の活用については専ら川崎秀二さんが取り仕切るといいましょうか、そういうふうなことになってきたわけです。役所としても何か特別の展示会、議会資料展示会というようなものを開いたこともあるにはありましたが、何せ川崎さんが専ら頻繁に尾崎記念会館を利用して使うというふうになってきたんです。

また、川崎さんも、企業やいろいろな団体から建築資金を集める際に、例えばNHKからも何がしかのお金を引き出すについて、NHKはまだたしかその当時、内幸町あたりのビルにいたと思うんですが、講堂はNHKが利用したいときは貸してやるというふうな内諾を与えて、お金をNHKから出させるというようなことを川崎さんはやっていたわけです。それは衆議院事務局の知らないことでした。

ところが、NHKとしては、そういう約束でお金を出しているわけですから、使わせてくれと言ってくるわけです。衆議院の事務局としては、そういうものには応じられません。国の施設ですから、使用基準みたいなものを作って、議院運営委員会の理事会の承認を得るとか、いろいろ手続を決めているものですから、該当しないものは貸せない。そうすると、川崎さんは困るわけです。それで、川崎さんは、「そんなかたいことを言わないで、ちょっとだから貸してやってくれ」というようなことを言ってくる。そういうことが何度か重なりまして、それで知野さんと川崎秀二さんとの間が少々ぎこちなくなってきたわけなんです。

昭和四五（一九七〇）年に議会開設八〇周年を迎えるときに、知野さんは事務総長になっていました。それで、知野さんは尾崎行雄記念会館という名前の施設をなくしてしまおうと思ったわけです。尾崎行雄記念会館というものがある限り、川崎さんとのかかわり合いというのを消すわけにいきません。川崎さんは尾崎記念財団の役員も何かやっていたわけですから。財団は今でも憲政記念館の中に事務所を置いています。

昭和三五（一九六〇）年の議会開設七〇周年の時は『議会制度七十年史』を作りましたから、昭和四五（一九七〇）年の議会開設八〇周年の記念行事としてあそこに憲政記念館を建てる、そして尾崎記念会館を吸収合併して、尾崎会館という名前は消してしまう。ただし、尾崎さんの偉績、遺徳をしのぶためにそれなりの施設は置いておくけれども、本体は憲政記念館というものにしてしまおうと考えたわけです。

知野さんがイメージしたのは、衆議院で二五年在職した議員たちは表彰されて、肖像画が委員室に飾られています。その当時、あれがたまりにたまってきていまして、だんだん委員室の壁がなくなってきていました。それを新しく作った憲政記念館に展示すれば格好はつくだろうということで始めたのがあの憲政記念館です。ですから、もとをただせば、知野さんと川崎秀二さんのある種の確執があの建物をつくらせたんです。知野さんは、とにかく非常に熱心に、予算折衝させて、いろいろと段取りをつけさせて、いかにして尾崎記念会館という看板を外させるかということに執念を燃やしていました。みんなそれを知っているものですから、あれは知野記念館だ、知野記念館だと言うんですけれども、つまり、事の起こりはそういうことなんです。

これは、川崎秀二さんとしては面白くないことでした。自分が努力して作った尾崎記念会館という名の施設がなくなるということは面白くなかったわけで、予算の分科会でも、憲政記念館の設立目的は何かとか質問をしています[55]。知野事務総長を出席させて、予算の分科会で川崎秀二さんが知野さんを追及しています。知野さんは平気な顔をしまして、八〇年の記念行事としてふさわしいと思うから企画したんだと答弁していましたけれども、そういう経緯があってあそこにできたものです。

奈良岡　そうしますと、知野さんとしては、川崎さん以外の政治家をある程度味方につけておくといいますか、そういう工作などはされたんでしょうか。

今野　そういうことはなしに、つまり官僚の権力と予算です。要するに、こういうものを作りたいと議運の理事会で各党の了承をとって、あとは人手を借りないで知野さんがやったという感じです。

奈良岡　正面突破で、いいプランをつくって認めさせていったと。

今野　ええ。憲政記念館の中身をどうするかということでは、最初は明確なプランはありませんでした。こういうものを作って、こういうものが議会博物館的なもので意味があるだろうからやろうという発想で作られたものではありません。最初は、箱物だけを作るというふうな感じで、知野さんが企画したものです。尾崎記念会館をつくる時は、国会中に尾崎行雄に対する尊崇の念が溢れているような感じでしたが、それが僅かの間にすっかり薄れていたということも言えますね。知野さんの意見がスーと通って、川崎さんに味方する議員が誰もいなかったのですから。

記念館なるものを、一応、議会資料の展示館として作るという名目を立てて議運の理事会の了承を得たと思うんですけれども、資料といったって、二五年の表彰額や何かを並べればいいだろうというような感じでスタートしたんです。実際に予算をとって計画を進めていく段階で、同じような肖像画ばかりたくさん並べても仕方がないから、もう少し何とか気の利いたものにしなきゃならないと、それから実際に中身は詰めていったようなものです。

ですから、憲政記念館ができ上がって最初に配属された人間たちというのは物すごく苦労しているんですよ。もちろん、その準備は、竣工の一年ぐらい前から人員配置はつけられて、そして、スタートするときにどういう形でスタートするかということは早目に準備させられていましたけれども、みんなやはり大変だったと思います。こういう企画でこういうものを作るんだと、知野さん自身が格別の構想があって命令しているわけじゃないんですから。

一つだけ知野さんがいつまでもこだわっていたのが、尾崎記念会館を増築して憲政記念館と改称するという言い方は絶対にさせない、ということでした。どういう言い方をしたかというと、尾崎記念会館に隣接して憲政記念館というものを建てて、尾崎記念会館は憲政記念館に吸収合併した、というのが知野さんの理念でした。尾崎記念会館がベースで憲政記念館に拡張拡大整備されたというんじゃなくて、憲政記念館というものが衆議院事務局の企画でできて、それに隣接していた尾崎記念会館を吸収合併した、これがずっと今に至るまで憲政記念館が言い伝えている表現です。

役所の、役人のやる、ある種権力を利用して予算を獲得して、そして箱物を作っていくというときの何か一つの姿というか、これが典型だとは言いませんが、非常に特殊なものかもしれませんけれども、こういう形で施設ができ上がっていくということもあるということの一例です。

◆知野総長の「秘密主義」

赤坂　知野総長時代のその他のエピソード、何かお話し残しておられることがありましたらお願いします。

今野　知野さんは非常に有能な人で俊敏なリーダーだったんですけれども、非常に秘密主義でした。

鈴木隆夫さんは非常にオープンな人でして、鈴木隆夫について書いた文書でも紹介しましたけれども、衆議院に入った頃からいろいろと原稿を書いて、そして議会改革論攷みたいなものを、外部に発表する発表しないは別として、できれば発表したいという考えで書き続けてきて、そしてもちろん書記官長や他の書記官にも見せたんだろうと思いますけれども、常に発信する人だったわけです。やはり、議会というのは国民の信頼に応えなくちゃいけないし、国民から支持されなければいけないという考え方が基底にあった。ですから、外に対してオープンでなくちゃいけないというのを、これは誰かに教わったのかどうか分かりませんけれども、鈴木隆夫はそういうことを若いときから実践してきた人でした。

それで、事務総長になってもずっとそういう姿勢は変わりませんで、外向けのものを書きましたし、外からいろいろ問い合わせが来ることに対しても常にオープンに接触して、なるべく国会のことはみんなに理解してもらう、知ってもらおうという姿勢を崩さない人だったんです。その人がこれぞと見込んで衆議院に引っ張ってきた知野さんだったんですけれども、知野さんは逆に、そういう点では非常に内向きの人でした。

これはどうしてなんだろうと思うんですが、三つ子の魂百までという言い方がありますが、知野さんは、昭和一七（一九四二）年に大学を出て内務省に入って、海軍に入って、海軍省で大臣官房にいて仕事をして、それからまた内務省に戻ったというわけですが、海軍省にいた間に役人としてのある種の生き方というものを身につけたんじゃないかと思います。軍というのはやはり秘密主義です。秘密主義というか、特に戦時下で戦局などの情勢を国民に伝えられない状態での軍のそういう中枢部というのは、何事も隠しておいて表に出さない、本当のことは言わないというのが基本だったと思います、日常的な役人としての業務姿勢で。その辺がやはり知野さんはしみついていたんじゃないか。そこからスタートして、役人としての生き方というものをそういうところで身につけてしまったんじゃないのかな、という気がするんです。

鈴木さんは、来る人に対して非常にオープンでした。見ず知らずの人間が来て、こういう人が会いたいと言っていますと言ったら、うん、いいよ、会ってみようと言った。そういうのを拒むのは、自分のそもそもの信条に反するわけですから、誰とも会いました。

けれども、知野さんは会わなかったです。知野さんは外来者に対して非常に閉鎖的でした。いきなりやってくる人には原則として会いませんでしたし、そういうことを嫌いました。まずそういうふうに日常的に閉鎖的な体質だったということがあります。自分の考えを書いて発表するということも嫌いました。

それから、日々の議事運営の情勢なども、外部からの問い合わせに対してオープンに返事するというのはやはり嫌いました。自分のところへ新聞記者たちが来て取材するときには、それなりに応対して、しゃべれる限りではしゃべっていたんですけれども、部下が、電話での問い合わせに対して、日時の関係とか議事順序ぐらいまではいいんですけれども、社会党がどこまで抵抗する姿勢の状態でいるのかというような、いわゆる院内の政治情勢を反映するような情報まで外部の人に電話で答えるというのは嫌いました。

赤坂　それは、部下が答えるのが嫌だというのを超えて、自分が答えるのも嫌なんですか。社会党なんかの情勢まで……

今野　いや、自分が答えるのはいいんでしょう。自分が自分の責任において判断して答えるというのは自分の判断でやれるわけですから。部下が上司ほど正確な情報を掌握しないで何か言ってしまうというのは非常に嫌ったということもあったと思います。

赤坂　事務局として統一的な見解なり返事というのができないといけないという、そちらに主眼があったんでしょうか。

今野　いや、とにかく気質的に閉鎖的でした。自分が承知しているのと違う情報を部下が流すということは嫌うというか、そういうことに対する警戒感というのはもちろんあったと思います。

鈴木隆夫さんは論文をどんどん書いて発表しましたが、その後の人たちは、山﨑さんも久保田さんも論文を書く人じゃなかったし、知野さんは書いて書けないことはなかったんですけれども、書いたものを発表するということはしませんでした。

知野さんの書いた文章をごらんになったことはありますか。会計検査院に行った直後、文藝春秋の巻頭随筆の中の一つに、乞われて寄稿したというものです。これは、記名投票の札が何で国会では賛成が白で反対が青なのかということをいろいろ調べて書いた文章ですが、率直に言って、知野さんが書き残すほどの事柄ではないものです。

赤坂　その他にも、読売新聞の『日本の国会』に一文を寄せたという話がありましたね。

今野　あれは読売新聞の要請に基づいて講演した記録ですが、山﨑さんや河野さんもやり、相当大勢の人たちが参加する企画だったから断りにくくて出ていったんでしょうけれども、もともとそういうことも非常にやりたがらない人でした。

私は昭和四四（一九六九）年の九月に事務総長秘書を離れるんですけれども、ちょうどその頃に、大木さんの『大木日記』が朝日新聞社から刊行されました。そのときに知野さんが、刊行される少し前ですけれども、私に、「大木さんが戦時中の日記を本にするそうだ、おれはそんなものを出さないでくれと言っているんだ、鈴木さんに頼んでいる、まだ生きている人間、関係者がたくさんいるんだし、戦時中の議会というのは政治的に非常に無力な存在であって、大したことをやっちゃいないんだ、そういうものを麗々しく今本にするというのはおれは反対だ、やめてくれということを鈴木さんを介して大木さんに申し入れているんだ」、そう言いました。

私、何でそんなことを警戒するのかなと疑問に思いました。私は戦時中の事務局というのがどんなふうにして動いていたのか、大木先生だとか鈴木さんが何をやっていたのかというのは関心があったものですから、むしろ、その出版に期待していました。結局、鈴木さんは知野さんの頼みに応えて、大木先生に、関係者がいるからそれは思いとどまってくれないかと伝えたようです。しかし、かなり出版企画が進んでいたものですから、それにはもう間に合わないということでした。鈴木さんからも、「知野君からこんなことを言われたんだけれども間に合わなかったよ」というふうなことを私は聞きました。

知野さんは自分も文章を書き残すようなことをしませんでしたが、ＯＢが古巣の仕事について色々と意見を言ったり、回顧録を書いたりすることも嫌いました。『大木日記』に反対したのも、その中で自分がどういう形で書かれるのか警戒したこともあったでしょうが、基本的に役所の仕事は、外部の人に見せたり、知らせたりするものではない、という考えを、頑なに持っていた人だったからだと思います。

◆永田町の伝統と霞ヶ関

今野　知野さんから見ると、いま私がこのように自分の体験を事細かにお話ししているのは、苦々しいことであり、怪しからんことでさえあるかも知れません。しかし、いったん辞めた者は現役の職務に影響するようなことを口にするなどというような反応をする知野さんは、非常に霞ヶ関的な人だと思います。私は、永田町の人間はそれではいかぬと思っているんです。議会運営というのは、明治二三（一八九〇）年から始まって、そのときからの歴史を忘れては成り立たないんですよ。

行政官庁では、明治時代の自分たちの先輩がその時々にどういう判断をしてどういう処理をしたかなんて、一々気にしていません。そんなことにこだわっていたら今の行政ができません。しかし、国会の両院の運営というのはそうじゃないんです。明治二三（一八九〇）年当時から、林田亀太郎あたりがいろいろと外国の議会制度を勉強しながら、手探りで日本の議会制度を作ってきたわけです。その場その場で理屈を考えながら、合理的で、しかも効率のいい会議運営の方法をずっと積み上げてきたわけでしょう。その末端に今があるわけですから、私は、幾らこれから国会運営が変わっていこうと、時代が変わっていこうと、会議の運営というのはやはり帝国議会から始まっているのであって、昔々の帝国議会の事例というものもきちんと読み砕いて身につけていかなきゃいかぬのじゃないかなというふうに思っています。同時に、先輩の方も自分の体験や知識を、出来る限り後輩たちに伝えて行く必要があるのではないでしょうか。知野さんにしても、『日本の国会』で話したことが、今の我々に大変な教訓になっているわけですから。あのような話をもっと沢山残してくれれば良かったのに、と思います。

現役の人たちは、目先の与野党間の折衝ばかり見ていると間違うし、とんでもない脱法行為というか違法行為まで見逃してしまう。そんなふうなことをしちゃいかぬ。もっと昔のことをきちんと認識して頭の隅に置いておかないと間違うんだよ、ということを私は言いたいのです。

参議院は、貴族院時代の先例というのを全部カットしてしまいました。参議院が発足するときに、事務局の人間は、貴族院の事務局員がそっくりそのまま参議院の事務局に残りましたけれども、貴族院時代の先例は全部破棄する、新しく制定された国会法規に基づいて参議院は新しく出直すんだということで発足しています。貴族院の資料というのはかなり大量にあるとは思うんですけれども、議事手続については貴族院の先例は一字も援用しない〔＝全面的に書き換える〕ということで参議院は始まっているんです。

私は、これは大変な損失というかマイナスだったんじゃないかと思っています。参議院は、資料があるなら今からでも貴族院時代の事例を見直してみてもいいんじゃないのかなという気がします。なぜなら、貴族院の会議だって参議院の会議だって、会議形式においてそんなに違うわけはないのですから。貴族院と参議院とは、構成する議員の選出の仕方が違うだけで、会議形式としては、やはり「これより会議を開きます」で始まり、「本日はこれにて散会いたします」で終わっているわけですから、その間の議事手続で貴族院時代に非常に特殊な事例があったかもしれないし、特殊な議会運営についての判断というものがあったかもしれません。しかし、そういうものをみんな一切一まとめにして捨ててしまったところから参議院は始まっています。

だから、参議院の議事運営の歴史というのは浅いと思いますよ。衆議院は、帝国議会時代の先例もなお有効と認めるというところで始まりましたから、衆議院の方が議事手続についての蓄積というのは多いはずです。私が議案課で働いていた頃は、参議院には負けないと思っていました。参議院の考えは浅い、おれたちの方がよっぽど物事を深く考えているというふうに思っていました。

◆事務局と政治との関わり――人事運用をめぐって

今野　それから、知野さんは、特に弥富啓之助と泉清[56]という二人を非常に頼りにしていました。これが、ある種、影響を残すということになりました。つまり、弥富さんと泉さんの仕事ぶりが、その後の衆議院の事務局の運営の上で非常に影響を持ってきます。

奈良岡　鈴木さんは知野さんをある種後継者のようにみなしてお育てになって、知野さんにとっては弥富さんが後継者という意識だったんでしょうか。

今野　そういうことです。知野さんは、公私にわたって弥富さんとは深く接触していましたから。泉さんは、ずっと長く、十何年も議事部長をやって、そして最終的に事務次長になりましたけれども、この人は余り健康な人じゃなかったものですから、次長を一年務めたかどうか分からないけれども、事務次長を最後にやめました。泉さんは議事部プロパー、議事部専門の役職の幹部でした。しかし、この人たちは議事運営については何も書き残していません。

弥富さんは、法理よりも与野党間の調整に知恵を絞るタイプの人でした。『われらがハンサード』[57]という英国議会の会議録について書かれたものを記録部長時代に翻訳して出しましたけれども、これは翻訳ですから、別に弥富さんの独自の考えを残したものではありません。泉さんも、メモさえなかなか残さないような人でした。

奈良岡　知野さんのもとでの幹部の人事の話とか、知野さんが辞める経緯のあたりとか、あと、政治家との関係。これは実際かどうかは分かりませんけれども、弥富さんは中曽根さんと近かったとかという話もあります。この時期の政治との関係も含めて、知野さんの時代とその後の継続性とか断絶についてお伺いできればと思います。

今野　知野さんは、議員の間では非常に評価の高い人でしたし、人気のある人でしたし、発言力もある人でした。

知野さんは特に田中角栄と、実は馬術の関係で、皇宮警察の馬術クラブに行って一緒に仲よくしていたということもお話ししましたけれども、知野さんは田中角栄とは非常に親密な関係でした。そういう田中角栄さんとの関係で、竹下登さんも、あの人は非常に気さくな人で、事務局の我々にも気安く言葉をかけてくれるような人だった関係で、竹下さんが党内で国対委員長をやったりだんだん地位を上げていくにつれて、事務局の中では竹下さんと親しくしているという人もいましたし、弥富さんもその関係で竹下さんとはよかったんじゃないでしょうか。

弥富氏については、あの人は津軽の弘前の出身です。事務総長をやめた後に、陸奥新報という地方紙に、四十回ぐらいにわたってしゃべった談話記録があります[58]。衆議院にいた時代の思い出を、政治家との関係も含めてかなり詳しく話していますから、それを見て頂ければと思います。

(1) 一九一〇～一九八八年。東京帝国大学卒業後、内務省入省。埼玉県副知事を経て、一九四九年衆議院選挙に初当選（自由党）。一九八三年一二月に第六三代衆議院議長に就任したが、体力の衰えが進行していた一九八五年一月、国会の開会式リハーサルで、階段を後ろ向きに下りるところがうまくできない（＝天皇におしりを向けてしまうことになる）という理由で辞任した。
(2) 読売新聞社から一九八八年に出版されたもの。
(3)『議会制度七十年史』（衆議院参議院、一九六〇～一九六三年）は全一二巻。
(4)『平野貞夫オーラル・ヒストリー』（未公刊）第一回記録を参照。
(5) 大久保利謙『日本近代史学事始め　一歴史家の回想』（岩波新書、一九九六年）、二宮三郎「憲政資料室前史」参考書誌研究四三～四五号（一九九三～一九九五年）を参照（http://www.ndl.go.jp/jp/data/kensei_shiryo/kensei/pdf/Ninomiya.pdf）。
(6) 一九一〇～一九八九年。東京帝国大学卒業。大蔵省、法務庁、法務府を経て、法制局入り。一九五四～一九六四年内閣法制局長官。
(7) 一九一五年～。代議士に七回、参議院議員に二回当選。池田内閣で内閣官房副長官、福田赳夫内閣で郵政大臣を歴任。
(8) 一九一八～一九九五年。国鉄労働組合長野地方本部委員長などを経て、代議士に通算一〇回当選。一九七八～一九八一年、社会党副委員長。
(9) なお、予算について撤回のうえ編成替えを求めるの動議については、第四〇回国会以降は、予算の修正の動議に準じて、五〇人以上の賛成を得て提出されるのが例となっている（第三八回国会一九六一年三月四日衆議院議院運営委員会議録第一〇号一ないし三頁）。
(10) 赤坂幸一「事務局の衡量過程の Epiphanie」（『逐条国会法〈第一巻〉』（信山社、二〇一〇年）所収）を参照。
(11) 原田一明「『ねじれ国会』と両院関係」横浜国際経済法学一七巻三号（二〇〇九年）一五九頁以下を参照。
(12) 第四八回国会の事例が念頭に置かれているものと考えられる。

(13) 議長在任は一九九五〜二〇〇〇年。
(14) 小林次郎述『国会生活の思い出』（一九五〇年、松籟堂出版部）一八頁。
(15) 一八九一〜一九六七年。長野県出身。東京帝国大学卒業。司法官試補、沖縄県属、同理事官、貴族院守衛長などを歴任後、一九四〇〜一九四七年貴族院書記官長、一九四五〜一九四七年貴族院議員、一九四七〜一九四九年参議院事務総長。今津敏晃「小林次郎」（伊藤隆・季武嘉也編『近現代日本人物史料情報辞典』二巻、吉川弘文館、二〇〇五年）も参照。
(16) 一九一五〜二〇〇〇年。京都帝国大学卒業。電産労組から政界に入り、代議士に通算一二回、参議院議員に一回当選。一九七七〜八五年、民社党委員長。
(17) 少なくとも近年までは、委員部職員は『国会運営の理論』を一人一部は必ずコピーして読んでいたという（二〇〇九年一一月九日における天田要治憲政記念館長からの聞取り調査による）。
(18) 一九〇七〜一九九三年。東京帝国大学卒業。文部省調査局長などを経て、代議士に二回、参議院議員に一回当選。第二次佐藤内閣で文部政務次官。甥（妹の子）に北川正恭（元三重県知事、早稲田大学教授）がいる。
(19) 一八九五〜一九七九年。東京帝国大学卒業。内務省に入り、東京市助役などを経て、代議士に通算一五回当選。第三次鳩山一郎内閣で防衛庁長官、一九六〇〜六三年、一九七〇〜七二年に衆議院議長を務める。著作に『青山閑話』（一新会、一九七〇年）、『激動の政治十年　議長席からみる』（一新会、一九七三年）、追悼録に『ありし日を偲んで』（船田中事務所、一九八〇年）などがある。
(20) 一九〇六〜一九八七年。立命館大学卒業。京都府議などを経て、代議士に当選一四回。石橋内閣、第一次岸内閣で国務大臣、佐藤内閣、田中内閣で法務大臣を歴任。一九六三〜六五年衆議院副議長。
(21) 一九三三年〜。明治大学卒業。船田中の秘書を経て、代議士に四回当選。同氏のホームページを参照。http://www.hasumi-susumu.com/index.html
(22) 一九二八〜二〇〇五年。新潟県長岡市生まれ。大橋巨泉の兄。一九五二年東京大学を卒業後、自治庁（現総務省）に入庁。一九五八年四月千葉県へ赴任。一九六一年にはいったん千葉県を離れ、幹部候補として衆議院事務局に出向し、衆議院議長秘書などを務めた後、一九六八年四月再び千葉県へ。企画部長を経て、一九七一年七月には千葉県教育長に就任した。その後、千葉県知事落選を経て、船橋市長になった。同氏については、『平野貞夫オーラル・ヒストリー』第七回記録も参照。
(23) 『衆議院先例集』の柱六五では、第七一回国会の前尾議長より前にも党籍離脱の例が認められるが、衆議院議長の党籍離脱が慣行として定着したのは前尾議長以降である。

(24) 一八八八～一九七三年。京都帝国大学卒業。判事、弁護士を経て、衆議院に当選一四回。第二・三次吉田内閣で建設大臣、岸内閣で副総理、行政管理庁長官。一九五五～五八年衆議院議長。評伝として、中正雄『益谷秀次』（益谷秀次伝記刊行会、一九六七年）、『戦後政治への証言　益谷秀次とその周辺』（北国新聞社、一九七四年）がある。

(25) 一九一三～一九八四年。熊本県一町田村の村長などを経て、代議士に一六回当選。第二次佐藤内閣の厚生大臣、福田赳夫内閣、大平内閣で外務大臣を歴任。一九六五～六七年、衆議院副議長。園田副議長と平野氏の関係については、平野貞夫『「国会新時代」への提言』（五月書房、一九九二年）一六〇～一六三頁、『平野貞夫オーラル・ヒストリー』第三回、第四回記録を参照。

(26) 第一読会の途中で委員会に付託され、委員会から本会議に審査報告が行われた後、「第一読会の続」が開催された。ここで法案の基本方針に関する討論（大体論）が行われ、詳細な審議を要するものについては、さらに第二読会を開くこととされた。もっとも、第二読会・第三読会は動議により省略されることを例とし、委員長報告の通り可決する運用がなされた。したがって、(1)委員会で実質的な検討を行った後に、(2)本会議で委員会審査の結果を踏まえて最終判断を行うという点で、戦後の国会制度と共通する側面を有している。それゆえ、帝国議会期の読会制度をもって「本会議中心主義」と呼び、ことさら戦後の国会制度下における「委員会中心主義」と対比することは、制度の運用を正確に捉えたものとは言い難い。

(27) 一九二三～一九八五年。早稲田大学卒業。日本経済新聞記者などを経て、代議士に八回当選。大平内閣の官房長官、鈴木内閣の通産大臣を歴任。著作に、『大平正芳の人と政治』『大平正芳の人と政治、再び』（共に朝日ソノラマ、一九八一年）、『保守本流への直言』（中央公論社、一九八五年）、評伝に土師二三生『田中六助・全人像』（行研、一九八二年）がある。

(28) 一九八一年、毎日新聞社刊。

(29) 大蔵省銀行局長（一九六九年～）、理財局長（一九六八年～）、西武都市開発社長などを歴任。

(30) 中山・前掲書、一五五頁を参照。

(31) 一九〇五～二〇〇二年。一九二六年海軍兵学校卒業。海軍兵学校教官、支那方面艦隊司令部附、海軍軍令部出仕などを歴任。太平洋戦争中は海軍省軍務局で米内光政、井上成美、高木惣吉、横山一郎などに重用され、終戦に至る数々の機密事項に関与した。終戦後は海上自衛隊に入隊し、一九六一～六三年海上幕僚長。

(32)『佐藤吉弘オーラル・ヒストリー』（二〇一一年）第一回記録を参照。

(33)衆議院共済組合葉山洗心寮のこと。新逗子駅から三キロの海岸沿いに位置している。一九四九年八月一日に北白川宮別邸の一部を衆議院で借用し（洗心寮三号館）、夏季のみ「海の家」として使用が開始された。一号館および新旧二号館は、北白川宮別邸のものではなく、戦後新たに建築されたものである（港区赤坂の旧木戸幸一邸跡に、一九五〇年頃に二階建ての事務総長公邸が設けられた。その後、一九八〇年頃にこの建物が葉山に移築された。なお、その跡に現在の副議長公邸が建設されている）。

(34)国家財政の危機的状況を踏まえ、政府において行財政改革が進められる中、衆議院においても議院運営委員会に「衆議院事務局等の改革に関する小委員会」が設置され、二〇〇六年五月三一日の同小委員会中間取りまとめにおいて、職員研修所（実際には職員の保養所としての利用が多かった）の廃止の方針が打ち出された。二〇一〇年三月三一日をもって財務省に移管された。

(35)一九〇七～一九九五年。外務事務次官、駐米大使、最高裁判所判事、日本野球機構コミッショナー等を歴任した。最高裁判事としては、同裁判所が尊属殺法定刑違憲事件で尊属殺重罰規定を違憲とした際、ただ一人、合憲の反対意見を出した事で知られる。

(36)一九一三～一九九三年。東京帝国大学を卒業後、大蔵省に入省。大蔵事務次官を経て政界に転じ、一九六七年二月の参議院選挙で当選。一九七〇年に第三次佐藤内閣で経済企画庁長官として初入閣。その後衆議院に転じ、一九七九年から四期連続当選した（一九九〇年引退）。

(37)一九一三～一九九三年。東京帝国大学を卒業後、商工省に入省。重工業局長、企業局長、特許庁長官、事務次官を歴任し、「ミスター通産省」と呼ばれた。城山三郎『官僚たちの夏』の主人公・風越のモデルとして知られる。著書に『異色官僚』（徳間書店、一九八七年）などがある。

(38)今野彧男「昭和の議会を支えた蔭の功労者」議会政治研究第八六号（二〇〇八年）六四頁以下（のち同『国会運営の法理』（信山社、二〇一〇年）三三九頁以下に所収）を参照。

(39)一九一七年～。第二次大戦後に日本社会党から出馬し衆議院議員となる（日本初の女性代議士の一人）。通算一三回当選。その後、党内抗争の関係から自由民主党に転じ、福田派に属し、経済企画政務次官等を務めた。山崎裕美「山口シズエ」（伊藤隆・季武嘉也編『近現代日本人物史料情報辞典』二巻、吉川弘文館、二〇〇五年）も参照。

(40)一九六七年の総選挙で党内派閥抗争のもつれから選挙違反を告発されている（不起訴）。この後、自由民主党に転じた。

(41) 今野氏は、二〇〇一年八月三〇日に行われた管理職者研修会において、「衆議院事務局における管理職者のあり方」について講演している（人事課企画室『平成一三年度管理職者研修実施結果報告書』を参照）。

(42) 二〇〇八年一二月二五日に赤坂と奈良岡が今野氏に行った聞き取り調査のこと。

(43) その後、庶務部門のウェートの増大に伴い、庶務部長および秘書課長も出席するようになっている。

(44) 注(42)を参照。

(45) これらの点については、赤坂幸一「事務局の衡量過程の Epiphanie」（衆議院事務局編著『逐条国会法〔第一巻〕（信山社、二〇一〇年）』所収）を参照。

(46) 一八八九～一九八一年。警視庁・朝日新聞社等を経て、一九四六年に日本自由党から衆議院議員に初当選。公職追放後、運輸大臣、通産大臣、法務大臣などを歴任した。一九六七年に衆議院議長に就任し、一九七二年に政界を引退した。著書に『回想八十年』（カルチャー出版、一九七六年）等がある。

(47) 一九一〇～一九九八年。東京商科大学を卒業後、小平重工業の常務取締役を経て、一九四七年に民主党から衆議院議員に当選。当選一一回を数え、一九六七年から二年間、衆議院副議長を務めた。健保特例法案の採決をめぐり、石井議長と共に辞任した。一九七六年に政界を引退。

(48) 一八八八～一九八〇年。ニューヨーク大学卒業。社会福祉事業に従事後、代議士に一二回当選。第二次鳩山内閣で郵政大臣、第二次岸内閣で文部大臣を歴任。一九六九年七～一二月、衆議院議長。

(49) 一九〇七～一九七一年。東京帝国大学卒業後、内務省に入省。群馬県副知事などを経て、代議士に八回当選。第二次池田内閣の国務大臣、第一次佐藤内閣の運輸大臣、自治大臣を歴任。一九六九年七月～一二月、衆議院副議長。

(50) この問題は、衆議院可決法案と参議院可決法案が対案関係になった場合の処理について、憲法典・国会法レヴェルに明確な規律がないことに由来している。今野氏の見解について詳しくは、同「国会審議における一事不再議の問題点――保革伯仲時代に改めて考える」ジュリ九五三号（一九九〇年）六一頁以下を参照。これに対して高見勝利教授は、「一事」の内容について衆議院が独自の解釈権を持つことを根拠に、「『同一の議案』に『対案』が含まれると解することは憲法五九条を踏まえた国会法五九条の四（原文ママ。正しくは国会法五六条の四）の解釈として到底成り立たないとでもされない限り、この両院間の憲法争議について、衆議院の最終判断により決着させることに、憲法運用上何ら問題はないであろう」と指摘している（同「『ねじれ国会』と憲法」ジュリ一三六七号（二〇〇八年）七八頁）。

問題は、高見教授自身が指摘される通り、この衆議院の「一事」概念の解釈に際して、憲法五九条の観点からする枠ないし制約が存しないかどうか、存在するとしてその範囲はいかほどか、である。この検討に際しては、「対案」の可決が政府案（衆院可決案）の否決ないし修正を――一義的に明確な形で――当然に意味することになるかどうか、が出発点となろう。政府案の一部のみに関する「対案」の場合は、当該部分に関する参議院の意思は明確になるものの、政府案のそれ以外の部分に関する参議院の判断は不明確であり、衆議院が――参議院の判断が不明な部分まで含めて――再議決権を行使することは、許容し難いものと解される。もっとも、本文の租税特別措置法案の場合のように、「揮発油税の暫定税率維持を含む部分を法案から除外する」ことそれ自体が参議院の意思であることが明確な場合には、このような問題は生じないであろう。

(51)　この点につき、衆議院事務局議事部は以下のように解説する。

すなわち、「第一六一回国会における健康保険法等改正案の処理に関して、知野事務総長が執った所為は、一連の議事における議長の議事整理のあり方について、議長を補佐するという事務総長の当然の職責において当該憲法解釈に係る助言を行ったものである。一方、第一六九回国会における所得税法等改正案（閣法）及び租税特別措置法改正案（参法）の両院間における取扱いに関して、駒崎事務総長が衆議院財務金融委員会（平成二〇（二〇〇八）年三月一九日）において行った答弁は、両院間の憲法争議に発展しかねない問題について、ぎりぎりの憲法解釈を示したものである（この点で、実質的な答弁を回避した両院の法制局（平成二〇（二〇〇八）年三月二四日参議院予算委員会）及び内閣法制局（平成二〇（二〇〇八）年三月一九日衆議院財務金融委員会）と対照的である）。いずれにしろ同じ憲法解釈に係る判断といえども、同列に論じるべきものではないであろう。

なお、前注にある高見教授の論旨は、駒崎総長の答弁には、いわゆる衆議院の優越に関わる問題の最終判断権は衆議院にあるとの憲法判断があったと解釈しているものと思料される。また、駒崎総長が答弁で衆議院規則二五八条を摘示する前提としたのは、『一院の、衆議院の議決を経たものが参議院に行っていて、それをそのまま議決しないで参議院で参議院議員の提出法律案を、参法を衆議院に送付してきたということがございません』という厳然たる事実であることに着目する必要があろう」と。

(52)　「鳴らせば議長のクビも飛ぶ『鈴』」昭和五三（一九七八）年二月一三日の読売新聞記事（夕刊）。

(53)　敷衍すれば、衆規一四八条により、表決の際現に議場にいない議員は、表決に加わることができない。そのため、表決たる記名投票を行う場合には、議場が閉鎖される（衆規一五四）。これに対して、選挙の投票を行うときは、議場の閉鎖は行われない。これは表決が本来一定時点においてなされることを原則とするに反し、選挙の場合には一定の期間になされることから、その取扱いを異にするものである（鈴木隆夫『国会運営の理論』二二六頁以下を参照）。こうして、表決のための記名投票は、ある特定時点における賛否の意思を決するものであることから、休憩を挟むと「特定時点」とは言えなくなるのである。

なお、このような「記名投票のやり直し」は、国会の混乱時にしばしば起こるとのことである。

(54) 一九一一～一九七八年。尾崎行雄と親交の深かった立憲民政党所属の代議士・川崎克の子。早稲田大学を卒業後、NHKを経て、代議士に一一回当選。第二次鳩山内閣で厚生大臣。伝記に『川崎克伝』（川崎克伝刊行会、一九五六年）がある。

(55) 一九七二年三月一八日衆議院予算委員会第一分科会の議事録を参照。次のような川崎議員の発言から始まる知野総長とのやり取りが、記録に残されている。すなわち、「二十一日は憲政記念館の発足日であります。多年、事務当局には、尾崎記念館があったにもかかわらず、その他の憲政功労者の表彰あるいは憲政の貴重なる記録を収集する専門の機関がない、そういう意味でこの記念館の発足は意義深きものを感ずるわけですが、私、これは内幕も知野事務総長にも劣らず知っておるわけですが、この間うち行ってみると、開館の前に行くというのはまことに恐縮なんだが、選挙区の地図やなんかをつくって見せようとしておる。参観者にはいいでしょうが、私はむしろ憲政の功労者――尾崎さんはだんだん充実しておるのですが、たとえば犬養木堂、河野廣中、島田三郎というような偉大なる功労者、さかのぼれば明治の三大功労者である大隈重信、伊藤博文並びに板垣退助のこともしっかりした資料をそろえていただきたいと思うのですが、こういう憲政功労者の表彰並びに憲政史の発展というようなことについてはどういう具体的な準備をしておりますか」と。

(56) 一九二四年一〇月生まれ。一九四九年二月衆議院事務局に採用され、議事課長、議事部副部長、議事部長を歴任。一九八二～一九八三年事務次長（一九八三年退職）。

(57) ウィリアム・ロー著、衆速会発行、一九六六年刊。

(58) 「衆議院事務局の四十年」の題で、一九八九年七月一六日から一九九〇年五月一三日まで、計四三回にわたって連載されている。弥富啓之助氏は、一九二六年青森県生まれ。海軍経理学校を経て、東京大学卒業。一九四九年衆議院事務局に入り、記録部長、庶務部長、委員部長、事務次長などを歴任。一九八二～一九八九年事務総長。一九九〇～一九九七年人事院総裁。

間奏　事務局余話

◆清瀬議長のこと

今野 私、一四年間近く事務総長秘書をやっておりまして、その間に、九代にわたって議長に接しているんです。私が接した九人の中の一人だけ、清瀬一郎議長のことをちょっとお話しさせて頂きたいと思います。

何で特に清瀬さんのことをお話ししたいかといいますと、人名事典みたいなもので清瀬一郎について紹介したものを見ますと、みんな大抵、清瀬さんのことについて、安保国会で警察官を導入して、改定安保条約の成立に一役買った、強引な議事を断行してでも安保を成立させた人であるというのが、清瀬さんという人の記録の中に殆ど出てきている。読んでみて、これが何か非難めいた感じで記録されていることがどうも多いように思うんです。清瀬一郎さんのことを言うときに、結局は、業績の締めくくりに、安保の警官導入という異常な事例があったということを一つ掲げて、それで清瀬一郎という人が切り捨てられてしまっているような感じがしないでもないんです。

安保条約で警察官を導入して強行採決をやったということは、鈴木隆夫さんはそういう議事の運営に対して激しく抵抗して反対した人で、それを区切りにやめていった人なんですけれども、実際に、安保国会での会議の運営では、清瀬議長と鈴木事務総長というのは必ずしもしっくりいかなかった。いろいろ運営面で対立する部分もありました。

清瀬さんも鈴木さんのことを余り好きじゃなかったし、鈴木隆夫も、清瀬議長というのはなかなか思うように操れないというか動かせない人で厄介だというふうな思いで終わった、そういう関係だったと思います。ですから、鈴木隆夫がやめるときに、議運の理事たちはこぞって慰留したんですけれども、清瀬さんは一言も慰留をしなかったように思います。

それから、清瀬さんには、戸井田三郎[1]という人が秘書としてずっとついていましたが、鈴木さんが国会図書館長に選ばれたということについて、私は、戸井田さんから批判めいた言い方をされた記憶があります。これは多分、鈴木をそこまで厚遇することはないんじゃないのかというふうなある種の議長サイドの空気があって、それがちょっと私に漏らされたということではないかというふうに理解しています。ですから、私は、鈴木さんのことを考えますと清瀬議長のことを距離を置いて見たくなる立場の人間です。しかし、私は、九人の議長の中で、清瀬一郎という人が、一番議長らしい議長だったんじゃないのかなという気がしているんです。

この人は非常に折り目正しい人だったというふうな感じがあります。若いときは、大正の終わり頃から昭和の初期にかけて、国会の中でも大分暴れ回ったような話があるようですけれども、議長になってからの清瀬さんというのは非常に立派な人というふうに見えました。

清瀬議長までの人は、議長についてすぐに、中立公正ということで普通は党籍離脱したのを、あの人はしなかった。安保条約の成立に肩入れするという姿勢で最初から臨んだんですけれども、いよいよ安保の採決の時期になって党籍離脱をしました。党籍離脱して、それで事が終わって、安保国会の後、池田内閣ができて、池田内閣の手で解散が行われた。解散になれば次は選挙ですから、議員でなくなった途端に自民党に復党するのが普通なんです。ところが、この人は、政党というのはそう簡単に出たり入ったりするものじゃないんだ、一度自分の立場として党籍を離れた以上はそう安直に党に帰るということはしない、おれは無所属で立候補すると言って無所属で立って当選しました。それは選挙地盤が非常に強かったということもあるでしょうけれども、政治家の進退として独自の姿勢を示していました。

池田首相はそういう清瀬さんを非常に評価していました。そこで、解散後の特別国会で誰を議長にするかというときに、自民党総裁である池田勇人さんが、清瀬さんにもう一度やってもらうということを言ったわけです。そのときに野党は当然猛烈に反対しましたし、マスコミも、清瀬一郎氏をもう一度新しい構成の衆議院議長にするということは、一度どぶに捨てた茶わんに再び飯を盛ってそれを食えというのと同じだ、という表現をした新聞もありました。それほど、警官導入で安保条約を強行成立させたような前科がある人間にまた衆議院の議長をさせるとは何事だというのが、一般のマスコミの世論の中にもありましたし、野党も猛烈に抵抗しました。

しかし、池田勇人は断固として譲らないで、いや、新しい議長も清瀬一郎でいくべきだと言って、自民党内はそれで結束しました。だから清瀬議長がもう一度議長になったわけです。そういういきさつのある人です。ですから、私は割に長く清瀬先生とは接触することがあったんです。

この人は非常にきちんとした人だという印象です。これは鈴木隆夫についての文章でも書いたことですが、河上丈太郎が安保の最中に刺されたときに救急車で慈恵大病院に担ぎ込まれた。鈴木隆夫がすぐ駆けつけましたが、清瀬議長もすぐに駆けつけてきたんです。デモ隊が荒れ狂っているときですが、鈴木事務総長の顔は車の中をのぞいたってだれも知りません。しかし、清瀬一郎ということになりますと顔を見ればみんな知っているわけです。ですから、あのデモ隊の囲みの中をついて河上丈太郎の見舞いに議長が来るというのは、やはり非常に危険なことだったと思います。もちろん、警視庁の護衛官たちもそれなりに配備についてうまく脱出したんでしょうけれども、どこからどう出たのか私は不思議に思いますが、いずれにしても、河上丈太郎の遭難のときにはすぐやってきました。

それから、その後、衆議院が解散される直前のことですが、浅沼稲次郎さんが日比谷の公会堂で右翼少年に刺されて暗殺された時のことです。浅沼さんは日比谷の病院に担ぎ込まれました。私は山崎事務総長に、すぐ病院に行きましょうと言ったんです。浅沼さんは野党の党首ですし、やはり衆議院の事務総長も駆けつけた方がいいだろうと思って、山崎さんと一緒に病院に行ったんです。

ごった返していたんですけれども、衆議院の事務総長ですと言って入っていきました。そうしたら、社会党の連中は、もうどうしていいんだかわからないで混乱しているんですね。それで、山崎さんが入っていったら、おお、事務総長よく来てくれたみたいな感じで。山崎さんも、お役に立つことは何でもやりますからどうぞ遠慮なくおっしゃってくださいというようなことを言って、そしてとりあえず、もう亡くなっていましたから外に出ました。

するとそこに、清瀬議長が来ているんですよ。そのとき清瀬さんは何か体調を悪くして慈恵大病院に入院していました。その入院していたところから浅沼さんのそういう事件を聞きつけて、議長として放置できないと思ったのでしょう。無理を押して駆けつけていました。新聞記者たちが皆、何かしゃべらそうと思って清瀬議長を取り巻い

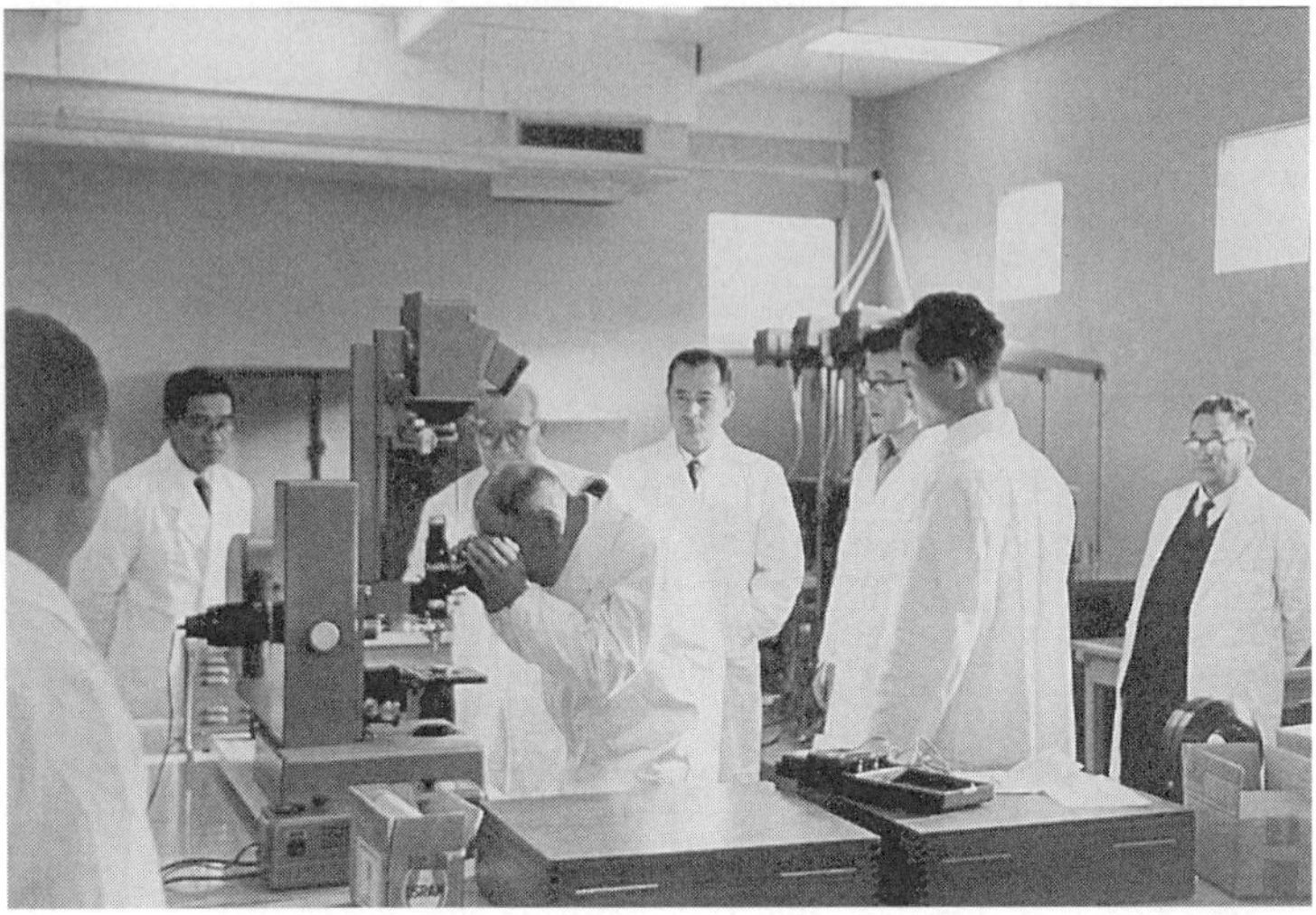

写真１

ているんです。そこで山﨑さんが簡単に議長に報告をして別れましたが、なかなかそこまで野党に対して気を配って行動するという議長はいないんじゃないのかなというふうに思いました。

それから、非常に勉強家なんです。あの人は特許法の専門の弁護士だから化学なんかにも非常に強い。いつでも勉強をしている人でした。それで、あるとき、東海村の原子力研究所を視察したいと言い出しました。原研に行くことにしまして、事務総長も一緒に行こうというわけです。私もついて行きました。

【写真１】・【写真２】は、清瀬議長が原研を視察に行ったときの写真なんです。何か顕微鏡みたいなのをのぞいているのが山﨑さんです。清瀬議長、知野虎雄さん、戸井田三郎さん〔議長秘書〕がいます。あとは原研の人です。これは私が撮った写真なんですけれども。

原子力研究所に行きまして、いろいろと施設や仕事の中身の説明を受けるんですけれども、清瀬さんだけが話を理解しているのです。我々には全然理解できないわけですよ。説明する人がいろいろ図表みたいなもので原子力の説明をするんです。そうすると清瀬さんが、「ちょっと待ってください、そこはどういうことですか」と質問するんです。

写真２

原研の人たちにとっては、有力な政治家でそんな風に質問をする人が来るなんてことはないんでしょうね。お偉いさんはみんなさっと素通りして見て帰っていくわけでしょう。業務の中身を質問するなんていう人はいないんです。それなものだから案内の人たちは喜んじゃいまして、物すごく熱心に説明をしてくれました。それに対して清瀬さんは、ああ、分かりました分かりました、よく分かりましたと返事をしているんです。私たちは全くちんぷんかんぷんで何が何だか分からないような話を、とにかく清瀬さんという人はよく理解していました。

それから、これはちょっと滑稽な話にもなるんですけれども、ドイツの議会から招待されまして、それでドイツ議会に行くときに、ドイツに行ったらベートーベンのことが話題になるだろう、わしはベートーベンのことを何も知らない、ベートーベンの音楽というのはいい音楽だというから、それを聞いて出ていきたいと言う。それで戸井田三郎さんが、ベートーベンのシンフォニーを一番から九番まであの頃のLPで買ってきまして、議長がこう言うからこれを聞かせるんだということでした。私は、ろくにクラシック音楽を聞いたことないような人がベートーベンのあの長ったらしいシンフォニーをどんな顔して聞いたんだろうかと思って想像するだけでおかしくなりましたけれども、そんなふうに、行くについていろいろと事前の準備を学者風にして行くというふうな人でした。

あと、議長公邸が昭和三六（一九六一）年の七月に完成しました〔一二月に使用開始〕(2)。永田町に近い赤坂に新築されたのですが、当時、清瀬さんの自宅は九段の靖国神社のすぐそばにありました。九段も国会の近くですから、何も赤坂に越してくる必要はないんですが、議長公邸ができた以上は、自分は二四時間衆議院議長であるべきだと思うから議長公邸に移転すると言いまして、もちろん家族は九段の方で暮らすんですけれども、お手伝いさんと書生さんを連れて議長公邸に住みました。議長公邸に本当に住み込んだという人は、船田中さんがちょっと住んでいたことがあったかもしれませんけれども、これは自宅の改修か何かそういう目的があってじゃなかったかと思います。四六時中議長であるべきだから議長公邸に住むなんて言った人は清瀬さんだけです。

奈良岡　三六（一九六一）年一二月ということは、この時点で既に議長なわけですね。それまで議長公邸はどちらにあったのでしょうか。

今野　高輪だったんじゃなかったかな、古い議長公邸は(3)。

奈良岡　そちらには清瀬さんはお住まいだったんでしょうか。

今野　そのときの建物は古いもので、議長公邸としての使用にちょっと耐えられないような感じだったと思います。それで新しく建てて、でき上がるや否や清瀬さんはそこへ住んだということです。そういうふうな姿勢を示された人でもありました。

それともう一つ、清瀬さんは昭和四一（一九六六）年に亡くなるんですけれども、そのときのことです。清瀬さんの秘書の高橋という人、戸井田さんが第一秘書で高橋さんが第二秘書だったんですが、私、その第二秘書と同年配なものですから割に気安く口を聞いていたんです。清瀬先生がどうも緊急に入院したようだという話を聞いて、昭和四一（一九六六）年ですから久保田事務総長の時代でしたが、私はまだこの時点で秘書をやっておりました、それで九段の清瀬邸に電話しました。そうしたら、高橋さんというその秘書がたまたま出たんです。

それで、先生、何かお悪いんだという話を聞いたけれども本当ですか、と聞きました。そうしましたら、「いや、きょう午前中、急に気分が悪くなって緊急に慈恵大病院に入院したんだがどうも危ないんです」という返事です。それで、先生が言われるには、国会議員がこんな寝巻姿で死ぬわけにはいかない、きちんとした服装をしたいからモーニングをとってこいと言われて、私は今モーニングをとりに清瀬邸に帰ったところで、今からすぐ、それを持って慈恵大病院に行かなきゃならないんですという話だったんです。「いや、それはどうも失礼しました」と言って電話を切ったんですが、結局、そのモーニングは間に合わなかったということでした。持っていったものの、残念ながら清瀬先生の死には間に合わなかったんです。

その日の十時頃だと聞きましたけれども、体調が急に悪くなって、急性肺炎だったということです。高熱が出たんじゃないかと思いますが、そんなふうにして自分の死の当日に、八二歳で、すごく明晰に自分の死期を予感して、威儀を正して死んでいきたいんだというふうなことを言ったあたりは並の人間じゃないなという気が私はしました。

清瀬さんは、日記などを非常にたくさん書いていたはずなんです。その日記の一冊を戸井田三郎さんから見せられたことがありました。普通の売っている日記帳なんですけれども、目に付いた新聞記事なんかがあるとその日記帳に切り抜いて張りつけていて、こんな分厚くなってぶよぶよになっているような非常に独特な日記帳でした。先生の日記というのはこんなのだよと言って見せられたことがありました。

私、憲政記念館に行って、先にもお話ししましたけれども、日記なるものの史料としての価値を知ったものですから、ああ、清瀬先生も日記があったはずだから、あれはどうなっているんだろうかと思って、高橋さんに電話をかけて、清瀬先生の遺品の整理ぐあいなどを聞きました。しかし、遺品類はすっかり散逸してどこに行ってしまったか分からないということでした。九段の清瀬邸も、清瀬さんが亡くなってから間もなく売られたか何かでなくなってしまったようです。ですから、清瀬さんのことについては、手掛かりがすっかりなくなってしまっているようです。

実は、清瀬一郎伝というのを書いてもらうという話が一つありました。それは、清瀬さんが生きている間に、

『徳川家康』という小説を書いた山岡荘八という小説家がいまして、どういう関係か知らないけれども、その山岡荘八に清瀬一郎さんの伝記を書いてもらうように委嘱してあるんだということを聞きました。清瀬議長には荒尾正浩さん[4]が役所から出た議長秘書でついておりまして、二期目の途中から、その荒尾さんが秘書課長になって、高橋文雄さんが委員部の課長補佐から二期目の議長秘書として務めてきていました。その荒尾さんも高橋さんも、伝記の話は聞いてはいたようですけれども、具体的な進捗状況というのはまるで分からずじまいで終わってしまったということなんです。山岡荘八もそのうち死んでしまいましたし、結局、この話は立ち消えになっているんです。

私、この清瀬さんについては、東京裁判の弁護人として活躍したということもありますが、政治家としては、何か安保の強行採決だけがその人の事績としてクローズアップされて、一向にきちんとした回顧がされていないというのは残念だと思っています。この人のことなんかは、きちんとした伝記を書いてくれる人が誰かいてもいいんじゃないのかなという思いをしているものですから、特にきょう御説明しました[5]。

◆宮中の鴨猟

今野　それから、当時の思い出の一つに宮中の鴨猟というのがあります。今はどうか分かりませんが、私が事務総長秘書をしていた頃は、毎年正月に、鴨が関東地方に飛来してくるときに、国会役員は鴨猟の催しに宮中から招待されていました。【写真3】は、高松宮がそこにいまして、ちょっとその場の雰囲気を示している写真です。

赤坂　場所はどちらでしょうか。

今野　これは多分、新浜、今はもう埋め立てられてなくなってしまっていますけれども、千葉県の、今は美浜という辺りになっていますか、ディズニーランドのある辺りです。あの辺が干潟になっていまして、そこの一角に宮中の鴨猟場があるんです。それからもう一つ、埼玉県の越谷に越谷猟場というのがありまして、ここも池があって、鴨が飛来するというところがあります。そこに衆参両院の議長以下議員たちを宮内庁が招待してくれるんですが、こういうふうに宮家の誰かが来まして、つまり、宮様が呼んでくれるという形をとっていました。年中行事のように鴨猟に行くということがありました。

【写真4】は鴨猟の風景なんですが、山﨑さん、藤野さんが写っています。溝から飛び上がってくる鴨をこういう網でかぶせて押さえるというのが鴨猟の方法です。

奈良岡　こちらは越谷ですか。

写真3

今野　どちらだったかはあまりはっきりしませんが、そのときそのときによって、鴨の飛来の状況で新浜だったり越谷だったりするんですけれども、こういう行事がありました。
【写真3】の一番右側にいるのが清瀬議長です。ここに横顔で高松宮が、いすに座っています。突っ立って腰をかがめて横を向いているのが副議長もやった自民党の園田直さん。左側で中野四郎という議員が、高松宮と園田直が並んでいるところを撮影している光景を私が横から撮った。
【写真5】は、清瀬さんがさも自分でとった鴨のように、網と鴨を持って御機嫌でポーズを取っているというものです。
国会の一つの行事としてこういうことがあったものですから、ちょっと清瀬さん絡みで御紹介してはどうかと思って持ってきたものです。
奈良岡　有り難うございます。秘書業務だからこそかいま見える議長の姿ですね。
今野　そうです。鴨猟は、衆議院事務局の職員で、幹部になれば交代交代で、今年は誰と誰が行けというので行くんですが、

写真４

一般の事務職員では鴨猟を体験することなど、まずないでしょう。私も、やってみろと言われて網を持ってやったことがありました。なかなかとれませんでしたけれども、そういうことも、秘書をやっていたおかげで経験できました。

奈良岡　外交官の手記を見るとよく鴨猟のことが出てくるんですけれども、議会関係者がお正月に招待されているという話は、私どうも不勉強で知りませんでした。

今野　衆議院は衆議院、参議院は参議院で。衆議院の議長、副議長と常任委員長、それから特別委員長と事務局の幹部数名。事務総長は毎年お声がかかりました。あとは部長クラスが二、三人ついていくんです。

奈良岡　宮様はどなたかが毎年必ず来られるんですか。

今野　毎年宮様が顔を出すんです。それは高松宮だったり三笠宮だったり。ちょっと変わったことなものですから、私の経験として御紹介しただけです。

◆　藤野総長の横顔

今野　ちょっとつけ加えて、知野さんの後の事務総長のことをやはりお話ししておいた方がいいと思うんです。歴代事務総長の人物月旦というほどのことは言わない方がいいのかもしれませんけれども、特性というんでしょうか、特

写真５

質というのをちょっとお話ししたいと思います。

知野虎雄さんまで私は秘書として仕えましたが、その後に、次に藤野重信さん(6)が法制局から事務局にやって参りました。それで、法制局のこういう資料〔『昭和六三年七月　衆議院法制局の沿革』『昭和六三年七月　衆議院法制局の思い出』〕があるんですけれども、こういうのはご覧になったことはありませんか。

赤坂　上田章・元衆議院法制局長から聞き取り調査を行った際に、見せて頂いたことがありますが、これは重要ですね。

今野　ここに歴代法制局長とか法制局の幹部の写真が出ております。それで、入江さんに始まって、西沢さん、三浦さん、鮫島さん、川口さん、大井さん、この人のときにこれは出ているわけですね。それで、あと、法制次長とか、古い部長なんです。

ここに、第四部長として藤野重信さんがいます。この人が衆議院の事務総長になった人です。どうして藤野さんが衆議院に来たかといいますと、昭和三〇（一九五五）年に鈴木さんが事務総長になりまして、そして山﨑事務次長、久保田委員部長、知野庶務部長という体制をとったんですけれども、その後に、鈴木さんの在職中、もう一人ぐらいキャリアを衆議院の幹部に補充しておこうという考えを鈴木さんが持ったんですね。

それというのも、前に名前が出たんですけれども、矢尾板洋三郎さん(7)という人がいて、委員部の副部長ぐらいまで行きましたか、次に部長に上げるところだったんですけれども、この人はどういうわけか、知野さんと比較するとなんですが、鈴木さんが余りとんとんと引き上げていくというふうな処遇をしなかったものですから、多分、漠然と将来を見限ったというのか、そういうことがあったんでしょうね、鈴木さんの事務総長時代に、辞めてしまったんです。

それで、当然、部長候補の一人だった人なんですけれども、その穴が抜けたものですから補充しなきゃいけないというわけで、そのときには法制局に大井民雄(8)という優秀な人物がいまして、この人は、法制局の課長時代からなかなか秀才だという非常に評価の高い人でして、たしか、鈴木さんが声をかけるときに、まだ一部の一課長をやっていたんじゃないかと思う。

実は、この人は、後に事務総長になった大久保孟さんと東大で一緒なんですね。ＮＨＫに、解説委員長なんかやった緒方彰という人がいましたけれども、ひところ、割にテレビにしょっちゅう顔を出していた人ですが、その緒方彰と大井民雄と大久保孟という人は、皆、読みが「オ」からなので、東大時代に学徒動員で同じ工場に行ったときに、同じ相部屋で寝泊まりさせられたという間柄だったんですね、同じオなものですから。それで、三人、非常に仲よくなっているグループだということでした。

大久保さんと同期だから、あるいはこの人もノンキャリアだったのかもしれませんね。大久保さんはいわば試験制度の端境期に来た人ですから、この人の資格も、ちょっとそこまでは分かりませんが、いずれにしてもこの人は、早い時期から議員たちの間でも評判のいい、将来法制局をしょって立つというふうな感じで見られていた人だったんです。

それを鈴木隆夫は事務局に欲しいといって申し入れたんですけれども、当時の西沢哲四郎さんが、いや、大井はやれない、かわりに藤野なら出すということで、藤野さんが来るということになったんです。西沢さんは鈴木さんの上にいた人ですけれども、前にお話ししたような経緯で法制局長に出た人ですから、余り鈴木に協力する気がなかったのかもしれません。それは、衆議院という組織の中で、法制局長になるのと事務総長になるのとではまるで違うわけです。法制畑一筋で来た人が法制局長になるのは望ましいことではあるでしょうけども、自分のところの部下で優秀な者を事務局で将来の事務総長候補としてよこしてくれといったら、それはよこしてくれてもよさそうなものだと思うんですが、西沢さんは放さなかったんですね。

それで、藤野なら出すよと言われて、大井さんよりも上の格の藤野さんを衆議院の管理部長につけたんです。それで、この人が管理部長になりまして、その後、上の方の異動につれて庶務部長になりました。あれは、上の誰かがやめたんでしたね、それで一つ横滑りして庶務部長になっているはずですね。

奈良岡　山野雄吉さんという方がやめて……

今野　ああ、そうですか、山野さん。山野さんは、ちょっと不幸なことが起きて、予定より早く辞められました。それで、藤野さんが庶務部長になりまして、山﨑事務総長、久保田事務次長、知野委員部長、藤野庶務部長という時代がありました。その後、記録部長だった茨木さん、この人も前に経緯をお話ししましたけれども、足踏みさせられていた人を常任委員会の専門員の方に転出させまして、記録部長があきました。それで、藤野さんが庶務部長だったんですけれども、記録部長に動かしたんです。

これは前から何度もお話ししていますが、記録部長というのはいわば部長職の中では軽いポストでして、本来は庶務部長や警務部長の方が上なんですけれども、そのときに、庶務部長になっている藤野さんをわざわざ記録部長に動かしたわけです。当時は余りそんなことは考えなかったんですけれども、今考えますと、知野さんが『逐条国会法』の勉強会をやったということ、それから次期委員部長として藤野さんをそれに陪席させたということは、やはり一連の計画があってやってきたことだったのかなというふうに思うんです。

それは、藤野さんが衆議院事務局育ちの人ではないので、委員部の課長とか議事部の課長を経験しないで法制畑だけでやってきた者を衆議院事務局の幹部に入れて、それで管理部長、庶務部長をやらせましたけれども、議事運営についてはまだ十分に訓練されていないというか蓄積がない。それで、記録部長は暇なポストだから、庶務部長として予算の問題、人事の問題、そういうことで忙殺させていくよりは、記録部長に置いて、将来の事務総長のための勉強を少しさせた方がいいんじゃないかという山崎さんとか久保田さん、知野さんの配慮で庶務部長から記録部長にしたんじゃないかと思います。

ですから、それとあわせて知野さんも一つ大がかりな勉強会をやって、それに藤野さんも加えて、藤野さんの勉強のためにも、委員部の『逐条国会法』のようなものをまとめた方がいいのではないかと考えたのではないかなというふうに私は今になって考えるんです。

『逐条国会法』のときにお話ししましたように(9)、私はただやじ馬的に傍聴させてくれといって傍聴させてもらったんですけれども、藤野さんは委員部長の知野さんの隣に座って、初めから、それは記録部長ですから本来委員部の人となじみはないんですけれども、その席へ出てきて傍聴していました。あのときに庶務部長から記録部長にしたということも、記録部長時代に委員部で勉強会を開いて藤野記録部長を同席させたということも、やはり将来の事務総長になる人にそれなりの勉強の機会を与えるというふうな配慮があったんじゃないかなと思いますね。それで結局は、その後、山崎さんが去り、久保田さんが去り、知野さんが事務次長から事務総長になるというのにつれて、その知野さんの後ろにつくように藤野さんは委員部長から事務次長になり、やがて知野さんの後、事務総長になるんですね。

ただ、この人は知野さんよりも四歳ぐらい年上です。ですから、高文をパスしたのも知野さんよりは先なわけですね。それから、この人は学歴が文理科大学卒でした。でも、昔の高文をパスしているんですからそれだけ力のあった人だと思うんですけれども、何かそういうこともあったんでしょうかね、それとやはりよそから来た人であったということともあって、後の連中としっくりいかなかったんです。

特に、藤野さんの次の事務総長は大久保さん、それから大久保さんと一緒に三樹秀夫さんが、やはりその端境期のノンキャリアということで、東北大出の人でしたけれども、いわばキャリア扱いで来ていました。この大久保、三樹というのをとかく藤野さんは軽視するところがありまして、やはりキャリア意識があったということでしょうね。要するに衆議院事務局で育った後の荒尾、弥富、泉さんたちは、大久保さん、三樹さんとなじみで、委員部時代からずっと仲間で来ているものですから、結束するわけですよ。藤野さんは、事務総長になったものの、事務次長以下の部長たちとどうもぴったり一体感を保つというわけにはいきませんでした。

議運の理事たちも、この人は非常に茫洋とした感じで、余り俊敏な感じがないものですから、かなり手厳しくいじめるといいましょうか、事務総長に対してつらく当たることがありました。それで、この方が山で遭難死するわけですよ。御存じですか。

赤坂　奥穂の岳沢ヒュッテ近辺ですね。私、よく行くところなので分かるんですけれども、岳沢ヒュッテのあたり、前穂高に向かう途中の下の方。

奈良岡　遭難されたんですね。

今野　その新聞記事です[10]。この人はもともと山好きな人でして、一人でアルプスなんかに行く人でしたし、それから外遊しても、スイスや何か、マッターホルンなどを、自分で登攀はしなかったでしょうけれども、いずれにしてもそういう山歩きをしてくるというふうな人でした。

それで、昭和五一（一九七六）年夏のことです。もう国会は閉会中でしたけれども、私はそのときは議案課にいましたが、夕方になっても幹部が誰も退庁しない。何やら物々しい雰囲気で変に緊張しているんですね。それで、何だと思ったら、どうも事務総長が山で行方不明になっているんだということで、みんな非常に心配をして待っていたんですけれども、結局、穂高で足を滑らせて遭難死していました。

ところが、このとき、事務総長秘書をやっていた、林田亀太郎の孫の林田陽一君[11]も現地に駆けつけて現場まで行ったんだそうですが、全然足を踏み外して滑り落ちるような場所じゃないんだそうですよ。普通だったらとても遭難するような場所ではないと言っていました。それで、一時自殺説が流れまして、藤野さんは、仕事がうまくいかなくて思い屈していて、そして山でどうも自分で滑り落ちたんじゃないかというふうな話も伝わりました。

私は、それはちょっとないんじゃないのかな、藤野さんの人柄からして、それほど神経質に思い詰めるような人とも思えないので、それはどうなのかなという気がしないでもないんですけれども、とにかくそこで遭難死、亡くなってしまいました。

赤坂 …すごいですね。今これを読んでいると[12]、ジャンダルムとかロバの耳という、一般縦走コースでは一番厳しいところを前の日に通って、物すごく簡単なところを下っているときに事故が起きたと。まあ、記事に書いてあるとおり、下り、下山中は非常に事故が多いんですが、その前が、すごく厳しいところを苦もなく通っているのに、不思議ではありますね。

今野 そうですか。真相は分からないんです。いずれにしても、その当時私は議案課にいまして、議運の理事会や委員会には出席していました。そこで藤野さんは議員たちから余り評価されていなくて、特に海部俊樹さんなんかからは嫌われまして、ちょっと、痛罵されるという言い方はなんですが、厳しい言い方をされていたのを、私は見ています。思い屈するところがあったとは思いますね。ただ、自殺までしたとはちょっと思えないんですが、そういう説も流れました。

◆ 事務局幹部とマスコミ、政治家との関係

今野 藤野さんの遭難を伝えた新聞記事の中に、藤野さんが山のゴミを拾っていたと、特に好意的に書かれていたものがありました。それと関連して思い出すのですが、当時は衆参両院の事務局とマスコミというのは非常にうまくいっていました。それは、今とは格段に違うことだと思います。この頃まではマスコミと両院事務局の関係というのは非常に円滑で、協力的というか協調的でしたね。もちろん今も続いている記者クラブ制度というのがあって、衆議院記者クラブ、参議院記者クラブに主な新聞、通信社のメンバーは年じゅう張りついているわけですけれども、そういう新聞記者たちと、秘書課長だとか各部長だとか、あるいはマージャン好きの事務総長はマージャンなどを通して、非常に親密な間柄でした。

それが報道というものにとって正しいかどうかは別としまして、衆議院としてはやりいいというか、私も今でも年賀状を交換したりなんかしている当時の新聞記者がいます。昔のことを懐かしがって話すことなんかありますけれども、当時はマスコミ各社と両院事務局の幹部とは非常に親密でした。

毎年、年の初めに、各新聞社の政治部長と衆議院の幹部、参議院の幹部が持ち回りで宴会を開いて会食をやっていました(13)。ことし衆議院がやったら来年参議院、その次の年は新聞社側が費用を持つんだということで、三者が持ち回りで、マスコミと両院事務局の懇親会というようなものをずっとやっていました。

しかし、それが、多分、大久保さんの終わり頃からでしょうか、なくなってきました。なぜかはよく分かりませんけれども、余りそういうことをしなくなったようですね。個別に気の合った新聞記者と一緒に会食をするというのは、今もあるかもしれませんけれども、しかし、幹部が全員参加しての会合は、もう近年はとんとないでしょうね。今の幹部なんて、新聞記者と一緒に飲み歩いたりなんかするということはきっとないでしょう。それは、一つは、予算上の交際費というんでしょうか、割にそういう面でルーズな面が今とは違ってあって、ある程度の支出が許されていました。

もう一つ、同じような事務総長が関係した会でいいますと、宜聴会という会が一つありました。歴代衆議院議長、副議長と書記官長以来の事務局の幹部が、これは毎年ではありませんけれども、何年かに一回、宜聴会というのを開いて、特に、清瀬さん時代から議長公邸があそこへできたものですから、その後は議長公邸で、立食パーティーですけれども、その当時、健在だった正副議長と事務総長が時たま話し合う。現職議長の招待で集まってもらって、いろいろと意見交換をやる。

私は、こういうことが意外に鈴木隆夫なんかの仕事をやる上で意味があったんじゃないのかなという気がするんですね。そういう、いわば実績を残した政治家と事務局の幹部が気楽につき合っていたということ。それから、その時々の思い出というようなものを話してもらう。事務局の幹部は全員出るんです、いずれは事務総長になっていくような人たちがそういう過去の政治家と、たとえ短時間でも触れ合うことはいいことじゃないかなというふうに思いました。これも多分、大久保さんの頃からだんだんなくなりました。もうやっていないですね。

憲政記念館に行きますと、この宜聴会の寄せ書きというようなものが掛け軸に軸装されて、二本か三本はあると思うんです。記念にみんなに揮毫してもらったものを軸装して、一つの展示物になっていますけれども、そういう会もありました。それがやはり大久保さんの時代からはなくなってきているように思います。これは費用の関係なのか何の関係か分かりませんけれども、希薄になって、だんだん薄れてきています。

◆大久保氏と中村氏のこと

赤坂 マスコミとの関係はよかったという話がありましたけれども、『議会政治研究』の大久保昭三さんなんかは、この時代から事務局との関係を築かれていたんでしょうか。

今野 大久保昭三さんは東京新聞の出身でして、あの人は参議院記者クラブにいたことのある人で、衆議院を担当したことはない人でした。私が資料課長のおしまいのころに、もう『議会政治研究』誌はスタートしていたんです。そして、私のところにも、執筆依頼とか取材みたいなもので大久保昭三さんは見えました。

そのときに、資料課の中に調査員という形で、中村泰男さん[14]という人が実はいまして、この人が、本来でしたら知野さんの後の事務総長になるべく目されていた人だったんです。

赤坂 アメリカ連邦議会のことを書いていましたね。

今野 ええ、書いています。この人は、私が衆議院に入ったときに委員部の一課の課長補佐をやっていまして、東北大出で、この人も清宮四郎さんの弟子です。非常な勉強家でした。

その当時は、今、憲政記念館のあるあたりに、参謀本部の焼け跡でしたけれども、あそこにバラックで国会図書館の調査立法局だけ置いたことがあるんです。本館は今の迎賓館、かつての赤坂離宮が国会図書館のスタートですけれども、あそこは議事堂と離れているので、議員の立法活動に協力するというのが非常に不便ですから、議会関係の文献とかそういうものと、それから調査立法局の専門調査員と事務員は近くにいた方がいいだろうということで、私が入ったときに、二階建てのバラックでしたが、議会文献の書庫とそれぞれの専門調査員の部屋がありました。議会関係の横文字の本なんかがたくさんあったんですけれども、この中村泰男さんは、入りたての私に、「おれは、全部読んだとは言わぬが、何がどこにあるかはあそこにいる人間より知っているんだ」といって威張っていました（笑）。そういう勉強をしている人だったんです。

この人は、ちょっとずんぐりむっくりした体型の人で、柔道をやる人だったんです。この頃はまだ、戦後の若者の間には柔道、剣道をやる人間が結構いまして、衆議院も警務部を抱えているものですから、柔道場、剣道場があるわけです。そうすると、今ほど経済的に余裕がないから、帰りに時間があると、どってんばったん柔道で一汗流して帰るという人間が何人かいたんですね。それでやっていて、あるとき、非常に不幸なことに、投げられて頭を打って昏倒してしまったんです。そういうことがありまして、その事故に遭った後、すっかり精彩を欠いてしまったんです。

特に目立った後遺症があるということではないんですが、それまでは、おれはこれだけのものを知っているんだぞというふうな勢いのいい人だったのが、そういうふうなことがなくなりまして、もう課長になっていたんですけれども、鈴木さんが国会図書館長になっている時期に、やはり衆議院で事務総長までのコースを歩かせていくというのはちょっと難しいということになってしまいました。鈴木さんが、それじゃ、図書館の調査員にして調査の仕事をやらせようということで、図書館に行ってしまったんですね。中村さんはそういう経路をたどった人です。それで、図書館では立法調査事務をやって、後に専門調査員になりましたが、藤田晴子さんと一緒の部屋で仕事をしていたはずです。

そして、定年になった後、もう少し勉強したいという気持ちがあって、それで多分、弥富さんが、じゃ、衆議院の資料課に机を置くから少し勉強なさいといって、わずかな調査員手当だったと思いますけれども、私が資料課長になって来たときに、まだ資料課の一隅に中村さんのテーブルがありまして、そこでいろいろ、アメリカの連邦議会の予算制度の問題だとか、翻訳をしたり、何か書いていていました。

大久保昭三さんは、どこで中村さんと知り合ったのか分からないんですが、図書館で知り合ったのかもしれませんけれども、中村さんの原稿目当てに資料課に来まして、それで、私は初めて大久保昭三さんとは面識を得たわけです。だから、『議会政治研究』の最初の三号か四号ぐらいまでの間には、中村さんの何か論文が載っています。中村さんも、そのスタート時点で大久保さんに協力しているんですね。そういういきさつです。

私がいる間に、百年史体制で、百年史のための調査員を、桂さんだとかほかの人たちを入れる都合があったものですから、中村さんは今年でお引き取り頂くようになりますということを私から言って、やめてもらいました。まだ健在かもしれません。

赤坂　いや、お亡くなりになりました。

今野　そうですか。この人は非常に勉強している人でしたし、知野さんの次に中村さんが事務総長になるんだろうと僕らは思っていました。そういう人でした。しかし、そういう事故で、非常に気の毒でしたけれども、挫折してしまった。それでもそれなりの処遇は受けて辞められたんですけれども、昔の中村さんを記憶している者としては、ちょっと残念なことでした。

ですから、衆議院事務局というのは、意外に不運なんです。そういうふうに、これぞと思うような人がなかなか幹部として残れなかった。結局、藤野さんが亡くなって大久保体制になり、大久保、荒尾、弥富、泉という四者体制ができました。こういうことなんです。

Ⅱ

◆ 葉山洗心寮について

赤坂　先に葉山寮のことが話題に出ました。衆議院の葉山洗心寮が衆議院で使われることになった経緯をもし御存じであれば、ご教示ください。

今野　これは北白川宮の別邸か何かだったものです。終戦直後、いろいろな宮家が財政逼迫したときに、国にどういう形で納めたのか売ったのか分かりませんけれども、それが回り回って衆議院が確保したということです。北白川宮とは、高輪あたりの、最初の議長公邸の建物、敷地を手に入れたときからの関わりがあったんじゃないかと思います。

これは、いずれにしても山﨑さんが庶務部長時代のことです。早い時期に衆議院が衆議院用地として確保していたものです。それを洗心寮という名をつけて職員の保養施設にしたというふうに私は聞いています。タイミング的にいつからかというのは、厚生課の方にでも聞いてみないとはっきりしたことは分かりませんが、大体、終戦直後の早い時期に、国会周辺の用地の確保とそんなに時期を違えずに、衆議院が確保したというものだと思います。

最初は、残っていた古い屋敷を利用して始めたものだと思います。土地の人を管理人に置いて、職員が利用したいときは、厚生課に届け出れば連絡してくれて使えるというふうになっておりました。四季を通して使えることは使えたのですが、専ら海水浴のために夏場みんなが利用していた、そういう保養施設です。

それが、だんだん利用頻度も少なくなってきたのか、近年は、職員研修所、つまり、新しく採用した人たちの合宿研修みたいなものに使っていたんじゃないでしょうか。近頃は衆議院職員研修所というような形で看板が出ています。私、この間ちょっと葉山に行ったときに、通りすがりに見ましたら、そういう看板がかかっていました。

奈良岡　建物は古いものが残っているんでしょうか。

今野　いや、それは建て替えられています。終戦直後に、港区赤坂の木戸幸一さんの屋敷跡を衆議院がもらって、そこに事務総長公邸を建てていました。二階建てでしたけれども、その当時としては結構いい材料でお金をかけてつくった大きな公邸でした。現在その場所は副議長公邸となっていますが、副議長公邸に作り直すときに、その赤坂にあった総長公邸を葉山の洗心寮の方に移築しました。

私にはなじみの深い総長公邸だったものですから、ちょっと懐かしい思いもあって、移築後に一、二度行ったことがあります。間取りはちょっと変わっていましたけれども、外観は大体同じような形で葉山の洗心寮にしていました。それにさらに宿泊施設として増築していたような気がします。それが今建物としては残っているわけです。

それをきっと、この財政難の時期に来て、要らないものは処分しろというふうな政府の方針に協力するということじゃないでしょうか。それでどうやら払い下げるというか処分することになったというんですけれども、今現在、その程度の知識しかありません。

赤坂　職員の慰安旅行というのはいわば恒例行事のような形で毎年行かれていたんでしょうか。海水浴でお使いになったということでしたけれども、それは個人として行かれたということですか。

今野　個人です。友人たちで誘い合わせて行くということはあったでしょうけれども、ある課がまとまってその洗心寮を使うというようなことは余りなかったと思います。みんな家庭的に、家族を連れていくとか、独身の人たちが三、四人連れ立って海水浴に行くというときに使われていました。そこで何か集会をやったというふうなことは職員間ではなかったと思います。

赤坂　洗心寮とは別に、例えば課なら課、議事部議事課として慰安旅行に行くとか、そういう懇親の場というのはなかったんですか。

今野　それは、私が在職している間ぐらいは、年に一回、どこの課でも大体やっていました。大体みんなそれには参加していたと思います。

でも、バスを一台仕立てまして、幹事役が旅館をセットしておいて行くわけですけれども、要するに一泊二日ですから行ける範囲というのが決まってしまうわけです。大体、日光界隈だとかあるいは箱根、せいぜい富士五湖のあたりとか伊豆だとか。そうしますと、旅行ブーム以後は家族旅行で誰もが行きなれた地域に限られてしまうものですから、皆、余りうれしい顔をしなくなりました。

ですから、それでは二泊三日にしようかとか、思い切って飛行機で八丈島へ行こうかとか、そういう変わったコースを選ぶことになるんですが、そうすると費用もかさんでくるわけですし、不参加者も出てきてしまって、だんだん廃れてきたように思います。この頃の若い人たちは余りそういうことを好まない気風ですから、この頃は旅行会というのはどうなんでしょうか[15]。

私は平成元（一九八九）年に辞めましたが、その年までは毎年一回、通常国会が終わった直後ぐらい、大体夏場、六月の頃に課単位でそういうことをやっていました。

◆地方議会事務局との関係

赤坂　また、事務局の後輩向けの研修会を担当されたという話を伺いましたが、その関係で、地方議会の人たちに衆議院事務局の人が講演したり研修の教師役をしたりということがしばしばあると聞いています。今野さん御自身の経験等はおありでしょうか。

今野　終戦直後、国会が新しくなって、当然地方議会もいろいろと新しくなったわけです。それで、会議学ということについて、やはり国会の、特に衆議院の戦前からいた人たちというのはそれなりの知識と経験も持っていたわけですから、地方議会からかなり頻繁に、講演をしてくれというふうな依頼があったようです。

私は昭和二五（一九五〇）年に衆議院に入ったんですけれども、それ以前に、例えば西沢哲四郎さんだとか、鈴木さんもそうかもしれませんが、そういう方たちが地方議会に出ていってしゃべるということはあったようです。そういうもののパンフレットの残りがところどころにあります[16]。それから、私が入ってから後も、事務総長はなかなか行っていないようですけれども、事務次長、委員部長、それから議事部では議事課長というふうな人たちは、どうもちょくちょく行っていたようです。

それを全部私承知しているわけじゃないんですけれども、「鈴木隆夫関係文書」の中にも、地方議会に行ってしゃべったときの原稿みたいなものが残っていますし、西沢さんのパンフレットというのは幾つかあるようです。それから、大分後になってからですけれども、三樹秀夫さんが議事課長をやっていたときにも、三樹さんが地方議会に行って講演をしたというパンフレット、その記録がどこかにあったような気がします[17]。

参議院の河野義克さんたちも講演しているはずです[18]。地方議会は、非常に積極的に国会職員の幹部からいろいろ話を聞きたいという気風が一時期あったんじゃないでしょうか。当然、地方の方から出てきて、事務局の幹部を訪ねて個別にいろいろ疑問点を聞きに来るということもあっただろうと思います。

それから、これはいつ頃から始まったのかよく分かりませんが、私が体験したのは、私は事務総長秘書から議事部に転出しまして、最初請願課に行ってそれから議案課に移ったんですけれども、議案課に行って〔一九七三年一一月一日〕からでしたか、地方議会の研修会というのが、平河町の都道府県会館で毎年一回開かれていました。その研修会の講師という形で、衆議院の議事部から二人、参議院の議事部から二人というふうに出ていきまして、その集会で話をするということがありました。私、二、三回経験しました。

ただ、これは、そういう研修会の方で、その年の研究テーマ、各都道府県議会で起きた議事運営上の問題点というのを色々と列挙していまして、それが二〇項目ぐらいもありましたか、地方議会ではこういう問題が疑問点とされて論議されているんだけれども、国会の取り扱いではどうなっているのか、それに対する法解釈みたいなものはどうなのかというふうなことが、あらかじめ送られてきているわけです。それに基づいて準備をしまして、衆参両院で打ち合わせをして臨むということでした。

結局、全国の都道府県ですと四七人来るわけですが、それを二つに分けて、衆議院と参議院が一人ずつ組んでそれに立ち会うという形だったように記憶しています。二四、五人ぐらいの会議に国会側から二人で行って、地方議会の司会者がいて、そして色々と見解を話し合うというふうなことでした。ですから講演というのとはちょっと違うんですけれども、地方議会の勉強会に立ち会って、参考意見を述べるというふうなことをやらされました。

赤坂　それは議長が来るんですか、それとも事務局の方が来るんですか。話を聞くのは地方議会の事務局の方ですか。

今野　地方議会で議事運営に携わっている職員たちです。議事課とか委員課というのがあるのかわかりませんけれども、そういう地方議会で会議の運営に携わっている人たちです。

赤坂　地方議会との関係というのは、そういう研修の場に限られていたんでしょうか。国会と地方議会の事務局レベルでの交流というのは。

今野　そのほかにもう一つ覚えていることがあります。それは、埼玉県庁の人でしたが、衆議院の議事や議案の取り扱いを勉強させてくれと言って、一時期、一人出向してきたことがあります。一定期間勉強して、二年ぐらいはいたんじゃないかと思いますが、またもとの県庁に帰るということがありました。この人は中島正郎さん(19)といって、その後、地方議会の議事手続についての解説書をたくさん書いた人です(20)。私も面識がありますが、私がまだ事務総長秘書をやっていた時期のことでした。

ですから、そういう希望が地方議会であれば国会の方ではそれに応ずるという姿勢でいたと思います。地方議会の運営と国会の運営というのは若干違うところもありますし、そういう機会があって、私たちの方も講師という形ではありましたが、こちらの方が教わるというか、気がつかないことを勉強することもあるし、そういう企画に引っ張り出されていろいろ質疑応答に立ち会うというのはいいことだな、というふうに私は感じていました。

しかし、議事部長を長く務めた泉清という人がいまして、泉さんは非常にそうした外部との接触に消極的な人でした。それで、衆議院の見解を外部に発表することに非常に消極的な姿勢をとるようになって、地方議会の研修会との関係というのは議事部の方で断ったと聞いています。

地方議会の方でも、新しい問題について国会ではどう取り扱っているかというようなことを聞くこともだんだん減ってきたんだろうと思います。だから、彼らは彼らで新人研修はやっているんでしょうけれども、しかし、特に衆参両院の議事運営関係者に意見を聞くという必要もまた、向こうの方でも減ってきていたんじゃないかという気がします。特に、両院の議事運営の幹部が地方議会に行って講演するというふうな話はとんと聞かなくなりましたから、そういうものはもう三〇年ぐらいも前からないんじゃないでしょうか(21)。

◆地方議会の会議規則と自治省

赤坂　地方議会には標準会議規則がありますね。それを直接適用するかどうかは別にして、そういうモデルとなるものを役所が作って、これに倣えという形でやってきたわけです。そういう地方議会のあり方と、衆議院事務局の見解を聞きたいという地方議会のあり方というのは、どこか通底したものを感じるんですけれども、そういう風潮がなくなってきたというのは、地方議会側としても独自の取り組みをするような傾向が出てきたということの表れだと理解してよろしいでしょうか。

今野　地方議会のことは自治省〔現総務省〕が所管しています。ですから、地方議会の議事法というのは地方自治法の中に書いてあるんでしょうか。つまり、国会法や衆議院規則や参議院規則というふうな形で、議会運営のための独立した法規があるというわけではないようです。どうなんでしょうか。

赤坂　過半数要件（地自法一一六条）や定足数（同一一三条）は地方自治法ですけれども、今申し上げた会議運営のあり方についてはそれぞれの議会ごとに規則がありまして、その規則を作るに当たってモデルとなる標準会議規則というものを都道府県議会にも市町村議会にも、自治省、現総務省が作っていました(22)。その標準規則が作られるに当たって、それまではなかったわけですから、国会の職員の方の関与があったのかどうか、ということです(23)。

今野　ああ、なるほど。新国会発足当初の頃のことは私は知らないので何とも言えませんが、自治省と衆参両院が議事関係の法規について公式に打ち合わせをしたというふうな話は、聞いたことがありません。

ただ、私、今思い出したんですけれども、鈴木隆夫さんが委員部長をやっていて知野虎雄さんが委員部の第一課長をやっていた時代に、自治省の課長補佐の人で、しばしば知野さんのところへ物を聞きに来たことのある人がいました。それで、その人が非常に的確な鋭い質問をするものですから、部長もそばで聞いていて、知野君、今日来たあれはなかなかできそうだな、こう言いまして、知野さんも、そうですねというふうに言って、私も何となくその人に関心を持っていたんです。

その人は確か三回来ました。その都度いい質問をするものですから、当時、鈴木さんとしては衆議院に若手の人材を欲しがっていたわけです、それで、ああいうのがいるといいなと言い出しました。それで、三度目にその人が来たときに知野さんが、「あなた、よくできるね、あなた何期ですか」と聞いたんです。それはつまり高文パスして何期なのかということを聞いたわけです。ところが、その人はノンキャリアだったんです。キャリアじゃありませんでした。

非常に鋭い、いい質問をする人だったものですから、鈴木さんとしても知野さんとしても、キャリアの人材として目を付けたわけです。ところがノンキャリアだったことが分かりました。途端に風船がしぼむようにしぼんじゃいまして、私、そのときに、「身分」の存在を痛感しました。つまり、その反応というのが、「何だ、ノンキャリアか、ノンキャリアならおれのところまで入ってくるものじゃないよ」という感じが知野さんの態度にありました。それで、以後、ぱったりその人は来なくなってしまいました。その人も感じたんでしょう、そのときの雰囲気から。まだ当時はそういうことがありました。

私、すごくその人に同情したんですけれども、キャリアかノンキャリアかの違いが分かっただけで応対の態度が一変するというのは、ちょっと酷いななんて思ったんですが、これは想像するに、何も彼は最初から部長だの課長だのいるところへ乗り込んできて聞こうとしたわけじゃなかったと思うんです。それはやはり隣の部屋にいる課長補佐に聞きに来たんだと思うんです。ところが、受けた側が、ちょっと手ごわい質問だったものだから、それは部長室に入って課長にでも聞きなさいと言ったためにその人は入ってきたんだと思うんです。やはり役人ですから、おのずから、そういう地位といいましょうか、身分的なものは承知しているはずですから。ところが、入って聞いてみたら、すごく快く応対してくれて、しかも懇切に説明してくれたものだから、来た人もうれしくなって、二度、三度と足を運んできたんだと思うんです。

それは、自治省の本省の職員でしたから、自治省の方でも、そういう会議の手続、議事手続などについて積極的にいろいろ勉強していたんだと思います。これは組織的なのか個人的なのかよく分かりませんけれども、そういうふうなことがありました。だけれども、いわゆるグループで一つの部屋に集まって、標準規則の作成について、自治省と国会側がいろいろ意見交換したりしたということはなかったのではないでしょうか。

それから、これはちょっと余分なことですけれども、今、ロンドンやワシントンに職員を派遣しています。ロンドン勤務がムッシュー桑形(24)が第一号だったわけですけれども、ムッシューの経験を聞いていますと、英国大使館でそれまで英国議会のことをカバーしていたのは自治省から出向してきた書記官だったそうです。そこに桑形氏が乗り込んでいったわけです。桑形氏は、当然、議会のことはお前がやれというふうなことで、こっちからもそう言われているし、多分、外務省に行ってから、外務省の本省でも、君は専ら議会担当だよというようなことを言われていたんだと思います。ところが、向こうへ行ったら自治省の人間がなかなか議会の仕事を任せてくれなかったそうです。そういうところがやはり縄張り争いというんでしょうか、それで、出先でも先に行って議会をカバーしていた人間とかなり競り合ったというようなことを、ムッシューは言っていました。だから、やはり自治省の方もそれなりに議会についての関心というのは持っていたわけだし、それなりに勉強もしていたようです。

◆衆議院事務局の「身分」システム

赤坂　省庁の場合は、従来、キャリア、ノンキャリアで昇進の速度やキャリアパス、あるいは最終的な到達ポストにおいて、随分明確な差があったわけですけれども、衆議院の中におられて、先ほど身分制の話がありましたけれども、そのあたりはどのような御印象をお持ちでしょうか。

今野　衆議院の事務局は、今でも、事務総長になるにはやはりキャリアでなくてはならないという考え方を継続して持ってきていると思います。中に適当な人がいなければ、外部からキャリアの人を連れて来るということを度々していますから。参議院の場合は、自分のところで育て上げた職員の中から選抜して事務総長にしていますから、キャリアであるかノンキャリアであるかということについてこだわっていないようですが、衆議院はずっとこだわりがあります。

ただ一つ大久保さんという人が、先にもお話ししたと思いますが、終戦直後に、終戦の年か終戦の翌年かに東大を出て、つまり端境期に当たっていたわけです。そういう旧高文の試験の制度がGHQによって断たれて、それで新しい公務員の上級職試験制度ができるまでの間、一年かそこらだったと思いますが、たまたまその年に卒業した人たちというのは受験のチャンスがなくて、そういう意味では無資格で入ったという人が各省庁にもいるんだろうと思いますが、衆議院にも数名そういう人たちがいました。その中で大久保さんは事務総長になりましたけれども、それ以外の人たちはみんな旧高文合格者か、あるいは新しい上級職試験でパスした人たちが事務総長までいっています。

事務次長まではそうじゃありません。ノンキャリアで事務次長になった人は結構たくさんいますけれども、事務総長はそうなんです。ですから、私の中の認識でも、衆議院の場合はキャリアの中から事務総長が選ばれていくんだろうなという認識を持っています。しかし、衆議院に入ってくるキャリアの人は数が少ない上に、全部が全部、事務総長に適した人とは言えませんから、そういう資格に余りこだわらないで、中で育てて、力のある人間であれば、ノンキャリアでも事務総長に就けるというふうになった方がいいのではないかと私は思います。

赤坂 総長だけはキャリア・ノンキャリアの区別が従来明確であったということですけれども、そこに至るまでの間、キャリアの資格を持っている人とそうではない人とで、例えば昇進のスピードが違ったり、あるいは就任するポストにある程度の傾向性が見られたりということはございましたでしょうか。

今野 キャリアの人はやはり優遇されるということはありました。

赤坂 優遇というのは具体的には。

今野 課長になるのが早いとか、昇進が早い。

赤坂 イメージですけれども、同期で入った人で、課長になったとして何年ぐらいの差が一般に生じていましたでしょうか。

今野 ちょっと年数の比較ということはできにくいんです。一人一人によってまちまちです。

赤坂 つまり、ノンキャリアの人でも能力があればそれなりの処遇を受けると。

今野 先に団塊の世代というものをお話ししましたけれども、団塊の世代の中でキャリアというのは非常に少ないんですよ。ですから、同じ年格好で、あの世代というのはノンキャリアがたくさんいまして、キャリアと同じような時期に入って、キャリアはどんどんと先に課長になっていくわけですが、それに次ぐノンキャリアのグループというのが割にたくさんいたんです。

では、さらにその下のキャリアはどうかというと、その下のキャリアというのが数が少なくて、下のキャリアを引き上げるよりは、中間にいるというか、第一期のキャリアと同期のノンキャリアというのがたくさんいるものですから、その人たちが第一期のキャリアに次いでどんどん課長になっていくという時期がありました。ですから、単純に比較ができないんです。この団塊世代というものが一つあるものですから。その中の一部の人たちは、そんなにキャリアと違わないスピードで課長まで行った例もあります。それで、その中からさらに選ばれて部長にもなっていくわけです。

私が昭和二八（一九五三）年に委員部から議事課に移ったその年の四月に、委員部に大卒で七、八人、ノンキャリアの人たちが入ってきたんです。これは二八年組という言われ方をされまして、この人たちは非常に昇進が早かったです。これもまだ一種の団塊的な世代の中に入る人たちです。先に話に出た、日韓国会のときの多田俊幸という副議長秘書をやった人が、いわばそのトップの人物です。そのクラスは全員が課長になり、部長にもなりました。

次のキャリア世代というのがなかなか育たないというか出なくて、ですから、谷福丸氏が出てくるまでは衆議院事務局ではキャリアが不足していました。いるにはいたんですけれども、リーダーとしての資格に欠けるような人たちもいまして、そういう人たちを事務次長、事務総長というふうに仕立てるわけにいかなくて、むしろ二十八年組のノンキャリアが割に活躍していた時代があるんです。私が辞めるときまでは、そういう人たちがまだ部長でいました。

◆自治省からのキャリア職員の採用

赤坂　二八年組というのは、昭和二八（一九五三）年に事務局に入ったということですね。

今野　二八年に入ってきた人間です。前にごらんに入れた写真などにはまだ入っていない人たちですけれども、そういうグループのノンキャリアというのが結構重用されました。

ですから、衆議院は常時、自治省とかよそからキャリアを補給しようとするわけです。私の記憶するところでは、一番最初は厚生省（現厚生労働省）から長倉司郎さん[25]がやってきました。よそから輸入するキャリアのコースというのは、大体、一番最初に議案課長をさせることが多いようです。

議事部議案課というのは、国会の法規について一番いろいろと勉強する機会があるところです。委員部や議事部議事課よりも、法規について勉強する機会が非常に多いところでした。私も、議案課にいたということが非常に自分にプラスしたと思っているんですけれども、どういうわけかまず議案課長をさせるんです。それから、キャリアですから秘書課長に上げるんです。もともとできれば事務総長にも上げたいという人を採るわけですから。もともとの本省にいるときは課長補佐ぐらいの人です。それを衆議院の議案課長に採るわけです。そして、二、三年して秘書課長にする。それから部長に上げていくというコースを、よそから輸入するキャリアに対してはあてがうんです。例外もあります。大橋和夫さんが例外です。

ちょっと時代順に申し上げますと、最初、長倉司郎さんを議案課長に採って、次に秘書課長にしました。ただ、この人は、一高、東大、高文三番という物すごい優秀な毛並みの人だったんですが、衆議院事務局ではうまくあわず、結局戻るに戻れず、しかし、最後は内閣委員会調査室の室長、専門員[26]ぐらいにはなりましたでしょうか。

その次に、長倉さんがまだ戻れないときに、今度は吉瀬宏さん[27]が自治省から来ました。この人は、長倉さんを人事課長に異動させた後の秘書課長で来たんだったかな[28]、いきなり秘書課長だったかもしれません。この人はずっと秘書課長で、鈴木隆夫さんが事務総長時代に秘書課長にして、山﨑さんのときにもいました。しかし、この人も非常に神経質な人で、ちょっと議員たちからこづかれたりするとふさぎ込んでしまうような繊細な人だったものですから、自治省に帰りました。後、どういうふうなコースをたどったかは私よく知りませんけれども、三、四年もいましたか、数年で自治省へ帰りました。

その次に大橋和夫氏[29]がまた自治省から来たわけです。彼は、どういうわけか委員部の一課の課長補佐に入ってきました。そして、昭和三八（一九六三）年の知野さんがやった『逐条国会法』の勉強会のトップバッターで自分の見解を発表するということをやりました。その後、船田中議長の役所側の議長秘書になり、総長秘書の私と一緒に、日韓国会を体験しました。この人は、船田さんが辞任した後、議長秘書から離れてまた委員部に戻ったんですけれども、やはり日韓国会の大騒動を体験して嫌気が差したというのか、これはちょっと自分に向かないと思ったのか、自分で運動したんだと思いますが、自治省に帰っていきました。

それから後、中島隆さん(30)が自治省から来ました。消防庁から来たと言っていました。この人がキャリアで衆議院に呼び込まれました。事務次長になって、事務次長から会計検査院の検査官になって、そして検査院長にもなりました。この人は、藤野さんが事務総長の時代に(31)、議案課長を振り出しに来た人じゃなかったかと思いますが、弥富事務総長の時代に事務次長になりました。しかし、この二人〔弥富氏と中島氏〕が余りしっくりいかないようでした。それで、弥富さんとすれば、自分の後をこの人に、という感じにはなれなかったんじゃないかと思います。

一方、会計検査院の検査官というのは、当時は国会側からの天下りというんでしょうか、わたりというんでしょうか、一種の指定席みたいになっていたものですから、これは先にもお話ししましたように、まず参議院の芥川さん、その次に山﨑高さんが衆議院から行って、その後、知野虎雄さんが衆議院から行って、知野さんが七年間やった後、今度は大久保さんがまた検査官になりました。その大久保さんの任期が切れた後に、中島さんを会計検査官に送り込んだんです。

それで、中島さんの後に来たのが緒方信一郎さんです。やはりこの人も自治省から来ました(32)。この人は温厚な人で、『議会制度百年史』を編さんするときに緒方さんは事務次長になっていましたから、私は緒方さんの下で『議会制度百年史』の仕事をやりました。最初に緒方さんがどういうポストで衆議院に入ったかというのはちょっと忘れましたけれども、多分、いきなり庶務部長になったんじゃないかな。

赤坂　緒方信一郎さんは、昭和五七（一九八二）年四月七日に委員部第二課長ですね。その後、委員部副部長を経て、昭和六〇（一九八五）年に庶務部長。六二（一九八七）年には、中島氏の後を継いで事務次長に就任しています。

今野　そうですか、委員部の課長でしたか。よそから来た人としてはちょっと異例な扱いをした。でも、それは考えてみるといい扱いだと僕は思います。キャリアの人を衆議院に採用して、将来事務総長にしようと思って採るのであれば、まず委員部に入れて委員部の課長を体験させて、そこから上げていくというのは一番望ましい人事のやり方じゃないかと私は思います。

それはどうしてかといいますと、やはり委員会で直接与野党の議員がやりとりするという現場に立ち会って、そこで少しもみくちゃにされるというふうな経験をした方が、国会の仕事の要領といいましょうか、技術的な面がよく分かると思うんです。同時に、運営の法規もいや応なしに身に付けざるを得ませんから。そういう意味からして、将来事務総長にしようと思うのであれば、委員部の課長あたりからスタートさせるというのが一番いいやり方じゃないかなと私は思います。

緒方さんは、委員部の副部長から庶務部長になり[33]、それで、中島さんが会計検査院に出てしまったものですから、すぐ事務次長になったわけです。普通ですと、庶務部長とはいいながら、何せ来たばかりの庶務部長ですから、衆議院事務局の経験は浅いんです。しかし、いきなり事務次長でしょう。ですから、その当時いた委員部長だの警務部長だの記録部長だのというのをみんな飛び越えて次長になったわけです。そのときの部長たちは全員ノンキャリアだったわけです。

奈良岡　二八年組。多田警務部長などですね。

今野　二八年組が大体そういうクラスで、だからみんな文句は言わなかったと思います。

私、そのとき憲政記念館にいて、憲政記念館では年に一回特別展というのを開くんですが、そのときは、次長と各部長全員に来てもらって特別展の企画というのを説明して、こういう企画で準備を進めますからよろしくという話をするんです。それで、前の年に一番末席にいた緒方さんが、次の年の企画会議には一番メーンの席に座って采配を振るんです。いやあ、私、ほかの連中はどんな顔してこれにつき合うかなと思ったんです。多分、事務次長になってから間もなくの企画会議だったと思います。

そうしましたら、やはり役人というのは平然としたものです。肩書が物を言う世界ですね。それで、緒方さん自身も、まだ衆議院に来て日が浅くて、言ってみれば年齢的にも経験的にも先輩の連中がみんな部長でいるわけですけれども、平然として、本当にもう数年前から事務次長をやっていますというような顔して会議を主宰しました。

そういう点では、行政官庁というのは結構こういうことがあるのかもしれないし、二七、八の頃から地方の税務署の署長になっていくとか、そういうのがよくあるじゃないですか。緒方さんだって多分、自治省時代に地方の課長ぐらい経験したりなんかしているんだろうし。だから、衆議院みたいな狭いところで、誰が先だ、誰が後だというようなことにこだわって暮らしている人間の目から見ると、はるかにああいう人たちというのは、その座につけられればすぐそのような顔ができるというところを見せました。私、そういう点でちょっと印象に残っています。

それで、緒方さんは、事務次長をやって、それから弥富啓之助氏がやめた後の事務総長になりました。結構やったんじゃないでしょうか。

赤坂　五年ですね[34]。

今野　五年ですか。やはり比較的無難な時代だったということが幸いしただろうと思います。そして、温厚な人柄でしたから、何となく議員たちに支持されるというふうな雰囲気があったんだと思います。それで次には国会図書館長に横滑りしていきました。もうそれは私がやめた後ですから、ちょっとその辺のことになるとよく分かりません。私は弥富啓之助さんがやめた直後、同じ月ぐらいに退職しましたから、退職の辞令は緒方さんからもらってやめたわけです。

◆帝国議会期の議院法研究会について

赤坂　ところで、鈴木隆夫さんの関係文書が憲政記念館にも残されているということでしたが、私、実際見に行ったことがありまして、その中で一つ気になったのは、鈴木隆夫さんが秘書課長時代に議院法研究会というのをやっておられて、西沢さんとか内藤さんとか、十人ぐらいに割り振って、その解釈をしなさいということで、全部出させて逐条解釈をした結果が、欠けてはいるんですけれども、大体残されていたんです。それが戦後に国会法研究会という形で、恐らく鈴木さんのそういう意を受けて、開かれることになったのではないかと想像しているんです。

その中で、内藤さんの分と、今申し上げました西沢さんの分が欠けていて、それが揃うと、昭和一八（一九四三）年の出来事でありましたので、恐らく事務局として一番最後に、体系的に議院法の解釈を示したものになるのではないかと考えております。その欠けたものとか、あるいはどこかに揃ってそういうものが残されているなどということを御存じないでしょうか。

今野　いや、今赤坂さんがお話しになったのはちょっと私記憶にないんです、その資料。ばらばらだったんじゃないですか。きちんと綴じ込んであるとか、まとまっていましたか。

赤坂　担当した人ごとに綴じられていました。鉛筆で鈴木秘書課長宛と書かれていますが、その配られているもの自体は印刷刷りですので、恐らくほかにも、どこかに残されている可能性はあると思います[35]。

今野　ほかの人は、どういう人のものがありましたか。

赤坂　メモを今日持ってきたらよかったんですが、済みません。吉田さんというのが……。分かりますか。戦前からの人ですね。

今野　ええ、吉田さんというのは、私が衆議院に入った時の委員部の二課長です。吉田三郎という人ですけれども、もう大正時代からいた、戦前からの人です。この人もある種生き字引的な人です。

赤坂　そうですね。それと西沢さん、内藤さん、鈴木さん御自身。ちょっと名前を覚えていない方もあと三、四名はおられたと思います。

殆ど揃っているんですけれども、結局、内藤さんの分と西沢さんの分が見当たりませんでした。今までそういう目で探したことがなかったので、これがもし全部揃うと、大変重要な一つの文書になると思います。

今野　そうですか。西沢哲四郎さんの文書も国会図書館には入っていますね。

赤坂 そうなんです。西沢文書の目録を見てみて、あと、憲政にある鈴木さんの文書ももう一度ちょっと見直してみたいと思います[36]。

大池さんも担当されていましたけれども、ちなみに、衆議院の議事部議事課の倉庫には大池さんの分だけが残されていました。私、倉庫調査したときに、これは何だというので、すごく興奮した覚えがあるんですけれども、それは一部の担当部分に過ぎず、もっと全体の分を割り振ったものでした。

今野 〔憲政記念館の〕鈴木文書の中に大池さんのものもあったということですか。

赤坂 そうです。憲政記念館に残されている「鈴木隆夫文書」の中に、大池さんの担当分もありましたし、まさしく同じものが衆議院の倉庫にも残されています。

今野 そうか。いや、私、それを見ていない。この間目録を見せて頂いて、えっ、こんなのが鈴木さんの残したものにあったのか、それじゃ僕は図書館に一括して入れるべきだったなと思ったのがありました。

赤坂 私が調べに行ったのは、衆議院のいわゆる『議事解説』がありますね。議院法研究会の記録こそが、あの『議事解説』のもとになったんじゃないかと当たりをつけて見に行ったら、議院法研究会記録の方が後でして、鈴木さんの担当分が、鈴木さんの字で、昭和一八（一九四三）年の六月寄稿と書いてありました。ということは、その一年前に『議事解説』は出てしまっていますから、本当に一番最後の時代の、完成した体系的な議院法解釈論を提示しようとしていたわけです。これはぜひとも探し出したいと考えているんです。

今野 そうですすか。それは私は見ていないのでわかりません。西沢さんの資料の中にあればいいんですけれども。

しかし、私、西沢さんの資料目録も何だかちょっと見たことがあるような気がするんですけれども、西沢さんのは印刷物みたいな、公刊されたものが大量に残っているので、あの人の書いた原稿類というのは余りないんじゃないかという印象を持ちましたけれども。

赤坂 御自身の担当分がないので、ちょっと残念なんですけれども、もしほかに残っている可能性があるとしたら、どういうところが考えられますか。例えば衆議院の中だと、今、議事部議事課の倉庫しか我々まだアクセスしていないんですけれども、仮に残されている可能性があるとしたら……

今野　いや、それはないですね。

赤坂　あるとしたら議事部議事課の倉庫に…。

今野　もう議事課の書庫しかないでしょうね。議事部資料課にもないですね。こっちは印刷物や何か戦前の刊行物はありますけれども、特に戦前、先輩たちのそういうメモ類というのはないですね。西沢さんの資料にあればいいですけれども。

---

(1)　一九一八～一九九六年。中央大学卒業。清瀬一郎の秘書を経て、代議士に当選七回。第一次海部内閣で厚生大臣。

(2)　現在の衆議院議長公邸のことで、閑院宮邸跡に建てられている。建築の経緯について、『佐藤吉弘オーラルヒストリー』(二〇一一年)第八回記録も参照。

(3)　戦前の衆議院議長官舎は霞ヶ関に置かれていたが、戦時中に各地を転々とした後、一九四七年七月、高輪の北白川宮邸を譲り受け、一九六一年一二月までここが議長公邸として使用された。

(4)　一九二五年九月生まれ。一九四九年に衆議院事務局に採用され、一九五四年衆議院参事に任じられる。秘書課長、警務部長、管理部長、庶務部長、委員部長、事務次長を経て、一九八〇年七月事務総長(一九八二年八月退職)。

(5)　なお、清瀬一郎の著作には『秘録東京裁判』(読売新聞社、一九六七年、改訂版一九七五年、中公文庫、一九八六年、新版二〇〇二年)、評伝としては、黒澤良『清瀬一郎　ある法曹政治家の生涯』(駿河台出版社、一九九四年)がある。

(6)　一九一五年九月生まれ。一九四九年一〇月衆議院法制局参事に採用される(第二部第二課長)。一九五八年四月法制局第四部長を経て、同年六月衆議院参事に任じられ、管理部長を命じられる。その後、庶務部長、記録部長、委員部長を経て、一九六七年七月事務次長、一九七三年九月事務総長。一九七六年七月四日、北アルプス岳沢で滑落して遭難死。

(7)　一九〇七年一月生まれ。一九四七年一二月に衆議院事務局に採用され、一九四八年九月委員部第三課長。同第二課長、第一課長を経て、一九五九年七月に委員部副部長。一九六〇年一一月退職。
(8)　一九五七年五月第一部第二課長、一九五八年四月第一部第一課長（新設の調査課長を兼務）、一九六一年二月第四部長、一九六八年一二月第三部長、一九六九年四月第二部長、一九七二年七月第一部長、一九七三年九月法制次長、一九七六年一一月法制局長（一九八一年九月在任中に死亡）。著書に『条例規則の読み方・つくり方――市町村の実例を中心として』（学陽書房、一九九七年）等がある（日下千章・上田章との共著）。
(9)　二〇〇八年一二月二五日に赤坂と奈良岡が行った聞き取り調査のことを指す。
(10)　朝日新聞一九七六年七月七日記事「藤野衆院事務総長が遭難？」。
(11)　一九三二年一月生まれ。一九五一年一〇月に衆議院事務局に採用される。一九六八年一月以降、断続的に、副議長秘書を三度務めている。一九八八年六月副議長公邸長。一九九〇年七月、憲政記念館資料管理課長、一九九二年一月決算委員会調査室主任調査員（同年六月退職）。
(12)　朝日新聞一九七六年七月一四日（朝刊）記事「北アルプス報告〈上〉」。
(13)　なお、『平野貞夫オーラルヒストリー』（未公刊）第一〇回記録も参照。
(14)　一九二一年生まれ。一九四五年一一月に衆議院に採用される。委員部第三課長、同第二課長を経て、一九五八年五月議事部議案課長。一九六一年七月には渉外部庶務課長となるが、同年九月国立国会図書館へ出向。著書に『アメリカ連邦議会論』（勁草書房、一九九二年）がある。
(15)　近年、そのような慰安旅行は行われていない。議事部議事課では二〇年ほど前に消滅したが、おそらく、週休二日制になったのも一つの契機であったと思われる。この点は、白井誠議事部長（当時）からの御教示による。
(16)　たとえば、西沢哲四郎「議会運営に関する二、三の問題について」（長野県議会事務局、一九五〇年）や同「国会法をめぐる問題点について」（全国都道府県議会議長会事務局、一九五四年）、および鈴木隆夫「会議録とその周辺の問題について」（日本速記協会、一九五五年）などを参照。
(17)　三樹秀夫「議会の運営について」（富山県地方議会事務研究会、一九六一年）を参照。
(18)　河野氏の遺稿集『国会とともに』（二〇〇五年）に所収の各論考のほか、たとえば同「会議録についての諸問題」（日本速記協会、一九五六年）などを参照。
(19)　一九一九～二〇〇一年。中央大学経済学部卒。自治省、衆議院に勤務したのち、全国市議会議長会事務局次長。その他、全国町村議会議長会、日本経営協会、教育訓練所、自治大学校、市町村アカデミー（市町村職員中央研修所）等で講師を務めた。

(20)『会議規則・委員会条例・傍聴規則逐条解説』（ぎょうせい、一九七五年）、『議会先例ガイドブック』（ぎょうせい、一九七八年）、『最新詳解議員提要』（ぎょうせい、一九九二年）など、多数の著書がある。

(21) 現在でも、地方議会の研修会への両院事務局の関与は継続的に行われている。

(22) 大石眞『憲法講義〔第二版〕』（有斐閣、二〇〇九年）二九九頁も参照。

(23) なお、佐藤吉弘氏は、参議院職員になる前に佐賀県議会規則を作った経験を有している。『佐藤吉弘オーラルヒストリー』第二回記録を参照。

(24) 桑形昭正氏の渾名である。フランス語に堪能なことから、このように呼ばれていた。『谷福丸オーラルヒストリー』（未公刊）第二回記録及び第三回記録、近藤誠治（著）、赤坂幸一・奈良岡聰智（編著）『立法過程と議事運営――衆議院事務局の三十五年』（信山社、二〇一一年）も参照。一九三一年一一月生まれ。一九六〇年に衆議院事務局に採用され、一九七三年に議事部議案課長、一九七八年に委員部総務課長等を経て、一九八五年に渉外部長（平成四年退職）。一九九二〜二〇〇〇年群馬工業高等専門学校長を務めた。訳書に、中央情報局レファレンス部『英国議会』（一九七一年）がある。

(25) 一九一八年四月生まれ。内務省出身で、一九五一年八月に衆議院に採用（議案課長）。秘書課長（一九五五年一一月）、人事課長（一九五八年五月）、庶務部副部長（一九六一年三月）等を経て、建設委員会主任調査員（一九六二年四月）、内閣委員会調査室長（一九七六年二月）。一九七九年八月退職。『平野貞夫オーラルヒストリー』第七回記録も参照。

(26) 専門員と室長との関係については、『谷福丸オーラル・ヒストリー』第四回記録を参照。

(27) 一九二〇年一〇月生まれ。一九五八年一〇月に秘書課長として採用。しかし、一九六一年七月に衆議院を退職。

(28) 長倉氏が秘書課長を辞めたのは一九五八年五月一五日であるから、五ヶ月弱のタイムラグがあった。その間、庶務部長の知野虎雄氏が、同年七月一〇日〜九月九日にかけて、秘書課長事務取扱となっている。

(29) 一九六一年八月に委員部調査課課長補佐として衆議院に採用された。一九六三年一二月から一九六五年一二月まで議長秘書。委員部調査課に戻った後、一九六六年一〇月、自治省に戻っている。第2章の注(22)も参照。

(30) 一九二九年四月生まれ。一九七二年八月に衆議院に採用（議事部議案課長）。その後、記録部長、管理部長、庶務部長、議事部長、委員部長と歴任した後に、一九八五年八月、事務次長に就任。一九八七年三月退職。

(31) これは事実ではない。藤野重信氏が事務総長に就任するのは、一九七三年九月二七日である。

(32) 一九三三年九月生まれ、自治省出身。一九八二年四月に衆議院事務局に採用され、委員部第二課長。一九八三年一月委員部副部長、一九八五年九月庶務部長。一九八七年三月に事務次長となり、一九八九年六月事務総長に就任（一九九四年六月辞職、国会図書館長に就任）。なお、自治省時代の末期に、『現代地方行政講座5　保健衛生行政』（ぎょうせい、一九八〇年）を出版している。

(33) 本文上記の通り、一九八三年一月から委員部副部長を務めている。その間、委員部調査課長事務取扱（〜一九八三年八月）、委員部第二課長事務取扱（一九八五年四月〜同年七月）。

(34) 一九八九年六月から一九九四年六月までの五年余。

(35) 聞き取り当時、衆議院事務局の議事部地下書庫には大池氏の担当分が、また憲政資料室鈴木隆夫文書には鈴木氏担当分が、それぞれ残されているが、憲政記念館のものと重複している。

(36) 鈴木文書目録で検索した結果については前註のとおり（「一二六　議院法研究」）。西沢文書には該当資料なし。

◇第3章◇　衆議院事務局の実務

◆『先例集』に載せられない「先例」——特別委員会の名簿提出をめぐって

今野　最近の両院事務局はすっかりきばを抜かれてしまったような感じになっていまして、与野党が合意すれば何でもそれに従うというような感じになっています。何が大事かといって、与野党の合意が大事なのであって、法規、先例が大事ではないように見えます。ですから、この分でいきますと、『先例集』に載せられない先例というのが色々と出てくる。今でも現に幾つかありますけれども。

本当は、何事も法規にのっとってやらなければならない。そして、法規には一々規定できないようなものを先例として積み重ねてきて、その先例にのっとって運営する、それをまとめたものが先例集です。ところが、その『先例集』に載せられないような事例があちこちに出てきています。

それは何で記載されないかというと、法規に抵触するから記載できない。法規上考えておかしいから、その事例は『先例集』に載せないんです[1]。しかし、実際の運営をしていく上では、そうした事例はやはり無視できなくなります。この間ああやったじゃないか、こうやったじゃないかと。つまり、それが先例になってしまうわけです。それが積み重ねられていく。そうたくさんはないですけれども、そういう状況がずっと出てきています。

赤坂　『先例集』に載せられない先例とは、具体的にはどのようなものを指しておられますか。

今野　知野総長時代の話と関連しますが、沖縄及び北方問題に関する対策樹立のために、委員五〇名の特別委員会を設置した時のことです。社会党は設置に反対でしたが、本会議で議決されて、社会党など野党に一九名（社会九、公明五、民社三、共産二）の委員の割り当てが来ます。しかし、自分たちはその特別委員会の設置に反対だから審議に参加しないといって、名簿を出しませんでした。そこで議長は五〇名の委員なのに三四名の委員だけ指名して、その状態で委員会を開いて議決して、議案を成立させる、そういうことをやっています。

こういう事例は『先例集』には書けません[2]。つまり、特別委員会を設置していながら、ある会派が特別委員会の名簿を出さないがゆえに、その人数を欠いたまま審議を行ったという先例は、『先例集』には載りません。それは会議体の運営として正しいかどうかというと、やはり疑問が残るからだと思います。

特別委員会については、かつて山崎高さんのときに、ＩＬＯ条約で特別委員会が設けられた際、その特別委員会に条約と国内法も一緒に付託したため、社会党が反対しまして、名簿を出さないということがありました。名簿を出さないものですから議長が指名できない、その状態では特別委員会を開くことができないということを山崎さんが言ったことが問題になりまして、それで、会派からの届け出というのが非常に重要視されるということになりました。そのときは、一か月余り後に社会党が名簿を出したものですから動き出しました。

その後、年数が経ちまして、知野さんの時代に、第六七回国会で、沖縄返還協定と関連法案が審議されたとき、衆議院は、特別委員会を設置しまして、社会党はかなり抵抗しましたが、〔社会党・共産党が本会議を欠席する中〕一括して全部それらを承認、可決して参議院に送りました。

条約は衆議院が送って三〇日たつと自然成立します。自然成立というのは、参議院としては自分たちの存在意義がなくてもいいということになりますから、それを嫌って、その前日ぐらいに成立させるんです。それで、その六〇七回国会の会期末に条約は成立させました。しかし、残った五件ばかりの関連法案については採決に至らず、結局、参議院はそれを継続審査にしました。

自民党が審議を急いだのは、翌年の一月の初めに佐藤総理がアメリカへ渡って沖縄返還協定の調印を行うということがもう政治日程として決まっていたからでした。社会党はそれに対して嫌がらせをやったわけです。臨時国会は一二月の二七日までありまして、二八日一日置いて、二九日から通常国会が召集されました。その二九日に参議院は、その継続になっていた法案を急遽一日で上げまして、衆議院に送ってきました。衆議院は、やはり形式どおり特別委員会を設置して、特別委員会で可決したものを本会議にかけるという手順をとった方がいいということで、一二月の三〇日に沖縄及び北方問題に関する特別委員会を設けました。しかし社会党は、その特別委員会の委員の名簿を出しませんでした。抵抗したわけです。

このときに一つの選択として、ついこの間までの国会で同じ特別委員会を開いてやっていた社会党の委員がいるわけですから、前国会でその法案を審議した社会党の特別委員を議長がもう一度指名して、正常な五〇名の形で発足させることは可能だったと私は思います。委員の指名はすべて議長の指名によるわけですから(3)。つまり、会派からの届けによってその人を指名するというのは、先例ではありますが、法規的には、特別委員の指名権は議長にあるわけですから。ついこの間までその沖縄の特別委員会で審議していた社会党の委員を引き続き議長が通常国会の冒頭に指名することは可能でした。

しかし、そこで知野さんのとった措置は、山﨑さんのときと同じように、党からの名簿提出がない限り議長は指名できないという判断をしたわけです。山﨑さんのときは、それでも社会党が渋々出してくるのを待ったわけですが、この場合はもう待てないわけです。年明け早々には総理が渡米するということになっている。それで、結局、自民党の方は「社会党が名簿を出さないのであれば、名簿を出さないまま、五〇名の委員中三四名で委員会を進めてしまうよ、社会党はそれに対して文句を言うなよ」と言い、社会党は、「おれたちは参加しない、やるなら勝手におやんなさい」という態度をとったのだと思います。そういう背後関係で与野党は合意したんでしょうけれども、法規的には五〇名の委員会なのに三四名の委員しか指名しないで、その法案を可決して成立させました。

私は、正規に何名として議決されていながら、その人たちを揃えないままで審議を進めるというようなことは、よくないと思います。本会議では、その特別委員会には五〇名の委員が必要だと判断して設置したわけですから、議長にはそれだけの委員を指名する責任があるはずです。ですから、つい前々日までは特別委員であった人間を、一日置いただけの常会の冒頭で議長が指名するということは可能だったと思います。

しかし、そのときに知野さんは、名簿が出てこないなら仕方がない、議長はあくまでも会派からの名簿に基づいて特別委員を指名するのだという先例の方にこだわりまして、議長の指名権をむしろ二の次にしたわけです。それで、人数が欠けた状態のまま委員会を開いて、議案を成立させました。本会議があったのは一二月二〇日（同日に委員会採決の後緊急上程）、ともかく年内に沖縄案件は成立して、辛うじて年明けに佐藤総理はアメリカへ行って調印を済ませることができました。このときの知野さんの判断は、果たして正しかったか正しくなかったか、よく考えてみる必要があると思います。

実は、同様の事例が最近繰り返されました。第一六二回国会の郵政民営化特別委員会で、野党の民主党と社民党は名簿を出さないで、自民党と公明党と共産党だけで、定数不足のまま審査を行っています。国会の先例というのは、今この国会だけだから目をつぶってやってしまえとやった例が後々まで残ります。残って、何十年もたった後に甦ってきて、そして繰り返されるんです。二度繰り返されてしまうと、今度これをひっくり返すというのはまた容易ならぬことになるわけです。ちょっとした油断というか、まあここはいいだろうと甘く考えた判断が後々非常にまずい慣例となって残っていくということがあります。

議員立法で法律案を提出するのに、それぞれの所属会派のしかるべき人たちの承認、承諾の印がなければ提出できないというのも、『先例集』に出ていません。議員は法案の提出権があるわけだし、一定の法的な賛成者を揃えていれば議案というものは受理するというのが、法的な措置としては正しいわけですから。それに対していろいろな付加条件が慣例的についてきていますが、それらはやはり『先例集』には書いていません。

赤坂　先ほどの、特別委員会の設置に委員の推薦がない、そのままやってしまったという事例は、法規に反するから『先例集』に載せられないのだろうというお話でしたが、特定的にこの法規に反する、というものを挙げるとすれば何になりますか。

今野　法規上、特別委員会は、五〇名の委員会は五〇名いないとできません、五〇名メンバーが揃わないと開けませんという条文はありません。

赤坂　常任委員会じゃないですからね。

今野　そういう条文はないんですけれども……

赤坂　では、何に反しているから『先例集』に載せられないとお考えですか。

今野　それは、委員五〇名として本会議で議決されていながら、五〇名の委員がいない状態で委員会を開いて、審議を進め、議案を可決したというのは、異常といいますか、おかしいんじゃないですか。例えば、総選挙が行われて、一部の地域で開票の手順で何かの事故が起きて定員いっぱいの当選者が確定できないという状態のときに、本会議を開いて会議を進めることができますか。

それは、病気で欠員が出たとか、退職者が出て、次の補欠選挙までの間、間隔があいて補欠ができないとか、そういう事情によって正規の議院のメンバーが揃わない状態は、両院それぞれにあると思うんですよ。ところが、実際に選挙が行われて、定員何人ということが決まっていながら、何らかの事情でそのうちの数名が当選者として確定できないという状態が起きたとしたら、その状態が続いている限り、国会を召集して本会議を開くというわけにいかないでしょう。私、会議体というのはそういうものだと思いますよ。

つまり、衆参両院という国権の最高機関、国家意思を形成する会議体が、定員を定めておきながら、その定員いっぱいの人員をそろえないまま会議を進めて物事を決定していくというのは、それは法規以前の問題じゃないかと思います。

赤坂　当初のお答えによりますと、議院の設置の議決に反するから、というお話でしたが、それと議院自律権の関係というのはどうなるんでしょうか。自律権の行使にも制約がある、そういう話になってくるんでしょうか。

つまり、特別委員会の運営をどのようにするのかという場合に、何でも好きなように議院で決めていいわけではなくて、一つは、議決があったので、その議決に反するようなことをするのであれば新しい議決が必要だというお話なのか、仮に議決をしたとしても、それはおよそ会議体として成立していないので、そのようなものはそもそも許されないというお話なのか。一体どこに焦点があって『先例集』に載せられないというお話なのか、そのあたりをもうちょっと詳しく教えて頂けますか。

今野　そういう難しい理屈になると、そこまで詰めて考えていませんでしたけれども、いずれにしても、私は、正規のメンバーを揃えないで会議体が活動するということは異常だろうと思うんですよ。常任委員会の場合は、委員数が規則で定められています。いま、仮にある常任委員会で、相当数の欠員が出た場合に、その欠員を補充しないままで、委員会を開き法案を議決してしまうというようなことができるでしょうか。常任委員会の委員は、選挙直後の国会で全委員が一斉に指名されますから、ある党が名簿を出さないというようなことはあり得ませんが、例えば極端な例になりますが、ある常任委員会が地方に委員を派遣して、その委員たちが飛行機事故で全員死亡したとします。その場合、残りの委員だけで委員会を開いて法案を可決してしまうというようなことが許されるとは思えません。そういう場合は必ず欠員を補充して、定められた委員数を揃えた上で、審査を始めると思います。特別委員会の委員数は、その都度本会議で決めるわけですが、この場合の院議は規則と同じ効力を持っているはずです。常任委員会で許されないことは、特別委員会でも許されないと私は思います。委員会の運営原則は、常任委員会でも特別委員会でも同じです。メンバーがいて、欠席するとか棄権するとか、そういうことは個々のメンバーによって当然許される行為ですけれども、本会議の議決で特別委員四〇名とか五〇名とかということを決めていて、全員のメンバーを揃えないままその会議体が発足して、そして審議を進め、付託議案を議決していくというのは、本当は許されないと思いますよ。

赤坂　そうしますと、理解としては、およそ条理に反する、物事の道理というものに反している、というお話でしょうか。

今野　会議体としての条理に反するんじゃないかということです。

赤坂　特定的にどの法規に反しているとか、特別の議院の議決に反しているという問題よりも、およそ物事の筋道としておかしいのではないかということですね。

今野　私としてはそう考えます。会議体としての条理に反するのではないか。要するに、院の運営、ハウスの運営の方針として、会議体の運営というものをそこまで緩めていいのかということです。

赤坂　もちろん、こうあるべきだという一つの像はありますけれども、法的な意味で根拠があるのか、それとも、そうあった方がよい、妥当だ、そういうレベルのお話なのかというのは、よく分からない部分があります。

今野　先生方はどう思われますか。割り当ては法規にあるんですよ。会派の所属議員の数に比例した形で委員を割り当てるということは、ちょっと手元にないですが、法規の条文にあるんですよ。ですから、社会党が名簿を出さない一七名の委員を全部自民党の委員で占めて発足させてしまうということはできないわけですよ。それは法規違反になるわけです。自民党の割り当て数は、あくまでも一定数法規に基づいた割り当て数があるわけです。

赤坂　そもそも、委員の構成を会派比例にするというのは、先例レベルか、もしくは法規レベルで規定がありましたね。

今野　たしか法規にあるんですよ。委員の割り当ては会派の所属議員数に比例して割り当てる、たしかそういう法規があったと思います。

赤坂　だとすれば、条理とかいうのを持ち出さなくても、その趣旨に反するということになりますね。条理という話をしなくても、比例して割り当てるということは、会議体としてその人たちが一定部分欠けるということは想定していないので、そういった法規に反するという理屈の立て方もあるんですかね。

今野　それはそう言えるかもしれません。いずれにしても、会派という言葉が国会法上出てくるのは非常に少なくて、たしか委員の割り当てぐらいのところしか出てこないんですよ[4]。会派の所属議員数によって委員を割り当てるというふうなところぐらいしか出てこない。

　ですから、本会議では委員五〇名と決めて、あとは各会派からの届け出に基づいて委員を指名するということなんですけれども、その指名に応じなかった会派の委員を指名しないまま会議を運営したという事例が、沖縄国会のときに初めて、知野事務総長時代に行われたわけです。それが、つい最近の一六二回国会にまで一つの先例として影響を及ぼしているわけです。

奈良岡　知野さんのときは、これがアブノーマルだということは、議論になったり、あるいは問題視されたりしたわけですか。

今野　私は、このときはもう事務総長秘書を離れていて、請願課にいた時代でしたが、職場の中で議論はしました。あれでいいのかねというようなことは話しましたけれども、多分、これは議運の理事会で、「社会党は委員名簿を出さないと言っております、したがって、社会党など一六名〔社九、公五、共二〕については委員の指名ができません、しかし、全員揃わないまま審議を進めることについては社会党も内々に同意しているようですから、特別委員会は社会党の参加のないまま審議を進めるしかないと思います」、知野さんがそんなふうな説明を議運の理事にしたと思いますね。これは記録にも何も残っていませんけれども。それでよかろう、ということになったのでしょう。社会党の理事もその議運の席には出ていて、「君ら、やりたければやればいい、おれたちは特別委員会の設置に反対なんだから委員は出さない」というようなことで、突っ張ったまま認めたんじゃないかと思います。

赤坂　知野さんの時代に限らず、今、『先例集』に載せられない先例というものに焦点を当てて、一つは特別委員会の設置に関するお話、それから、法案提出に際しての会派承認要求、機関承認と言うんですか、この問題、それから、既に載っていないものとして秘密会議録の公表のお話〔省略〕と、三つ頂いたように思いますけれども、その他、思いつかれる事例というのはありますか。

今野　今、発言時間の会派別割り当てというのがやられています[(5)]。両院通じて、委員会ではあらかじめ、今日は民主党が何分、自民党が何分、共産党が何分、公明党が何分というふうな割り当てをしているんですが、これも、衆議院の方の『先例集』では、予算その他重要議案を審査する場合等においてそういうことをすることがある、というふうな表記をしていまして、全部の委員会でそういうやり方をしているとは書いていません。参議院の方は、各会派に次のように割り当てた例があるというふうなことで、これまた例示だけ書いてあるんです。

実際には委員会の発言は全部事前に時間の割り当てをした上で進めているんですけれども、本会議についてもそうですが、そういうことは『先例集』に載せていません。党派の所属議員数によって発言時間を割り当てるというのは、議会運営としてかなりおかしなことではないかと私は思っています。

それから、例の吊るしというのがあります。本会議の趣旨説明の要求がつけられたときには付託を保留する、というものですが、これも、衆議院の方の先例集では、趣旨説明は付託される前に聴取したこともあり、また付託された後に聴取したこともある、と書いてあるだけで、ストレートに付託を保留するとは書いていません。これは、議案が提出された場合に、すぐ議長が所管の委員会に付託するというのが法規上の原則なものですから、やはりそれにちょっと抵触するということでしょう。参議院の方も、付託を抑えるという言い方ではなく、趣旨説明要求がついたときは、その趣旨説明を聴取した後に付託するという言い方をしています。こちらも吊るしの実態を正面から示しているとは言えません。『先例集』の表現には、事務局も色々と苦心していると言えます。

◆先例会議

赤坂　さきほど『先例集』の話が出ましたけれども、『先例集』を作成するときに、『先例集』へ取り入れられるものと、そうではなくて取り入れられないものというのは、やはり無数にあるわけですね。先例会議をするときにはいろいろな事例が目の前にあって、だけれども、そのうちの一部だけを先例として取り上げるわけで、その選別というのはどういうふうにして行われているのでしょうか。

普段からの先例会議の実際のあり方と、その後、実際に『先例集』を編纂するときの編纂過程の方針といいますか選別基準というのが前々から少し分からないなと思っているんですけれども、今野さんはどれかに直接関与されたことはありますか。

今野　『先例集』の編纂方式というのは、私が議案課にいたときに議案に関する部分の『先例集』の編集会議に出たことがあるんですけれども、具体的にその会議に出たという経験は非常に少ないんです。

赤坂　一般に、逸脱事例というのは秘すべきものであるということの方が多いでしょうから、実例がどこまで明らかになるかは分かりませんが、私の関心としては、要するに、議会法、とりわけ憲法習律にかかわる部分につき、それを先例という形で作っていく際に、実際にあった事柄を基底にしつつも、事務局の方がいろいろな観点からそれを分析して、これはコンスティテューショナルだと、つまり、立憲的であって、先例として取り込んでいくべきだという判断と、これは取り込むべきでないという判断、その選別をしておられるわけですね。しかし、最終的にでき上がるまでの過程で議員さんの関与はなくて、でき上がった『先例集』を最後に議運に簡単に報告するだけであると。

つまり、事務局が議会という日本の統治機構の一つを動かす実際の大きな部分を選別して作っている面が大きいわけで、それがどのように考えられているのかを、ちょっと調べてみたいなと思っているんです。先例会議に参加された経験は少ない、とおっしゃいましたけれども、議案課におられたときの経験からして、どういう形で先例会議というのは進んでいきましたか。

今野　先例会議というのは、つまり、今現に目の前にある先例集をどう改定するかという先例集編集会議のことか、それとも、普通、日常的に行われている先例会議のことか、どちらですか。

赤坂　毎年毎年のものです。

今野　毎年毎年というか、大体、毎国会先例会議というのをやるんです。それは、先例会議と称して事例の分類をやるというのが普通です。

つまり、例えば内閣不信任案が出ました、否決されました、続いて何か動議が出ました、そういうのは会議の過程で毎国会毎国会あるわけですから、決まり切ったことでも事例としてあるわけですから、その中でちょっと記録しておくべきだというものは、みんな各課で分類して、内閣不信任案が提出された例、それが可決された例、あるいは否決された例、そういうふうにして記録していくわけです。それを、私が議案課にいたときは、議案課というのは一六、七人ぐらいいましたが、課長以下全員が集まった席で、今国会にはこういう事例があったと各係ごとにまとめて報告させ、それぞれ担当の人間が作成している事例集の中に追加していく、漏らさずにそれを整理していくというのが先例会議です。そして、中に非常に特異な例があるとしたら、このときの判断はこういう理由によって行われたものだということも特別に書いて、それはそれでまた議案課の記録としてとどめておくというふうなことをやってます。

先例会議の頭書きというのを誰かが書いていました。その時の政治状況や社会事情にも触れて、この国会ではどういうことが問題になったかということなども書いた上で、それぞれの項目を、今はパソコンで活字にしているんでしょうけれども、我々の頃はガリ版で印刷して、全員に配っていました。それを見ると、その国会の事務の経緯や特徴が判ります。

ただ、これをやっているから日常の業務に心配ないということにはならないんです。それで私は勉強会をしろと言うんですけれども、毎年何回か行われる国会ごとの先例会議というのは、起きた先例の分類会議であって、過去に起きた、大方の人間が忘れてしまっているような先例をもう一度勉強し直して確認して、つまり記憶し直す、そういう会議ではありません。

赤坂　先ほどの毎年の先例会議についてなんですけれども、そこで事例集みたいなものが作成されるわけですが、項目ごとに担当者がいるとおっしゃいました。その項目と、いわゆる『衆議院先例集』という先例集の柱書きがありますよね、あれとの対応関係というのはどうなっているんですか。

今野　『先例集』というのは、ある種、法規に準じた形の文章があります。柱となっている主文があります。先例会議での項目にも、それと関連付けたものもありますが、それよりももっと細かく、事務的な記録に類するものが多かったと思います。つまり、国会ごとに行われる先例会議というのは、事例を分類、整理して記録する作業です。

赤坂　記録すべき事例か事例でないかというのはいかなる観点から判断されるんですか。

今野　それは、長年の事務の集積で、大体、記録しておく必要のあるものが決まっています。例えば、内閣不信任案がこの間出たのはいつだったかと言われたときに、はい、この国会のいつ幾日にこういうのが出まして否決されました、そういうのが即座に出せるような体制を委員部でも議事部でもとっていなくちゃいけないわけです。そのための事例分類をやるのが先例会議です。

それに対して『先例集』というのは、文字どおり、法規に準じた形で、今後ともにそれを継承し守っていかなきゃならないある種のルールブックです。そういうものとして『先例集』というのはあるわけです。

国会ごとに行っている先例会議というのは余り重要視されることはないと思います。日常的に行われている各部課の先例会議というのは、事務運営上、必要なことだからやっているのであって、特別の行為じゃないんです。日常の事務行為の一つです。会議というから何か議題があって論戦があって結論が出るというふうに思われるかもしれないけれども、各部課で行われている先例会議というのは、そういうのは余りないんです。あればもちろんやります。非常に特別な事例、つまり、これまでになかったような事例とかミスだとか見落としだとか、そういうのはやはり反省の意味を込めて議論しなきゃならないということは間々ありますが、しかし、大体日常的な記録の整理業務で、余り重大視されるようなことはありません。

例えば、ある法案について正誤表が出てきた、所管の大蔵省（現財務省）が正誤で処理してくれと言ってきている。しかし、衆議院側としては、正誤で処置するには少し内容的に見て重大だ、これは大蔵省のミスじゃないのか、ミスならばきちんとした訂正手続をとれと言って衆議院側からは要求する。しかし、大蔵省は、いや、訂正なんて大げさなことにしないでくれ、そうすると決裁書類を上まで上げなきゃならないしややこしい、もう正誤だけで済ませてください、そういうやりとりがあって、ではよかろう、この際は目をつぶって正誤にしてやろうと、参議院側とも相談して決めます。記録としては、「議案課としては訂正が望ましいと要求したが、協議の結果、正誤として処理した。」そういうのを課の先例の記録の上では残していくわけです。

赤坂　先例という名前で呼ばれている、いわば事例集みたいなものですね。

今野　事務的な事例の整理が先例会議です。

◆先例集編纂会議

赤坂　その毎年のものから離れて、一〇年に一回行われる『先例集』の改定の際に検討の基礎となる資料というのはどこから出てくるんですか。

今野　それは、『先例集』の改定時期が迫って来た際に、毎年の先例会議で整理している記録の中から、次の『先例集』に載せるべきだと考えるものを選び出すわけです。従来から『先例集』に載せている事項について、今度の国会で起きた事例、あるいは去年起きた事例をそれに加えるか加えないか、こっちの方が新しいから加えて、一番古いものは落としていこうとか、そういうことを各課でまとめるわけです。それから、非常に際立って異常な事例があれば、新しく項を起こして書き加えていくかどうかも検討します。

『先例集』の改定の会議は、議案課の所管部分については、議事部長のところへ議案課の課長と課長補佐数名が行きまして、議事課長も出ていますけれども、議案課の先例の改定に関する要望事項はこれこれですというふうに説明します。それで、そんなのは要らないだろうとか、そういうことは部長の裁定で載せたり載せなかったり、ということになります。

赤坂　ふだんの、毎年の分類会議としての先例会議のときからその準備はされているわけですか。

今野　いや、特に先例集改定の作業のために先例会議を開いているというはっきりした目的意識を持ってではなく、必然的にそうなるんですけれども、先例会議というのは日常的な事務整理です。

赤坂　特異な事例があれば、将来の『先例集』の新しい項目になるかもしれないということでためておくということですね。

今野　そうです。そういうものはやはり丁寧に記録をとって次の『先例集』の改定のときに備えるという作業は各課でやっていると思います。

Ⅱ

◆議事部請願課へ――課レベルの人事システム

今野　それでは、私が辿った人事の経緯に従って、事務総長秘書から請願課に行き、議案課に行き、憲政記念館に行き、そして資料課の方へ戻ってきたという時系列でお話をしていきたいと思います。私は、昭和四四（一九六九）年の九月一日付で、一四年近く務めていた事務総長秘書を離れて請願課に移ったわけですけれども、質問票には、異動に際して私自身の意向は反映されたのかどうか、それから、各レベルの事務局職員の人事はどういうふうにして決定されるのかということが書かれています。

一般に人事は、今は大体七月一日付で大幅な人事異動が行われますが、これは、先にもお話ししましたように、事務総長、事務次長、各部長たちが集まって、そこで決定されるわけです。私は四四（一九六九）年の九月になりました。これは、夏場、国会があったがために、七月一日というのが恐らく国会の会期中だったんでしょう。そういうことでずれて、九月一日というふうになったんだと思います。

当人の希望というのが果たして人事に反映されるかどうかというのは、殆どそういうことはないだろうと思います。それは、七月一日に人事異動をやるということになりますと、各課で、課長と筆頭の課長補佐が二人で、今度の定期人事では誰をどうしようか、誰をどこかへ出して、他所から代りを持ってこようとか、それから、特に昇給、昇格というのがありますから、そういう優遇措置をどうするかというようなことを、大体課長と筆頭課長補佐が相談するんです。しない課長もいるかもしれませんけれども、私の経験では、大体課長から（筆頭）課長補佐に相談がありました。そこで課の希望というのは大体まとめるわけです。課の希望をまとめて、それから部に上げて、部でまとめて、部長が部長会議に臨むということです。そして、ほかの部長たちとのやりとりの中で、昇給、昇格とか、異動とかというものを決めていくわけです。

先に、委員部に所属していると昇進が早いという傾向があり、委員部志向が非常に強くなっていたということをお話ししましたけれども、若手の中では、私を委員部に変えてくれませんかというふうに言い出す人間というのは結構いるんです。やはり、早いうちに委員部の方へ移って有利な道を歩きたいというのは人情ですから。

私の経験からいうと、そういうことを言ってくる人間はおおむね無理なんですね。無理といいますか、委員部に送り込んで定着できるような人というのは、余りそういうことを言ってこないんです。むしろ、上司としては、与えられたポストで黙々と仕事をしている人間の方を、どうせなら委員部に押し込んでやりたいというふうな気持ちになります。そういう意味で、人事について、全く個人的な希望というのは、言っても余り効果がない、言わない方がむしろ利口だという感じがあります。

ただ、どうしても同僚間で仲が悪くて隣同士座っているのが耐えがたいから替えてくれとか、健康を悪くしてこのポストでは勤務の都合で自分は耐えられないから替えてくれ、そういうことは一般課員の間から大体七月人事がある前に申し出があります。そういうものも勘案しながら課長と筆頭の課長補佐とで課の希望というのを決めるわけです。それを各課長が部長の所に持ち寄って、部の意向を決めます。部長会議は、例えば七月一日に人事異動があるとしますと、六月の二〇日前後ぐらいに招集されて、それら各部の希望を突き合わせて、全体会議で人事を調整するということになります。

それで、私が昭和四四（一九六九）年の九月に請願課に異動したというのは、その時期に特別に私だけが秘書を外されたというわけではなくて、一般的な人事異動の時期に移されたということです。その内示を受けましたときに、知野さんから、「君ももうここへ来て四代目の事務総長に入ったわけだし、このまま私の下で居続けると、次の人も君を使うということになるかもしれないし、そういうふうな状態になると余りにも偏った歩き方をすることになってしまって、君の将来にとって必ずしもいいとも思えないから、この際、君は一般の事務の方へ移ってもらうことにしたよ」というふうに言われました。

私もかねがね、先にもお話ししましたが、秘書というのはちょっとやくざ稼業でして、変なものは身につきますが、まともな一般の事務の仕事というのは身につかないということがあるものですから、そろそろ出してもらった方がいいんじゃないかなとは思っていました。ただ、正直に申し上げまして、この時期に知野さんが私を出したというのは、やはり、知野さんと私との間に若干すき間風が吹いてきておりまして、そういう感情的なものが根底にあったと思います。

それは、私と知野さんとは、鈴木隆夫さんのもとで、いわば大相撲の鈴木部屋の、知野さんは兄弟子で、私は弟弟子であるというふうな感じでずっとつき合ってきていたわけです。ですから多少遠慮のないところもありまして、知野さんも、ほかの事務総長だったら私には言わないだろうと思うようなことを私に言いますし、私も若干、そういう兄弟弟子みたいなものの馴れ馴れしさから、それまでの山﨑さん、久保田さんのときには言わなかったようなことを知野さんに言うというふうなこともありました。

総長と秘書とがもしも気まずくなったとすれば、悪いのは秘書なのであって、秘書は事務総長に合わせなきゃいけないというか、言うことを聞かなきゃならぬ立場ですから、間にすき間風が吹いたというのは、それは挙げて私の責任だと思います。結局、何となく私の中には、知野さんは、鈴木部屋の同門なんだけれども、部屋の気風とは違うじゃないか、鈴木さんの教えと違うんじゃないのかというふうな感じになりまして、おのずとそういうのが態度に出てきていたと思います。知野さんも、ちょうど潮どきだと思って私を出したということです。

◆請願課の職務内容

今野　それで、請願課に配属になりまして、請願課に行きましたら総括課長補佐のポストが私のために用意されていたわけです。

秘書をやっていたときに既に課長補佐にはなっていたんですけれども、今から考えまして、秘書というのは、目立つ部署でもあるせいか、率直に言って待遇面でかなり厚遇されていました。特別昇給というものがありまして、普通、定期昇給で毎年一号ずつ昇給していくんですけれども、予算に余裕のある人数だけはもう一号プラスで、つまり一段階飛んで特別昇給というのを受けるんですが、そういうのを何回か私が受けていたものですから、請願課に行きましたときに、私が筆頭の課長補佐で行ったんですが、課長補佐の中で年齢は私が一番若かった。四、五人いた中で、周辺がみんな年長者でした。私より先に入っていた人も含めて私が一番若いのに総括の課長補佐で行ったんです。立場上、やはりちょっと辛いといいますか、請願の仕事は何も知らないのに、課長のすぐそばに座らされたわけですから、これは大変だなと思いました。

ちょうどそのときに、請願課で古い請願書を処理する作業の話が出ていました。請願というのは、毎国会、件数にすると何千件と来るんです。請願は、毎日毎日、議員を通して提出されてきます。法律に基づいて(6)、議員は誰でも請願の紹介というのはできるわけですが、これもみんな党の方でまとめて、政党を通じて出すということになっていました。個々の議員が請願書を直接請願課に持ってくるということはないんです。請願書それ自体は、一人一人の紹介議員が紹介の判こをついた文書で提出するんですけれども、みんなそれを一たん党に集めまして、党の方から提出するわけです(7)。

それは、どんな請願でも、地元の請願であれば議員は紹介していいようなものですけれども、やはり政党ごとに政策が違いますから、党の政策に反するような請願は出しちゃいかぬというふうな慣習がいつの間にやらできてきまして、仮に、自民党の政策に反するような請願を自民党議員が提出した場合に、野党議員が、それはおかしいじゃないかといって議運の理事会なんかで攻撃したということが過去にありました。そういう例が積み重なってきて、各党とも、みんな党でまとめて請願書を持ってくるということになったんです。

衆議院の公報を見ますと、「請願書受領」という記載がありますが、請願の受理というのは毎日毎日あるわけです。例えば前の国会の衆議院公報のある頁を見ますと、請願書受領九五件、通計七四二件とあります。請願課の仕事というのは、まずこの受理から始まるわけですけれども、次に「請願文書表」というものを作ります。というのも、請願書というのはいろいろな書き方をしているわけです。だらだらと長く書いてあるものもあれば、箇条書きで短いものもあって、それは千差万別なわけです。それを、各委員会が審査しやすいように、中身を要約し一定の形式に書き直しまして(8)、それを印刷して、印刷ができ上がった段階で委員会に付託することになっています。それに基づいて委員会では審査します。

そういう作業を請願課はまずやります。毎日毎日、どさどさっと請願書が党の方から届くわけですけれども、それを受理係が同じ種類のものにまとめて、タイトルも、分かりにくいタイトルは書き直すということもあります(9)。参議院は、殆ど請願者が書いてきたタイトルをそのまま活かしていますけれども、衆議院の場合は、若干手を入れて、タイトルも衆議院の審査向きのものに直したりしていました。そういうふうにして受け付けて、受理する、公報に出す、文書表を作って付託する。どこの委員会に付託するかで迷う、幾つかの項目があって、どれに重点があるのか分かりにくいような場合は、議運の理事会にかけるというようなことも間々ありますけれども(10)、大体自分たちで判断して適当な委員会に付託します。

◆請願の処理作業――不要になった請願書の扱い

今野　それで、委員会では、会期の終わりに付託された請願をまとめて審査する例です。審査の結果は、採択、不採択、審査未了の三通りです。採択したものは、山積みになった請願書の中から取り出しまして、みんな内閣に送るというのが普通です(11)。国会関係の請願は議院運営委員会に渡すんですけれども、そうでない、普通の政府の政策についての請願で採択したものは、トラックに一台ぐらいの分量になるんですが、総理府の総務課だったと思いますけれども、そこが窓口になっていて、係員が直接届けます。

採択するものと採択しないものとの比率というのは、国会ごとに大分違いますが、採択されないものの方がかなりの分量として残ります。実は、その残った請願書を、第一回国会から、私が昭和四四（一九六九）年に請願課に行くまで全部保管していたんです。倉庫に山積みになっていました。それで、さすがにもう物理的に収納場所がなくなりまして、それをどうするかというのが話題になったときに、私たまたま請願課に行ったわけです。すぐその処理の方法を考えろというふうなことを言われまして、事務的なことは何にも経験がないまま、とにかくその処理の仕方を考えろと言われまして、慌てました。

採択された請願は内閣、政府に送っているわけです。政府はそれを各省ごとに分類しまして、そして各省でその請願をどう扱うかということを判断して、年に一回、年の暮れに、請願処理経過報告書というのを内閣から衆議院の方に提出してきます(12)。採択した請願については、紹介議員あてに、先生が紹介した請願は採択されましたよという通知を請願課が出すんですけれども、処理経過報告は議員に印刷物を配布するだけです。

よく、請願者にも採択になったかどうか通知してくれという話があるんですが、それは大変な数になって、とてもそれはできないということで、採択されたかどうかは紹介議員に問い合わせてもらうことにしているんですが、そんなふうにして、請願の採択までは紹介議員に通知します。結局、残った不採択や審査未了の請願というのはどこへも行き場がないもので、廃棄するしかないものです。

各省はみんな、自分のところで受けた請願は一応、何せ衆議院や参議院で採択された請願ですから、その政策をどう活かすかというふうなことをそれなりに検討しなきゃいけないわけです。それはかくかくしかじかの措置をとりましたという報告もあれば、まだ目下検討中でありますという報告もあります。いずれにしても、年に一回まとめてそういう報告書が来るわけで、内閣の方は多分、それを済ましたら、請願書というのはすぐ廃棄するものと思います。

ところが、送らなかった請願書、言ってみれば政策として必要性を認めなかった請願書を、後生大事に山のようにしてとっていたわけですよ。参議院ではやはり二年とか三年ぐらい、ある期限を置いてどんどん廃棄していたようなんです。ですから、私も当初、これは三年ぐらい経過したら廃棄すればいいじゃないかというふうなことを考えまして、そういう返事を上に上げたんです。

そうしましたら、そのときの泉〔清〕議事部長は用心深い人でして、請願書というのは、採択されなかったものも全部、表紙には議員の判こが押してあるはずだ、議員が一々印を押したものを果たして事務局が粗略に扱っていいものかどうか問題があると言うのです。請願書で量的にかさばるのは、大勢の請願者の署名簿なのです。それで、その表紙と請願内容の紙だけをはがしまして、後ろにくっついている署名簿というふうなものは捨てろ、上の表紙と請願文ははがして保存しろというふうに泉議事部長が指示してきたんですよ。

その間の経緯のメモをしたり案を書いたりという作業をいきなりやらされました。いや、それが書けないんですよ。書けないというか、やくざ稼業を二〇年近くもやってきて、いわゆる役所の中での文書の作り方というようなことを知らないでいるわけですから。それで筆頭課長補佐でしょう。

そのときの課長だった人は、人事課から行っていた堀籠さんという人だったんですが、この人は、後々私が憲政記念館にいる間に憲政記念館長になってきた人ですけれども、君やってくれよというようなことを簡単に言う人でしてね(笑)。細かなことを何も指示してくれないのです。それで、行ってすぐに、まずその作文で冷や汗をかかされたことを覚えています。

結局、採択されず審査未了になって本来廃棄してもいいような請願書の表紙だけをはがして、あとの署名簿を捨てるという作業を第一回国会の分から始めたわけです。これが、本当にくず屋のようなものでして、もちろん会期中にはできませんから、会期が終わってから暇を見て、請願課員を総動員してやらされました。

赤坂　倉庫というのはどこにあったんですか。

今野　一番最初に、請願課というのは議案課の中の請願係でした。その頃の議案課は、議事堂の塔の下の、今、よく与野党協議をやる常任委員長室というのがありますが、その横に常任委員長控室というのがあります。その狭い部屋が議案課でした。

赤坂　今の控室はなくて…。

今野　国会の発足当初は、本館以外に付属の建物が何もない時代ですから、議案課というのが、今常任委員長控室になっている部屋にぎゅう詰めになっていまして、そこに近いという関係で、四階の国会図書館〔国立国会図書館国会分館〕の一角を、一角といっても、人の普通通らない廊下のような部分が正面側にあるんですが、そこを請願書の置き場にしていたんです。そこに山積みになっていました。そこが一杯になると、また別の場所を借りるというようなことをして、二、三ヶ所にその不要な請願書を保管していました。

古いものから順に片付けることにして、まず四階のものを下ろして第一会館の裏の方の作業場まで運んで、そこではがしの作業をやりまして、私、資料課に四年二、三カ月いたんですが、これは終わらなかったような気がします。閉会中のある時期を見て、一〇日か二週間、集中的にそれをやっているんです。安保国会の請願というのは物すごい量でした。安保改定反対の請願というのが、毎日毎日、大量に提出された。それを一つ一つ、上書きをはがして署名簿だけ廃棄する。

廃棄するものはどうするかといいますと、これがまた、単に裁断機にかけてとか破いて捨てるというのじゃいけないと言われまして、静岡県の製紙工場の関連のところに持っていって、全部お金をかけて煮つぶしをした。ですから、そのときに保管することにした紹介議員の判こが押してある表紙は、今でも請願課の書庫には大量に残っているのではないでしょうか〔最近では、審査未了の請願書は五年間保管し、その後はすべて廃棄している〕。

赤坂　情報としては衆議院公報等に出ているわけですね。
今野　文書表というのには全部残っているんです、一件一件。
赤坂　そのもとになるものの表紙を一件一件残すということなわけですね。
今野　そうです。その現物の表紙なんです。文書表を見れば記録されているものです。

◆請願の採択状況・処理状況の通知

赤坂　ちなみに、採択されなかった場合には、議員さんにも何らの通知も行かないわけですか。
今野　私の在職中は、採択された請願についてだけ紹介議員に通知していましたが、最新の『先例集』を見ると、平成八年からすべての請願の結果を紹介議員に通知することになっているようです(13)。
赤坂　採択されたものについての請願処理経過報告書というものは一般に公開されるものですか。
今野　それは全議員に配付していますし、特に秘密扱いでも何でもないです。
赤坂　請願者としては、採択をされなかったというのは採択通知が議員さんに行かなかったから分かるとして、採択されたその結果が今どうなっているのかというのを知るには、議員さんのところに来た報告書を見せてもらうということしかないのか、一般的に見ることができるものなのか、その辺りはいかがでしょうか。
今野　一般の請願というのは、近頃は団体で組織的にやっているものが多いです。まれには個々人が請願書を出してくるという場合もあります。しかし、一般的には団体でしょう。そうすると、その団体が、当然、紹介議員の属する政党に問い合わせて最終結果まで押さえていると思います。
　請願課にも、この間出した請願は採択されましたか、どうなりましたかというふうな問い合わせはよくかかってきます。それはすぐ分かることですから、たちどころに返事をしていました。
赤坂　それは個人からの問い合わせにも答えるということですか。
今野　ええ、答えます。請願法というのがたしかあったと思いますが、請願は誠実に処理しなければならないなんていう項目がたしかありました(14)。それで、請願課の人間は外の人に対しては非常に親切に面倒見よく応対していました。考えてみますと、一般のそういう市民と直接接触するというのは、議事部、委員部関係では請願課ぐらいでしょう。ほかの部署では受付を通して、一般の市民がこれはどうなっていますかというふうなことを聞きに来るというケースはほとんどないと思います。

ところが、請願課は、請願書を出したいんですけれどもどうすればいいんでしょうかというふうなことから、出した請願がどうなりましたかという問合わせもあり、いろいろそういうふうに普通の市民が受付に来て面会を要求してきて、それに応対するということがあります。ですから、請願課というのはいろいろなそういう関係で外部との接触もありました。

赤坂　先ほどの総括課長補佐というのは、筆頭課長補佐という趣旨ですか。

今野　そういうことです。

赤坂　職名としては総括課長補佐なのですか。

今野　総括課長補佐という辞令は出ないんです。課長補佐を命ずというふうにしか出ないんですが、置かれたポストが、課長のすぐわきにいて、処遇がやはり違うんです。何号給とかというのが違います。総括課長補佐というのはいつ頃からできたのか。ずっとそんなのはなかった時代もあったように思いますけれども、ある時期から給与の格付けの上で区別されるようになった気がします。ですから、正式の名前じゃないですね。

赤坂　何か、総括課長補佐になったら仕事が変わったりするんですか。

今野　請願課の仕事でいいますと、まず受理があって、それから文書表作成があって、それから付託をするというのがありまして、それからあと一般の庶務係と、四列に並んでいました。そして、課長は部屋の奥に座っていましたが、その横に総括課長補佐が座る。そういう位置関係です。

赤坂　その他の課長補佐はどこに座るのですか。

今野　各係の上の方にいるのが課長補佐です。

赤坂　その後ろに、部屋の奥に控えて今野さんがおられたというわけですね。ところで、今野さんが請願課におられたのは第二別館がない頃ですね。本館三階に請願係があったそうですが、一般国民から受け付けるものを扱うところとしては、何か面倒くさい場所に作りましたね。

今野　ですから、最初はどういうふうにして受理をしていたんでしょうか。議案課自体が早いうちに一階に移転しましたから、請願課として独立する前に、三階からは離れていたはずです。私が異動したときは、請願課は第一議員会館の地下一階にありました。ですから、これは部屋が全然違います。それでいて、古い請願書というのはどうしようもないから、あそこ〔国立国会図書館の国会分館の一画〕に積み重ねてそのまま放置していたわけです。

その後、請願課は、第二別館へストレートに移ったんじゃなくて、どこか別の建物にいたこともあったんじゃないかと思いますけれどもね。とにかく国会周辺は議事堂しか何もない状態から、ぽつりぽつりと議員会館ができ、別館ができ、この庁舎〔第二別館〕ができというふうに建て増してきているわけですから、ここへ落ちつくまでには各課ともに転々と移転させられています。

それで、請願書は、そんな要りもしないものを、移ったからといって、こっちの書庫からこっちの書庫へと一々動かす必要がないものですから、私が行くまでは古い請願書というのは置きっ放しになっていたわけです。そこ一カ所じゃなく、何か二、三カ所、あっちこっちに山積みにしておいた請願がありました。ですから、一番最初は四階の図書館の分館の端に山積みになっているものから手をかけて、整理をし始めたということなんです。

◆泉議事部長の勉強会(1)――経緯

今野　私は昭和四四（一九六九）年に請願課に行きましたが、四二（一九六七）年に泉さんが議事部長になったんです。たしかそうだと思います。泉さんは最初は委員部にいたんですけれども、係長ぐらいのときに議事課に移って、それから議事課で課長補佐になり課長になり副部長になり、そして私が行く少し前に議事部長になったわけです。

それで、四二（一九六七）年の七月に議事部長になって、四三（一九六八）年から勉強会を始めたわけなんです。議事部の勉強会というか研修会というのを泉さんが始めた。あの人はずっと議事部にいたんですけれども、議案課や資料課や請願課のことは余り見ないで、専ら議事課の仕事をしてきたわけです。そういう関係で、部長になった途端にやはり部の全部を掌握しておく必要があるというふうに考えたのでしょう。勉強会を始めて、四十三年、私が移る一年前に、主だった課長補佐に全部、何か研究発表みたいなものをさせています。何か言いたいことがあったら述べよというふうな漠然としたテーマで、その課の仕事、議案課員は議案課の仕事、議事課員は議事課の仕事、それでいろいろ発表会をさせたんです。

それは私が行く前の話ですが、その中でちょっと面白い研究があった。中島邦夫さんという人で、この人は、議案課にいたときから請願をやって、もう請願一筋で来て、結局はこのまま定年まで請願課から動かなかった人です。この人が、「請願と世相」という題で話をしたそうです。つまり、安保のときは安保条約の問題で請願がわんさと来る、ですから、そのときそのときの世相を反映した請願がたくさん出てくるというのをずっと歴史的に、第一回の国会から自分が携わってきた請願の歴史を社会の歴史とあわせてしゃべるというようなことをやったそうです。それが非常に面白かった、そういう評価が残っている勉強会をやったんです。私が行く前の年だったと思います。

◆泉議事部長の勉強会(2)——請願のみなし採択

今野　その後に私が入りまして、昭和四五（一九七〇）年に二回目の勉強会をやるということになり、私も何かしゃべれと言われました。とにかく請願課に行って一年経つか経たないかという時期に請願のことをしゃべらなきゃならないわけです。したり顔に何か請願のことをしゃべったって、同じ課の連中は十何年とそれを手がけている連中ばかりですから、それに加えて何か新しいことを言うといったって思いつきません。

それで私、それじゃ、みんなが知らないことをしゃべるにはやはり帝国議会時代のことしかないと思いまして、帝国議会時代における請願委員会をテーマにして原稿をまとめました。請願にはみなし採択という制度があるんです。これは衆議院だけ、参議院にはありません。衆議院だけがみなし採択という処理をしています。それはどういうことかといいますと、『先例集』にもこれは出ているんですが、先行する議案あるいは請願、先に処理してしまった議案あるいは請願と同じ趣旨の請願は、採決にかけないで採択したものとみなすという決定をする、そういうことなんです。これは一事不再議の関係です。

つまり、前の日に本会議で、委員会でもそうですけれども、採択すると決めた請願と同じ請願を翌日にまた採択することになったときに、前の日と違う議決をするというのは一つの会議体としておかしい、それは一事不再議に抵触するということで、だから、前に採択したものであれば、次のものはもう採決せずに採択したものとみなすというやり方をとっているんです。ある法律案について賛成の請願であれば、ある法律案が通った後であれば採択したものとみなすということで、議案と請願、請願と請願との関係で、そういう後先の関係で、後のものは前の議決に従って同じ議決をしたものとみなすという「みなし採択」の制度が衆議院にはあるんです。

赤坂　みなし不採択というのはないわけですか。採択の場合は明確な議決があるからもう一回しないけれども、採択しなかったというのは、しなかったというだけで……

今野　不採択というのは、積極的な拒否というか、つまり法律案でいえば否決でしょう。

赤坂　そうはしないわけですか。

今野　それは原則としてないんです。ところが、全くないわけではないんですよ。こんな請願は出てこないと思いますが、今、北方領土返還反対に関する請願というのが仮に出てきたとします。誰も紹介しないでしょうから実際にはそんなものは出てこないんですけれども、仮に、北方領土なんか返還してもらう必要ない、それよりもロシアと仲よくした方がいいんだという請願が出てきたとします。多分、こういう請願は不採択という決定をすると思います。審査未了にしないで、こんなのはけしからぬ、つぶしちゃえというわけで、不採択という決定をすると思います。

そういうものが仮に数日置いてまた審査の対象になった場合には、不採択とみなすという決定をすることになると思います。

赤坂　そういうもの以外は、あえて不採択ということを明確に決定することはないと。

今野　普通の場合は、どんなものでも大体審査未了という形で処理して、不採択ということはしないんです。請願というのは、どんな問題でも請願していいんですけれども、紹介議員がいない請願というのは取り上げようがないわけです。やはり政党を経由して請願書を出すということは、一つにはそういう問題も出てくるわけです。ある議員は、今の北方領土はちょっと論外でしょうけれども、別の問題で、党の方針に反するような請願でも出したいという人はいると思うんですけれども、そういうのはなかなか出せない。

しかし、私がいたとき、菊池義郎さんという非常に頑固な議員さんがいまして、この人は、東京三区の人で、大島とか八丈島とかの離島の方を地盤として出てきている人でした。この人は、絶対党を通さないで請願課に請願書を持って来ていました。「先生、党を通して下さい」と言ったら、「いや、党なんか通さない、受けろ」と言うわけです。私がいたときは、それは受けました。個々の議員が党の指示に従わないで自分の請願権を行使しようとする場合は、やはり議員の権限の方を尊重するというふうにして、受けました。そういう人はいますけれども、余りいません。そして、菊池義郎さんもそうとっぴな請願書を出してきたわけじゃないので、それで通していきました。

ただ、請願によっては、非常に厄介なというか、どうしたらいいか、受理すべきか否かを迷う請願もないではないんです。戦前の帝国議会時代は、天皇に対する請願はいけないとか、憲法改正を求める請願もできなかったですね[15]。それから、哀願の形式を備えていない請願はいけないなんていう規定もありましたから[16]、こうすることを断固要求するというような文句は請願書に書けなかったわけですが、今はそういうことはうるさく言いません。

一つ、私の記憶では、教育勅語の復活に関する請願というのが出てきたことがあるんです。これはどうしようかということで課長が部長のところへ持っていって相談しましたら、それは、婉曲に紹介議員に説明して断れという指示でした。これはどうなんでしょうね。教育勅語復活に関する請願なんていうのは、私は別にそんなにいけないことでもないいんじゃないのかと思っていました。

赤坂　客観的に見て、いいことも書いていますからね。

今野　ええ。そんな拒絶反応を示すことはないんじゃないかと思ったんですが、そのときの泉部長の指示は、終戦直後に、教育勅語の無効に関する決議案でしたか、廃止に関する決議案でしたか、たしか衆参両院で、教育勅語はもう否定するという趣旨の決議をやっているんですよ。そういうことがあるものですから、院の決議に反するということを言って議員に紹介しないように説得してくれと言われまして、そのとおり説明したら紹介議員も引っ込めてくれたということがありました。

◆閉会中の請願課――請願の採択通知

赤坂　請願というのは国会会期中だけで、そうすると閉会中は仕事としては大分減ることになるわけですか。

今野　請願は、会期終了の一週間ぐらい前に、請願の受理の締め切りというのをやります。それは両院ともにやっています。これから先は受けたって委員会で審査するチャンスがなくなるし、文書表を作る時間的余裕もなくなりますから、請願の紹介期限というのを公報に出しまして、いついつまでに出して下さいというのを公報に載せます。それから後はもう受理しません。

赤坂　国会が閉じてしまった後、請願課は何をされているんですか。

今野　私のいた頃は、閉会後しばらくは請願採択通知を、何せ数もたくさんありますから、はがきに書きまして各議員の住所あてに郵送するということが仕事でした。今と違いまして、あて名から請願の件名からみんな手書きで出すということをやっている時期でしたから、一人でたくさん紹介している請願がありますと、それを全部書かなきゃならない。

請願紹介というのが、これまた独特の変なルールがありまして、例えば、今でいいますと、八ツ場ダムの工事継続に関する請願というのが地元から出てくるとします。そして、A議員ならA議員のところへそれを持ち込みます。そうすると、そのA議員は、仮に百通ぐらいの請願書を持ってきたときに、それを一くくりにして一番上のところにA議員の名前を書いて判こを押して、そしてぽんと党の方へ持っていくと、それが党から回ってきて請願課に来ます。その場合は一件なんです。

ところが、議員によっては、自分の活動の実績を広く示したいということで、百通来たものを、極端に言えば百通全部に署名して判こを押して、そして一日に一つずつ出すという人がいるんですよ。そうすると、一日一件ですから、それはどんどんどんどん、毎日毎日、その件数だけふえていくんです。ですから、請願課で同じ一つのもの、同じ印刷物を処理しているんですが、そういうふうな出し方をしてくる人だと百件出てくるわけです。請願の採択通知の場合は、一件一件に番号が振ってありますから、全部それを書いて、返事を出してやらなきゃならない。だから、議員一人ではがきが何枚も何枚もかかるわけですよ。請願課では、閉会になってしばらくの間はそういう作業をやります。そんなことがあります。

実際に終わってしまうと、何もないわけです。そこで、先程の請願書の表紙の引っぱがしの作業というようなものをやらされました。ですから、私が行く前は、請願課は閉会中はかなり暇だったんじゃないかと思うんですけれども、私が行ってからそういう厄介な作業が入りました。でも、概して閉会中は請願課は暇でした。ですから、みんなでボウリングに行く。そのころはボウリングがはやっていまして、帰りにみんなでボウリングに行こうとか和気あいあいとやっていまして、請願課というのは、そういう意味では非常に楽しい部署でした。

◆泉議事部長の勉強会(3)——請願のみなし採択（続）

今野　話を戻しますと、私は昭和四五（一九七〇）年の勉強会で、帝国議会時代の請願委員会のことを調べまして、みなし採択というものがなぜ衆議院で発生したのかという経緯を、ちょっと偉そうな言い方で恐縮ですが、発見しました。参議院ではなぜそれがないのか、衆議院ではなぜそれがあるのかということを、過去の事例から調べて、私の勉強会の報告の柱にしました。

それは、帝国議会時代の中頃に、衆議院では、請願委員会がある請願についてこれは緊急に措置した方がいいと判断した場合には、その趣旨を生かした法律案を請願委員会が作成して、請願委員会提出の法案として出すことができるようにしました[17]。それは大正の末頃だったと思うんですが、それまでは、議員立法はみんな議員個人が出すもので、委員会、機関が提出する法律案というのは認められていなかったんです。それを、請願委員会に限って認めることにし、衆議院規則を改正して、そういう方法を可能にしました。

そこで、幾つかの請願委員会提出法律案というのが立案されたわけですけれども、本来からいうと、その法案の前提となっている請願を採択した上で、法案の方も審議するというのが順序ですが、それでは一事不再議という問題に抵触してしまいます。一つの問題、同じ問題を二度議論するということになるんです。

どっちが大切かといえば、請願を生かした法律案を通すことの方が大切ですから、こういうときには、やはり法律案を先に審議すべきだろうということになったわけです。当然、請願委員会は法律案を可決します。そうすると、この法律案の原因となった請願はどうするかというときに、採択とみなすという措置をとることにしたんです。そういう工夫でみなし採択というのが生まれたわけです。

赤坂　請願と請願の関係ではなくて、法律案と請願との関係でできたんですね。

今野　その関係でそもそも最初は始まったんです。

貴族院では、請願委員会に請願委員会提出の法律案というものを認めませんでしたから、法律案と請願で同じものが前後して採決されるということがなかったんです。そのため、貴族院ではこのような扱いは生まれませんでした。その影響で参議院でもみなし採択という制度はないんです。参議院は、これはいわば再議といえば再議なんですけれども、前に可決された法案とか前に採択した請願と同じ趣旨の請願が出てきたときは前と同じ措置をとるという決め方をしています。要するに、前に採択したものは採択する、前に不採択としたものなら不採択とするというやり方で、採択とみなすという特殊な処理の仕方はしていません。

そうした相違が生まれた経緯を説明して、それで勉強会をしのいだということがあります。正直言いまして、その頃から古い衆議院の『先例彙纂』も、いろいろと読み返してみるのは面白いものだなと感じました。その次の年にまた勉強会があったんです。その次の年は、私より若いクラスの連中がレポートを書いたり報告をさせられました。その頃になると私は一応リード役になっていまして、こういうのをやったらいいだろうとかなんとかいって、部下の人間にテーマを与えたりなんかしましたけれども。

結局、泉さんは議事部長になって三回勉強会をやったことになります。ほぼ三年、四年の間にそれをやって、大体議事部の業務の全貌を掌握したわけです。それであの人は目的を達成したということでしょう。その後は勉強会をやろうとしませんでした。

赤坂　その勉強会の成果というのは、共有するために、報告書といいますか、何かまとめたものというのはできていないんですか。

今野　あると思います。今と違って、手書きで書いたもののコピーをとりまして、資料として残してあるはずです。ですから、さっき話しました中島邦夫さんの請願と世相とかなんとか、そんな文章もあります。

奈良岡　面白そうですね。

赤坂　活字にはなっていないんですか。

今野　活字にはなっていないです。手書きのコピーの雑資料で、一回目と、二回目のものは見た記憶があります。三回目はどうだったですかね、とにかく、私も書きましたから。

赤坂　どこでですか。議事部請願課ですか。

今野　それは議事部の各課にあるはずです。つまり、全部の課長補佐、あるいは三回目は係長ぐらいの者にやらせましたから、発言した人間のレポートは……

赤坂　では、勉強会の三回の成果がセットとしてあちこちにあるというわけではなくて、それぞれ……

今野　いや、セットとして。それがきちんと保存されているかどうかは分かりませんよ。分からないけれども、資料課、請願課、議案課、議事課と、つまり、四セット作って各課に配付したということはやっているはずです。だから、それはどこかにありますよ。

◆特許庁の労使紛争に関する請願

今野　請願課時代の記憶に残っていることで、一つは、私がいる間に、特許庁で労使紛争と言っていいのかどうか、何やら上層部と一般職員組合との間でトラブルが起きまして、労組側から、公務員ですから職員組合というんですけれども、その職員組合から、事態打開のための請願が出てきたんです。当然、野党議員が紹介したんだと思いますけれども、特許庁の上層部を批判する請願が出てきました。それを受理して、普通に処理していたんです。そうしたら、特許庁の管理職、上の方の人間がやってきまして、その請願を見せてくれということを言ってきたんです。といって来たんです。それで、私、どうしますかといって課長と相談しました。つまり、特許庁の上の方は何を見たいかといったら、署名簿を見たいわけなんです。代表者は分かるわけですから、その外何名が誰なのかは現物を見ないいきなり入ってきまして、うちの職員からこういう請願が出ていると聞いたけれども、それを見せてくれないか請願文書表には代表者の名前と外何名というふうに出ているわけです、請願文書表に出ますから。しかし、と分かりません。その署名簿を見せてくれというわけです。

これは拒否すべきだろうと私は思いました。憲法一六条に、請願することによって差別を受けてはならないという規定がありますから、これは明らかに請願者に不利益になることが懸念されるから拒否しましょうと私は言って、特許庁の課長ぐらいの人でしたけれども、見せられないと言った。同じ公務員だから見せてくれると思って来たんでしょうけれども、それは見せないといって断ったということがありました。請願課の姿勢として、割にそういうところは請願者の立場を重視するというところがあったように思います。

◆交通刑務所の設置に関する請願

今野　それから、一つ面白い例で、神戸の方からやって来る老人で、Kさんという人がいまして、変わった人でしたけれども、この人が一年に一回ぐらい必ずやってくるんです。そして、自分が出したい請願のことで、いろいろ教えてくれというわけです。

その中身というのが、交通事故を起こして、例えば人をひいてしまったとか傷つけてしまった人に対する刑事罰は、特別の刑務所で行ってはどうか、というものでした。当時は、そうした交通事犯者も、一般の犯罪人と同じ刑務所に入れていました。しかし彼らは、いわゆる犯罪者とは違う、悪人じゃない。意図しないで人を傷つけたり、殺してしまった者たちですから、それを強盗や何かやった人たちと同じ房に入れて、同じ作業をさせるというのはかわいそうじゃないかというわけです。それで、そういう交通犯罪といいましょうか、交通関係の犯罪者に限って入れる別の刑務所を、もう少し開放型の、教育刑的な措置をとる刑務所を作るべきではないかという請願を、そのKさんという人が非常に熱心にやっていました。

御趣旨もっともなわけです。よく分かる。その人はまた面白い人で、必ず採択させるために、ほぼ全部の議員の紹介をとるんです。来るたびに議員会館の部屋を軒並みに歴訪して、その説明をするんです。そうすると大体、そんな請願だめだという人はいませんよね。みんな、それは御趣旨ごもっともだ、いい請願ですねといって紹介してくれる。だから、紹介議員が何百人という数になる。請願者は一人で、紹介議員が二、三百人もいるという不思議な請願書です。

それは採択されます。なぜなら与野党を問わず多数の議員が紹介しているわけですから。それを政府に送ると、やはりいいアイデアなものですから、あれは法務省だったと思いますが、実施することになりまして、一番最初は愛知県だったように思います。

私がいたときは、千葉県の市原にそういう刑務所を作ってくれと、場所も指定してくるんです。そこがみそなんですよ。何でだと思ったら、そのKさんは不動産屋なんですよ。不動産屋でして、自分がそこに土地を持っているわけじゃないでしょうけれども、やはりその業界のある種の連携がありまして、多分、愛知県の方もそういうことで実現したんだと思います。それで、私がいたときの請願も採択になって、市原に実現しました。動機はどうあれ、いいことをやっているわけです。しかし抜け目のない人で、面白い人だなと思いました。

奈良岡　請願というのはどっちかというと、立法化はされないけれども、ちょっとガス抜き的というか免罪符的というか、それほど実効的な政策には結びつかない場合が多い、何となくそういう印象がありますけれども、そうではなくて、今のように、実際の政策なりに結びついていく場合もあるのですね。

今野　あるんですね。ただ、そんなにたくさんはないです。大体、国会で議論の俎上に乗るものについての賛否の請願とか、そういうことが多いです。しかし、間々、非常に風変わりな請願というのがやってきます。

◆議事部議案課へ

今野　それから、昭和四八（一九七三）年の七月に、議案課に異動になりました。議事部は、議事課、議案課、資料課、請願課と四つの課があるんですが、中ではやはり議事課が一番重要視されている課で、議案課がそれに次いでいる。あと、資料課と請願課というのは、それよりもちょっとランクが下というふうな感じで位置づけられているところです。ですから、請願課から議案課に行くというのは、一種、栄転というほどではありませんけれども、選ばれて行ったという感じにはなるんです。

私は請願課に四年ちょっといましたけれども、三人目の課長が市古〔忠治〕さん(18)でした。この人はちょっと変わった系統の人で、それまで予算委員会の調査員をずっとやっていた人なんです。非常にイデオロギーをはっきりさせている人で、自分でも社会主義者だというふうなことを言って憚らないような人でした。衆議院にも労働組合、職員組合がありまして、その組合の委員長を何年もずっとやってきた人なんです。しかし、非常に磊落な人で、人当たりもいいし、その人が執行委員長をやっているときに、ちょうど知野さんが庶務部長をやっていて、労使交渉のいわばコンビというふうな感じで、知野さんともウマが合いまして、ちょっと有名人だったわけです。その人が、突然、調査室畑から事務の方へ回って、請願課長になって来たんです。

私も、事務総長秘書をやっていた関係で、組合代表でいろいろと事務総長のところへ交渉に来るというようなことで、顔も知っていましたし、その人の思想傾向その他いろいろ分かっていたんですけれども、私とも気が合いまして、結構楽しい時代を請願課で過ごしたんです。多分、市古さんが、私を議事課とか議案課で働かせたらどうだというようなことを上の方に言ってくれていたんじゃないかと思うんですが、市古さんの推薦みたいな形で私は議案課に移ったのだろうと思います。

◆議案課の職務内容・分掌

今野　議案課では、内閣提出法律案とか予算とか条約、つまり政府から提出される案件を扱う仕事が一番重要視されています。その担当が議案第一係という呼び方をされていまして、それから議員立法の関係、決議案とか質問主意書などを扱うのが議案第二係。それから、いろいろ議案の中身をチェックして、修正案ができたときに、その修正を実際に原案の中に書き込む仕事、審査係というのがあります。それからあと、議決された議案を参議院に送ったり、あるいは内閣に送ったりする送付奏上係というのがありまして、大きく言えばその四種類の業務が議案課としてはあるわけです。

〔『昭和四十八年度　衆議院事務局　職員名簿』を示しつつ〕これが、昭和四八年、私が議案課に行ったばかりの頃の職員名簿で、その頃の議案課のメンバーでは、一六人います。今言ったような四つの係にそれぞれ分かれまして、仕事を分担していたわけです。私は、請願課で総括課長補佐をやりながら受理係を兼ねていたんですけれども、今度、議案課に来ましたときには全くそういう係を持たされませんでした。ムッシュー桑形が私と一緒に議案課に新しく課長で入っていました。

桑形さんは鈴木隆夫の紹介で入ったということもありまして顔なじみでしたから、行ってすぐに、人間関係としてはうまい具合に滑り出したんですが、議案課の仕事というのは請願課の仕事と扱う材料がまるっきり違いますし、いろいろと法規関係で細かなところがありまして、最初はかなりおたおたしたり赤面したりすることがありました。ただ、議案課に行って私は五年ほどそこで過ごしたんですが、議案課で働かせてもらえたということは、これまた私にはとてもプラスになったと思っています。

それはなぜかといいますと、議事課の方が確かに議事部の中ではウエートの重い課なんですが、議事課というとところは、当時は、事務次長も議事部長も同じ部屋に、一つの空間の中にただ間仕切りをしたぐらいでいるような、そういう部屋の構造だったんです。ずっと長くそうでした。今は事務次長室だとか議事部長室というのは独立して小さなものがありますが、あれはごく最近のことでして、ずっと昔の帝国議会時代から事務次長が議事部長事務取扱でしたし、議事課の中に一緒にいたんです。

偉い人と一緒に一七、八人の人間が仕事をしているわけですから、そこでは大きな声を出せないわけですよ（笑）。何か問題があって、自分はこういうことを取り上げて議論したい、隣の人間の意見を聞きたいし、できれば全部の課員の意見を聞いてみたいということがあっても、議事課ではなかなかそういうことは言えない雰囲気があるんです。今は事務次長、議事部長の部屋は独立しましたけれども、依然としてやはりそういう気風というのは残っているんじゃないかと思います。

そこへいきますと、議案課というのは、初めからというか、終戦直後、新しく議案課ができた当初から離れ小島のようなところへ置かれていまして、そこで一五、六人の人間が、開会中は結構忙しく、侃々諤々やっているわけです。議案課は、一番議論をする課という印象でした。何か問題が起きる、誰かが何か言い出すと、それに対して、自分はこう思うとか、それは違うんじゃないかとか、昔はこういうことがあったとかということで、小さな部屋にぎゅう詰めになって暮らしているような関係だったものですから、すぐに議論になったということがありました。それが私にとっては非常にプラスになりました。

◆他部課との折衝――政府委員室との交渉

今野　請願課は非常に限られた相手としか交渉がない課なんですけれども、議案課はまず内閣の参事官室と関係があります。それから、参議院の議案課とも関係があり、しょっちゅう交渉します。それから、各省からも、自分のところで出している法案がどうなっているかというふうなことを聞きに来たりしますから、各省の政府委員室とも関係があります。それから、議員が議案や質問主意書を提出するときは、政党の人間も出入りします。ですから、自民党や社会党の国対とも接触があります。それぞれが、やはり一定のきちんとした様式に基づいて書類を持ってくるわけですから、要件に適合しているか適合していないかということもありますし、それから、提出時期の予測の問題だとかそういうこともあって、何かと交渉があります。

議案課というのは、事務局の中でそれほど認識されていないんですけれども、入ってみると、非常に国会の運営の要になるような働きをしている課なんです。そういうところなものですから、委員会の方で何かおかしな問題が起きても、みんな興味を持ってそれについて議論もしますし、割にみんなでよく勉強をしている課でした。最近はどうか分かりませんが、私がいたときは、とにかくそういう状況でした。

ですから、議案課に五年いたというのは、私にとっては幸いだったといいますか、非常にプラスになった経験でした。

赤坂　内閣の参事官室とのつき合いというのは、要するに内閣に出向くわけですか。

今野　いや、大体向こうから来るんです。参事官がよくやってきました。たまには首席参事官もやってくるんです[19]。

赤坂　それは提出法案の説明などですか。

今野　法案の中身の説明ではなく、提出する議案類の本書を直接届けに来ます。それから、国会が混乱してきたときなんかにも連絡みたいな形で来ていました。また、事務的には些細なことのように思えるでしょうけれども、正誤の問題だとか訂正の問題だとかですね。例えば法案を出した後にミスが発見されて、その正誤をすることがよくあります。そういうときは、内閣の方でも、自分の方の落ち度ですから、参事官が来たり、問題によっては首席参事官が説明に来るんです。そういうことがありました。ですから、内閣側も議案課についてはかなり敬意を払ってくれたという記憶があります。

今はどうか分かりませんけれども、通常国会が終わると立食パーティーみたいなものを参事官室がやってくれまして、議案課の人間だけを呼んでくれていました。大した規模じゃありませんけれども、中華料理屋みたいなところに、小部屋ですが招待されて、パーティーを開いてくれたんです。それから、自民党の国対なんかもちゃんとした一席を設けてくれて、そして、国対の事務長以下係の人が四、五人出てきて接待してくれるというようなことがありました。ですから、議案課というのは、他所とのつき合いというのが結構あるんです。

赤坂　向こうとしては、議案課の方とのコミュニケーションを円滑にしておくとメリットがあるというか、逆に、うまくいっていないとデメリットがあるということなのでしょうか。

今野　私たちは、別に相手によって差別したりするようなことはありませんし、やはり事務的に順調に流れていくように処理をしているんですが、それが、他所から見ると、懇意にしておいた方が仕事がしやすいというようなことはあるのかもしれませんね。

赤坂　今は議案課の話でしたけれども、組織的に、他の課や他の部で、相互のコミュニケーションを円滑にするような、そういう場が設けられるという例というのは、ほかに御存じですか。

今野　例えば委員部は、やはり委員会の担当者というのは、例えば外務委員会であれば外務省の人たち、大蔵委員会〔現在は財務委員会〕であれば大蔵省〔同じく財務省〕の人たちというのは、当然密接な関係が出てくるわけです。それで、そういう担当省ごとに、あるいは政府委員室あたりが主催するんでしょうか、私がいた頃は、やはり会期が終わると何か小さな会食みたいなものをやってもてなされるということはありました。

それで、知野さんの時代に、各省から呼ばれてご馳走になるばかりじゃ悪いじゃないか、何もこっちだけが仕事で向こうの便宜を計らってやっているわけじゃなくて、こっちだって、やはりそれ相応に向こうと連絡をとって、状況を教えてもらうとか資料を取り寄せるとかということをやっているわけですから、だから、一方的にごちそうになるのはやはり礼を失しているじゃないかというようなことを知野さんが言いまして、それで知野事務総長時代に、事務総長公邸で、専らご馳走になっているのは委員部が多かった関係だったと思いますが、委員部が中心になって、各省の政府委員室の人たちを呼んで立食パーティーをやるということをやっていたことがありました。

それがどこまで続いているか分かりませんが、比較的そういう懇親会的なものというのができた時代だったと思います。今は何かそういうことに非常に厳しくなってしまいましたけれども、かつては、事務総長がやろうと言えば、気軽に実施できました。

奈良岡　各省の政府委員室という話が出ましたけれども、政府委員として国会でしゃべる方は局長クラスですけれども、スタッフとして国会に詰めている人がいるんですか。

今野　いるんです[20]。今はどこになりましたか、最初は本館の中にあったはずなんですが、だんだん委員室や何かが足りなくなりまして、それで参議院側の議員面会所の上に各省の政府委員室というのが置かれていました。政府委員がなくなってからどうなりましたかね。最近の状況を私はよく知りませんが〔現在は政府控室〕、私がいた頃は、そういう政府委員室というのが各省ごとに一部屋ありました。

それで、局長クラスが両院の委員会で答弁するため政府委員として呼ばれるでしょう。最近は時間厳守で、国会は九時から始まって五時には終わるというふうな運営がされていますけれども、以前はそんなことなかったんです。非常にルーズで。特に、社会党が強かった時代などは、質問する委員の都合で開会時間が一時間二時間遅れるなどということは日常的だったんです。しかし、呼ばれた方は定刻に来てなきゃいけません。そういう人たちが政府委員室で待機していたんです。連絡を受けては委員室まで駆けつけるという場所でもあった。ですから、政府委員室と呼ばれていたゆえんは、政府委員が国会に来てそこで待機している場所ということから始まった呼称かもしれませんね。そこにはやはり常時詰めている人が何人かいました。

私が議案課にいた頃に、大蔵省の政府委員室に二宮さんという人がいました。その人は長く政府委員室勤めを続けていて、議員とも懇意というか顔が売れていましたし、もちろん本省の方でもよく知られた人だったんですが、余り政府委員室に長くいて、かわいそうだからもうちょっと出世させてあげなきゃいかぬのじゃないかというわけで、その人を出身県の財務関係の割にいいポストに転勤させてあげたことがあったんですね。そうしましたら、多分、議員の方からだと思うんですが、二宮君がいないと困るといって、せっかく栄転したのがまた呼び戻されて、その政府委員室のキャップになっていたということがありました。

ですから、政府委員室も各省それぞれまちまちでしょうけれども、中にはそういうふうに、その人が政府委員室にいるということで両院や政党との事務連絡が円滑に運ぶというような人もいたんだと思いますね。意外にそういう面で政府委員室というのは重宝な存在だったんじゃないでしょうか。二宮さんはしょっちゅう議案課に来ていましたし、私たちにとっても便利な存在で、互いに協力し合うところがありました。

奈良岡　政府委員室が衆議院の事務局で一番濃密に接触するところが議案課なわけですか。

今野　それは必ずしも分かりません。それは委員部あたりもそうだったんじゃないでしょうか。つまり、野党に対して質問内容を聞きに行くとか、そういうことも政府委員室でやっていたでしょうし、それから議案の審議状況、流れ、見通しだとか、そういうのはやはり委員部あたりの担当者に聞いたでしょうし。

議案課に来たのは、いわゆる吊るしという問題がありますね。趣旨説明要求をつけているのを、党の方からそれを下ろすよというふうな連絡が来て、そして付託できるような環境になることがあります。政府委員室の人はそういう情報をよく議案課あたりにも取りに来ていたような気がします。

それから、やはり議案課で大きいのは参議院との関係です。参議院の議案課が同じ仕事をしているわけです。毎日のように、法律案が上がると向こうへ送る、向こうから上がったものは議案課に来る。実際に、実物の文書を衆議院から参議院、参議院から衆議院、あるいは、議決して終わって内閣へ送るときは、衆議院から院内の参事官室、参議院からも参事官室、そういう手続きがあります。文書のやりとりですね。参議院の議案課とも常に連携を取りました。新しい問題が起きたときに、参議院ではどう考えるか、衆議院ではどういうふうに扱うかというようなことを、参議院から聞きにも来ましたし、こっちからも参議院の方へ聞きに行ったりするということもありました。

それで、国会が終わりますと、議案の仕事というのは実際にはなくなるわけですけれども、あと、書類の整理で、議事総覧というものが昔からあります。事務分掌規程上、議事総覧は議案課が作成するということになっております。議事総覧とは何かといいますと、国会に正式に提出された文書を一国会ごとに全部揃えたものです。それを議事総覧と称していました。法律案であれ、決議案であれ、質問主意書であれ、それから委員会から提出される報告書であれ、とにかく議員に配付することになっている文書を会議録まで含めてすべて一まとめにして製本しておくというのが議案課の仕事で、その整理をやらされるんですね。

それは、全員でやるわけじゃなくて、審査係という修正を担当している係がやっていました。〔聞き取り当時〕議事部長をやっている白井君は、その係でした。彼は、議案課に入ってきてすぐに審査係で修正を担当しました。修正というのは、一点一画間違いなく原本に書き込んで参議院に送らなきゃなりませんから、非常に緻密な仕事ですし、議案の中身を理解する必要もあり、勉強もしなきゃならぬポストなんですけれども、彼は非常に優秀でした。議案課に入ってきてすぐに役立つ若者で、将来が楽しみな人材でした。

国会が終わるのが早くて六月の初め、延長になると七月、八月になるでしょう。その後に、配付された資料を全部まとめて、議事総覧を作ります。一国会に議員に配付される文書というのは、実は大変な量になります。それを洩れなくまとめて、一定部数を資料課で永久保存し、他に委員部や記録部にも一揃え送ります。それを審査係が三人ぐらいでやるんです。それは大変な作業のようでしたけれども、狭いところで、夏の暑い盛りにクーラーもきかないようなところで、裸になって汗を流しながらやっていました。

それから、これは年末年始の自然休会中でしたか、カード作り。例えば何か一つの法律案が通りますね。そうすると、その法律の中で別の法律を改正しているという部分がたくさんあります。あるいは、附則の中で別の法律をいじっているとかいうことがあります。それを、国会法なら国会法というカードを作りまして、そのカードの中に全部書き込んでいくんです。

それは官報に全部掲載されますから、官報を見て一つ一つ、官報で公布された法律の改正を、タイトルだけですけれども、つまり、法律第何号、平成二二（二〇一〇）年何月何日公布というのを全部書き込むんです。何の法律に基づいてこの法律がいつ改正されたかというのを議案課では作るんです。それは手作業でみんなやるわけです。それも一つの議案課としての年中行事的な大きな作業でした。

そういう作業は法制局でもやっていないと言っていましたね。桑形さんの後に、右田さんという人が衆議院の法制局から議案課長になって来たんですけれども、この人が、「いやあ、議案課はよくやっていますね、法制局でもこんなことやっていませんよ」といって感心していました。そういう作業もやっています。ですから、議案課に行ってそのカードを見れば、この法律はどれだけの改正経過を経ているかというのが、その法律が制定された後ずっと辿れるわけです。そういうものも議案課では作っていました。

赤坂　今はネットで全部ぱっと分かりますよね。それも議案課が作っているんでしょうかね。

今野　そうでしょうね〔現在はしていない〕。それはやはり議案課で作っているんじゃないでしょうか。今はパソコンで便利になっていますけれども。ですから、今は通るたびに打ち込んでおけばいいわけで、何もそんな年中行事的にやる必要はないのかもしれません。

奈良岡　今野さんのお仕事としては、課長補佐として特定の係に張りついているのではなくて、全体的にいろいろな仕事をされたということですか。

今野　そうなんですね。上の方は私をどういうふうに見ていたのか分かりませんけれども、事務総長秘書から請願課に行ったときも、一応、日常の仕事として受理の仕事はやるものの、あとの仕事もみんな見てくれということを言われましたし、他所に何か交渉に行くような仕事は、課長の代りによく行かされました。ですから、課長に上げる書類は皆私が一応目を通すというふうなことだったと思います。

言ってみれば、いてもいなくてもいいんでしょうが、いる以上は課長を助けるということで、何かと相談を受けました。私が請願課を出た後、私の後に総括の課長補佐というのはいなくなっていましたし、議案課でもそうでしたね。

赤坂　つまり、それは課長補佐が一名減るということですか。前のお話だと、特に総括課長補佐という辞令が出るわけではなくて、単に課長補佐を命ずるというのが来て、ただ、実際担当するのが各課の中の係の総括であるということでしたよね。今の話だと、今野さんの後そういう担当が置かれなくなったということは、そういう役目をする課長補佐のポストが一つなくなったということですね。

今野　ええ。ただ、課長補佐というのには、衆議院事務局全体として課長補佐何人という人件費上の定員はあるでしょうけれども、各課に定員があるわけではないんです。ですから、一人の課長補佐が他所からやってきて、ある期間いていなくなった、つまり、昨日までここには課長補佐が六人いたのが、今日から五人になったというふうなことは、別に珍しくないことなんですね。

そんなことで、議案課は非常に楽しくもあり勉強にもなりました。

◆永年勤続二五周年の表彰

今野　それで、私は議案課にいた間に永年勤続二五周年というのに該当しまして、写真はそのときの永年勤続職員の表彰式です。これは昭和五一（一九七六）年です。私は昭和二五（一九五〇）年に入りましたから、昭和五〇（一九七五）年で在職二五年が過ぎているんですね。それで、翌年の一月に在職二五年で表彰されました。

真ん中が前尾繁三郎議長。議長が表彰してくれるんです。その隣が秋田大助という副議長です。藤野事務総長や川口頼好さんという法制局長がいて、眼鏡をかけているのが私です。大久保事務次長や大井法制次長もいますね。

勤続三五年と二五年が表彰されます。このときの勤続三五年というのは、戦時中から働いていた人ですが、一列目の両サイドに数名ずつ、合わせて五、六人でした。あとは全部二五年の人たちです。昭和二五（一九五〇）年に入った人間というのは、この時点で大体六〇何人いました。

それで、最前列の左端の人が斎藤義道さんです。この方は二五年じゃないかと思いますね。

奈良岡　今野さんの同期になりますか。

今野　ええ、私と同期なんでしょう。大学を出たあと、他所の役所を経験して入ってくるという人もいましたから、私よりは年長ですけれども、同期になります。当時、すでに部長ですから最前列に座っていたんだと思いますね。

奈良岡　法制局の部長ですね。

今野　はい。とにかく同期生はこんなにいるんですよ。議案課時代にこういう表彰を受けました。

奈良岡　ここに写っているのは衆議院だけですか。

今野　衆議院だけです。事務局、法制局合わせて、あと調査室の人もいます。

◆ロッキード事件の影響

赤坂　先ほど議案課というのは議員さんとの接触等も多いというお話でした、政党とか外部との接触の幅が広いと。当時の国会というのは、ロッキード事件とかそれに関連して日商岩井事件とか、そういう荒れた国会の時期でありましたけれども、そういったものが何か具体的な業務内容、仕方などに影響を与えたということはありましたか。

今野　実は、事務局の職員にとりましては、ロッキード事件であるとか、そういういわば社会的に非常に耳目を集めた重大事件というのは、仕事の上では余り影響しないんですよ。マスコミは、証人喚問であるとか偽証の問題であるとか、いろいろ政治事件として取り上げますけれども、事務局は、委員部の担当委員会の連中は忙しい、しかし、そのほかの人間は格別どうということはない、そういうことなんです。

その時々の事件について、一般の市民と同じような関心は持ちますけれども、業務上関わってくるということは殆どないんですよ。ですから、そういう事件との絡みでその当時自分の仕事がどうであったかというようなことは記憶に残らないんです。何がというと、やはり議案です。国会で審議をして厄介な法律を上げていく、成立させていくという面で騒ぎがあったとかいうようなことは、自分の仕事に関わってくるから記憶に残りますけれども。

議事課でもそうだと思いますが、本会議が徹夜で何日かかったとか、そういうのは記憶していると思います。議案課も、議案の扱いで何が厄介だったかとか、本当につまらない正誤を一つまとめるのも、政府側と意見が合わないとか参議院とも意見が合わないというようなことで苦労した、というようなことは記憶に残っているんですけれども、大きな国政調査事件では、その時は私の仕事と余り関係なかったということで、記憶がないんですよ。

Ⅲ

◆憲政記念館へ——幹部への反抗

今野　それで、私は議案課に五年ほどいまして憲政記念館に異動になりましたが、何で議事部から離れてよそへ行くことになったかというのは、いろいろ理由があると思うんですね。つまり、率直に言うと、私はかなり厄介な存在になってきていたんじゃないかという気がするんです。それはひがんで言っているんじゃなくて、衆議院のそのときの体制、そのときの事務の流れなどからして、議案課にいつまでもあれを置いておくよりはどこかよそに動かした方がいいという判断が上の方で出た理由は、それなりにあったという気がするんです。

それは、そのときの議事部長というのは泉さん。泉さんが非常に長く議事部長をやって、本当に衆議院の議事運営の大ボスのような感じでいたわけです。当時は、大久保事務総長、荒尾事務次長、弥富委員部長、泉議事部長、こういう体制の時期でした。この人たちは揃って、全員、東大法学部卒なんですね。やはりある種の結束力がありました。

この四人の人たちがある時期本当に衆議院を抑えていて、他の部長たちも言われるがままという時代がありまして、中でも議事運営に関しての泉さんの発言力は非常に強かった。だから、泉さんに対して部下が逆らうということはなかなかできにくい時代だったんですが、私は幾つかの問題で泉さんに逆らったことがあります。この時期、衆議院では、一寸した難問を抱えていました。それは、昭和五一（一九七六）年の第三四回総選挙で、与野党の勢力が伯仲したものですから、予算委員会をはじめ、いくつかの委員会がいわゆる逆転委員会になっていました。これは、委員数が偶数の委員会では、与野党の委員が半々になり、自民党が委員長をとると、法案の採決では負けることになります。委員会で否決されても本会議では逆転可決できますから、政府案はそのまま通るのですが、予算委員会で組替え動議が可決された場合は、その処理はどうなるのか、ということが問題になりました。実は第二回国会で片山内閣の時に、予算委員会で組替え動議が可決されて、政府がこれに応じたという前例がありました。そのため当事の幹部はこの前例に引きずられて、政府は組替えに応じざるを得ないだろうという見解を出しました。これは、その時の新聞にも出ています。しかし、本来、委員会の決定は内部的なもので、議院の意思とは違いますから、それが外部に影響するということはないはずです。私は議案課にいて自分の課の問題ではなかったのですが、その見解は間違いではないかと、上層部に異論を呈しました。部長も気付いたのでしょうが、新聞にも出てしまったものですから、訂正するわけにいかなかったのでしょう。この問題はもう議論するなと、私には緘口令が下りて来ました。議論は止めましたが、その後も自分の考えをまとめて上に届けたりしました。

それから、昭和五三年の『先例集』の改定作業のときです。昭和五三年版の『先例集』を作るときに、議案課の所管項目の中で追加したり削除したりする案を作りまして、先例集編纂会議に上げるんです。昭和三八（一九六三）年版の『先例集』には「条約と、これと一体として承認を求められた交換公文等とがある場合には、条約について議決する。」という項目がありました。私は、五三年版にもこのまま継続して議案課としては残したいという方針を立てまして、先例集編纂会議に臨んだんです。

昭和三八年版の委員部の方の『先例集』でも、「条約と一体として承認を求められた交換公文等を、条約について議決する。」となっています。同じ問題について書いていますが、これはちょっと分かりにくい文章でしょう。

赤坂　委員会の方が、ですね。

今野　衆議院先例集の方がまだ分かりますね。

これはどういうことかといいますと、昭和二六（一九五一）年九月にサンフランシスコで平和条約が締結された際、日米間で安全保障条約が調印されました。その時、吉田首相とアメリカの国務長官との間で交換公文というのを交わしました。それは別に密約じゃありませんで[21]、正式な外交文書として交わしたんですが、いわゆる調印される条約とは違い、責任者同士が外交上、交換公文という形で取り交わした文書なんです。

国会に日米安全保障条約を付議したときに、政府側は、この交換公文は本体の条約と密接なものだから一体のものとして審議してくれと言ってきたわけですね。国会の方も、もちろん、くっついている文書ですから一体のものとして審議したわけです。ところが、実際に委員会で承認し、本会議で承認するものは、交換公文は別だと考えました。つまり、交換公文は附属文書であって、議決の対象とはしない。一体不可分といって、条約本体とは切り離せないと言っているんですけれども、衆議院としては、承認するのは条約だ、交換公文についてまで承認するわけではないんだ、こういう区分けをして、そして衆議院では承認を与えて、参議院に送ったというわけなんです。

だから、今後同じように、外交文書で、条約に付随して密接不可分、一体として扱ってくれというようなものが出てきたときには、一体として審議はするけれども、しかし、衆議院としてこれでいいよという承認を与えるのは条約なんだ、交換公文は議決の対象ではないんだ、こういうふうな決定をしたという先例です。

私は、その後にも似たような例はあるわけですから、これは議案課としてはずっと載せておいてほしい先例だと主張したんです。そうしたら、泉さんは、「これは今度落とす」と言うんですよ。それで、落とす理由というのが、「僕はこれはよく分からないんだよ、何でこういう扱いをしたのかよく分からない、とにかくこの文章も非常に分かりにくいし、だからこれは今度の五三（一九七八）年版から落とすことにする」、部長はそう言ったんです。

私は抵抗したんですよ。「部長、分からないから落とすといっても、前の人たちは必要だということでこういうふうに載せたんだし、議案課としても、これは今後も起こり得る事態だから、当然こういう扱いは記録して残しておくべきだと思うし、実際、これは非常に分かりにくい、何だか難しい文章だと思いますが、やはり残してもらいたいと思います」と私は言ったんですよ。ところが、うるさそうに、「僕にはこれはよく分からない、だから今度落とすんだ」と言い張られて、私はかなり抵抗したんですけれども、五三（一九七八）年版から落とされてしまいました。ところが、委員部の方は残しています。委員部の方は、いまだにずっと、新しい『先例集』までこれを残しているんですよ。

『先例集』の編纂は、最終的に事務総長のところで開く部長会議で決められます[22]。そこでどんな議論をしているか分かりませんけれども、部内で『先例集』をどういうふうにしていくかということを決めるときの会議では、この程度の議論で私の意見は聞いてもらえませんでした。私は今でも、この項目は議事部の『先例集』の方にも残して置いてほしいと思っている位です。

これは、条約の修正権に関わってくる問題だと思うんです。それは、衆議院側の、特に鈴木隆夫の理論では、国会は条約に対しても修正権がある、ただ、修正できるのはあくまでも調印前の条約であって、調印された後の条約については修正権は及ばない。承認するか不承認するかどっちかしかないわけですけれども、調印前のものなら修正できる、というふうなことを国会側は考えていたんだし、今もいるんだろうと思います。その議論になるのをどうも泉さんは嫌ったんだと思うんです。

つまり、交換公文については、もちろん修正が及ぶ範囲じゃありませんから、それについては議決の対象にしないんだ、衆議院としては、修正の対象になり得るものを議案として扱うのであって、修正の対象になり得ないものは議案としては扱わないんだ。ただ、政府側は、一体不可分だから一緒に認めてくれといって出してきているわけです。ところが、衆議院側は、中身は見たけれども、我々は、採決の際は可分として、条約についてだけ承認する、交換公文についてまでは衆議院としては承認を与えたものではないよということなんです。

その理由は、条約なるものは修正権の対象になり得るけれども、交換公文というものは本来修正などするものではないから、一体不可分といったって、それはやはり別なんだよということを、衆議院は最初に出たときに多分かなり議論したはずです。議論して、一体不可分にしてくれと言ってきたけれども、しかし、条約だけについて衆議院は承認を与えた、こういうことにしたんだと思うんです。

しかし、そういう項目を泉さんは『先例集』に残しておくと、今後も議論の種になって面倒だから必要はないと考えたのでしょう、私の主張は通りませんでした。この時期、私は少々出過ぎた杭だったわけです。それで、私は、昭和五四（一九七九）年の七月に、憲政記念館の企画調査主幹というのを拝命しまして、憲政記念館に移りました。

◆企画調査主幹の職務――衆議院で最初の「主幹」に

赤坂　企画調査主幹というのは一体どういうことを主に担当されるポストですか。

今野　実は、主幹という肩書は今たくさんあるんです。しかし、そのときは、主幹というのは、私の主幹よりも数年前に、法制局に法制主幹というポストが一つできていました。これは偉いんですよ。法制局長、法制次長、その次に法制主幹。

赤坂　一般省庁でいう審議官みたいなものですか。

今野　そうです。そして、法制主幹の下に第一部長、第二部長、そういう格付で、法制局には法制主幹という役職が一つできていました。しかし、私は事務局で最初の主幹になったんですが、これは私のために作ってくれたポストじゃないかと思います。つまり、私をいきなり課長にするというわけにいかなかったんでしょうね。学歴の関係だとか、何が関わっていたか分かりませんけれども。それで、管理職にはする、しかし課長ではない、企画調査主幹という新しいポストをつくって、その主幹にした。そのときに、同時にまた上席調査員というポストも特別委員会調査室の方で新しくできました。

〔『昭和五十五年　衆議院職員名簿』を示しつつ〕これが、私が憲政記念館に行ったときの名簿です。これは昭和五五（一九八〇）年ですから、一年経っています。私は、五四（一九七九）年に憲政記念館に行きまして、それで企画調査主幹という肩書をもらいました。同じ時に特別委員会調査室の方で、加藤司という人が上席調査員になっています。私が主幹の第一号、加藤さんが上席調査員の第一号です。これは衆議院特有のことか、一般的にそういうことがあるのかよく分かりませんが、これといってきちんとした業務内容を決めなくて、つまり、待遇だけ特別に与えて、あとは現場の上司と当人とで考えていろいろやってくれというふうな形で発令するということがあるんです。

私は、企画調査主幹という初めての職名をもらいまして憲政記念館に行ったんですが、実はそのときに、憲政記念館でも、「今度、今野が新しいポストで来るそうだ、さて、彼にどこまでの仕事をさせるかというのはどうしたらいいのか」ということを、時の館長は庶務部長や人事課長といろいろと相談したようですが、現場任せにされたようです。それで、私は発令されて行きましたが、主幹というのは職務内容も権限も何も決まっていない状態でした。

行きまして、いずれにしても管理職ではある、管理職手当はもらいました。毎月、基本給にプラス二五％つくのが管理職手当なんですが、課長になると皆それはつくわけなんです。それで、手当はそういうふうにする、処遇はそうする、しかし、業務内容は総括課長補佐と同じようなものでして、これといって何をやってくれということがないんです。

私が行きましたときは、後藤英三郎さん(23)が館長でいました。館長は部長職に格付されていたわけですが、憲政記念館というところは人の扱いのある種クッションになるような部署でして、一時期、私より前に、憲政記念館なのに憲政記念館副部長というポストの人がいたくらいですから。部がないのに、憲政記念館長がいて、その下に副部長がいた。それは一時だけ、つまり、こっちの本館の方の副部長がふさがっていたせいか分かりませんが、憲政記念館で副部長の待遇だけ与えられていた人がいました。

赤坂　部がないのにという話ですか。

今野　部がない。

赤坂　部がないのに副部長がいる。妙ですね（笑い）。

今野　ええ、そうです。今は副館長というポストにしたようですけれども、それは私がやめてから後の話です。憲政記念館はちょっと目立たないところですから、人それぞれの特殊性に適応したような処遇をできるという部署ではあったんですね。

それで、私は、新しくできたそういう企画調査主幹というので行きましたけれども、月給だけは、つまりそういうふうな待遇を与えられたんですが、職務権限というのは何も決まっていない、業務内容も決まっていないんです。それで、請願課や議案課で経験したのと同様に、総括課長補佐と同じような形で、よろしくみんなを見てやってくれというふうなことの指示だけでした。

赤坂　やりにくいですね。

今野　非常にやりにくいというか、やはり居心地の悪いスタートでした。それで、私は、こんな落ちつきのないところで何をしていいんだか分からない。しかも、館の仕事の中心は、専ら明治以降の政治の歴史に関することです。国会法規なんかとは全然関係なく、議会の歴史のことをやるわけです。

憲政記念館については少しお話ししましたけれども、知野記念館と言われたように、尾崎記念館に代る施設を作るという知野さんの意向が非常に強く働いてできた施設で、資料展示館としてのはっきりしたビジョンがないんです。ビジョンがあってできた組織じゃなかった。

◆憲政記念館の年間スケジュールの確立

今野　しかし、私が行ったときは、年一回の特別展を毎年繰り返してやってきて、ある種の、一年の四季を通じたスケジュールというようなものはでき上がっていて、特別展というものをメーンにした議会博物館の業務体制というのが形成されてきてはいたんです。ただ、組織としては、まだまだ不備な点がありました。

私は行ってすぐにやはり部下を掌握しなきゃいけませんが、行って何もできない。歴史のことなんか何も知らないで行ったのに、伊藤博文のような明治の元勲から始まって、そして、西園寺公望や原敬などがどうしたこうしたという話をしているでしょう。そうした人たちの名前は知っていますけれども、詳しい業績なんか知りませんよ。

とても手も足も出ない感じでした。

そこへいくと、あとで触れますように、渡邊行男さんとか伊藤光一君のような人たちというのは、もう既にそれぞれ自分流の仕事を始めているわけです。どこまでが役所の仕事でどこからが自分の仕事か分からないようなことを、かなりの年数始めているわけです。あれは昭和四八（一九七三）年にたしか開設されましたから、もう七年ぐらいたっている。伊藤光一君は、キャリアが七年ぐらいあるということですね。渡邊さんも、私より三年ぐらいは早く憲政記念館に行っていたんじゃないでしょうか。この人は文筆家なものですから、水を得た魚のごとくに、自分で一生懸命、手足を広げて物を書いている、そういう時代でした。

私は、行ってすぐ、自分がやらなきゃならないのは何だろうかと考えました。それで、そのときまでは、憲政記念館では事務職員も宿直をしていたんです。あそこにはいろいろな議会資料の収蔵庫なんかもあるものですから、夜間だけ、外部の警備会社から警備員を雇っていました。夕方五時頃出勤してきて、その人は一晩じゅういて、翌朝九時には帰っていくというふうな契約で、夜の警備員はいたんです。そのほかにもう一人、事務職の中から、男子職員が宿直をするという決まりになっていました。

渡邊さんは、請願課で私は一緒でしたし、それから、もともと秘書課にいた人なものですから、事務総長秘書をやっていたときも近くにいて、割に懇意だったんです。行ってすぐ渡邊さんから、宿直がもう苦痛でしようがない、「今野さん、ここへ来たんだから、宿直制度を廃止してくれ」ということを言われました。これをやればみんなついてきてくれることになるかもしれないと思いまして、私が憲政記念館に行って一番最初に手がけた仕事は、宿直制度の廃止です。そんなところから始めました。

奈良岡　文筆の専門的な仕事をしている渡邊さんですら、ローテーションで宿直をしていたわけなんですね。

今野　そうです。男性が一二、三人いましたから、交代制で月に二回ぐらいは宿直しなきゃいけない。その頃の宿直手当というのが非常に微々たるものなんですよ。超過勤務手当というものはみんな一人一人給料高に応じて割に多いんですけれども、宿直手当というのは一律で非常にわずかなんです。宿直手当はとにかく一食食べたらもうなくなっちゃう。それなのにここに一晩くぎづけにされて、翌日はそのまま勤務でしょう。苦痛だというんですよ。それを何とかやめてくれと言われました。

ところが、そのときの後藤英三郎館長が、定年まで半年ほど残している時期でして、「おれが館長をやっている間は宿直体制を続けてくれ」というんです。おれがやめたら廃止してくれてもいいけれども、おれがいる間は宿直は廃止しないでくれというわけです。私、板挟みになりましたけれども、早晩やめていく人の言うことを聞いているよりは、これから一緒になって働く人間の言うことを聞いた方がいいと思いまして、館長に隠れて、色々と動きました。

それで、上野の東京博物館や美術館から、たばこと塩の博物館というのも渋谷の方にあります、それから、愛宕にNHKの展示館があるんです、そういうところにも行って、夜間警備体制はどうしていますかと、あちこち聞いて歩いたんです。そうしたら、どこもかしこも事務職員に宿直させているところなんかないんですよ。ただ、当時まだ、衆参両院では、議員会館で宿直をやらせていたんです。会館で宿直をやっているから憲政記念館でも当然宿直をやれという考えでした。

私にとって非常に好都合だったのは、ちょうど予算委員会の分科会で宿直問題というのが社会党側から提起されまして、そのときの庶務部長が宿直を何とかしなきゃいけないというテーマを与えられ始めた時期だったんです。それで、憲政記念館の宿直をやめたいと私が、そのときの庶務部長の福水さんに言ったら、「いいの？いいの？本当にやめてくれる、それじゃ協力するよ」と言ってくれました（笑）。それはつまり、庶務部長としても、野党から宿直問題で職員の労働過重ではないかと言われていることに対して、何らかの対策を講じなきゃならない時期だったものですから、現場の方からうちでやめてもいいというふうに言われたなら、それで一時しのぎに議員からの攻撃もかわせると思ったんでしょうね。それで協力してくれると言う。そこで庶務部長の方から館長に要請する格好をとって、ようやく後藤館長に納得してもらいました。

その関係で、警報ベルを設置するということもしました。警報ベルをつけるということになると、今度は電気施設課なんかが嫌がるんですよ。そういう電気設備がふえると、当然、故障が起きたらまたすぐ電気施設課に声がかかって、業者を呼んだりなんかしなきゃならないでしょう。そういうものも、それぞれの所管のところで一々抵抗があるんです。しかし、その辺のところは、事務総長秘書をやっていたものですから、あちこちに顔見知りがいて、それで何となく納得してもらって、宿直を割合に早い段階で廃止することに成功しました。それが第一の仕事でしたね。そんなことで、だんだん自分の存在を認めてもらうというふうにしました。

ただ、独立した建物には火気責任者というのを置くことになっていまして、その資格を取るには消防署に行って消防の講習を受けなきゃならないんです。私、それは勘弁してくれと言って断りました。どこでも、課長クラスが講習を受けて火気責任者の資格を取るんです。会館、宿舎なども皆そうです。結局、私はわがままを通してもらって、それまで火気責任者をやっていた課長補佐の人にずっと責任者をやってもらいました。

それというのは、私、そんなに長く憲政記念館にいることになるとは思っていなかったんですよ。それは、行ってすぐに後藤館長が、どうせ君も二、三年ここにいたらまた向こうの課長になって帰っていくことになるだろうと、そんなふうに言われたものですから、私もその気になって、火気責任者の資格を取らなきゃならぬほどここに長くい続けることはないだろうというふうに自分で勝手に思い込んで、そんなわがままを言いまして消防の講習までは行かなかったんです。

ですから、企画調査主幹といいましても、立場上、企画会議には私も参加して意見を言ったりもしましたけれども、本当の企画というのは、渡邊行男さんとか伊藤光一君あたりに主導権を任せて、私がリード役を果たしたことはありませんでした。

◆憲政記念館での取り組み

今野 後藤館長はもともと議案課育ちでした。ですから、法規についてはかなり詳しい面を持っていました。ところが、ある時期から管理部系統の部署に移って、管理職としてはずっと厚生課長などをやってきた人です。憲政記念館長というのは、そういう古手のノンキャリアの人たちの言ってみれば退職する際の名誉職みたいな形で部長クラス〔一般省庁でいう局長クラス〕に格上げしたポストです。一番最初に部長格の館長になったのは、武井次男さん(24)といいまして、この人は衆議院の人事課で非常に力を発揮した人です。その次に後藤英三郎さんが来たわけです。

この人が歴史好きでして、ある意味じゃ憲政記念館向きの人でした。福井県の出身で、幕末に、福井では松平春嶽という名君が維新で活躍しています。その影響で幕末、明治初期の歴史にすごく詳しくて、後藤さんはその時期の特別展をやりたくてやりたくてしようがないんですよ。ところが、私は、「憲政記念館が幕末、明治維新というのは違いますよ、明治に入ってから、国会開設運動ぐらいから後の歴史ならともかく、幾ら何でも幕末はまだ早いでしょう」なんて言って、ちょっと抵抗しました。しかし、後藤さんは幕末をやりたくてしようがなかった。最近の憲政記念館はもう幕末、明治維新をテーマにしています。ようやっと後藤さんの願望がこの頃になって実現しているということになります。

結局、企画調査主幹というのは、私がいる間、これといってはっきりした業務内容の決まったものはありませんでした。やはり館長補佐という格好でした。その後、昭和五七（一九八二）年に憲政記念館に課が新設されて、資料管理課長というのになりました。その際、事務分掌規程上の所管事項を定めることにも関与しましたが、これは、それまでの憲政記念館の所掌の項目を一部手直しした程度のことでした(25)。

では私は課長として何をやっていたかといいますと、憲政記念館というところはあんな端っこなものですから、人事とか待遇とかでとかく冷や飯を食わされがちな部署でもあるんです。実際に、庶務部長や人事課長にしても、日常的に憲政記念館でどんな仕事をしているかというのは知らないわけですから、一般の職員もあまり理解していない。そこでは、歴史が好きで一生懸命やっている人間と、その他によそで問題を起こして暫く預かってくれと言われてよこされる人間とがいる、そういう人たちを、とも角もまとめて行くというのが、課長の仕事でした。

私は、あそこへ行って自分が何を残してきたかといいますと、やはりその時点までは、いろいろ憲政記念館の内規のたぐいが非常に整備されていなかったんです。それで、例えば憲政記念館の所蔵資料の貸出規則とか、他所から借りてきた場合の借用の決まりだとか、そういう憲政記念館で必要な内規の整備というのをやりました。あと、やはり人事異動の時期に、外ではちょっと目立たないでぽつんとしているけれども、憲政記念館に来たら仕事してくれそうだなという人間をマークしまして、その人間をとりに行くという仕事ですね、適正な人材の確保です。

それとお金です。会計課に行って、今まではこういうものをみんな自腹を切って、ポケットマネーでやっているのはかわいそうだから、役所の支出で認めてくれるようにやってくれとか、それから、特別展の経費の交渉です。やはりああいう特殊な部署ですと、そしてまだ伝統的に固まっていないところですと、人員の配備と予算の獲得というのが非常に大きな仕事なんですね。建物が壊れてくる、それから、こう見えるところの国会前庭というのはみんな憲政記念館の管理下に入っていて、庭木の剪定とか、それもみんな憲政記念館の仕事なんですよ[26]。ただ、これを会計課が理解してくれないんです。毎年、こうした経費の交渉では不愉快な思いをさせられました。議事堂構内は営繕課が管理しているので、営繕課は、やはり国会構内の樹木なんかが見苦しくなったらいかぬから、定期的にきちんと予算をとって剪定をします。ところが、前庭は勘定外なんですよ。毎回、臨時に要求しなきゃならない。そういう折衝が私の仕事でした。

◆開設当初のスタッフ陣――伊藤光一氏と渡邉行男氏のこと

今野　知野記念館として出発した当時の事情について、少し補足して説明しておきますと、最初は資料課に準備室を置いたように思います。初代の憲政記念館長というのが資料課長をやっていた人ですから。

奈良岡　滝口紀男さんですか。

今野　そうです。滝口さんが初代の記念館長です。

奈良岡　資料課長から記念館長に。

今野　記念館長になったわけです。最初は十人ぐらいでしょうか、資料課の中に机を並べて、あるいは別室、〔間き取り時の」こういう部屋でも使っていましたか、準備室で動き出したわけです。

赤坂　資料課というのは議事部資料課ですか。

今野　議事部資料課です。

赤坂　憲政記念館は庶務部の……

今野　完成する段階で、事務組織は庶務部の中の一課になりましたが、それまでは議事部資料課で仕事をしていました。要するに、色々な文書資料は資料課にあるものですから。そういう関係だと思います。そこで集められた面々というのが、これまた面白いんですよ。面白いというのは、誰でもいいというわけにいかないので、結構読書家で、調査的な仕事が好きな連中であって、それぞれの部署の中でちょっと変わり種というような人間たちを集めて、そこで新しい仕事の準備をさせたんです。

そうしたら、これがやはりよかったんです。伊藤光一君なんかは、まさにその中の一人、草分けです。彼は衆議院に入って給仕さんからスタートしているんです。僕より三つぐらい下ですか、だから一〇代から衆議院に入ってきて、それで夜学に通って苦労してきた人です。けれども、憲政記念館に来る前に既に雑学博士というあだ名を持っているくらい、いろいろなことについて興味があって、本をよく読んでいる人でした。

彼とかほかにも同じような人たちがまさに水を得た魚のごとく動き出しました。一から始めたわけですから、よその美術館だの博物館だのの展示会をよく見に行っているような人たちでないとできません。それは大変な努力だっただろうし、よくぞこういうものに仕立ててきたなというふうに思います。だから、知野記念館なんですけれども、私、あそこへ行きまして感じたのは、瓢箪から駒が出たというような感じです。大体、こっちの本館の方にいる人間は、憲政記念館でどんな仕事をしているか、どんなことをやっているかなんて関心がないんですよ。あそこで何か変わったことをやっているなというような感じでしか見ていなかったんです。そういう点で、あそこは離れ小島で、人の処遇などというのも不利な部署です。

しかし、私、あそこへ配属されて分かったんですけれども、みんな大変な熱意を持って、給料なんかそっちのけにして、手弁当であちこち駆けずり回って勉強しているんです。普通ですと、学芸員がいなきゃいかぬわけですよ。調査に行くと、行った先で、「あなたのところは学芸員は何人いるの」と言われると言っていました。一人もいやしないんですよ。そんな体制は何も考えずに始めた組織です。みんな素人集団で、かき集めでやっているわけですから。では、あそこ向きの学芸員を正式に採用するかというと、上層部はそういうことまでは考えてくれないわけです。

ですから、あそこへ配属されて、私も、憲政記念館の連中というのは不遇なのにみんなよくやっているなというふうに感心しました。一生懸命やっている。やはり、好きというか楽しんでやっているんです。本館の部署では得られない喜びを、あそこに配属されたことによって得ていくという人たちがやっています。

この間の特別展、私には案内も来ますから、あそこに籍を置いてからずっと特別展を見に来ているんですけれども、割にレベルを落とさないでいい展示をやっているなというふうに見ています。この間は明治の元勲たちの集団のをやっていましたけれども、随分入館者が多くて、目録を増し刷りしたと言っていました。ああいう目録も入館者に無料でサービスしますからね。

また、渡邊行男さんが、憲政記念館にいた間に得た知識で、宇垣一成だとか重光葵のことを書いて中公新書で出しています[27]。この人は、衆議院の秘書課にいたり資料課にいたり、私は請願課でも一緒になったし、憲政記念館でも一緒になったんですけれども、もともとが文筆家なんです。ずっと若い頃から物を書いていた人なものですから、この人も憲政記念館に配属になってまさに所を得たという人です。それで、東大の伊藤隆教授だとか大久保利謙さんだとか、そういう人たちとおつき合いをもらってますます磨きがかかってきまして、この人が特別展の中身について非常にレベルアップをしました。

◆憲政記念館の収集資料

赤坂　ふだん憲政記念館というのはどういう事務をしているのでしょうか。というのは、一年に一回、特別展をやりますね、あとは常設展がずっとありますけれども、ふだんは調査事務とか何か、いろいろされているんですか。

今野　結局、憲政記念館が一番力を入れている仕事というのは、特別展です。ふだんは国会参観に来た子供たちや地方の人たちに、常設展示を見せるというのが本来の業務です。しかし、それだけでは眠ったような展示館になってしまうのですね。それでもいいという考え方もありますが、やはり、他のところでは見られないような議会政治関係の目新しい企画展をやるというのが、館の目標です。一年にわずか三週間ぐらいでしょうか、特別展を開く、そのことのためだけに半分ぐらいの人間が携わっているという感じです。

特別展が終わるともう次の企画を考えて、そして、大体次の企画を内々に決めると、企画会議、緒方さんが采配を振るったというその企画会議(28)をやってもらって、テーマが決まると早速その調査に入るわけです。それで、やっている連中は、珍しい、今まで世に紹介されていないものを何とか探し出して展示しようという意欲があるんです。ですから、個人的にも、結構あちこち調べに行ったり勉強したりしています。もちろん建物や庭園の管理も仕事ですから、その方の人員もいます。それから、常設展というのは三カ月ごとぐらいに展示がえをしています。それはあるものを並べかえるだけですから、特にどうということはありませんけれども。

私は、もともと議会政治史などには余り関心がなくて、専ら本会議や委員会の運営の方、法規、先例の方を扱っていましたから、伊藤博文がどうの、原敬がどうのという話になるととんと不勉強で、あそこにいきなり配置されて、当惑しました。そこで私は、こんなところで自分の部下になっている人たちと歴史の勉強で競争したってとてもかなわないと思って、予算をとってくるということと、ここに適した人間を集めてくるということ、要するに金と人を確保することで役に立てば、あそこの管理職の仕事は務まるんだろうと思いまして、憲政記念館に八年いましたけれども、私は専らそっちの方だけやっていました。

あとは、地下の書庫に、入江俊郎さんが残した入江文庫という法律関係の図書があります。これも後でお話ししますけれども、藤野重信さんが入江さんの遺族から購入したものです。それから久保田さんや三樹秀夫さんが、憲政記念館の書庫で適当に処分してくれと言って、残して行った資料がありました。

ただ、これは、あの人たちがちょっと捨てがたい思いをして置いて行ったというだけであって、メモやノートのような手書きのものはないんです。刊行された資料、例えば憲法調査会の会議録だとか、在職中にもらっていた資料で、古本屋も引き取らないし、もう要らないというようなものが積み重ねてあって、そういう資料の中から目ぼしいものを探し出すようなことをしていました。堺谷さんの資料もあって、後に「国会閉会中の委員会活動について――常置委員会構想の挫折と現行制度との関係」という論文[29]を書いたときに役に立ちました。

◆衆議院事務局の所蔵資料

今野　憲政記念館の地下の書庫に入ったことはありますか。

赤坂　一度だけ入れて頂きました。

今野　奥に貴重品が入っている本当の収蔵庫があるんですけれども、手前の広い書庫があるでしょう。あれのずっと左側の隅っこの棚の下あたりに、今はどうか分かりませんが、私がいたときは、そういうもらったもの、要らないよといって先輩が置いていったものは、そこに積んでありました。

私が行って見て、これは目ぼしいと思ったようなものはそこから貰って来てしまいました。私だけじゃなく、伊藤光一君にしても、そういう利用の仕方をしていたと思います。

奈良岡　渡邊さんの『守衛長の見た帝国議会』[30]も警務部の日誌を利用していますね。

今野　あれは正式に警務課から憲政記念館に移管されたものです。それで、警務課の資料というのも本来もっとたくさんあったはずなんです。これは戦後焼いているんです。終戦直後に焼いたんだと思います。例えば二・二六事件のときのとか。

奈良岡　はい、大事なところが抜けているんです。

今野　二・二六事件のときは、軍人たち三人が来て抜刀して脅かしたのを、鈴木隆夫さんがともかく鎮めたということもありますし、あの後、佐倉の連隊、鎮圧部隊が議事堂に入ってくるんです。そのために衆議院は一時、軍隊に明け渡すんです。全部明け渡して、当時近くにあった商工省辺りに移りまして、二・二六事件がおさまるまでそういうふうに引っ越しさせられるんです。

そうした経緯について、警務課が記録していないことはないんです。警務というのは、外から石を投げられてガラスが一枚壊れたとか、食堂でぼやが出たとか、何だって記録してあるわけですから。それが、二・二六事件でそういう鎮圧部隊が来て、そして一時全職員が移転させられていたなんという、そんな記録がないわけないんです。記録しなかったはずはないのですが、それがない。

私も随分探しました。やめた警務課の幹部の人の家まで訪ねていって、そんなものにお心当たりありませんかといって探しました。だけれども、どこにもないんです。結局、終戦直後、何か軍にかかわったことというのは焼いたのかもしれません。

奈良岡　なるほど。実は、この二、三年、このプロジェクトのもとになったいろいろな調査があったんですけれども、私、警務部の書庫に入れて頂いて日誌を見せて頂いたんです。そうしたら、二・二六事件だけじゃなくて五・一五事件とか、軍にちょっと関係ありそうなところはもう全部抜けているんです。憲政記念館にある警務日誌とは別に、地下の議事部の書庫の向かい、おふろ場の隣あたりの警務部の書庫と両方見させて頂いたんです。未整理のものがたくさんあって、これはひょっとしたら出てくるかなと思ったんですけれども、二・二六事件のとかはなかったです。ぽつぽつと抜けているんです。

今野　庶務部とか文書課の書庫というのはどうでしたか、ごらんになっていないですか。

奈良岡　そちらはまだ見せて頂いていないです。

今野　私、文書課の書庫に一度入ったことがあるんです。それは、本館の中央食堂のわきにあった部屋なんですけれども、そこに古い庶務課日誌というのがありまして、私は、ちょうどその警務の二・二六事件の記録を探していた時期だったものですから、その昭和一一（一九三六）年二月二六日の庶務課の日誌を引っ張り出して開いてみたんです。そうしたら、「本朝未曾有の事態出来」、こう手書きで書いてありました。庶務課ですからほんのわずか、何かそれらしいことが書いてあったんです。でも、警務と違うものですから、詳しい記述はありませんでした。

しかし、庶務課のそういう古い日誌の後ろの方を見たら、あるいは、どこそこへ移転させられたとか、いつ幾日ここへ帰ってきたとか、あるかもしれませんね。ただ、衆議院事務局は古いものを捨てるんです。それはもう私がいる間でも、どれほど捨てたか分かりません。ですから、文書課の書庫の中だって、古いものから順に捨てられてしまっているかもしれません。

五・一五、二・二六でいいますと、貴族院の方はどうかなと思うんです。衆議院は焼いちゃいましたけれども、当時の貴族院が焼いたかどうかは私は確認していないんです。貴族院の資料というのは、残っているものはちゃんと部署をつくって移管してまとめて保管する体制をとったはずですから、そこもごらんになってみたらどうでしょうか。むしろ参議院の方が衆議院よりもオープン体制でいるんじゃないかと思います。

奈良岡　焼いたというのは、ほぼ確実な証言があるんでしょうか。

今野　いや、それはない。焼きましたという証言を私は聞いていないんです。聞いていないんですけれども……

奈良岡　状況証拠からして。

今野　そうなんですね。それで、大木さんが『激動の衆議院秘話』の中に、秘密会議録を軍部が焼いてくれと言って要求してきたのを拒否して保存したということを書いています(31)。ですから、秘密会議録は焼かなかったんですけれども、ほかのものはやはり随分焼いたりしたんじゃないか。資料を焼いたという話は、鈴木さんからも大木先生からも内藤さんたちからも、誰からも聞いていません。そういう確認はしていませんけれども、多分焼いたと思います。焼いたからないんだと思うんです。

二・二六事件で、議事堂を鎮圧部隊に明け渡すというときに、警務課の中からすぐに逃げ出してうちへ帰ろうとするやつがいたと、鈴木さんは言っていました。それを怒鳴りつけて、お前たちはこの建物を守らなきゃいかぬのに何だと言って怒りつけて、帰さないでいた。そして、いよいよ鎮圧部隊がやってきて出ていけということになったときに、そのころは旧議事堂ですから、まだ暖房設備なんかなくて火鉢だったそうです。大きな火鉢が各部屋に置いてありまして、事務室は炭で暖をとっていたらしいです。それで、おれは最後に全部の部屋の火を水で消して歩いて、確認してからおれが最後にかぎを閉めて出ていったんだ、そういうことを言っていました。

奈良岡　それは旧議事堂、内幸町の。

今野　ええ。そういうことを言っていました。ですから、そのときのことなんかも、鈴木隆夫さんは日記に書いていたんだろうと思いますし、そんな記録が何もかもなくなってしまったのは、大変残念です。

◆占領軍との交渉過程の資料

今野　それと、私、もう一つ非常に気になっているというか、これも誰かが調べてみてはと思うのは、占領下の国会のことなんです。これは全然話が飛びますが。

占領中にGHQと具体的にどういう折衝をしていたのかというふうなことは、今、島静一さんという人が一人だけ、中国地方、岡山か、あっちの方にいられるんじゃないかな、もう九十過ぎて。この方が、外務省の人で、僕が入ったときは衆議院で渉外課長をやっていました。専らGHQとの橋渡しをやっていました。その人が岩波のブックレットに終戦直後のことを書いています。

赤坂『私が見た憲法・国会はこうやって作られた』(32)……

今野　ええ。だけれども、あれにはGHQといろいろ交渉して憲法を作ったということが書いてありますけれども、占領軍との関わり合いというのは、もっと具体的にいろいろなことがあったんだろうと思うんです。とにかく、私が入ったばかりの頃は、委員会で法案を採決するのに、GHQのオーケーが出たか、オーケーはまだかといって、もうそればっかしでしたから。何でもGHQがその案でよしというふうなことを言わない限りは、採決することも許されないんです。

議案課に仮受理簿というのがあるんです。議案の『仮受理簿』というのが占領下にあった書類で、ほんの一部しかないんですけれども、これも散逸しちゃって全部揃ってはいないんですが、議員が議員立法で提出しようとしたものをＧＨＱに翻訳して届けるんです。そうすると、ＧＨＱがそんなもの審議の対象にしてはいけないと言って、没になっちゃうのもあるんです。ですから、全然表に出てこない議案というのがある。その頃は一人でも議員は法案を提出できた時代ですから、議案課としては受けて、それを仮刷りしていたように思います。それを翻訳してＧＨＱに届ける。そうすると、ＧＨＱに駄目だと言われたものはそれっきり。そういう議案の『仮受理簿』、そんなものがあったのを私は議案課にいたとき見ました。

占領下のことというのはみんな思い出したくないんです。やはり非常に嫌な思いをたくさんしていると思うんですけれども、その嫌な思いも歴史の一つの過程ですから。日本がまたもう一度戦争して、敗戦になって、外国の占領下に置かれるなんてことはもうないことだとは思いますが、やはり国会の歴史の一こまですから、それは私は意味があることじゃないかと思いまして、実は、憲政記念館にいたときに、占領直後の時期を含む特別展をやろうとしたときに、私はそれを調べてみようと言ったんです。そして、渉外部にそのときの資料がまだ多少残っているかもしれないし、その当時仕事に携わった人たちはまだたくさん生きているわけだから、その人たちから聞いて、占領期間中の衆議院の受けた色々な苦難、苦労ですけれども、そういうものを取材して、何かあれば展示するのはいいのではないかと言って私は提案しまして、憲政記念館ではやろうということになったんです。しかし、その時はうまく実現しませんでした。

◆憲政記念館と参議院

今野　さて、憲政記念館というのは、知野さんが尾崎行雄記念会館という名称の建物を変えてしまおうというところから始まったということをお話ししましたけれども、これは大分後になって知野さんから直接聞いたように記憶していますが、そもそも憲政記念館なる名称をつけるときに、非常に迷ったといいますか考えたというんですね。それは、今でこそ憲政記念館がどういうことをやっているかというのは分かっていますけれども、最初は衆議院資料館と言ってもいいし議会博物館と言ってもいいし、とにかくその手のものを作ろうとしたわけです。知野さんの狙いは、尾崎行雄記念会館を吸収合併するという点にありました。ですから、やはり少し大きな名前にしなきゃならぬだろうと思って、憲政記念館という名前を思いついたようですね。

憲政記念館という名前にしますと、参議院がどういうことを言うか分からない、そういう名称の施設を作るんだったら衆参両院の共同管理の施設にしてくれないかと参議院から言い出してくるのではなかろうかと、非常に懸念したということを言っていました。しかし、知野さんとしてはそういうやり方はしたくなかった。やはり衆議院だけで予算をとって、衆議院の施設として作って、そして思惑どおりに尾崎行雄記念会館を吸収してしまいたいと考えていたので、参議院が、「憲政記念館というものを作るんだったら衆参両院の共同の施設にすべきじゃないか」ということを言い出したらどう対応しようかということで実は懸念していたというんですね。

ところが、何も言ってこなかった。参議院はそのときは宮坂〔完孝〕さん[33]が事務総長でしたけれども、特にそういうことについて異を唱えてくることはなかったので、それでどうにか無事に船出をすることができたんだということを、知野さんが何かのときに私に話したのを覚えています。

◆憲政記念館のビジョン

今野　ただ、伊藤光一君の談話[34]にも出ていますように、最初は、私もお話ししたように、要するに院内で置き場に困った肖像画を展示すればいいだろうぐらいのことでスタートしたんですけれども、いよいよ開館する段階になって、そんなわけにはいかないということで、議会資料をそれなりに展示すべきものだということになりました。しかし、何度も申し上げますけれども、具体的なビジョンがないわけです。どういうものを作ってどういう運営をしていくかというビジョンなしにスタートしたものですから、その衝につけられた人たちがみんないろいろと創意工夫して、あちこちを見て回ったりしながら作り上げてきたわけなんですね。

それで、最初は、憲政記念館は庶務部の中の一つの課みたいな形でスタートしたんですが、そのときの庶務部長が三樹秀夫さん[35]でした。この人が割に歴史好きというような点もありましたし、そういう変わった施設の運営に興味を示す人だったものですから、その人もいろいろと知恵を出したんだと思います。

たしか、開館記念特別展の後に原敬展をやったんじゃなかったかと思います[36]。原敬展は、原敬記念館が盛岡の方にありますし、原さんの御遺族などもこっちの方にいて接触しやすかったのでしょう。原敬展は一体誰のアイデアで始めたのかはちょっと聞いていませんけれども、その次、たしか英国議会展というのをやっているんですね[37]。

赤坂　同じ時期でしたか。

今野　ええ。これは三樹さんのアイデアだったんじゃないのかなという気がします。

赤坂　早川さん[38]とか、憲法の伊藤正巳先生が記念講演をしたのを読ませて頂きました[39]。早川さんというのは衆議院議員で、非常に学識のある方のようですね。

今野　ええ、早川崇衆議院議員。あの人も内務官僚出の人ですよね。

赤坂　はい。マッケンジーの翻訳[40]もありますね。

今野　そうですか。その英国議会展というのがやはり大変なものでしたね。今はどうってことないんでしょうけれども、当時としては空輸するのにもちょっと大変だっただろうと思うような、イギリス議会で由緒ある大きなテーブル〔下院議場用テーブル〕などを持ってきたり、女王が議場に入るときに守衛長みたいなのが使用するメイス〔職杖〕も借りてきたんじゃなかったかと思うんです。これは、三樹さんがイギリスまで行きまして、直接イギリス議会と交渉して実現したんです。

それが終わったところで、さて、これからどうしようかということでちょっと迷ったようです。テーマを考え出すのにも、この辺で随分苦労したんだと思います。この辺りまではまだ憲政記念館は名前も売れていませんし、入館者も非常に少なくて、何とか人を招けるようなものをやりたいと思ってみんな頭をひねったと思うんです。私は、昭和五四（一九七九）年に行きまして、憲政史特別展の第三回というときからタッチすることになりました。これはシリーズ物として、昭和五二（一九七七）年に企画を立てて五三（一九七八）年の二月に第一回展をやって、これが立憲思想の移入から明治新政府の発足までですね。二回が廃藩置県から明治憲法の成立まで。三回が帝国議会の開設から明治末年までです。

ですから、私、帝国議会の開設のあたりから特別展というものにタッチさせられたわけですが、前の方の展示会というのは、私は見てはいると思うんですけれども、何せ議案課にいて、憲政記念館で何か変わった行事をやっているというので面白半分に見に行っただけで、およそ記憶に残っていないんですが、その三回展からがいよいよ自分でタッチさせられることになったんですね。ただ、先にもお話ししましたように、議会に関する歴史であっても、歴史知識というのは殆ど何も知らずに行ったものですから、もう既に始まっているそういう人たちの作業を見て、自分は一体ここで何の役に立つんだろうかと思うような気持ちでいました。

◆憲政記念館の人事管理

今野　それで、私は結局ここで、憲政記念館向きの人材をかき集めて組織の構成を固めるということと、予算を会計課と交渉してとってくるというようなことが自分の仕事だと思いまして、余り憲政記念館の資料収集や展示の方の実務内容にはタッチせずに終わってしまったんです。

何度も申し上げますように、渡邊行男さんが文筆家で、非常に憲政記念館の業務を大きくし、また深くし、築き上げてきた人だと思いますね。それから伊藤光一君も、先の談話を見ても分かりますように、資料の収集とかを非常にこまめにやって、憲政記念館の業務を軌道に乗せた。やはりこの二人が憲政記念館を立ち上げて磨き上げてきた功労者だと私は思います。

ただ、こういう人たちがいたからこそ憲政記念館の仕事というのは軌道に乗ったんですけれども、やはりこの人たちは特殊な人たちでして、ある意味では学者風でもあるんですけれども、特殊な技術者ですね。非常に個性が強くて、自分の仕事として重要な役割を果たすんですけれども、では、例えば後継者を養成してくれるかとか、組織として憲政記念館の業務をどう展開させていくかというようなことになりますと、やはりちょっと難しい面もあります。

学芸員的な人たちというのは、みんなそれぞれそういう性格があるんじゃないかと思います。最近、新潟の市立美術館で、奈良の古い仏様を展示する特別展を企画したところが、壁にカビが生えていたとか虫がはっていたとかで、文化庁の方からストップがかかってできなくなったということがありました。新聞報道だけですけれども、いろいろその理由を見ると、市長が、長年のベテランだった学芸員を、その人たちも定年間際なのに人事異動で市庁舎の方へ動かしてしまって体制を変えてしまったがために、ここ数年前から美術館の管理面がおろそかになって、そういう結果が出てきたんだということが報道されていました。

それは分からないではないですね。つまり、学芸員の人たちというのは、長くいると個性が強くて扱いにくい面が出てくると思うんです。それで、そういう人たちがやろうとすることと、市の当局がやらせようとすることとの間で食い違いが出てきて、結局、市のいわゆる管理部門の方がそういう人たちをどけてしまったわけですね。どけてしまった途端に館の機能が影響を受けて劣化してくる、よくない結果が出てくるというふうなことが起きるんですね。

憲政記念館はそんなことは起きてはいませんけれども、憲政記念館という衆議院事務局の中の一つの部署を、事務局のいろいろな決まりがある、慣習もある、そういうしきたりに合わせた組織にしていこうとすることと、渡邊さんだとか伊藤光一君あたりが大いに憲政記念館を充実させようと思って一生懸命やることとが、時に食い違うというか衝突する、そういうことが起きるんですね。そのとき後藤英三郎という、事務局の中で非常にベテランだった人が、定年間際に憲政記念館長になっていたわけですが、この人が、本館の部局風の人事管理を憲政記念館でもやろうとすると、渡邊さんだとか伊藤光一君たちとかみ合わないわけなんですね。

どういうことかというと、私は着任してすぐに館長から、「渡邊君や伊藤君が何をやっているか俺はよく分からない、彼らはとにかくしょっちゅうあっちこっち勝手に出歩いて、何やらよその連中とつき合っていろいろな情報を仕込んでくるんだけれども、やはり衆議院の職員なんだから、外出するときはきちんとそれなりの手続をとって出ていくようにしなきゃいかぬ、自分は前々から、外出するときは、どこそこへ行ってきますからということで館長に断って出ていけというふうに指示しているんだ、今度、君が来たから、君がかわりにそれをやってくれ」というふうに言われました。

それで、実際に外出簿みたいなものが作られていまして、一人一人名前と行き先を書いて、例えば国立公文書館に文書を見に行くとか国会図書館の憲政資料室に行くということを書いて、何時何分出ていって、何時何分帰りましたみたいなことを書く帳簿ができているんです。それに一々記入させて、それを後藤さんが毎日点検しているようなことをやっていました。

でも、それは無理なんですよ。いわば学芸員的な人たちに、そういう調査活動の詳細まで一々、通常の事務職員のやり方のように強制して報告させるのは、無理なんですね。彼らも嫌がるわけです。私、間に立ってそういうことをやらされて困りました。困りましたけれども、私も、どうせやめていく人に実態と食い違いがあることを言ったって仕方がないんだから、憲政記念館の仕事を十分にやらせようと思ったら、ある程度、そういう人たちは、行くなら行ってきなさいと、むしろ出してやった方がいい仕事をするんじゃないかと思って、私はそういうのを非常にルーズにしました。結局、私は、役所風のそういう人事管理体制を厳しく通そうとする館長と、現場の人たちとの間の何か緩衝役みたいなことをやらざるを得なくなりました。

実際に見ていましても、その人たちは、怠けてどこかよそへ行って遊んでいるわけじゃないんです。ほかにも杉村静子さん(41)という女性がいました。この人も非常に丹念に文書や記録を調べてくる人でした。明治時代のいろいろな政治家たちの書いた手紙、筆の字なんかを読み解くような力も持っていまして、よく調べて勉強してくる人でしたけれども、そういう人たちはみんな手弁当といいますか、電車賃だとかは一応請求すれば出ることにはなっているんですけれども、毎日毎日のことですから、そんなもの使わないで、みんな自腹を切って歩いて調べてくるわけですね。

そういうのを見ますと、そんな些細なことで人事管理の体制を、こちらの委員部や議事部と同じような感覚で憲政記念館で強制しようと思ったって無理だと思いまして、そういう面は、むしろ私は働きやすい環境をつくる努力をしました。

では、憲政記念館でおまえは何をやってきたんだと聞かれますと、私はそんなことしかやってきていないんですね。管理職という立場にいて、最初は企画調査主幹という肩書をもらい、次に資料管理課長というポストでいましたけれども、実際問題として、いた間に、憲政記念館の本来の業務について自分がどれほど貢献したか、努力したかということになると、非常にお恥ずかしい。私自身は、そういうことは余りやっていないんですね。

◆憲政記念館の資料収集のノウハウ――宇垣文書・重光文書

今野　伊藤君の談話を見て、私は改めて、伊藤光一君が、私の知らないところでも随分手広く調査活動をやっていたんだなということを再認識しました。彼が、日本国じゅうをあっちこっち駆けずり回っていろいろな資料館を見たり、明治以降の議会人と深く関わりのあるところを探索しているということは知っていましたけれども、これほどたくさん色々なところに歩き回っていたとは知りませんでした。

ただ、私は、彼が憲政記念館にいて七年目ぐらいに接触して、八年間一緒にいたわけですけれども、彼にはその後の蓄積もあると思います。伊藤光一氏談話は一九九八年の談話ですから、二六年間の仕事の説明をしているわけで、私はむしろ前期と言ってもいいくらいの時期の接触ですから、その後もずっと彼はこういうことをやっていたんでしょうけれども、それにしても大変な資料調査の一種のネットワークみたいなものを彼はつくり上げて、偉いもんだなと思って感心しました。この伊藤談話のときに問題になっているのは、それらの資料を外部の人間がどう見せてもらえるか、研究の対象にしてもらえるかということなんですよね。そのいろいろな方法だとか、伊藤君にしてみると、ある種、アプローチするときの手練手管みたいなものもここではいろいろと伝授しています。

つまり、憲政記念館でいうと、憲政記念館に収集された資料類を外部の人たちが見せてもらうにはどうすればいいのかということも、ここに出てきている伊藤隆先生もそうですけれども、ほかの人たちの関心事なんだろうと思います。それで、憲政記念館にもそれなりの資料が入っているわけですね。それを外部の方たちが見せてもらいたいというふうに来たときに、それにどう対応するかというのも憲政記念館としては一つの大きな問題であるわけです。

これは、昭和六〇（一九八五）年ですから少し後になりますが、宇垣一成の資料(42)が憲政記念館に寄贈されたときの写真です。それを憲政記念館では早速展示したわけです。これは、特別展じゃなくて通常展示の中で展示をしました。右端が桂俊夫さん、当時の館長で、その左に宇垣さんの遺族の方々、お孫さんでしたか、それから次が渡邊行男さんで、左端が私です。こういうふうに展示したんですけれども、実はこれは、渡邊行男さんが宇垣さんの遺族と接触しまして、宇垣家の方から遺品類を寄贈したいということでしたので、それはいいでしょうというわけでもらい受けて、展示の方も、伊藤光一君に任せて、陳列させせました。

しかし、私、実はこの宇垣資料というのは何も見ていない。見ていないというか、見ようともしなかったわけですよ。桂さんにしても私にしても、もう渡邊さんに任せ切りにして、要するに、君がいいと思ったらやれというような形で宇垣の資料は入りました。展示の方も、伊藤光一君が、こう展示したいと思いますと言うので、ああ、おやりなさいという形でした。

ですから、桂さんにしても私にしても、管理職者といって何しているんだと言われかねないんですが、並べてしまってから、桂さんが深刻な顔をしちゃって、「今野さん、あんな軍服の額を憲政記念館にかけていいんでしょうか」と言うわけですよ。何せ、宇垣一成という人は根っから軍人ですから。資料を入れた方、並べた方は意気揚々としているんですけれども、桂さんにしてみると、ここに社会党や共産党の議員たちが地元の人を連れて案内に来

たときに、一体何を言われるだろうかというふうなことを考えるわけですね。

それで、「今野さん、何か考えてくださいよ」と言うわけですよ。何で宇垣一成みたいな戦前の軍人の、しかも、こんな軍服を着た額を麗々しくかけたんだと言われたら、何と言えばいいのか、というわけです。それで私は、宇垣という人は、戦後、追放解除になったあと、参議院議員の全国区に立候補してトップ当選した人物です。全国区で何百万票か集めたという実績があります。とにかく、最後はもう議会人になっている。軍人時代にも宇垣軍縮というようなこともやって、決して戦前から東條さんや何かのような軍国主義的に振る舞った人じゃないんだし、最終的には参議院議員になって終わった人なんだから、その点を強調すればいいでしょうと言いまして、安心してもらったことがあるんです。

事ほどさように、憲政記念館にとって功労者である渡邊行男さんや伊藤光一君のやろうとしていること、またやったことと、いわゆる管理者側の立場で憲政記念館という部署を守ろうとする立場とでは、どうしても食い違いが出てきてしまうんです。それをどう調整するか。調整しながら、しかし、憲政記念館としては、やはりこれだけのことをやっているんだという実績は見せたいわけですし、その辺の兼ね合いで私はうろうろしていたのが憲政記念館の八年です。

それで、渡邊さんが宇垣文書を整理しました。それから、重光葵の文書(43)も相当たくさん憲政記念館で受け入れました。重光文書については、重光さんの遺族と国会図書館の憲政資料室とがちょっと食い違いというかトラブルがあって、重光家では図書館に対して非常に反感を持っていた。そこへ持ってきて、何か展示の関係で渡邊さんが接触したときに好感を与えたということがあって、重光家の方から憲政記念館で全部引き取ってくれというわけで入れたわけですね。ですから、かなりのものがあると思うんです。

これも私、実は正直言って、その重光文書は展示したもの以外は一かけらも見ていません。そういうことで、何やっていたのと言われるとお恥ずかしいんですけれども、それはもう任せっ切りで見ていないんですね。

◆憲政記念館の閲覧体制

今野　では、そういう体制で、重光文書にしても、あるいは宇垣の関係の文書にしても、外部から何か見せてくれと言われたときにどう対応するかということですよね。

それで、私は、こういう調査、収集をやっている人たちとの間で少し議論しました。この人たちは、当然、自分たちがもらってきて、貴重な資料を分類して整理しているわけで、自分たちもよそへ行くと見せてもらうわけですね。ですから、同じように見せてくれと言ってきた場合には見せてやりたいわけです。だから、見せる体制をとってくれというふうに私は言われました。しかし、私は、それはだめだと言ったんです。

それはなぜかといいますと、私が根拠にしたのは、衆議院の事務というのは全部、事務分掌規程というのがありまして、これこれこういうことをやるということを書いています。憲政記念館の事務分掌規程に、文句は正確ではありませんが、憲政に関する調査研究、資料の収集、保管、展示というふうなことがたしか書いてありました。そこに閲覧という字は入っていないんですよ。

それで、私は、それを言いまして、ここはこういう議会資料関係の展示館ではあっても閲覧施設ではないから、閲覧させる場所もないし、そういう出し入れをする責任の部署もない、人もいない、そういうところで貴重な資料を外部から来た人に閲覧させるといって、どうやってそれができるか、その資料の内実を非常によく知っているのは渡邊さんや伊藤君、杉村さん、あなた方だ、しかしあなた方がその閲覧にずっと年じゅう立ち会ってつき合っておられるかと言った。

そういう管理体制はほかの人間ではできない。要するに、調査資料の内容を知っている人間と、そうでないほかの、寄せ集めと言っては悪いんですけれども、そうでない人たちもたくさんいるわけですね。閲覧事務をやらせようと思ったらそういう人たちにやらせなきゃならない。しかし、一方で渡辺さんや伊藤君たちは、自分たちが集めてきた資料を、ほかの連中には触らせないわけです。何といったって、それは貴重なものですから。それでいて、閲覧体制をとれといって、閲覧者が来たときに全部あなた方が応対してくれるならそれはいいかもしれないけれども、それはできない。手紙一通でもなくなって大騒ぎされたときに、あとの人間には責任はとれません、そういう体制になっていないんだから。

ですから、私は閲覧規定は作りませんでした。閲覧ということは、憲政記念館の業務の一つとして考えませんでした。それは、やはり無理だと思ったからなんです。実際に、そういう体制をとると事故がいろいろと発生するおそれがあるんじゃないか。国会図書館のように、初めから来た人には見せるという体制をとって仕事をしている部署と憲政記念館とは違うわけですから。私は、そういう点ではむしろ閉鎖的な対応をしました。

実は、宇垣文書が入ってくる、重光文書が入ってくるという段階から、私は、憲政記念館は展示館なんだから、展示に向くものはもらっても、そうでない文書資料は国会図書館の憲政資料室あたりに入れた方が適当だというふうに思っていました。ところが、それを私の立場で渡邊さんや伊藤君に言えませんでした。つまり、彼らは全部一まとめにして貴重なものを持ってくるわけですから、その中で、これだけはここでもらって、そっちのものはあっちへやってしまえということは、私は言えませんでした。

私の本音を言わせて頂くと、閲覧すべきような資料は憲政記念館は要らない、要らないというか、むしろそれはしかるべき別の施設に納めてそこで閲覧体制をとってもらって、憲政記念館は専ら視覚的に、来た人に見てもらって、展示室を案内して、楽しんでもらってお帰り頂くという施設であるべきじゃないかと私は思いまして、なるべくならばそういうふうにしてもらいたいというふうな考えでいました。しかし、実際に調査研究をやる人にとってみれば、そんなわけにいかないんですね。それは渡邊行男さんや伊藤君にしてみると、何もかも自分の手元に置いて調査研究の対象にしたいわけですし、特に渡邊さんなどは、それを材料にして物を書くというのが一つ自分の人生の先行きのスケジュールにあるわけですから、手放せない。

しかし、私は、憲政記念館はどういうことをやるべきかと問われたときに、やはり展示館に徹すべきじゃないのかなというふうに思っているんです。ただ、文書にしても、手紙だとか日記類にしても、研究対象であると同時に展示物にもなるわけですから、それをどうするかというのは微妙な問題がありますけれども、しかし私は、渡邊さんや伊藤光一君のような憲政記念館に非常に功績のあった人たちが考えていたような資料の収集体制というのは、憲政記念館という施設にしてはちょっと身に過ぎたというか、能力を超えたことをやっているんじゃないかという思いをずっと持っていました。

今、憲政記念館はどうあるべきと思うかと問われたときに、やはり自分の気持ちとしてはそういう考えですね。よそ様にある資料を見せてもらって、そのときの企画展示に見合ったものを借りて展示するということでいいのじゃないか。憲政記念館にあるものは、いわば政治家の遺品のたぐいとか、視覚で来館者を楽しませるというか何事かを理解させるようなものを中心に、掛け軸であるとか絵画であるとか、そういうものの収集はともかくとして、文書類というのはそうがむしゃらにかき集めることはないんじゃないか。そうすると、やはり宝の持ち腐れで、当然、開放体制というか閲覧体制をとっていないと、それは分からなくなってしまうわけですよね。もったいないといえばもったいないし、では、閲覧体制をとれるかというと、憲政記念館のようなところは非常にとりにくいです。そういうジレンマがあります。

ですから、憲政記念館はどこへ行くというふうなことを聞かれると、私は、展示館に徹した方がいいんじゃないのかなというふうに思うんです。

◆ 議会アーカイブの可能性

赤坂　よく、イギリス等へ行ってきた人の話を聞くと、議会アーカイブ、議会の文書館ですね、そういうものを我が国でも作るべきではないかという話をされる、したがって、憲政記念館はこのままではいけないという話をされるわけなんですけれども、実際、中におられて、そういうアーカイブ的な運用というのは今の体制では無理である、そういう実感をお持ちなんでしょうか。

今野　つまり、役所として、上層部がそういう仕事をする上での専門家を配置してくれないんですよ。

赤坂　アーキビストがいないと。

今野　ええ。やはり学芸員というのが中心になっていて、そして、研究者でもあり、その道の相当の学者でもあり、知識を持っているような人たちが、同時に、それをオープンにするという展示館としての機能にも協力していくというふうな体制をどこでも本来とっていると思うんですよね、博物館、美術館、資料館は皆。

ところが、衆議院の憲政記念館というのは、正直言って事務局という組織の中ではまま子なんですよ。つまり、知野虎雄さんがそもそも最初から明確なビジョンを持ってつくった施設じゃないわけですし、それから、衆議院事務局の業務というのはどこが中心かといえば、それは議事部、委員部が中心でして、憲政記念館は、そんなわけで、私、瓢箪から駒が出たというふうに前にお話ししましたけれども、本当にひょんなことからできてしまったことで、それをまたこの渡邊、伊藤というような人たちが、多分、知野虎雄さんが予想した以上の高みにまで引き上げてしまったというところがあるんですね。それは咎められませんよ。だって、よりよくするために皆が努力した結果なんですから。

それで、私は、ある時期、もう特別展をやめたらどうかなと思うこともありました。つまり、特別展というものを抜いてしまうと、ある一定の展示物がありさえすれば、あとは適当に、年に数点複製などをつくったりなんかして、多少目新しいものに変えていきさえすれば、館としての格好はつくわけですから。特別展をやるがためには、人材を確保しておかなくちゃいけないし、それなりに働かさなくちゃいけない。ですから、特別展をもういいかげんやめて、常設展示だけにしてもいいんじゃないのかなというふうなことを私は思ったことがあるんです。伊藤君たちを前にして、そういうことは言い出せませんでしたけれども。

しかし、よそのいろいろな郷土資料館みたいなところを歩いてみますと、一年を通して特別の企画をしない展示館というのは、どこでも眠った展示館になっちゃうんですね。そこの土地の出土品だとか古い農機具だとか、そんなものが置いてある展示館は幾らでもありますよね。それは年間通じて何百人ぐらいしか入らないような眠った展示館になっちゃう。憲政記念館は本館の方の参観者が廻って来ますから、一年を通じれば相当数の人間が見てはいくんですけれども、しかし、眠った展示館にすると、せっかくこれまで積み上げてきた意味がなくなるなというふうな感じもしまして、企画展示を年に一回やるということで憲政記念館はずっと存在意義を保ち続けるんじゃないかなというふうに、今では思っています。

今でもそう思っていますが、これは矛盾してしまうのであって、それを続けていくためにはある程度のスタッフを置いておかなくちゃいけないんです。ところが、例えば、新入生が憲政記念館に配属されます。使ってみます。二、三年置いて、いい人間だと思います。そうすると、委員部や議事部に送り込んでやりたくなっちゃうんですよ。管理者としては、やはり使える人間は、衆議院事務局でそれなりの働きの場を与えたいと思います。

ですから、渡邊行男さんだとか伊藤光一君がいなくなった後、今でもよくやっているなという感じなんですけれども、彼らほどの調査マンは多分いないだろうと思いますよ。今現在どうか分かりませんけれどもね。今いるスタッフの中で、自分の研究を将来本にして発表するとか、何かそういうふうなことを目論んでやっている人間がいるかというと、どうでしょうね、ひそかに考えている人間がいるかどうか分かりませんけれども、そういうのであそこで伸び伸びと働かせてもらっているというのがいるかどうかですね。

どだい、事務局の中枢では、そういう人間をあそこに配置して、憲政記念館を充実した館にしようという考えがないんです。事務総長、事務次長、みんなそうですよ。知野さんに始まって、藤野さん、大久保、荒尾、弥富さんでしょう。その間、憲政記念館を充実させようというふうに配慮してくれた人は一人もいませんでしたね。

私がやめる時期に、緒方信一郎さんが事務総長でした。私がやめる直前に事務総長になったわけで、私は退職の辞令は緒方さんからもらったんですけれども、緒方さんが憲政記念館に興味を持ってくれたというんです。ですから、私がやめた後、今は憲政記念館は仕事がやりやすくなったということを言っていました。予算もとりやすくなったとかね。しかし、人材の確保まで考えてくれたかどうかは分かりません。緒方さんは、自治省〔現総務省〕から来た人ですから、事業を企画したり工夫したりすることに、ある種の理解を持ってくれたのかもしれませんね。その後、谷さん、駒崎さん、鬼塚〔誠〕さんは衆議院で育った人ですから、分かりませんけれども、やはり憲政記念館をそんなに重視していないだろうと思いますね。

憲政記念館というのは、特別展をやるときに、写真のようにテープカットをやるんですよ。これは、私がいた間にやった特別展の前の日に内覧会をやりまして、河野広中、田中正造、植木枝盛、三人の初期議会政治家の特別展をやったときです。これは小沢一郎氏ですね。若き小沢一郎で、この人が議院運営委員長でした。それで、私がここで司会といいますか進行係をやって、「ただいまから小沢議院運営委員長のはさみ入れが行われます」というようなことを言いまして、これはテープを切った瞬間です。ここにいるのが、そのときの館長の堀籠一矢さんという人ですね。

奈良岡　左から三人目の方が堀籠さんですか。

今野　ええ、そのときの館長です。左から四人目が弥富事務総長です。

それで、この小沢さんの後ろに星野秀夫(44)という事務次長がいるはずです。この隣にいるのが中島隆さんといって、自治省から来て会計検査院に行った人で、このとき委員部長でしたね。こういうふうにして部長たちを全部集めて、それから、このときは小沢さん一人しか写っていませんけれども、議運の理事もたしか何人か来ているはずなんです。それで、テープカットして、最初に見せるわけですね。

奈良岡　内覧会というのは、天皇陛下とか……

今野　そんな大げさなものではありません。

赤坂　議長であるとか議運の委員長とか、議会関係の方たちにお見せするというわけですね。

今野　そうですね。内覧日は、参議院の方にも声をかけたと思いますけれども、衆参両院の議長、副議長にも声をかけまして、来て頂くんです。最初に議運の委員長がこういうふうにしてテープカットしてあけたところを、主だった人を案内して見せる、こういうセレモニーをやっています。毎回やるんですよ。

◆資料公開に向けての課題

赤坂　憲政記念館の今後というお話をされましたけれども、例えば、我々、一年か二年ほど、ちょっと最近研究し

てきて、この議会の中に議会文書というのが随分倉庫に残されていまして、恐らくイギリスとかでアーカイブということをおっしゃる人は、そういうものを専門のアーキビストがちゃんと歴史的文書として保存して、必要に応じて公開していく、ということをお考えだと思うんですね

たまたま今回、憲政記念館と議事部資料課との統合問題というのがありまして、議事部の持っている文書については憲政記念館に移管することを検討していると聞いています。実際、この建物の、第二別館の一室を設けてそこに移るということなんですけれども、いわばアーカイブ的な方向に、その意味では一歩だけ憲政記念館が歩み寄ったというふうにも理解できるかなと思うんです。

そうしますと、ただ、先ほどおっしゃったように、まだ、展示のやり方ですとか、専門的なスタッフをいかに育てるか、あるいは採用するかというシステムが伴っていないということで、今後どのように議会文書というものを、まだいろいろ我々がアクセスできないものもたくさんあると思うんですけれども、日本、我が国のために利用できるように持っていったらいいのかについて、少しまだ私としては光明が見えないところがありますが、事務局におられた今野さんとしては、どういう方策があるとお考えでしょうか。

今野　私は、憲政記念館と資料課の統合が果たしてうまくいくかどうかということについては、非常に疑念、懸念を持っています。

それは、私は両方体験しているわけですね。憲政記念館と議事部の資料課というのを両方見ています。両方見た感じからいいまして、やはり憲政記念館は、言ってみますと外向きに物を展示して見せるという部署です。資料課は、逆に内向きに、保存すべきものを保存して、つまり永久保存、永久保管するという部署でして、全然外を向いていないわけですね。外を向いた仕事はしていないわけです。要するに、事務局の中の人間には見せますけれども、そうでない外部の人に対する公開体制というのは今までとってきていなかったわけですね。

赤坂　今、永久保存とおっしゃるのは、議事部の資料だけですか、それとも、例えば秘書課であるとか庶務部で要らなくなったものも議事部資料課へと移管されるということがあるんでしょうか。

今野　それはないですね。

赤坂　議事部の資料だけですか。なるほど、分かりました。いずれにせよ、内向きの組織として資料課はあるんですね。

今野　ええ。そして、資料課自身が例えば議会文献だとかいろいろな図書を購入したりもしていますけれども、そういうものもみんな、いわば中の人間の勉強のために買っているわけでして、外に対するものではないわけですね。ですから、憲政記念館と資料課では、仕事をしている基本的なスタンスが全然違うわけですよ。これが合体して果たしてうまくいくのかどうかということについては、私は非常に疑念を持っていますね。

赤坂　でも、そうなるといよいよ、議事部の倉庫から資料課の倉庫へと移した資料へのアクセスとかいうのが今後、一般の研究者の人たちも含めて国民の共有財産とするためには、まだちょっとハードルが高いのかな、と思います。むしろ高くなった可能性もあるかもしれませんね。今までだと、ありますかと言って、あったら、見たければどうぞという形だったんですけれども、整理して倉庫に入れてしまったら、またアクセスが難しくなるかもしれませんね。

仰ったように、他部の資料というのもほとんどアクセスはできない状態ですから、議会というのはまだアーカイブ的な発想がないけれども、恐らく最後の、残された聖域として、議会の文書をいかに公開するかというのを今後検討しないといけないなと思います。

今野　そうですね。私自身がここにいた経験からしまして、こんなふうにして、『逐条国会法』に始まって、中の資料が学者の先生方に公開されるというのは、本当に百八十度の転回みたいなものでして、それは大変画期的なことだと思います。私は、閉鎖的な状態を続けるよりは、やはりある程度オープンにした方が、ある程度といいますか一切合財、少なくとも、とにかく国会というのは国民のためのものであって、国民注視の中で機能している機関なんですから、ここのものが外部に対して閉鎖的であってはいけないと基本的には思います。

ただ、昨日あったことを今日見せるというわけにはいかないでしょうから、やはり二〇年とか三〇年とかというある種の期間は秘匿しておくことが必要な部分があると思いますけれども、そうでないものはオープン体制をとるということを基本的に決めるべきではないのかなというふうに私は思いますね。今までの衆議院事務局の体質からしまして、まだ閉鎖体質の気風というのは相当あるでしょうし、これからトップを占めていく人たちが、みんなそういう理念で、事務局が持っている資料の扱いを考えてくれるかというと、それは分かりませんね。こういうことはむしろ政治家を動かした方がいいんですね。

赤坂　またハードルが高くなりましたね（笑）。

今野　政治家というか、要するに、結局、議運の理事会で了承されるとか合意されるということがあったら、もう何だっていいんですよ、極端に言えば。そういうお墨つきが出れば一挙に物事は変わるんですけれどもね。

一般的に、事務局サイドから、外部からこういう要請があります、それに応じたいと思いますけれどもよろしいですか、などということを自発的には言わないですね。まず言わないでしょう。

赤坂　事務局としては、上から言ってくるのであればいいですけれども、主体的イニシアチブをとって拡充していくという話ではないわけですね。

今野　ないと思いますね。私、一つ、昔の人がやっていて何で今の人はやらないのかと前から思うのは、例えば早稲田大学の佐藤立夫さんという憲法学者がいますね。あの人なんか、戦時中から衆議院事務局の調査員でずっと出入りしていたんですよ。あの人は中村藤兵衛さんと親しかったという話を聞きましたけれども、私、面識もあるし、言葉も交わしたことがあるんです。ですから、鈴木隆夫さんのところへしょっちゅう来ていましたし、鈴木隆夫さんについての思い出話も佐藤立夫さんは色々としてくれました。

図書館に入れた鈴木隆夫の文書の中に、「戒厳令について」という奇妙な文書があるんですが、それは、敗戦間際でしょうか、軍が日本に戒厳令をしいて、そして徹底抗戦、一億玉砕、本土決戦をやろうとしたことがあったようです。戒厳令が出ると、それはもう議会停止ですから、そんなことをさせないように議会側も論陣を張って抵抗しなきゃいかぬというわけで、鈴木隆夫が戒厳令についてという文書を書いたんですよね。これがまたちょっとおかしな、無理矢理いろいろとこじつけたことを書いている文書ですけれども、とにかく戒厳令なんか必要ないということを書いた。それは、佐藤立夫さんと二人で、それぞれが書いているんですね。そのときの思い出話なんかもちょっと佐藤立夫さんから聞かされたことがありました。

それと、土橋友四郎さん(45)という、この人も本が残っている人ですが、議会関係のことを書いた学者さんです。この土橋さんと佐藤さんは、戦後も資料課の調査員という形で机がありまして、時たまやってきては、いろいろと調べ物をしたり当時の幹部と話をしたりして帰るということがありました。わずかなお金でしょうけれども、何か調査員の手当を上げて、学者さんと接触していましたね。事務局側も、憲法問題とか議会制度の問題について調査を依頼するとか意見を聞くとかという交流があったんだと思うんですね。衆議院事務局もそういうことをやってもいいんじゃないのかなと私は思うんです。

それで、佐藤立夫さんは、私が憲政記念館にいた間、木村睦男さんが参議院議長だったときに、参議院の調査員になっていました。それはなぜかといいますと、木村睦男さんは戦前、内務省の官僚時代に、衆議院事務局で理事官——書記官の一つ下なんでしょうか——理事官という肩書きで在職したことがありまして、鈴木隆夫とも懇意でしたし、当然、佐藤立夫さんともその当時からの関係でなじみだったんですね。そんなことがあって、調査員という形で参議院に籍を置いてもらっていたんだと思います。

本当に、学者さんの中の何人かと垣根を取っ払ったおつき合いができるような体制を事務局もとるべきじゃないかなと思うんです。ただ、佐藤立夫さんがどこまで書庫の中に入っていって、どういうことをやったかということは分かりませんよ、その当時のことは分かりませんが、そんなことがありましたね。ですから、もう少し事務局も開放体制をとった方がいいとは思うんですけれども、しかし、すべての文書をオープンにするというのは難しいでしょうね。

奈良岡　先ほど、国会図書館の憲政資料室に入らなかった重光文書が憲政記念館に入ったというお話がありましたけれども、憲政資料室あるいは公文書館とか外交史料館とかの類縁機関、国政に関するさまざまな政治資料が集まっている機関というのはほかに幾つかありますけれども、そういうところとの連携や連絡は、憲政記念館としてはどのようにされているのでしょうか。

今野　憲政記念館は、実際に何も分からないところから発足したものですから、一番最初に頼りにしたのが国会図書館の憲政資料室なんですね。何から何まで憲政資料室の手引きでいろいろと勉強をし始めた。

最初、憲政記念館では学者さんを顧問という形で委嘱していまして、一番最初が清宮四郎先生と佐藤功先生なんです。つまり、憲法学者二人ですね。多分この二人だけだったんだろうと思うんですけれども、これはつまり、やはり知野さんだとか三樹秀夫氏、三樹さんは東北大学で清宮先生のお弟子さんですから、そんなことで思いついて、何も分からないところから始めるのに、やはり顧問みたいな形でどなたか学者さんのお知恵をかりた方がいいだろうということで、清宮先生と佐藤先生に憲政記念館の顧問になって頂いていました。私がいたときも、お二人は顧問でした。

しかし、展示館としての仕事というのでは、何もそんなお二人から面白いお知恵が出るわけではないでしょう。それで、図書館の憲政資料室に通っている間に、あそこに大久保利謙さんがテーブルを持っていたんですね。そこで大久保利謙さんも憲政記念館の顧問になって頂いたんです。そこからやはり文書資料についてのいろいろな情報というか知識が入ってきた。ですから、憲政資料室にいた広瀬さんという……

奈良岡　広瀬順皓さん。

今野　ええ。もう本当に、伊藤博文や山県有朋の手紙の解読や何かのあたりから憲政記念館の連中は手引きをして頂いて、教わって、それで動き出しているんですね。ですから、私も、『憲政記念館の十年』の中で、「憲政記念館設立の経緯」というのを書いたおしまいの方に、国立公文書館、国立国会図書館憲政資料室、それから国学院大学に「井上毅文書」がありますね、あそこの人たちからもいろいろ教えてもらったという話でしたが、そのあたりを列挙しまして、謝意を表するという文句を書き加えたことを覚えています。

憲政記念館は、とにかく手探りで始めたわけですから、あっちこっちのそういうところから教わりながら固めてきているんですね。

奈良岡　大久保さんから伊藤隆さんにバトンタッチされたんですね。

今野　そうです。大久保さんがずっとやっていて、やはりだんだんお年をとってきて、たしか私が憲政記念館に行ってから、伊藤隆君を紹介するから今度は彼と相談したらどうですかということで、それで伊藤隆さんを顧問にしているわけです。ですから、今、前に挙げた方々はもう皆さんいなくなって、伊藤隆さんだけが顧問になっている、あと追加したかどうか分かりませんけれども。

伊藤隆先生も、伊藤光一君をすっかり使ってと言ってはあれですけれども、伊藤光一君とここでめぐり会ったことによって、自分の研究に何かと役立てているんじゃないでしょうか。君、あそこへ行ってこういうのはないか見てきてくれよみたいなことを言われて駆けずり回っている、そういう感じもありましたね。ですから、伊藤光一君が伊藤隆先生の研究にいわば手伝いをしているということはあったようですね。彼は非常に筆の立つ男なんですけれども、自分の署名入りのものを出さないですね。いろいろなグラビア雑誌とかに憲政史を歩くとかいう、あちこちの土地でそこにゆかりの政治家の思い出話みたいなものを書いた文章などを上手にまとめているんですけれども、それが伊藤光一著で出てくるかと思ったら、出てこないですね。

奈良岡　渡邊さんとはちょっと違うタイプなんでしょうね。

今野　違うんですよね。でも、地方に行くと意外に彼は有名でして、高知県なんかへ行くと、高知県の県立図書館だとか何か資料館がありましたが、書庫なんかフリーパスなんですよ、どうぞ入ってくださいといって。私、最初に、出張で、あなたも調査をやってみなさいなんて言われて、一人じゃだめなものですから、伊藤光一君に案内してもらって一緒に高知県まで行ったんですけれども、彼が顔がきくのと、それから、土地では、伊藤先生、伊藤先生なんて言われているのでびっくりしました。

なお、写真は、昭和六一（一九八六）年ですからまだ憲政記念館にいましたが、永年勤続三五年の表彰を受けたときのものです。

奈良岡　資料管理課長時代ですね。

今野　ええ。

赤坂　これは場所はどちらですか。

今野　議長サロンです。一番左にいるのが坂田道太議長ですね。

赤坂　テーブルの前に立っておられて、書面を持っている方ですね。

今野　テーブルの前で、何か祝辞をしゃべってくれているんですね。最前列の左から二人目、眼鏡の方がムッシュー桑形です。彼は二十五年なんでしょう。彼は僕より十年ぐらい後に入ってきているはずですから。

Ⅳ

◆議事部副部長への就任の経緯――『議会制度百年史』の編纂

赤坂　それでは、昭和六二（一九八七）年七月から約二年間、議事部副部長をお務めになりますけれども、議事部副部長の職務内容や、ご就任の経緯について、お話し下さい。

今野　私は、憲政記念館でずっとそのまま定年までいることになるのではないかと思っていたんです。先にもちょっとお話ししましたが、憲政記念館に行った当時は、二、三年たてば君はどうせ本館の方へ帰ってくだろうからと、そのときの後藤英三郎という館長から言われたということもありましたし、私の働き場はやはりこっちの本館の議事部、委員部の方にあるのではないのか、それまでの足取りから見てそう思っていたものですから、一時的に、人事のいろいろな序列や配置の関係で、憲政記念館に新設された企画調査主幹というポストに置かれたものの、数年たてばまた本館の方に帰るのではないかと思っていたんです。ところが、一向にそういう気配がなくて、そして、漠然と想定していた議事部の課長のポストに私よりも後の人間たちがどんどんつけられていくような状態になりまして、私は憲政記念館の資料管理課長にはなりましたものの、ずっとその後、ほとんど憲政記念館の人間というふうなことになってしまっていたものですから、もう残り三、四年という状態になって、これはもうこのままここで私は終わるだろうと思っていたのです。

ちょうどそのときに、議会開設百周年で、百年史編纂の話が出ました。この百年史の話は、当然、七十年史を出しているものですから、百年になれば百年史を出さなきゃならないだろうということは誰しも考えることで、弥富事務総長が、ちょうど桂さんが憲政記念館長でいた時期に、「いずれ百年史の話が出るだろうから、ぼつぼつそういうのを君のところで考えておけよ」というふうなことを桂さんに言われたんですね。桂さんは、弥富グループの旗頭みたいな立場にいた人だったものですから、それで話が来たわけですね。

私は、百年史は当然資料課がやるんじゃないかと漠然と思っていました。といいますのは、やはり私自身が、憲政記念館というのは展示施設であるということに非常にウエートを置いて物を考えていたものですし、それから、七〇年史のときにも資料課が中心になって、そのときはほかに適当なところがなかったというか、憲政記念館のような施設は何もない時期ですから、資料課が七〇年史をまとめたということもあって、多分、七〇年史のいろいろな準備資料類というのは資料課が保管しているだろうし、部署としては資料課中心に動くんじゃないかと思っていました。

ところが、桂さんが記念館長だったものですから、桂さんとしては、「いや、今野さん、そんなわけにいかないよ、もちろん資料課ともやるけれども、ここもやはり百年史には関わっていかなきゃいかぬよ」というふうなことを言われました。私はちょっとしり込みしていたんですけれども、そのときに、小林正俊さん⒃が資料課長でした。この人は非常にできる人でして、仙台の二高に入って、そして終戦後、東北大までは行かずに、どうも二高で終わってしまったような感じなんですけれども、衆議院に入ってきて、私より一つ年上の人でした。

この人は、英語とドイツ語ぐらいやるのかな、とにかく勉強家でして、百年史の編纂などをやるにはうってつけの人でした。この人は、七〇年史のときにも資料課でタッチしているんです。それから、憲政記念館のそもそものスタートのときに、準備室のメンバーでもあったわけなんですね。そういうふうにして、いろいろと企画力のある人でして、その人が資料課長をやっていました。

ですから、七〇年史の経験者でもあるということであり、資料課長でもあるということで、憲政記念館に時たま来てもらって、館長室で桂館長と私と小林さんとで三人で、百年史についての色々な、本当の準備の準備ですけれども、そういう話を始めていたんですね。ですから、桂さんがいたのが昭和六〇年頃でしたから、その頃から、そういう三者でのいろいろな意見交換を始めていました。ところが、その後、桂さんは憲政記念館長から議事部長に出ていって、別の人が次の館長になりまして、私、やれうれしや、百年史からは解放されるんじゃないかなと思っていました。

実は、渡邊行男さんだとか伊藤光一君なんかは、百年史なんかもやはりやりたがるんですね。やろうじゃないですかというようなことですね。それで、百年史には附属して何か画報みたいなものができていまして、『目で見る議会政治百年史』、あれは伊藤光一君がほとんど全部まとめたものなんですよ。あれは、文章からレイアウトから写真のたぐいから、殆ど悉く伊藤光一君が作り上げたものなんです。つまり、ああいうものを伊藤君はやりたがっていました。どうも私は怠け者で、そういうことになると及び腰になって、桂さんがいなくなったんだから、ほどほどのおつき合いをして、専ら百年史は資料課がやってくれればいいやと思っていたんです。

ところが、頼りにしていた小林正俊さんが、ちょっと原因はよく分からないんですが、体調を崩して結局働けなくなってしまったんですね。それで急遽私が憲政記念館から資料課長の方に行って、専ら百年史の編集業務を監督してくれ、そういうめぐり合わせになってしまったわけです。ですから、小林さんがそういう状態にならなかったら、私は議事部に来ることはなかっただろうと思っています。

赤坂　では、資料課長に転任されたというのは、百年史を担当するということが主眼だった、ということでしょうか。

今野　そういうことです。そういう意味では、私は、日常の資料課の仕事というのは本当におざなりなことしか知らないで終わってしまっているんです。

赤坂　議事部副部長で資料課長事務取扱という場合、机はどこに置かれるんですか。

今野　資料課の中です。実質的には資料課長ですね。ですから、議事部副部長というのは、そういう仕事をさせる上で、私に対するある種の処遇なんですね。私は専ら百年史のことに集中して、百年史はいわば期限が迫っている作業ですから、それを遅滞なく運ぶようにということで資料課長に回されたという感じが非常に強いですね。私は、昭和六二（一九八七）年の七月一日付で議事部副部長資料課長事務取扱の辞令を受けたんですが、写真は、その二〇日後に、議会制度百年史の編さん事務室というのを設置したときのものです。

赤坂　一番左はどなたですか。

今野　これは緒方信一郎さんです。この人は当時、事務次長です。まだ弥富事務総長時代で、この人が事務次長で、両院の事務次長が、この編さん関係の事務の取りまとめをやるということになっていました。肩書は緒方さんが百年史編纂室長という形だったと思います。編さん事務を、衆参両院の事務次長、それから国会図書館の調査立法局の専門調査員で岸本弘一さんという人たちが統括する、というものでした。岸本さんは議会政治についていろいろ本を書いている人です。緒方さんの右隣が岸本弘一さんです。彼は国立国会図書館の専門調査員でした。この人が図書館の百年史の事務のまとめ役。一番右側が桂さんです。議事部長の桂さんはこのあと退職しましたけれども(47)、継続して百年史のお手伝いということで、調査員という形で、言ってみると、資料課の中に一つポストがあって、私の監督下に入るみたいな感じになりました。この人と、それから、最初のうちは三樹秀夫さんも入っていましたね、ここには入っていませんが。

ですから、今ちょっと場所が変わっていますが、当時の資料課のすぐ廊下を隔てた前の部屋にこの編さん室をつくりまして、そこに、私の部下になった数名、三、四人と、それから、参議院の人とか図書館の人の席もたしか作ったはずなんですけれども、その人たちは常時詰めてはいませんでした。専ら衆議院の資料課員がこの編さん室では仕事をしていました。ですから、そのときだけ資料課員はちょっと増員になっていまして、百年史に携わる人間だけ人数がふえていました。そういうところで行きまして、百年史の仕事に関わるように、専らそこを中心に私は資料課長の仕事をやっていたんですね。

◆議事部資料課のルーティン・ワーク

今野　資料課の仕事というのは、基本的に、いろいろ各種資料を整理して保存するというのが業務ですけれども、みんなで動く作業が何があるかというと、解散になって次に新しく当選した議員に配付する『衆議院要覧』を編纂するというのが資料課の一つの仕事です。また、年に一回か二回、『官公庁職員抄録』という名簿みたいなものを出します。

それから、選挙が終わると、『衆議院総選挙一覧』というちょっと膨大な、全国の得票を市町村ごとに正確に記録したものを編集して出しますが、そういうものを地方の選挙管理委員会に依頼状を出して集めて、それを編集して印刷するというふうなことがあります。あとは、議事部長とかよその部課から要請されたときに、統計的な資料を作って提供するというふうな仕事もしています。

目ぼしい議会文献が刊行されると、それを会計課に要求して購入してもらって、資料課の図書として保存しておきます。それは、時たま定期的に、こういうものが入庫しましたから、見たい人はどうぞ見に来てくださいというようなことを多分やっていると思います。リストにしたものを議事部とか委員部とかしかるべきところにまいて、見せるというようなこともやっています。

あと、新聞記事を切り抜いてとっておくとか、実際にその成果を見て点検したことはありませんけれども、何かそういうことはやっているはずです。それぞれの、事件といいましょうか、国会で話題になったような事柄の新聞、そういう資料もあった。今はコピーでもとっているんでしょうか、みんなパソコンに入れているんでしょうか。

奈良岡　大学でも切り抜きをしていますね。

今野　そうですか。そういうような資料の調製も資料課ではやっています。ここにいたときは、私は、そういうのはよろしくやってくれよというような感じでしたね。特にそれを監督するという気持ちで見た記憶はありません。

◆百年史の編纂業務

赤坂　通常の資料課の仕事にタッチされるというよりは、専ら百年史の編さんということだと理解していいですか。

今野　専らそうでした。それで、百年史の第一巻にする『議会制度論』を佐藤功先生に書いて頂いたんですが、その佐藤先生の交渉あたりから始まりました。その前に第一巻をどういう形のものにするかということがまず問題でした。

七〇年史のときには、『憲政史概観』という大久保利謙さんが書いたものを、山﨑さんと久保田さんがずたずたにしたという話を先にしましたけれども、つまり、歴史学者の人に書いてもらったものを出したわけですね。それにその後の三〇年間のものをただつけ加えただけというのでは面白味もないし、それをまた初めから書き直すというのも余り意味のあることではないし、では第一巻をどういうものにするかという相談から始まりました。しかし、やはりこれは前回がいわば政治史概観だから、今度は制度の変遷ということで憲法学者の人に書いてもらおう、それにはやはり佐藤功さんが一番いいだろうというわけで、佐藤先生のところへ頼んで、書いてもらいました。私が資料課に行ったときは、もう既に佐藤先生に決まっていたかもしれません。

私は、佐藤先生が、国会図書館の憲政資料室でしたが、あの一角に机を持って、週に一回とか二回そこへ来られるということだったものですから、専ら佐藤先生の御注文に応じた資料を調えて、佐藤先生のところへ届けるということを何回かやりました。古い『先例集』やら何やら、資料課の書庫にあるようなものから、いろいろ御注文があると、それに応じて資料をお届けして、それで進捗状況などを伺ったりする。専ら佐藤先生との応対が大きな仕事の一つでした。

あと、どういうものを作っていくかの編集会議。あれは十何巻かできましたけれども、その編集内容をどうするか。結局、私がここにいた間にやったことというのは、私自身は一字も文字は百年史については書きませんで、衆、参、図という三つの機関の間の調整でした。それぞれがてんでんばらばらにいろいろ思いつきをあれこれ言いまして、なかなか調整がつかないというふうなこともありました。

それから、私が一番悩んだのは、私の部下と、他の機関の担当者とでは、肩書が少し違う、参議院では、格上の人間、つまり、主幹の肩書を持った人間が来ているわけですね。別の役所なんですけれども、何となく上下関係が出て来まして、仕事のやりとりが非常にぎくしゃくするというようなことがありました。そういうものの調整だとか、今から考えるとつまらないことなんですけれども、気を使わされました。

ただ、図書館の岸本さんという人は、実は兵学校で私と同じ分隊にいた人なんです。これは偶然なんですが、海軍兵学校で、同じ大原の七〇六分隊で、この人は私よりも一年上です。私よりも一年先に入って、それでこの人は二号、私は三号。この人は二号のトップなんですね。おれは恩賜の短剣をもらって卒業するつもりだったと言っていましたから、相当自信があったんだろうと思う。

この人が、その後、東大を出て時事通信社に入りまして、記者になりました。それで、国会に取材に来て、私が議事課に行ったのが昭和二八（一九五三）年ですが、その頃ばったり院内で出会いまして、何だ、君ここにいるのかというわけで、それからずっとつながりがあった人なんです。この人は時事通信の政治部長まで行きましたが、社内の人事抗争の関係でやめて、保利茂さんの秘書になったんですね。自分自身、やはり政治家になりたかったんですけれども、保利茂さんが議長になったときに議長秘書になりました。保利さんが亡くなった後、国会図書館の専門調査員に入ったんです。図書館で専門調査員をやっている間にいろいろ物を書いたりなんかして、何冊か本を書いて、私は校正を手伝ったりなんかしました(48)。

そういう人が図書館のまとめ役になってくれたものですから、私は非常に助かりました。百年史は、衆参図、三者のいわば連携で、総合作業なものですから、仕事の手順だとか、そういう準備段階で詰めていく関係で非常に助かりました。それから、参議院の戸張さん、この人も東大を出たキャリアなんですけれども、非常に謙虚で気さくな人だったものですから、そういう点で、この百年史の編纂作業というのは、そんなにやりにくいことはなかったです。

やりにくかったのは、むしろ、院内の会計課長とかそういうのが、佐藤功先生に原稿料を出すのに、金額の設定や支払いの仕方などで、気難しいことを言って勿体をつけられたりしました。むしろ衆議院内の方がやりにくかったですけれども、三者の連携としては割に気持ちよくやらせてもらいました。

◆小川国彦氏の思い出――不穏当な言辞とは

赤坂　議会制度百年史の編纂過程で特徴的なエピソード等、想い出されることがございましたら、よろしくお願いします。

今野　百年史の編纂過程で、特に苦労をしたとか問題になったということは、幸いにして余りなかったです。

ただ、一つ、資料課長時代に、ちょっと記憶に残っているのは、これは百年史とは違うんですけれども、平成元（一九八九）年、私がやめる年の二月一四日に、一一四回国会ですけれども、小川国彦さんという社会党の議員が代表質問に立ったんです。そのときに、これは新聞種にもなりましたけれども、当時、竹下内閣の時代で、竹下登さんが富士五湖のあたりに別荘地を購入した、しかし、その購入した年の竹下さんの収入、支出というのを調べてみると、そんな大きな不動産物件を購入するだけの収入があったとは思えない、それは非常に不自然である、首相、あなたはこの別荘の購入費をどこから捻出されたのかお伺いしたいといって質問したんです。

そうしましたら、それが与党を非常に刺激しまして、国会法一一九条には、議員の私生活にわたる議論をしてはいけないという規定があるわけですね(49)。その私生活に該当するからこれは不穏当な言辞であるといって問題視したわけです。議運の理事会で大分もめまして、結局そのときは、不穏当な言辞だったとして速記録から削除したということがありました。

その小川国彦さんは、社会党の議員で、引退した後、成田の市長なんかをやった人なんですけれども、一体、内閣総理大臣という公人が、そういう自分の収入、支出について国会で質問されて答えられないとか、それが不穏当であるなどというのはおかしいではないか、公人である以上は問われたことについては堂々と返事すべきであるし、それをましてや不穏当だといって削除するなどというのは国会議員の活動を非常に制限するものだと怒りまして、一体、不穏当な言辞とはどういうものを指すのかということを問題視して、それで、資料課に削除された発言についての記録はないかといって私のところへやってきたんです。

資料課は、会議録の原本を保存するというのは業務の中にありますけれども、何が不穏当で何が不穏当でないかというふうな判断は全然ノータッチの部署ですし、一応、不穏当な言辞の取扱基準とか、あるいは記録、過去に不穏当な言辞として処置したものの記録というのは記録部の方にあるだろうから記録部に行って下さいといって、私は小川国彦さんの矛先をかわしたという記憶があるんです。

このときに、小川さんは大変口惜しがって相当抗議しましたけれども、何せもうこの頃は国対政治という形で、国会対策委員長同士が何やら話をつけてしまうと、あとの議員たちは何もできないというふうな時期でした。それで、自民党の国対委員長と社会党の国対委員長が話をして、その辺が国対政治というものの非常に問題のあるところなんですけれども、妥協して、小川国彦君の発言は不穏当であるといって速記録から削除するという処置をしてしまったわけですね。

その後、小川さんは、今日は持ってきませんでしたけれども、『総理大臣の「私生活」はなぜ徹底追及できないのか』というタイトルの本を出しました(50)。国会議員、野党の議員というのは、そういうことを追及しなくて一体どうするんだ、それができないのではノーマルな国会とは言えないじゃないかというふうな、痛憤の思いを書いた本なんです。その中に、弥富事務総長はけしからぬ、その問題について、むしろ自分、小川国彦に、演説に入る前からある程度牽制のような動きが事務総長から自分にあって、しかし、それに従わなかったがためにこういうことになったというようなことを、たしか書いていたと思います。

後々になって色々そういうことは承知したんですけれども、私は、このときに、小川さんの言っていることは正しいだろうと思いました。それは、国会法の議員の私生活を問題にしてはいけないという規定は、専ら、女性問題であるとか、家族関係とか人間関係の私生活のことを言っているのであって、金銭というのは、政治家は、今でこそ収支報告が当然のように義務づけられましたけれども、これはやはり政治家の収入、支出を明らかにするのが民主政治のもとでは正しいと思われたからそういう制度ができたわけで、これはそういう制度ができる前の話だから速記録削除のところまで行ってしまったんですけれども、本来、権力者の財産、蓄財とかいう問題を、野党が国会で追及するということは何らおかしなことではない、そういう問題は当然議論の対象にしていいことではないかというふうに私は思った。私は別に小川国彦さんに同情したわけでも何でもないんですが、やはりこの問題を不穏当な言辞として処置したのはよくないなと思いました。

それで、実は、どういうものが不穏当な言辞として扱われるかということについては、鈴木隆夫の頃までは、不穏当な言辞についての一覧表のようなものを彼が持っていまして、それは残された資料の中には見当たらないんですが、事務局として、それは確かにおっしゃるとおり不穏当だとか、いや、それは不穏当な言辞には該当しません、そんなものは削除するのはおかしいですよというようなことを鈴木隆夫は言っていました。

その後、私、その話を委員部の経験者に聞いてみますと、事務局の姿勢として、何が不穏当な言辞に該当するか、何が該当しないかということについては、大分前から事務局は口を差し挟まないことにしている。それはそのときの政治家同士のやりとりに任せているということを、委員部の課長クラスの連中は言っていました。目の前で激しい痛罵のやりとりが出てきても、それをどう処置するかは政治家同士に任せて、事務局は何も言わないということにしているということを、私は委員部の課長クラスから聞きました。

鈴木隆夫のときはそうじゃなくて、いや、そんな言葉で削除なんてするのはおかしいですよ、それはやはり削除する必要はありませんと事務総長が言えば、それが通ったんですけれども、今はそうできないことになってしまっているわけですね。ましてや、弥富事務総長が、あらかじめ自民党側から小川がこんなことを言いそうだから、ちょっと事務局から事前にチェックして、言わないように言ってくれよというようなことを言われて、仲介をするというようなことは、私は、事務局としては非常に不適当な行動であっただろうと思います。それは、小川さんがたしかそう書いているのであって、事実か否かは分かりませんけれども。

◆松本善明氏の質疑の場合──事務局の「中立性」

今野　関連して、私が在職中に記憶に残っている点で、ロッキード事件の問題のときに、共産党の松本善明氏が、予算委員会だったと思いますけれども、田中首相に対する質問の中で、「田中首相、あなたは、市ケ谷辺りの某所に一軒、家を構えて、そこに親しい女性を置いて、その女性との間に二人の子供をもうけているということを聞いておりますが、それは事実ですか」という質疑をやったんです。

私は、これこそ不穏当な言辞だと思いました。つまり、国会法一一九条でいけないと言っているのは、こういう女性問題のことであって、それは竹下さんのこの別荘の話が起きるよりもずっと前のことですけれども、そういう質疑が松本善明さんから出たのを聞いたときに、ああ、これはいかぬ、これは法規に抵触するからこの発言は削除すべきだと私は思いましたが、当時の委員部は何も言わなかった。また、当時の与党も、それは規則違反だということは言わなかった。ちょっと調べていませんが、恐らく、その松本善明さんの質疑、発言は会議録に残っていると思います。

事務局はそういうときにきちんと、今のは不穏当な言辞ですから速記録から削除するようにして下さいと、委員部の連中が委員会の席で委員長に言って、そして速記録からは削除するというようなことを言わせるのが事務局の仕事であって、そういうことをしないで各党の折衝に任せてしまうというのは間違いだな、というふうに私は思いました。

この松本善明さんの話と小川国彦さんの話を関連づけて私は考えたわけですが、さらにこの後、これはもう私がやめてから後、今度は細川政権ができまして、細川護熙さんが佐川急便の社長から京都市内の別荘か別邸かを借用していて、そして、その借用代が極めて安かったのか何か分かりませんが、佐川急便とのいわば癒着の問題というようなものが予算委員会で大きく取り上げられて、細川首相はそれを理由に政権をほうり出したということがありました。

私、そのときに、竹下登さんの別荘の問題、小川国彦さんのあの追及が不穏当な言辞であるならば、同じように、細川首相の京都の邸宅の問題だって不穏当な言辞として処理すべきではないかと思いました。それは速記録から削除して、政権に影響を与えないように動くのが、つまりそのときの与党の人たちなんでしょうけれども、それはなかった。

国会運営というのは、こういうことをやっちゃいかぬのです。私に言わせると、こういう不公平、不合理なことを見過ごす運営をしてはいかぬのですよ、そのために事務局があるのであって。竹下さんのときに小川国彦さんの発言を全文削除して不穏当な言辞として扱うならば、細川護熙さんのときも同じように不穏当な言辞として、そういう質疑は許さない。細川さんのときに何も言わずに認めるのであれば、小川国彦さんが竹下登さんを追及したときも許す。一貫していないと事務局の存在意義がなくなるのではないかというふうに思っています。

事務局が何にも言わないで黙って与野党の折衝に任せるということは、このように国会運営というものが崩れてくるというか、歪んでくるというか、乱れてくるんですね。それを私は非常に憂えています。このように政党、会派の話し合いに任せるというのは非常に危険なことなんですね。現場の人間としては、やはりそれはなかなか言いにくいことではあります。一方の党の肩を持って、片方を貶めるということになりかねませんから、そんなものは中立ではないんじゃないかという者もいます。しかし、鈴木隆夫さんはそういう姿勢で事務局のあり方を貫いた人ですし、河野義克さんもそうでした。

河野義克さんの『国会とともに』という遺稿集にも書いてあるんですけれども、河野さんは、参議院の事務総長に就任したときに非常にいいことを言っているんですね。それは、事務局は中立公正であるべきだというふうに言われている、しかし私は、強い中立と弱い中立、中立には二通りあると思う、弱い中立というのは、いわばそのときの与野党の話し合いに任せてしまうというか、一歩身を引いてどちらにも味方しないというのが弱い中立、しかし、強い中立というのは、原理原則にのっとって、事務局が正しい運営の指針を示すというのが強い中立だ、私は、その強い中立の姿勢を維持していくつもりだということを、河野さんは参議院の事務総長に就任したときの挨拶の中で述べています。

あの頃の人まではそういう考えがあったんですね。事務局というのは中立公正だけれども、それは毅然とした姿勢で中立を貫くのであって、皆さんよろしくお話し合いください、その御協議に従って事務的に処理しますというのが事務局の本来の姿勢ではないんだということですね。私はそういうことを鈴木隆夫さんの生き方の中で学んだものですから、その後のことについて、そういうふうに目につくことがいろいろあります。

今関連してお話ししましたけれども、私がたまたま資料課長にいた間に、小川国彦さんの問題があったものですから。結局、小川国彦さんは、憤懣やる方ない思いで、党の国会対策委員会が削除に応じてしまったものですから、それに従ったわけですね。そういうエピソードが思い出されますね。

◆議会法に関する論文の投稿

今野　一応これで私の在職中の話はほぼ説明したことになります。定年間際の人間の心境というのは皆そうなのかもしれないけれども、私も何か足跡を残したいとずっと思っていたんですよね。四〇年近くこの役所に勤めて、かつて昔、今野というのがここにいて、こういうことをやった、こういう線を引いてくれたとか、何かそういうことを残したいと思っていたんです。

さっきからお話ししたような暮らしぶりを憲政記念館でしてきて、今度は資料課に来て、百年史という特殊なものでしたけれども、繰り返してお話ししますけれども、言ってみると、主として衆参図、この三者の調整のようなことでほぼ二年近く明け暮れまして、それで出ていくことになりまして、結局、これといった足跡みたいなものは格別残すことができなかったという思いが若干あるものですから、やはり後々何か書こうというふうな感じで、それなりの資料を集めたり、メモをとったりというようなことをやっていました。それは、憲政記念館でどうせ終わるんだろうと思っていたものですから、憲政記念館にいる間からぼちぼちそんなことをやっていました。

それで、憲政記念館にいる間に、一番最初に『ジュリスト』に両院協議会の性格についての論文を投稿してみましたら、思いがけなく載せてもらいまして、それが一つ自分の経験としてはありました。それも足跡といえば足跡ですけれども、それだけではちょっと寂しいと思いまして、もう少しやはり書きたいなというようなことがあって、憲政記念館の終わり頃から資料課にいた間、今度、まとめて本[51]になるようなことの材料をそれなりに自分で集めていました。

私は、いろいろなことで非常に幸運だったと思うんです。『ジュリスト』に両院協議会の性格についての論文を最初に投稿したときの編集者の人が、割に公法学的なことについて関心の深い人だったように思いますね、ちょっとお名前は忘れてしまいましたけれども。それで、載せてくれました。それから、やめた直後も、その人は替わっていたように思いますが、割に『ジュリスト』の編集体制というのが、そういう公法学的なものの論文を比較的採用してくれるような時期だったと思いますね。今は、見てみますと、どうもそうでもない。『ジュリスト』に出る論文というのは何か非常に細かいですね。

赤坂　専門的・実務的な感じになっていますね。

今野　ええ、非常に専門的になっていますね。ですから、そういう雑誌の編集方針というようなものも、時期的に私が書いているものに対して向いていたといいましょうか、受け入れやすいものだったんだろうと思います。そういうことは幸運だったと思いますね。

正直言いまして、憲政記念館にいる間は仕事が余り楽しくありませんでした。何回も繰り返すように、学芸員的な人とそうでない人との間のトラブルの調整だとか、管理者側と、特殊な専門的能力を持った人たちとの間の食い違いというようなものを調整していくことが主だったものですから。私は憲政記念館に八年いたんですけれども、八年間を顧みて、憲政記念館の管理職はもう結構、という感じです。

そこへいくと、資料課の方は、百年史で、いろいろな通常の業務以外のものもありましたけれども、それなりに日程を組んで一つ一つ片づけていくということもありましたし、格別、中で大きなトラブルは起きなくて、資料課では気分よく仕事をさせてもらいました。

私自身、全体として、衆議院事務局で働いた人間としては、非常に幸運な人間ではなかったかと思います。私ほど幸運だった人間はいないのではないかと思うくらい、幸運な経験をさせてもらいました。そういう思いですね。

---

(1)　直接何らかの法規に反するというよりは、「必ずしも法規には抵触しないけれども運用上疑義が残る、すなわち法規の趣旨やこれまでの事例の積み重ねから考えて体系的に説明がつかないから、その事例は『先例集』には載せない」という趣旨だと解される。

(2) ただし、『衆議院委員会先例集（平成一五（二〇〇三）年版）』付録第五表の備考に、「特別委員会設置の当日、議長が、申出のあった会派の委員候補者を特別委員に指名し、申出のなかった会派については、後日、その申出により、指名したことがある」として、第六八回国会沖縄及び北方問題に関する特別委員会の事例が掲載されている。
(3) 衆規三七条を参照。
(4) 国会法第四二条〔常任委員の兼任〕、四六条〔常任委員・特別委員〕、第五四条の三〔参議院の調査会〕を参照。
(5) ただし、委員会先例集の柱四五を参照。
(6) 国会法第七九条を参照。
(7) 衆議院事務局によれば、第一三二回国会において新進党が紹介議員の事務室から直接出すように変更し、以後各党が同様の変更を行った結果、現在会派とりまとめは共産党だけになっている。
(8) 現在では、請願事項は最低限の字句整理にとどめ、そのまま掲載しているとのことである。
(9) 衆議院事務局によれば、現在では、提出された請願の原題を極力生かす方針がとられているとのことである。ただし、紹介議員の了承を得た上で、変更することもある。
(10) 衆議院事務局によれば、現在では、付託先は関係する調査室とも協議の上、請願課において決定されるとのことである。協議がこじれた場合には、最終的には請願課長が付託先を決定し、調査室に了承を得ることになる。
(11) 国会法第八一条一項を参照。
(12) 国会法第八一条二項を参照。
(13) 平成十五年版、四六七頁。
(14) 請願法第五条を参照。
(15) 議院法六七条及び六九条を参照。もっとも、議院法六九条は「請願書ニシテ皇室ニ対シ不敬ノ語ヲ用ヰルモノ」を受理しない旨のみを規定していた。
(16) 議院法第六八条を参照。
(17) 第五〇回帝国議会第一〇次改正、議院法一六〇条。
(18) 一九一七年九月生まれ。一九四七年七月に常任委員会書記として採用され、一九七一年七月に議事部請願課長。一九七八年四月に予算委員会調査室主任調査員となり、一九八〇年九月一日退職。
(19) 一九七四～一九七七年に内閣参事官を務めた古川貞二郎氏（のち厚生事務次官、内閣官房副長官を歴任）によれば、国会が始まると、内閣参事官と副参事官は国会内の参事官室に移り、総理や官房長官の答弁資料の作成や国会情勢の把握に努めたという。そのため国会中は非常に忙しく、「国会担当参事官」とも称されていたという（同『霞が関半生記』（佐賀新聞社、二〇〇五年）一一七頁）。

(20) 政府委員室との交渉については、近藤誠治（著）、赤坂幸一・奈良岡聰智（編著）『立法過程と議事運営――衆議院事務局の三十五年』（信山社、二〇一一年）第四章、並びに清野正哉『国会とは何か』（中央経済社、二〇一〇年）九頁以下を参照。

(21) 聞取り当時、日米安保条約改定時（一九六〇年）の核持込み等に関する日米密約につき、その関連文書が破棄されたことが政治問題化していた。

(22) 先例集の編纂過程については、赤坂幸一「〔解題〕事務局の衡量過程の Épiphanie」（『逐条国会法〔第一巻〕』（信山社、二〇一〇年）所収）に詳しい。

(23) 一九一七年一〇月生まれ。一九四七年六月に衆議院事務局に採用され、一九五八年五月に議事部請願課長。一九七〇年七月管理部副部長を経て、一九七七年九月憲政記念館長。一九八〇年七月退職。

(24) 一九一三年八月生まれ。一九三七年に守衛として衆議院事務局に採用。一九六七年八月庶務部副部長を経て、一九七五年一月憲政記念館長。一九七六年九月退職。

(25) 衆議院の事務局分掌規程第一〇条は、憲政記念館の資料管理課について定めているが、同課の所掌事務は、(1)憲政に関する文献及び資料の収集、保管及び展示に関する事項、(2)憲政（外国の議会政治を含む。）に関する調査研究に関する事項、(3)憲政記念館及び国会前庭の管理に関する事項、の三つである。

(26) 前註を参照。

(27) 『宇垣一成――政軍関係の確執』（中公新書、一九九三年）、及び『重光葵――上海事変から国連加盟まで』（中公新書、一九九六年）。

(28) 二八六頁以下を参照。

(29) 今野彧男『国会運営の法理』（信山社、二〇一〇年）四〇頁以下に所収。

(30) 文春新書、二〇〇一年刊。

(31) 三九三～三九七頁。大木操『大木日記　終戦時の帝国議会』（朝日新聞社、一九六九年）一九四五年八月一七日の項には、以下のような記述がある。「茨木速記課長来室。軍部より秘密会速記録焼却の命ありしを報告。即座に拒否を命ずる。恰も窓外に他官庁に焼却の煙り上るを見る。」

(32) 岩波ブックレット、二〇〇六年刊。
(33) 一九〇九年一〇月生まれ。一九四四年に貴族院書記官に任命され、調査部及び委員部に勤めた。一九四七年四月には参議院開設準備委員を委嘱され、同五月、議院事務局法の施行により参議院参事となる。総務部の各課長を歴任した後、一九四九年委員部長、一九五七年事務次長（議事部長事務取扱）、一九六五年四月参議院事務総長（一九七二年七月退職）。
(34) 伊藤光一氏談話は、平成九・一〇年度科学研究費基盤研究（B）「日本近代史料に関する情報機関についての予備的研究」（研究代表者・伊藤隆）の一部であり、二〇一〇年五月二三日現在、近代日本史料研究会のホームページで閲覧可能である（http://kins.jp/seika.html）。
(35) 一九二三年三月生まれ。一九四九年三月に衆議院に採用され、一九五八年五月議事課長。一九六三年六月以降、管理部長、庶務部長、委員部長を歴任した後に、一九七六年一月衆議院常任委員会専門員（予算委員会調査室長）。一九八三年九月退職。
(36) 開館記念特別展は昭和四七（一九七二）年三月二一日から二八日間、その後、原敬特別展が同年九月一一日から二〇日間、開催されている。衆議院憲政記念館（編）『憲政記念館の十年』（一九八三年）八八頁を参照。
(37) 原敬特別展に続いて、英国議会特別展が、昭和四八（一九七三）年五月二八日から二一日間、開催されている。前註の『憲政記念館の十年』八九頁を参照。
(38) 一九一六年八月生まれ。東京帝国大学法学部で矢部貞治に学び、中曽根康弘と同期である。内務省入省後、中曽根と同様、海軍主計科士官となる。自由民主党結成時から同党の議員であり、一九六三年に自治大臣、一九六六年に労働大臣などを歴任した。議員在任中の一九八二年に逝去。
(39) 憲政記念館（編）『英国議会特別展記念講演』（衆議院事務局、一九七三年）所収。
(40) マッケンジーの著書、『英国の政党（上下巻）』（有斐閣、一九六五年・一九七〇年）、および『大理石のなかの天使――英国労働者階級の保守主義者』（労働法令協会、一九七三年）の両翻訳がある。
(41) 一九三〇年六月生まれ。一九六一年に衆議院事務局に採用、庶務部文書課などを経て、一九七一年から庶務部憲政記念館に配属された。一九八一年課長補佐、一九九二年退職。
(42) 宇垣一成の資料については、大西比呂志「宇垣一成」（伊藤隆・季武嘉也編『近現代日本人物史料情報辞典』第一巻、吉川弘文館、二〇〇四年）を参照。
(43) 重光葵の資料については、武田知己「重光葵」（伊藤隆・季武嘉也編『近現代日本人物史料情報辞典』第二巻、吉川弘文館、二〇〇五年）を参照。

(44)　一九二四年三月生まれ。一九四七年に衆議院事務局に採用され、主として委員部畑を歩む。一九七六年以降、警務部長、庶務部長、委員部長を歴任し、一九八三年八月事務次長（一九八五年八月退職）。

(45)　一八八八年生まれ。『日本憲法比較対照世界各国憲法』（有斐閣、一九二五年）の編集や、『ナチス独逸国の修正憲法』（錦松堂書店、一九三八年）、『国会・内閣と憲法上の諸問題』（学芸書房、一九六〇年）等の著書で知られる。

(46)　一九二七年七月生まれ。一九五一年九月に衆議院主事補となる。その後、一九八四年一一月に議事部資料課長。一九八五年七月議案課長、一九八七年七月憲政記念館資料管理課長。一九八九年六月退職。

(47)　写真のパーティは一九八七年七月で、桂氏は同年一二月退任。

(48)　著書に『一誠の道　保利茂と戦後政治』（毎日新聞社、一九八一年）、『政界ライバル物語』（行研、一九九三年）、『議会は生きている』（時事通信社、一九九〇年）などがある。

(49)　「各議院において、無礼の言を用い、又は他人の私生活にわたる言論をしてはならない。」

(50)　三一書房、一九九三年。

(51)　今野彧男『国会運営の法理』（信山社、二〇一〇年）。

オーラル・ヒストリーを終えて

◆オーラル・ヒストリーを終えて——鈴木隆夫との別れ

今野　何か演説ぶっちゃって非常に申しわけないんですけれども、年をとるとこういうことなんですよ。勘弁してください。

奈良岡　間もなく出版される御本〔『国会運営の法理』（信山社、二〇一〇年）〕をどういうふうに読んだらいいのかを含めて、改めて勉強させて頂きました。

今野　鬼塚総長もよく推薦文を書いてくれたなという気がします。私が辞めるときに、鬼塚さんは議事課にいたんです。ですから、顔は知っていましたし、割に口をきける関係ではありましたけれども、辞めてから後でも、あの人は、「今野さん、この間書いたのを見ましたよ」というような言葉をかけてくれる人ではありました。ただ、それ以上のことは余り話をしたことはなかったんです。でも、彼も私の本に推薦の辞を書いてくれまして、これも非常に感謝しています。

実は、憲政記念館にいた間に議会開設九〇年の記念日というのが来まして、そのときに記念の式典があって、一一月二九日が帝国議会の最初のスタートの開院式の日なものですから、それが記念日になっている。だから、今年も、一一月二九日に一二〇年記念の式典というのが行われるわけでしょう。

これも、一〇年、一〇年に、毎回こんな式典だ何だとやるのは、もう百年を超えたらそこまでしなくてもいいんじゃないのかという気がするんですけれども、やはり議員さんは何でもああいうことが好きなんですね、催し物が好きで、それが話題になるわけですから、やりたがって、事務局の方も、今回はやめましょう、この次は一五〇年にしましょうというようなことはなかなか言いにくいのかもしれませんけれども、一〇年ごとに繰り返してやっているわけです。

それで、九〇年のときが昭和五五（一九八〇）年で式典がありまして、普通は、議会資料の展示会を参議院の予算委員室に資料を並べてやるんです。これは専ら国会図書館の憲政資料室がやるんですけれども、式典をやった後、その資料展をみんな見て、それで来賓は帰っていくのですが、そこで並べた資料を一日置いて憲政記念館に持ってきまして、そして展示をして、これはもう少し長く、一週間から一〇日ぐらい、議会資料展示会をやりました。その昭和五五（一九八〇）年の九〇年のときに、鈴木隆夫は味の素の専務から顧問に移っていましたけれども、ずっと毎日、味の素に出社するという生活をしていました。

それで、普通ですと、式典に出席したあと、参議院の予算委員室で資料を見て、帰っていってそれっきりなんですけれども、そのときに限って、私が憲政記念館にいたからかもしれませんけれども、憲政記念館の方に場所を移した展示会を見に来てくれたんですね。一一月二九日の式典で、一二月の三日に鈴木隆夫が憲政記念館にやってきました。これがそのときの写真なんですけれども、一番最後の鈴木隆夫の写真。右隣が、憲政資料室の広瀬さんです。今、駿河台大学の教授になっていらっしゃいますね。このときは憲政資料室にいたものですから、広瀬さんが案内してくれました。

何か非常に弱々しいでしょう。もう大分体が弱っている状態です。それで、私はずっとついて歩きまして、途中でも一回、どうも疲れているようだからベンチに座らせて一休みさせて、またそれから案内して、ゆっくりゆっくり歩いて、最終的に館長室に案内しまして、お茶を振る舞って少し雑談したんです。

ちょうどそのときに、例の大木操さんの『激動の衆議院秘話』(1)が刊行された直後だったんですね。それで、鈴木さんの方から、大木さんのあの本を読んだか、こう言われたんですよ。それで、私は買って読んでいたものですから、読みましたと言うと、どう思ったと言われました。それで、大木先生は非常にお上手に書かれていて、そのときそのときの情景が目に浮かぶように生き生きとした感じで書かれていて非常に面白く感銘深く拝見しました、私はそう言ったんです。

そうしましたら、渋い顔をしまして、私の返事が気に入らなかったわけですよ。それで、君、君たちはあの本を読んで、先輩がどれほど骨身を削って議会のために働いたかということを読み取ってくれなくちゃ困る、そんな、面白いとか面白くないというふうな感想であの本を読んでもらっちゃ困るよと私は言われました。

確かにそれは、先人の、つまり、事務局の先輩として、いろいろな局面で、やはり命がけの判断をしてきたということが書いてあるわけですから、それは肝に銘じなきゃならぬということは私は分かっていたつもりなんですけれども、その場の返事で叙述が巧みで面白かったという返事をしてしまったのです。そうしたら、鈴木さんから、渋い顔をして、先輩の骨身を削ったことを読み取ってくれなきゃ困ると言われました。それで私はかしこまっちゃったんですけれども。

そのあと帰る時に、非常に足元が何かよたよたしていまして、私はわきを支えて玄関まで送って車に乗せたんです。そして、帰った後、そのまま寝込んでしまいまして、それが一二月の三日ですが、一二月の一六日に病院で亡くなりました。ですから、この写真の一三日後に、鈴木さんはあの世に行ってしまったんですね。

私は鈴木さんから何から何まで教わって、非常に影響を受けていたわけですが、最後に何でこの人が憲政記念館にわざわざ来てくれたのか。それまで一度も憲政記念館に来たことないんですから。

赤坂 そうですか。初めてですか。

今野 ええ、初めてです。そして、この人は、七〇年記念の直前に衆議院をやめているでしょう。八〇年のときも、もう味の素へ行っていましたね。それで九〇年でしょう。八〇年のときは、式典に来て、参議院の展示室を見て帰ってしまっているんですね。九〇年のときに限って、その式典の帰りに参議院で資料展を覗いていけばいいものを、わざわざ日を改めて、憲政記念館の展示がえになったときに来てくれたんです。それで、ゆっくり見て、帰って行ってくれました。

私、亡くなった後、私にさようならを言いに来たんじゃないのかみたいな不思議な因縁を感じまして、私が憲政記念館にもしも勤務していなかったら、この人は憲政記念館まで来なかったんじゃないのか、私のためにこれを見に来てくれたんじゃないのかというような気がして仕方がないんです。そしてまた、大木さんの『激動の衆議院秘話』について、そういう厳しいことを私に言って、先輩たちの足跡というものを肝に銘じて受け継がなくちゃいけないんだということを言われたでしょう。これは鈴木さんの遺訓だなと思って、私は非常に忘れがたい思いでいるわけです。それは昭和五五（一九八〇）年のことです。それで、その一二月にお葬式を出して、その後、私は鈴木文書の整理をさせてもらいました。

今度のこのオーラル・ヒストリーのきっかけになったのは、多分、私が鈴木隆夫という人のことを書いたあの文章[2]を、学者の先生方がご覧になったこととも関連があるように思います。

一番最初に、赤坂さんが、終戦直後に鈴木隆夫が書いた「議会制度改革論攷」という文章について、鈴木隆夫は議会改革について血を吐く思いで書きつづっている、というふうに書いてくださった[3]。私はあれを読みまして、ちょっとショックを受けました。実は、鈴木隆夫のことを、現在では事務局の中でもあらかたみんな知らないわけです。時代が違うということもありますし、それから、『国会運営の理論』という本も、その後、法規がいろいろ改正になっていますから、少し前からもうあれは古い本、古い文献であって、余り参考にならないという評価をする者も出て来ていました。

私は、自分の書いた文章の中で、『国会運営の理論』は依然として事務局の中でみんなに読まれていると書いていますが、読んでいる人間はいるでしょうけれども、一般的には、『国会運営の理論』も、やはり時代的には非常に古い文献だというふうな認識で、私がやめる前から、そういうことを言う人間もいました。それに対して、赤坂さんがああいうことを書いてくださった、血を吐く思いで書いた、鈴木隆夫の文章を見つけてくださった。

私が鈴木隆夫のことをよく知っているにもかかわらず、やはり何も書かないで歴史に埋もれさせてしまうのはいけないないなと思って、実は私は、この前の、「昭和の議会を支えた蔭の功労者」というものを書いたわけです。それがまた御縁になって、こういうふうなオーラルにつながり、そして、私の本の出版まで実現して、その上に大石先生から非常に過分なお褒めの言葉を頂いたりなんかして、非常に幸せだったと思っているんです。

ずっと考えますと、私は鈴木隆夫という人との縁で生きてきたようなものですが、特にここに来てこういう仕事に携わらせて頂いたのは、赤坂さんが鈴木隆夫のことを、金沢大学の紀要に書いて下さったというのが始まりでした。それがきっかけだったわけですね。

いろいろそういう御縁でずっとつながって、今日までどうにかお話をさせて頂きましたけれども、非常に、私自身の経験としても有意義な、ありがたい経験をさせて頂いたと思っております。本当に、大変長い日数、どうも有難うございました。本当に心からお礼申し上げます。

(1) 大木操『激動の衆議院秘話――舞台裏の生き証人は語る』（第一法規、一九八〇年）。

(2) 今野彧男「昭和の議会を支えた蔭の功労者」議会政治研究第八六号（二〇〇八年）六四頁以下（同『国会運営の法理』（信山社、二〇一〇年）三三九頁以下に所収）。

(3) 赤坂幸一「戦後議会制度改革の経緯（一）」金沢法学第四七巻一号（二〇〇四年）一頁以下。

＊本書の作成に当たっては、その経費の一部につき、次の助成金からの援助を受けた。
①平成二十一年度科学研究費（基盤研究（A））「衆議院事務局の未公開資料群に基づく議会法制・議会先例と議院事務局機能の研究」（研究代表者：大石眞）
②平成二十一年度サントリー文化財団「人文科学、社会科学に関する研究助成」「議会事務局の未公開資料による憲政史研究の新展開」（研究代表者：大石眞）
③平成二十一年度科学研究費補助金（若手（B））「近代日本における二大政党制の展開過程の実証的研究――新資料に基づいて」（研究代表者：奈良岡聰智）
④平成二十三～二十四年度科学研究費（若手（B））「議会法・議会先例の形成過程の解明」（研究代表者：赤坂幸一）
⑤平成二十二年度二十一世紀文化学術財団学術奨励金「国会法制の形成及び運用に関する基礎的研究」（研究代表者：赤坂幸一）
⑥JFE二一世紀財団二〇一〇年度アジア歴史研究助成（研究代表者：赤坂幸一）
⑦日本証券奨学財団平成二十二年度研究調査助成金（研究代表者：赤坂幸一）
以上

個人年表

今野彧男

◇昭和三（一九二八）年

七月　南満洲・公主嶺（現在の中国東北部・吉林省公主嶺市）に生まれる。父は同地の農業学校の教師。大正十四年に満鉄に就職し、同校に赴任した。

◇昭和六（一九三一）年

九月　満洲事変勃発。現地の成年男子は警備のため臨時に徴集され、女・子供は避難に備えて数軒ごとに集合させられた。その時の恐怖感が人生で最初の記憶になっている。

公主嶺は関東軍の独立守備隊駐屯地で、父と同郷（宮城県）の兵士が度々訪ねて来ていた。外地では同県人の結びつきが強かった。

◇昭和七（一九三二）年

三月　満洲国建国。

◇昭和八（一九三三）年

十二月　皇太子（現天皇）誕生。邦人の間では祝賀の歌が唄われ、それを教えられた。

◇昭和十（一九三五）年

四月　公主嶺小学校に入学。同級生約八十人（二学級）の中に満洲人の児童が一人いて、友人になった。

◇昭和十一（一九三六）年

三月　担任の中村先生が、突然警察に拘引された。2・26事件を起こした陸軍皇道派の運動に関与していたためと、後に聞かされた。公主嶺小学校では四人の教師が、そのまま教職に戻らなかった。

八月　父の転勤に伴い、遼陽（遼寧省遼陽市）に転居。遼陽小学校二年に転入。

◇昭和十二（一九三七）年

四月 弟・良平（六歳）が白血病で死去。両親、特に母親の悲嘆ぶりを見て、子供心に自分の死について考えた。

七月 支那事変（日中戦争）勃発。

十一月 **父が北満に単身赴任することになり、関東州の旅順市に移転する。**旅順は温暖の地なので、軍人や満鉄社員の留守家族が多数居住していた。旅順師範学校附属小学校三年に編入。複式学級を経験。

◇昭和十四（一九三九）年

五月 ノモンハン事件起る。学校が兵士の臨時宿泊施設になった。

◇昭和十五（一九四〇）年

紀元二六〇〇年。天皇崇拝、皇国教育が顕著になった。新聞に掲載された天皇、皇后などの写真を、粗略に扱わないように切り抜いておき、毎月一回学校に持参し、朝礼の際に焼却する行事があった。

◇昭和十六（一九四一）年

三月 **附属小学校卒業。**殆ど全員が中学校に進学した。卒業直前に満洲国皇帝溥儀の側近・羅振玉の孫の羅縄祖が編入学して来た。日本内地の上級学校への進学を希望していたのだと思う。他にモンゴル人の級友も一人いた。

四月 **旅順中学校に入学。**同期生約二〇〇人、そのうち六十～七十人が寄宿舎生で、全満各地から集まって来ていた。他民族の生徒は、上記の羅のほか、朝鮮籍の者が四人、白系露人が一人いた。

十二月 大東亜戦争（太平洋戦争）開始。父は国粋主義的傾向があり国策を支持していたが、母は日米開戦を恐れていた。しかし、この後は何も言わなくなった。

旅順市街の一角に、大規模な関東神宮の造営が開始されており、この頃から学生・生徒は勤労奉仕（月に一～二回、半日程度の土木作業）に従事させられた。檜の大木などの神木輸送の際には、不必要なほどの警戒態勢がとられた。

昭和十七（一九四二）年～昭和十八（一九四三）年

学校教練（軍事教練）強化。軍人勅諭の全文暗唱が義務づけられた。教職員の間で配属将校の地位、発言力が次第に強まって行くのを感じた。

旅順は日露戦争の戦跡があり、その後も陸軍要塞司令部、海軍要港部が置かれていたことから、現役軍人による戦場体験の講演なども度々行われた。

昭和十九（一九四四）年

三月　父が満鉄を退社。養蜂業を始める。

七月　**海軍兵学校受験**。他に内地の旧制高等学校も受験した。

この前後から勤労動員始まる（飛行場建設の土木作業、対空監視所の見張り、人手不足になった郵便局の事務など）。

この頃、関東神宮が完成し、市民は挙って参拝し戦勝を祈願した。しかし、現地民たちは「日本人は戦闘機を作らなければならない時に、神社を造って喜んでいる」と冷笑していることが噂された。

時折、上空をB29が一機、飛行雲を引きながら通るのを見た。制空権が既に敵の手に渡っていたわけだが、誰も深刻には考えなかった。

昭和二十（一九四五）年

三月　**旅順中学校卒業**（一年繰り上げ）。前々年の頃から予科練（海軍）や少年飛行兵（陸軍）に志願する者が多く、同期の卒業生は約一〇〇名に減っていた。

海軍兵学校に入学のため、大連の中学の合格者とともに出発。釜山から連絡船で博多に上陸、初めて祖国の土を踏んだ。連絡船の客の中に、戦局の悪化を怖れて南京から北支・満洲を迂回して引き揚げて来たという一家がいて、その話を聞きショックを受けた。

四月　海軍兵学校（第七十七期）**入校**。同期生は約三七〇〇名。大原分校七〇六分隊に所属。一号（三年生）十八名、二号（二年生）十七名、三号（一年生）十五名の五十名編成。「教育」と称して一号生徒から日常的に怒号を浴びせられ、殴打を受ける日々だったが、予想していたことで格別驚かなかった。

空襲警報のため、課業・訓練はしばしば中断された。

六月〜七月　生徒館（兵舎）を地下に移転させる防空壕建設作業始まる。空襲に備えて延焼防止のための建物の壊毀作業も行われた。

江田島の湾内には、巡洋艦の利根と大淀が繋留されていたが、空爆を受けて悲惨な状態になった。

八月　広島に原爆投下。閃光に続いて爆風・爆発音が江田島にも届き、原子雲が煮えたぎるように立ち昇るのを、驚愕して眺めた。雲の柱は西風に傾きながら、夕方まで消えずに立っていた。

十五日正午の玉音放送は、妨害電波でよく聞こえず、敗戦を認識したのは二〜三時間経ってからであった。翌々日の昼頃、終戦を認めない将校が特殊潜航艇で出撃するというのを、岸壁で見送った。

廃校が決定され、米軍が進駐してくる前に生徒全員を復員させることになる。二十二日頃、**広島から無蓋貨車に乗せられ、二日がかりで横浜の伯父の家に身を寄せた**。

兵学校生活は、上級生の監視の下、常に機敏さが要求され、また異常なほど清潔・整頓が強制された。体力を限界近くまで酷使させられることもあり、苦痛と屈辱の毎日だったが、終ってみれば良い経験をしたと思う。

九月　二日、米戦艦ミズーリ号上で重光代表が降伏文書に調印。

下旬か十月上旬かに、海軍兵学校一学年終業証書を交付され、同時に五〇〇円支給された。この支給金で伯父の家を出、独立することが可能になった。

この頃、横浜駅のホームで、進駐軍の列車の窓から米兵たちがチョコレートなどを投げるのを、同胞が線路に飛び降りて争って拾うのを見て、敗戦国の惨めさを実感した。

十月　海軍側の就職斡旋所である軍人援護会の紹介で、当時南方からの兵士の復員収容所になっていた久里浜の海軍工作学校跡に赴いた。海兵の卒業生・生徒十人ほどが集められ、校庭を耕すよう命じられた。しかし、食事は供されたが無給のままで解散を告げられ、全員が旧軍需会社の**北辰電機製作所への就職を斡旋された。**

十二月　北辰電機では社員の食糧確保のため社長の所有地を農地化する計画を立てており、横浜市上永谷の山林に宿舎が出来ていた。そこで樹木の伐採、開墾の生活に入った。

昭和二十一（一九四六）年

上永谷で働く社員は約二十名。農業従事者ながら日曜日は休み、有給休暇も与えられた。この休暇を利用して、東京裁判の傍聴に行った。海軍大将の永野修身は、旅順で小学生時代に間近に見たことがあったが、その人が被告席にいるのを眺め、時代の変転を痛感した。

十月　ＧＨＱの指令による農地解放が実施され、社長の私有地を農地として維持するのが不可能になり、東京・大田区にある本社工場に転勤になった。本社ではポータブルの映写機を製造していた。社員寮に住み、その部品を作るターレット旋盤工になった。

家族の消息を知りたく、外地からの引き揚げ者を運ぶ臨時列車が品川駅に着くのを、何度か見に行ったが、成果はなかった。

昭和二十二（一九四七）年

当時は占領軍の民主化政策により、労働運動が爆発的に高揚していた。工場労働者は度々デモに動員された。二・一ゼネストの際には、国鉄の蒲田駅でピケに就く指令を受けていた。ストが中止され、ホッとしたことを憶えている。

三月　家族が満洲から引き揚げて来て、長野県の辰野にいるとの連絡を受けた。

四月　**北辰電機を退社し、二年ぶりに家族と合流。**

五月　父の故郷の仙台に落ち着くことになり、伯母の家に寄寓。

生活費を得るため、様々な労務に就く。父が入植地を探し、仙台近郊の宮城村に土地を得て、仮住宅を建てる。

十一月　一家で移転し、開拓生活に入る。

この年の秋、最初の喘息発作が起き、以後、持病となる。

◇昭和二十三（一九四八）年

大陸から引き揚げて来た旧友たちと次第に連絡がとれ、名簿などをガリ版刷りで作って配った。塩釜の俳人・佐藤鬼房氏の主宰する俳誌「雷光」を知り、投句を開始。暫くして同人に加えられる。

◇昭和二十五（一九五〇）年

父に協力して農業生活を継続することは、体力的にも、また自分の志向としても不適当と考え、上京して就職することを決意。

七月　友人に依頼し、その紹介で衆議院事務局に採用される。当時の国家公務員は民間よりも著しく低賃金で、若者の間では魅力のない職業であり、一旦採用されても短期間で転職して行く者が少なくなかった。

所属は委員部第一課で、部長室付きとなり、部長・課長の指示に従って動く、いわば走り使いの毎日となった。しかし、幹部職員の日常に触れ、その仕事ぶりを仔細に見ながら学ぶ位置に立てたことは、有意義であった。特に鈴木隆夫部長の部下となり、直接指導を受けるだけでなく、その後も長く恩顧を被ることになったのは、全く幸運だった。

上京して最初は友人宅に同居させて貰い、その後、原宿の伯母の家に住むことになる。二年後、文京区の下宿に移転した。父母への仕送りと部屋代の支出で生活費に余裕がなく、俳誌の同人費負担が困難になり、仕事も多忙だったので、何時とはなしに句作から離れた。

◇昭和二十八（一九五三）年

三月　鈴木委員部長の事務次長兼議事部長昇任に伴い、議事部議事課に異動。

◇昭和三十（一九五五）年

十一月　鈴木事務次長が事務総長に選任され、それに伴い先任の宇野平生氏と共に事務総長秘書となる（所属は庶務部文書課）。

◇昭和三十四（一九五九）年

三月　菊田道子と結婚。以後、昭和五十二（一九七七）年まで官舎住まいを転々とした。

◇昭和三十五（一九六〇）年

一月〜七月　日米安保条約の審議で国会は未曽有の混乱が続き、六月に漸く条約は成立。

鈴木事務総長が七月に退職。後任の山﨑高事務総長にも、引き続き秘書として勤めることになる（宇野氏は転出）。

この時期に、警視庁から派遣されて来ている議長の護衛官から、両院協議会のことを訊かれて咄嗟に返答が出来ず、大いに恥じ入り、勉強の必要性を自覚した。

◇昭和三十九（一九六四）年

八月　山﨑事務総長退職（国会閉会中）。山﨑氏は同月、会計検査官に任命された。久保田義麿事務次長が事務総長職務代行者となる。

十月　東京オリンピック開催。

十一月　久保田事務総長が選任され、引き続き秘書を勤める。

◇昭和四十（一九六五）年

十二月　日韓条約の審議で国会混乱。久保田事務総長は混乱の責任を感じ辞表を提出したが、慰留される。日韓国会は、安保国会に次いで異常な国会であった。

◇昭和四十二（一九六七）年

七月　久保田事務総長退職。後任に知野虎雄事務総長が選任され、さらに秘書を続けることになる。

◇昭和四十四（一九六九）年

九月　秘書としての在任期間が十四年に及ぶのを機に、事務総長秘書を免ぜられ、議事部請願課に異動。

◇昭和四十八（一九七三）年

七月　議事部議案課に異動。

◇昭和五十二（一九七七）年

二～三月　総予算の審議に際し、予算組替え動議の効力をめぐって議論が起きた。その時の事務局幹部の解釈に疑問を感じ、異論を提起した。

四月　保谷市に自宅（マンション）を購入し、移転した。

◇昭和五十四（一九七九）年

七月　憲政記念館の企画調査主幹に異動。

◇昭和五十五（一九八〇）年

五月　大平内閣不信任決議案が、自民党内の反主流派の欠席によりハプニング可決された。この時の議事運営にも疑問を抱いた。内閣不信任決議案は衆議院での最重要議案であるから、全員出席のもとで採決すべきであり、欠席者が多い場合は、議長は一旦休憩を宣告すべきだと思った。

十二月　鈴木・元事務総長が急病で逝去。遺された原稿等の資料を整理することになる。後にこれらは国会図書館の憲政資料室に寄贈された。

◇昭和五十七（一九八二）年

六月　自宅マンションの上階の騒音に耐えられず、売却して横須賀市の建売住宅（現在の住居）を購入し、移転した。通勤に二時間を要することとなった。

七月　憲政記念館に資料管理課が新設され、課長となる。

八月　父が八十六歳で死去。

昭和五十九（一九八四）年

五月　母が八十一歳で死去。

昭和六十（一九八五）年

八月　両院協議会に関する論文をジュリスト誌に投稿し、掲載された（八四二号）。それまで衆議院事務局には、この種の論文を外部に発表することを憚る雰囲気があった。しかし、過去に鈴木委員部長が盛んに論文を発表していたので、問題はないと考えた。むしろこれが、法規の解釈・運用についての同僚間の論議を喚起することになればよい、と思った。

昭和六十二（一九八七）年

七月　**議事部副部長・資料課長事務取扱に任命される。**前々年から議会制度百年史の編纂準備が始まっており、本来の職務に加えてその事務を担当することになる。百年史は、衆議院、参議院、国会図書館の各機関が分担、協力して編纂するもので、三者間の連絡・調整が主要な仕事であった。

昭和六十四（一九八九）年

一月　7日、昭和天皇薨去。平成と改元。

平成元年

六月　**衆議院事務局を退職**（在籍三十九年）。

結婚当初から同居していた義母が、数年前から全盲になっており、専らその介護に当たることになる。その傍ら、衆議院在職中から理論化の必要を感じていた議事手続上の問題点について、小論文を書くことにした（現在までに、ジュリスト誌に六篇、議会政治研究誌に七篇が掲載された）。

◇平成六（一九九四）年

九月　義母が九十五歳で死去。

◇平成九（一九九七）年

九月　議会政治研究会理事を委嘱される。

◇平成十三（二〇〇一）年

八月　衆議院事務局庶務部人事課の委嘱により、新任の管理職者を対象にした研修会で、「衆議院事務局における管理職者の在り方——事務総長秘書十四年の経験から思うこと——」と題し、鈴木隆夫・元事務総長の業績の紹介を中心に講演を行った。

◇平成十五（二〇〇三）年

十一月　議会政治研究会理事を辞任。

（平成二十一年二月六日記）

〈資　料〉1　衆議院事務局幹部一覧（昭22～）／2　衆議院内全体図（現在）

〈資料1〉衆議院事務局幹部一覧

◆一　衆議院事務総長

〈歴代〉	〈氏名〉	〈国会回次〉	〈当選年月日〉〈辞任年月日〉
1	大池眞	自一回 至一五回	昭和22・5・22―昭和27・11・7
2	大池眞	自一五回 至二三回	27・11・7―30・11・22
3	鈴木隆夫	自二三回 至三五回	30・11・22―35・7・22
4	山﨑髙	自三五回 至四六回(閉)	35・7・22―39・8・22
職務代行	久保田義麿	自四六回(閉) 至四六回(閉)	39・8・22―39・11・8
5	久保田義麿	自四七回 至五五回	39・11・9―42・7・21
6	知野虎雄	自五五回 至七一回	42・7・21―48・9・27
7	藤野重信	自七一回 至七七回(閉)	48・9・27―51・7・4
職務代行	大久保孟	自七七回(閉) 至七八回	51・7・4―51・9・16
8	大久保孟	自七八回 至九二回	51・9・16―55・7・25
9	荒尾正浩	自九二回 至九六回	55・7・25―57・8・5
10	弥富啓之助	自九六回 至一一四回	57・8・5―平成元・6・8
11	緒方信一郎	自一一四回 至一二九回	平成元・6・8―6・6・16
	谷福丸	自一二九回 至一五八回	6・6・16―15・11・27
	駒崎義弘	自一五八回 至一七一回	15・11・27―21・7・9
	鬼塚誠	自一七一回 現職	21・7・9―現職

◆二　衆議院事務次長、部長

〈肩書〉	〈氏名〉	〈就任年月日〉〈退任年月日〉
事務次長	西澤哲四郎	昭和22・5・24―昭和28・3・5
	鈴木隆夫	28・3・5―30・11・22
	山﨑髙	30・11・28―35・7・22
	久保田義麿	35・7・23―39・11・9
	知野虎雄	39・11・9―42・7・21
	藤野重信	42・7・22―48・9・27
	大久保孟	48・9・27―51・9・16
	荒尾正浩	51・9・16―55・7・25
	弥富啓之助	55・7・25―57・8・5
	泉清	57・8・5―58・8・5
	星野秀夫	58・8・5―60・8・12
	中島隆	60・8・12―62・3・20
	緒方信一郎	62・3・20―平成元・6・8
	池田稔	平成元・6・8―3・1・10

	谷　福丸	3・1・10－6・6・16
	川上　均	6・6・16－9・11・19*
	近藤誠治	9・11・19－10・7・1
	駒崎義弘	10・7・1－15・11・27
	鬼塚　誠	15・11・27－21・7・9
	清土恒雄	21・7・9－22・6・30*
	井上茂男	22・7・1－23・6・30*
部長（注＝カッコ内の部課は廃止となったものである。）		
（調査部長）兼	西澤哲四郎	昭和22・5・24－昭和22・7・5
	三浦義男	22・7・5－22・8・23
事務取扱	西澤哲四郎	22・8・23－23・9・8
調査局長	近藤誠治	平成10・1・12－平成6・1・16*（平成10年7月1日までは、事務次長との兼職。）
（法制部長）	大西　勉	16・1・19－19・7・12*
	清土恒雄	19・7・13－21・7・9
	井上茂男	21・7・9－22・7・1
	山本直和	22・7・1－現職
議事部長	諸橋　襄	昭和22・6・19－昭和22・8・20
	三浦義男	22・8・23－23・7・9
兼	西澤哲四郎	22・5・24－24・10・1
事務取扱	西澤哲四郎	24・10・1－28・3・5
事務取扱	鈴木隆夫	28・3・5－30・11・22
事務取扱	山崎　髙	30・11・28－33・5・10

	内藤秀男	33・5・10－40・7・1
事務取扱	知野虎雄	40・7・1－42・7・21
	泉　清	42・7・22－57・8・5
事務取扱	泉　清	57・8・5－58・1・7
	中島　隆	58・1・7－58・8・5
	古田和也	58・8・5－60・7・1
	桂　俊夫	60・7・1－62・12・16
	木村俊之	62・12・16－平成元・2・6
	峰崎髙次	平成元・2・6－4・6・30*
	谷　福丸	4・7・1－6・1・1
（事務取扱（但し、一時的に事務取扱がほかの人に移った期間は換算しない。））		
	近藤誠治	6・1・1－10・1・12
	杉谷正秀	10・1・12－10・7・1
	鬼塚　誠	10・7・1－11・8・20
	清土恒雄	11・8・20－15・8・1
	山本直和	15・8・1－16・7・1
	井上茂男	16・7・1－17・1・1
	山下　登	17・1・1－20・6・30*
	白井　誠	20・7・1－22・7・1
	向大野新治	22・7・1－現職
委員部長	鈴木隆夫	昭和22・5・24－昭和28・3・5
	山崎　髙	28・3・5－30・11・28
	茨木純一	30・11・28－33・5・10
	久保田義麿	3・5・10－35・7・23
	知野虎雄	35・7・23－39・11・9

〈肩書〉	〈氏名〉	〈就任年月日〉	〈退任年月日〉
	藤野重信	39・11・9–	42・7・22
	大久保孟	42・7・22–	48・9・27
	三樹秀夫	48・9・27–	51・1・6
事務代理	荒尾正浩	51・1・6–	51・1・22
	荒尾正浩	51・1・22–	51・9・16
	弥富啓之助	51・9・16–	55・7・25
	進藤秀雄	55・7・25–	56・12・15
事務取扱	弥富啓之助	56・12・15–	57・1・4
	星野秀夫	57・1・4–	58・8・5
	中島隆	58・8・5–	60・8・12
事務取扱	中島隆	60・8・12–	60・9・1
	右田健次郎	60・9・1–	61・8・11
	池田稔	61・8・11–平成元	・9・25
		(平成元年6月8日・同年9月25日は、事務取扱。)	
	平野貞夫	平成元・9・25–	4・2・28*
	川上均	4・3・1–	6・10・7
		(平成6年6月16日・同年10月7日は、事務取扱。)	
	松下英彦	6・10・7–	7・7・1
	大坪道信	7・7・1–	8・7・1
	大西勉	8・7・1–	9・7・1
	駒崎義弘	9・7・1–	11・8・20
		(平成10年7月1日・11年8月20日は、事務取扱。)	
	鬼塚誠	11・8・20–	16・1・1

		(平成15年11月27日・16年1月1日は、事務取扱。)	
	緒方輝男	16・1・1–	20・6・30*
	山本直和	20・7・1–	22・7・1
	清野宗広	22・7・1–	現職
記録部長			
	小泉弘	昭和22・6・19–昭和	23・9・24
心得	小池元男	23・9・24–	24・11・11
	小池元男	24・11・11–	30・11・28
	久保田義磨	30・11・28–	33・5・10
	茨木純一	33・5・10–	38・4・1
事務取扱	久保田義磨	38・4・1–	38・6・12
	藤野重信	38・6・12–	39・11・9
	弥富啓之助	39・11・9–	42・7・22
	福水達郎	42・7・22–	48・9・27
	進藤秀雄	48・9・27–	51・1・22
	中嶋米夫	51・1・22–	53・9・8
	中島隆	53・9・8–	55・7・25
	古田和也	55・7・25–	57・1・4
	馬渕善七	57・1・4–	57・12・27
事務代理	池田稔	57・12・27–	58・1・7
	多田俊幸	58・1・7–	61・8・11
	内野林郎	61・8・11–	62・12・16
	堀口一郎	62・12・16–平成	2・1・23
	岩永英一	平成2・1・23–	
庶務部長			
	山崎高	昭和22・5・24–昭和	28・3・5
兼	山崎高	28・3・5–	28・4・1

	久保田義麿	28・4・1	30・11・28
	知野虎雄	30・11・28	35・7・23
兼	知野虎雄	35・7・23	35・10・14
	山野雄吉	35・10・14	36・3・10
	藤野重信	36・3・10	38・6・12
	大久保孟	38・6・12	42・7・22
	三樹秀夫	42・7・22	48・9・27
	荒尾正浩	48・9・27	51・1・22
	弥富啓之助	51・1・22	51・9・16
	福水達郎	51・9・16	55・7・25
	星野秀夫	55・7・25	57・1・4
	中島隆	57・1・4	58・1・7
	右田健次郎	58・1・7	60・9・1
	緒方信一郎	60・9・1	62・3・20
事務取扱	緒方信一郎	62・3・20	62・7・1
	中里煥	62・7・1	平成元・6・30
	谷福丸	平成元・7・1	
管理部長	内藤秀男	昭和30・12・26	昭和33・5・10
兼	内藤秀男	33・5・10	33・6・16
	藤野重信	33・6・16	36・3・10
	大久保孟	36・3・10	38・6・12
	三樹秀夫	38・6・12	42・7・22
	荒尾正浩	42・7・22	48・9・27
	弥富啓之助	48・9・27	51・1・22
	福水達郎	51・1・22	51・9・16
	進藤秀雄	51・9・16	55・7・25
	中島隆	55・7・25	57・1・4
	古田和也	57・1・4	58・8・5

	池田稔	58・8・5	61・8・11
	中里煥	61・8・11	62・7・1
	多田俊幸	62・7・1	平成元・11・6
	山田理平	平成元・11・6	
警務部長	小泉弘	昭和22・5・3	昭和22・6・19
	茨木純一	22・6・19	30・11・28
	山野雄吉	30・11・28	35・10・14
兼	山野雄吉	35・10・14	36・3・10
	山野雄吉	36・3・10	39・3・23
	荒尾正浩	39・3・23	42・7・22
	弥富啓之助	42・7・22	48・9・27
	福水達郎	48・9・27	51・1・22
	進藤秀雄	51・1・22	51・9・16
	星野秀夫	51・9・16	55・7・25
	中川一郎	55・7・25	57・6・1
事務取扱	弥富啓之助	57・6・1	57・7・1
	池田稔	57・7・1	58・8・5
	中里煥	58・8・5	61・8・11
	多田俊幸	61・8・11	62・7・1
	有山茂夫	62・7・1	
(渉外課長)	島静一	昭和23・9・8	昭和27・4・16
(人事課長)	山野雄吉	昭和24・10・4	昭和28・4・1
事務取扱	久保田義麿	28・4・1	29・7・24
事務取扱	茨木純一	29・7・24	29・9・21
事務取扱	久保田義麿	29・9・21	30・11・28
事務取扱	知野虎雄	30・11・28	30・12・26

〈肩書〉	〈氏名〉	〈就任年月日〉	〈退任年月日〉
	長倉司郎	33・5・15	35・1・21
秘書課長			
	久保田義麿	昭和22・5・3	昭和28・4・1
	山野雄吉	28・4・1	30・11・28
	長倉司郎	30・11・28	33・5・15
事務取扱	山野雄吉	33・5・15	33・7・10
事務取扱	知野虎雄	33・7・10	33・9・9
	吉瀬宏	33・10・1	36・7・16
	荒尾正浩	36・7・18	39・3・23
	福水達郎	39・3・23	42・7・22
事務取扱	福水達郎	42・7・22	42・11・1
	進藤秀雄	42・11・1	48・9・27
事務取扱	進藤秀雄	48・9・27	48・11・1
	中島隆	48・11・1	53・9・8
	多田俊幸	53・9・8	56・7・1
事務取扱	多田俊幸	56・7・1	58・1・7
	谷福丸	58・1・7	62・12・16
事務取扱	谷福丸	62・12・16	平成元・7・1
	川上均	平成元・7・1	
（渉外室長）			
兼	長倉司郎	昭和32・6・1	昭和33・5・15
事務取扱	山野雄吉	33・5・15	33・7・10
	正岡寿	33・7・10	33・9・15
事務取扱	山野雄吉	33・9・15	33・10・1
兼	吉瀬宏	33・10・1	34・1・24
	松尾隆男	34・1・24	36・2・1
事務代理	吉瀬宏	36・2・17	36・3・20
	奥田直一	36・3・20	36・4・1

渉外部長			
事務取扱	久保田義麿	昭和36・4・1	昭和36・9・1
	光藤俊雄	36・9・1	39・11・20
	西村勘一	39・11・20	43・1・6
	中根正己	43・1・6	46・9・14
	奈良賀男	46・10・6	49・12・12
	前田正裕	49・12・12	53・10・27
	淺羽滿夫	53・10・27	56・5・19
	西宮一	56・5・19	59・1・20
	内田園生	59・1・20	60・7・20
	桑形昭正	60・7・20	
憲政記念館長			
事務取扱	大久保孟	昭和49・7・1	昭和50・1・14
	武井次男	50・1・14	51・9・29
	横倉市蔵	51・9・29	52・9・1
	後藤英三郎	52・9・1	55・7・23
事務取扱	荒尾正浩	55・7・23	55・7・25
	堀籠一矢	55・7・25	59・9・11
	桂俊夫	59・9・11	60・7・1
	内野林郎	60・7・1	61・8・11
	國廣貴代治	61・8・11	62・12・16
	大友武	62・12・16	

〈参考資料〉

『職員録』（昭和64年-平成13年版は、大蔵省印刷局発刊、平成14年-15年版は、財務省印刷局発刊、平成16年版以降は、国立印刷局発刊）

データベース「官報情報検索サービス」（平成23年7月4日閲覧）

〈資料2－1〉 衆議院内全体図〔1階〕

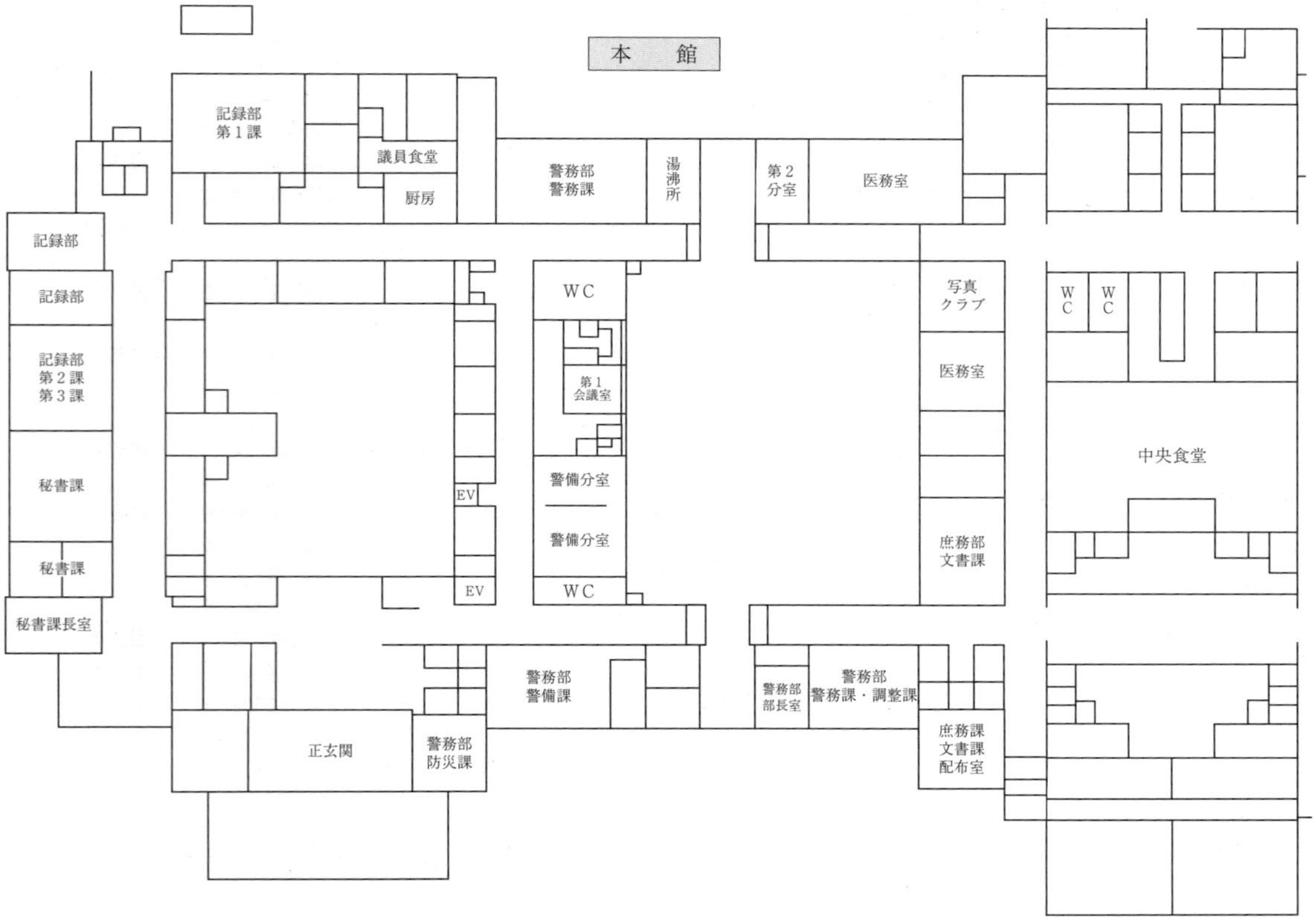

〈資料２－２〉　衆議院内全体図〔２階〕

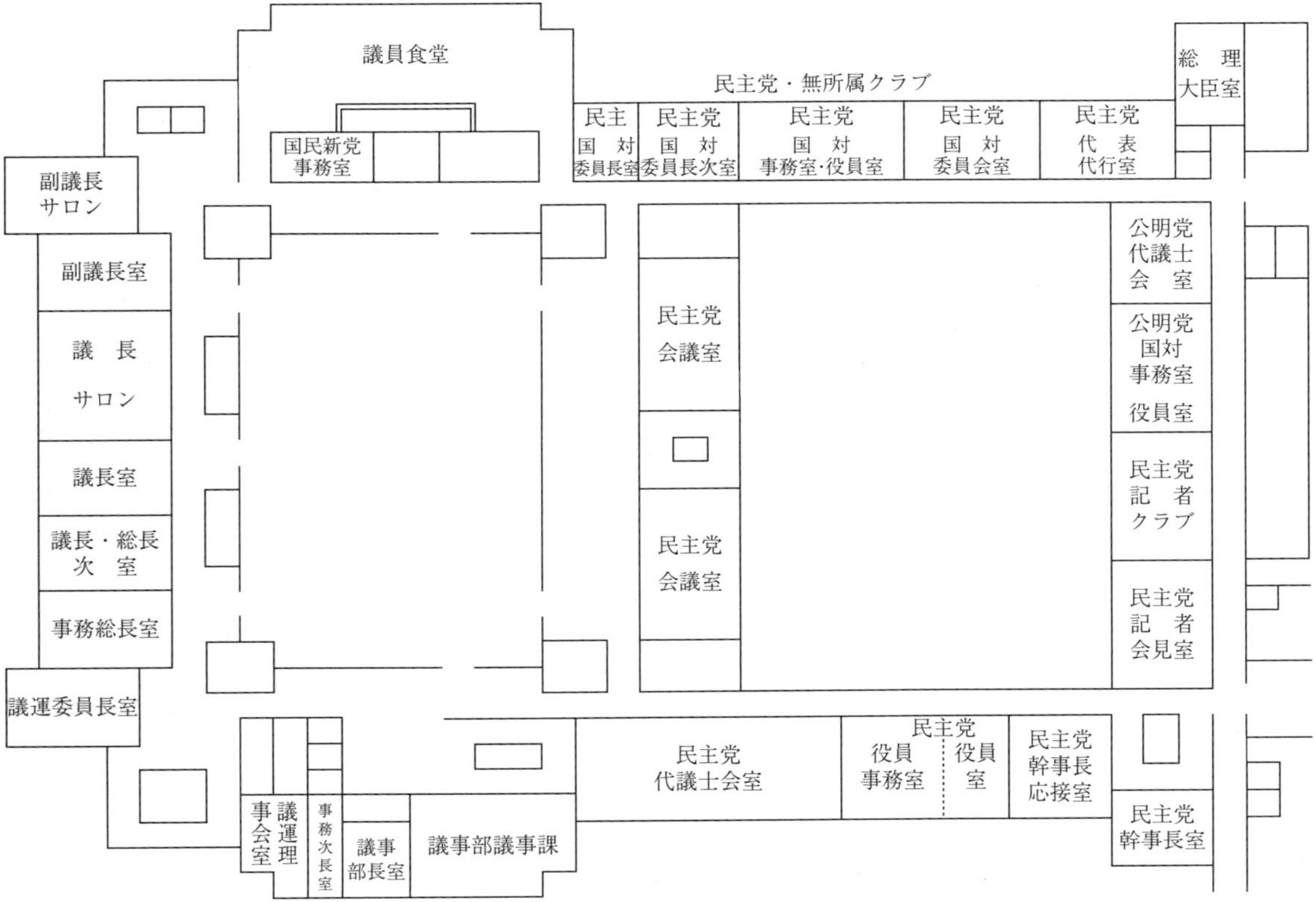

〈資料2－3〉　衆議院内全体図〔3階〕

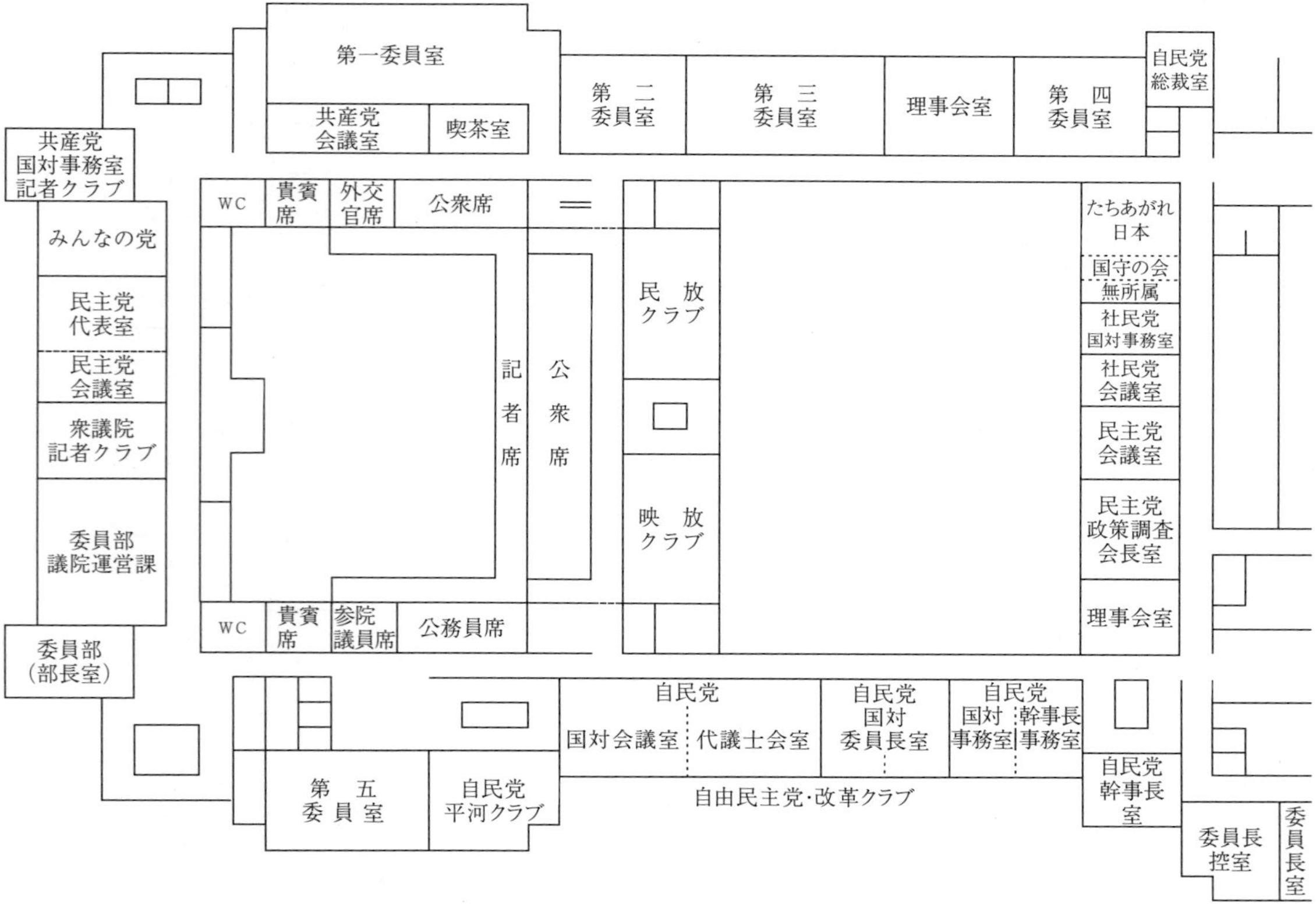

人名索引

◈ ナ　行 ◈

◈ ハ　行 ◈

◈ マ　行 ◈

◈ ヤ　行 ◈

◈ ワ　行 ◈

〈編著者紹介〉

赤 坂 幸 一（あかさか・こういち）

1975 年　京都府長岡京市に生まれる
1998 年　京都大学法学部卒業
2003 年　金沢大学法学部助教授。広島大学大学院法務研究科准教授を経て、
2010 年　九州大学大学院法学研究院准教授

〈主要著作〉
「解散の原理とその運用」『各国憲法の差異と接点　初宿正典先生還暦記念論文集』（成文堂、2010年）141頁以下
「事務局の衡量過程の Épiphanie」（『逐条国会法〔第1巻〕』（信山社、2010年）所収）
コンラート・ヘッセ『ドイツ憲法の基本的特質』（成文堂、2006年（初宿正典と共訳））ほか
「統治システムの運用の記憶――議会先例の形成」『レヴァイアサン』48号（2011年）

奈良岡聰智（ならおか・そうち）

1975 年　青森県青森市に生まれる
1999 年　京都大学法学部卒業
2004 年　京都大学大学院法学研究科博士後期課程修了
同　 年　京都大学法学研究科助教授
2006 年　同准教授

〈主要著作〉
『加藤高明と政党政治――二大政党制への道』（山川出版社、2006年）
「消費税導入をめぐる立法過程の検討――「平野貞夫日記」を手がかりに――」（『レヴァイアサン』48号、2011年）
「近代日本政治と「別荘」――「政界の奥座敷」大磯を中心として」筒井清忠編著『政治的リーダーと文化』（千倉書房、2011年）

〈著者紹介〉

今 野 彧 男（こんの・しげお）

1928 年　中国東北部（旧満州）公主嶺市に生まれる。
1945 年　海軍兵学校１学年修業。
1950 年から衆議院事務局勤務。事務総長秘書、憲政記念館企画調査主幹、同資料管理課長、議事部副部長となり、1989年退職。
1997 年から2003 年まで、議会政治研究会理事を委嘱される。

〈主要著書〉

『国会運営の法理――衆議院事務局の視点から』（信山社、2010年）

◈ 今野彧男 オーラル・ヒストリー ◈

国会運営の裏方たち
――衆議院事務局の戦後史――

2011（平成23）年７月30日　第１版第１刷発行

著 者　今 野 彧 男
編著者　赤坂幸一・奈良岡聰智
発行者　今井 貴・今井 守
発行所　信山社出版株式会社
〒113-0033 東京都文京区本郷6-2-9-102
電 話 03（3818）1019
FAX 03（3818）0344
info@shinzansha.co.jp
出版契約 No.6045-0101　printed in Japan

印刷 亜細亜印刷／製本 渋谷文泉閣
ISBN978-4-7972-6045-8　C3332
6045-012-080-020：P4800E. 012-010-020, P450
NDC 分類323.400　憲法・政治学